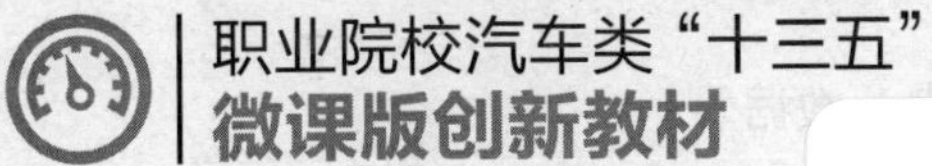

职业院校汽车类“十三五”
微课版创新教材

汽车空调系统检修

第2版

姜海燕 岳江 / 主编
陈茂嘉 / 副主编

人民邮电出版社
北京

图书在版编目（C I P）数据

汽车空调系统检修 / 姜海燕，岳江主编. -- 2版
. -- 北京 : 人民邮电出版社，2017.2
职业院校汽车类“十三五”微课版创新教材
ISBN 978-7-115-44056-3

Ⅰ. ①汽… Ⅱ. ①姜… ②岳… Ⅲ. ①汽车空调－检修－高等职业教育－教材 Ⅳ. ①U472.41

中国版本图书馆CIP数据核字(2016)第274842号

内 容 提 要

本书以汽车空调检修工作过程为主线，以汽车空调常见故障现象为载体，按照项目式教学的要求组织全书内容。每个项目均由“项目要求”“相关知识”“项目实施”“拓展知识”及“实战案例”组成。

本书全面、系统地介绍了汽车空调的结构、原理、使用、保养、检修和维护技术，汽车空调微机控制系统的基本组成、结构特点和工作原理，汽车空调电子控制系统故障检测和排除等内容。

本书可作为高职高专院校汽车类专业的教材，也可供汽车维修人员参考使用。

◆ 主　　编　姜海燕　岳　江
副 主 编　陈茂嘉
责任编辑　刘盛平
执行编辑　王丽美
责任印制　焦志炜

◆ 人民邮电出版社出版发行　　北京市丰台区成寿寺路 11 号
邮编　100164　　电子邮件　315@ptpress.com.cn
网址　http://www.ptpress.com.cn
三河市海波印务有限公司印刷

◆ 开本：787×1092　1/16
印张：14.75　　2017 年 2 月第 2 版
字数：367 千字　　2017 年 2 月河北第 1 次印刷

定价：36.00 元

读者服务热线：(010) 81055256　印装质量热线：(010) 81055316
反盗版热线：(010) 81055315

前　言

随着我国经济水平的提高，我国汽车保有量大幅上升，汽车售后市场迅速发展，对维修人才的需求更是不断加大。各种新技术在现代轿车上的广泛应用，也对汽车维修人员提出了更高的要求。为了适应并推动高等职业教育的发展，使所培养的汽车高级技术人员能够尽快掌握现代汽车的结构特点和维修技术，我们联合了教学一线的老师和相关维修企业的技术人员共同编写了本书。

本书对汽车空调的相关理论知识和实践内容进行了有机整合，详细介绍了汽车空调总体认知；汽车空调完全不制冷故障检修；汽车空调制冷不足故障检修；汽车空调间歇性不制冷故障检修；汽车空调无暖气故障检修；汽车空调故障指示灯报警故障检修；汽车空调的使用与维护等内容。书中每章都附有一定数量的习题，以帮助学生进一步巩固基础知识。

编者于 2009 年所编写的《汽车空调系统检修》一书自出版以来，受到了众多中高等职业院校师生的欢迎。为了更好地满足广大中高等职业院校的学生对汽车空调系统检修知识学习的需要，编者结合近几年的教学改革实践和广大读者的反馈意见，在保留原书特色的基础上，对教材进行了全面的修订，这次修订的主要内容如下。

- 对本书第 1 版中部分项目所存在的一些问题进行了校正和修改。
- 压缩了汽车空调传统技术内容，增加了汽车空调前沿技术内容。
- 增加了实战案例内容，书中列举案例具有代表性、可操作性和结合生产实际等特点。
- 增加了汽车空调系统相关动画和视频资料，以二维码的形式插入书中，读者可通过手机等移动终端设备扫描观看。

本书的参考学时为 72 学时，各部分的参考学时参见下面的学时分配表。

学时分配表

项　目	课 程 内 容	学时安排（理论、实训一体化）
项目一	汽车空调总体认知	4
项目二	汽车空调完全不制冷故障检修	12
项目三	汽车空调制冷不足故障检修	16
项目四	汽车空调间歇性不制冷故障检修	8
项目五	汽车空调无暖气故障检修	8
项目六	汽车空调故障指示灯报警故障检修	16
项目七	汽车空调的使用与维护	8
总计		72

本书由广东机电职业技术学院姜海燕、岳江任主编，广东机电职业技术学院陈茂嘉任副主

编。本书在编写过程中，得到了广州沙河丰田汽车销售服务有限公司丰田汽车维修高级技师钟妙集、广州出入境检验检疫局张南峰的帮助，他们对本书提出了很多宝贵的意见与建议，在此表示衷心的感谢。在编写过程中，我们借鉴和参考了国内外大量资料，还得到了编者所在单位的大力支持，在此一并致以诚挚的谢意。

由于编者水平有限，书中难免存在不足之处，敬请广大读者批评指正。

编　者

2016 年 7 月

目录

项目一 汽车空调总体认知

项目要求

通过对汽车空调控制面板的操作，本项目能提高读者对汽车空调的学习兴趣；通过对汽车空调的总体认知，本项目使读者初步了解汽车空调的学习内容，同时，让读者加深对汽车空调基础知识的理解。

【知识要求】

1. 了解汽车空调的功能与组成
2. 理解汽车空调的类型和工作特点
3. 理解汽车空调控制面板各功能键的含义
4. 理解热力学基础知识及其在汽车空调中的应用

【能力要求】

1. 能在现场对汽车空调进行认识和操作
2. 能认识不同车型的汽车空调的组成和安装位置
3. 能在现场观察汽车空调各部分的工作情况和特点
4. 能进行汽车空调的各种控制操作

重点掌握内容：汽车空调控制面板的操控，汽车空调的整体认知。

相关知识

一、汽车空调的基本概念

汽车空调是家用空调的延伸，可对汽车驾驶室和车厢内的温度、湿度、流速和清洁度等参数进行调节，使驾驶员和乘客感到舒适。

衡量汽车空调质量的指标主要有如下 4 个。

1. 温度

在夏季，人感到最舒适的温度是 22℃～28℃；而在冬季，则是 16℃～18℃。温度低于 14℃时，人就会感觉到冷，温度越低，越觉得手脚动作僵硬，不能灵活操作机件。温度超过 28℃时，人就会觉得燥热，温度越高，越觉得头昏脑胀，精神集中不起来，思维迟钝，容易造成交通事故。温度超过 40℃，则对身体的健康会造成损害。另外，人体面部所需求的温度比足部略低，即要求“头凉足暖”，温差大约为 2℃。

2. 湿度

湿度的指标用相对湿度来表示。人觉得最舒适的相对湿度在 50%～70%之间，所以汽车空调的湿度参数要求控制在此范围内。

3. 清洁度

由于车内空间小、乘员密度大，所以在密闭的空间内极易发生缺氧和二氧化碳浓度过高的情况。汽车发动机废气中的一氧化碳、道路上的粉尘、野外的花粉都容易进入车厢内，造成车内空气混浊，影响司乘人员的身体健康。因此，汽车空调必须具有对车内空气进行过滤的功能，以保证车内空气的清新度。

4. 流速

人在流动的空气中比在静止的空气中感觉要舒服，这是因为流动的空气能促使人体向外散热。所以，空气流速是汽车空气调节的重要内容之一，通常空气流速在 0.2 m/s 为好，并且以低速流动为佳。

二、汽车空调技术的发展

汽车空调技术是随着汽车的普及和高新技术的应用而发展起来的。汽车空调技术的发展经历了由低级到高级、由单一功能到多功能的 5 个阶段。

第一阶段：单一取暖。1925 年，首先在美国出现了利用汽车冷却水通过加热器取暖的方法，到 1927 年发展到具有加热器、风机和空气滤清器的比较完整的取暖系统。

第二阶段：单一冷气。1939 年，由美国通用汽车帕克公司（Packard）首先在轿车上安装了机械制冷的空调器。

第三阶段：冷暖一体化。1954 年，美国通用汽车公司首先在纳什（Nash）牌轿车上安装了冷暖一体化的空调器，这时的汽车空调基本上具有调节车内温度、湿度的功能。

第四阶段：自动控制。美国通用汽车公司就着手研究自动控制的汽车空调器，并于 1964 年首先安装在卡迪拉克（Cadillac）牌轿车上，紧接着福特、克莱斯勒等汽车公司竞相在各自的高级轿车上安装。日本、欧洲国家直到 1972 年才在高级轿车上安装自动控制的汽车空调器。

第五阶段：微机控制。1973 年，美国通用汽车公司和日本五十铃汽车公司联合研究微机控制的汽车空调器，1977 年同时安装在各自生产的汽车上。微机控制的汽车空调器功能增加了，且数字化显示。微机根据车内外的环境条件，控制汽车空调器的工作，实现了汽车空调运行与汽车运行的相互统一，极大地提高了调节效果，节约了燃料，从而提高了汽车的整体性能和舒适性。

未来汽车空调发展方向主要在以下几个方面：新型制冷剂的应用，功能更加合理、更加全面，故障诊断和操作控制更加智能化、可靠性更好等。

三、汽车空调的特点

汽车空调使用的特殊性，决定了它在结构、材料、安装、布置、设计、技术要求等方面与普通空调有较大的区别。汽车车厢内的工作条件比房间要恶劣得多，如汽车直接暴露在太阳下或风雪下，隔热措施困难；汽车在行驶时有大量风沙、废气从各种缝隙钻入车厢，造成车厢的空气污染并增加热负荷；汽车的行驶速度变化无常，难以保证稳定的空调工况等。汽车空调的特点如下所述。

① 要求制冷量大，降温迅速。

a. 作为汽车空调的对象，汽车车厢容积狭小，人员密集，有时流动性还较大，车身热工性能和密封性能都较差，其热、湿负荷大，气流分布难以均匀，因此，要求所配备的汽车空调机组制冷量要大，能迅速降温。

b. 太阳入射热负荷大，而车厢隔热困难。车内温度决定于暴露在太阳下的表面积与车厢内容积之比以及门窗面积与车厢表面积之比。

c. 在我国大部分地区，夏季汽车长时间停在烈日之下，车内温度会上升到50℃以上。

② 不便于用电力作为动力源，必须用汽车发动机（简称主机）或辅助发动机（简称辅机）来带动压缩机。在动力源的处理上，汽车空调比普通的房间空调要困难得多，迄今为止，其压缩机不是靠主机就是靠辅机驱动，这就决定了汽车空调压缩机只能采用开启式结构，这带来了轴封要求高、制冷剂容易泄漏的问题。

当空调压缩机由主机驱动时，其制冷能力随车速和负荷的变化较大。当汽车慢速行驶或怠速状态时，其制冷能力较小，难以维持稳定的空调工况，甚至无法正常工作。

③ 系统中冷媒（制冷剂）流量变化幅度大，设计困难。对于主机驱动的汽车空调，由于汽车车速变化大，发动机的转速可从600 r/min变到4000 r/min，压缩机的转速与主机转速成正比，因而压缩机的转速变化也可能比主机转速高7倍，这对汽车空调系统的流量控制、冷量控制等方面的设计造成了困难。

④ 冷凝温度高。对于轿车、货车、小型旅行车等大多数车辆，冷凝器置于汽车水箱的前面，通风冷却效果受发动机水箱辐射的热量、汽车行驶速度、路面尘土污染的影响，尤其在汽车怠速或爬坡时，不仅冷凝器温度及冷凝压力异常升高，而且汽车发动机水箱散热也受到影响。即使冷凝器装在汽车车身侧面，冷却条件也不太理想。

⑤ 制冷剂容易泄漏。由于汽车在颠簸不平的道路上快速移动、震动厉害、连接处容易松动，冷凝器容易因被飞石击伤或泥浆腐蚀，产生渗漏现象。

汽车是运动中的物体，要能适应道路颠簸等各种路况，因此，对包括汽车空调系统各组成部件在内的零部件震动、噪声、安全可靠等方面的技术要求更严格。为保证汽车空调工作的可靠性、减少制冷剂的泄漏，对压缩机的密封、制冷剂管路的连接和冷凝器防腐蚀与防击伤等措施，都比普通空调要求高。

⑥ 汽车本身结构非常紧凑，可供安装汽车空调设备的空间也极为有限，这不仅对汽车空调的外形、体积和质量要求较高，而且对其性能和选型也会产生影响。

⑦ 由于车厢高度低，风量分配不易均匀，因而车内的温度分布也不易均匀。

⑧ 当汽车空调装置消耗主机的动力时，我们必须考虑其对汽车动力与操作性能的影响，也必须考虑车速变化幅度大或变化频繁给汽车空调制冷剂流量控制、制冷量控制、系统设计带来的影响。

制冷剂与空气间的传热温差比较大，制冷剂的冷凝温度比相同外界气温下的普通空调要高。为使车厢内降温迅速，冷气送风湿度一般都比普通空调要低一些，因而其制冷剂的蒸发温度又要比普通空调低一些。这使得汽车空调机组配备的动力应比相同容量普通空调机组大，而且要大一倍左右。

四、汽车空调的组成

空调系统的组成

汽车空调主要由制冷装置、暖风装置、通风装置、加湿装置、空气净化装置和控制装置等部分组成。其目的是为了调节车内空气的温度、湿度，改善车内空气的流动性，提高车内空气的清洁度。

① 制冷装置：对车内空气或由外部进入车内的新鲜空气进行冷却或除湿，使车内空气变得凉爽舒适。

② 暖风装置：主要用于取暖，对车内空气或由外部进入车内的新鲜空气进行加热，达到取暖、除湿的目的。

③ 通风装置：将外部新鲜空气吸进车内，起通风和换气作用；同时，通风对防止风窗玻璃起雾也起着良好的作用。

④ 加湿装置：在空气湿度较低的时候，对车内空气进行加湿，以提高车内空气的相对湿度。

⑤ 空气净化装置：除去车内空气中的尘埃、臭味、烟气及有毒气体，使车内空气变得清洁。

⑥ 控制装置：对制冷和暖风装置的温度、压力进行控制，同时对车内空气的温度、风量、流向进行控制，保证汽车空调的正常工作。

五、汽车空调的分类

1. 按功能分类

① 单一功能：是指冷风、暖风各自独立，自成系统，一般用于大、中型客车上。

② 组合式：是指冷、暖风合用一个鼓风机、一套操作机构。这种结构又分为冷、暖风分别工作和冷、暖风可同时工作两种方式，多用于轿车上。

2. 按驱动方式分类

① 独立式汽车空调：有专门的动力源（如第二台内燃机）驱动整个汽车空调系统的运行，一般用于长途货运、高地板大中巴等车上。独立式汽车空调由于需要两台发动机，所以燃油消耗高，同时造成较高的成本，维修及维护也十分困难，而且发动机配件不易获得，尤其是进口发动机。另外，独立式汽车空调的设计和安装更容易导致系统质量问题的发生，这是因为额外的驱动发动机增加了发生故障的概率。

② 非独立式汽车空调：直接利用汽车的行驶动力来运转的汽车空调系统。非独立式汽车空调由主机带动压缩机运转，并由电磁离合器进行控制。接通电源时，离合器断开，压缩机停机，从而调节冷气的供给，达到控制车厢内温度的要求。其优点是结构简单、便于安装布置、噪声

小。但由于需要消耗主机 10%～15%的动力，会直接影响汽车的加速性能和爬坡能力。同时其制冷量受汽车行驶速度的影响，如果汽车停止运行，其汽车空调也停止运行。尽管如此，非独立式汽车空调由于其较低的成本（相对于独立式空调）、可靠的质量，已逐渐成为市场的主导产品。目前，绝大部分轿车、面包车、小巴都使用这种汽车空调。

六、汽车空调控制面板

在汽车空调系统中，温度的控制和风量的混合配送是由控制面板完成的。由于汽车空调的自动化程度不同，控制面板有手动、半自动真空和全自动 3 种。

1. 手动、半自动真空控制面板与功能

手动、半自动真空控制面板的控制键形式有所不同，但它们的功能键控制的内容基本相同。桑塔纳、切诺基等车均采用图 1-1 所示的控制面板。其主要功能键的作用如下所述。

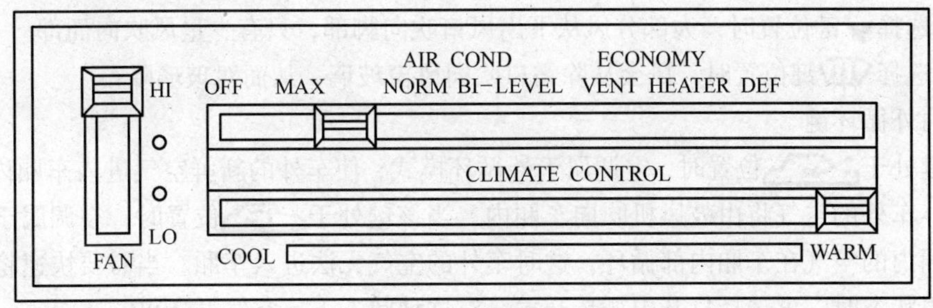

图 1-1　手动、半自动真空控制面板

（1）功能选择键

它主要用于控制汽车空调的取暖、制冷、冷暖风或除霜，具体功能选择键的名称和作用如下：OFF——停止位置；MAX——快速降温位置；NORM（或 A/C）——汽车空调位置；VENT——自然通风位置；HEATER（或 FLOOR）——暖气位置；BI-LEVEL（或 MIX）——分层送冷位置。

功能选择键移动到某位置，可通过拉绳或真空开关控制各个风门的开关位置，从而调节空气的温度与流向，具体工作过程将在以后的项目中介绍。

（2）温度键

对于手动系统，温度键主要用于控制调温门的位置。当其位于 COOL（冷端）或 WRAM（暖端）时，调温门在拉绳作用下分别关闭或打开流经加热器的空调风，当其位于两者中间任意位置时，可得到不同比例的暖空气与冷空气的混合空气。半自动汽车空调系统主要用于设定系统的工作温度，使汽车空调工作在规定的温度范围内。

（3）调风键

调风键主要用于控制空调器内鼓风机的转速。手动系统一般有 4 个调速挡，即 HI（高速）、LO（低速）、M1（中速 1）和 M2（中速 2）。其调节原理是通过改变串联在风机电路中的电阻来达到调速的目的。

半自动汽车空调系统对送风量的控制，有 LO（低）、AUTO（自动）和 HI（高）3 挡，它是按照操作者对空调的要求来工作的。高挡通常在车内外温差大时采用；而低挡则正好相反。自动挡可以根据环境温度的变化自动调整送风量在高、中、低位置。

（4）后风窗除霜键（DEF）

它属于一个电路开关，用于控制后风窗除霜电热丝电源的通断，指示灯用于提醒乘员不要忘记切断电源。

（5）经济运行键（ECONOMY）

它是半自动汽车空调特有的功能键，其主要作用有以下两个。

① 当车内温度接近或者达到设定温度时，使风机转入低速运行状态，以节省能源。

② 在车内外温差不大时，停止制冷、采暖工作，而转入吸入外循环风的工作方式，这样既可以节省能源，又可以使车内空气质量得到很好的保证。

（6）出风方式键

① 当选择键位置时，风会分成两部分，一部分由中央出风口吹向面部，另一部分从下出风口吹向脚部。

② 当选择键位置时，所有风从中央出风口吹向面部。

③ 当选择键位置时，大部分风从下出风口吹向脚部，只有少量风吹向面部。

④ 当选择键位置时，风会从除霜口吹向风窗玻璃，从而对玻璃降霜。

（7）内外循环键

当该键处于位置时，空调属于外循环模式，使车外的新鲜空气进入车厢内。选择这个模式时，车外的空气将由鼓风机吹向车厢内。当该键处于位置时，空调属于内循环模式，使车厢内的空气在车厢内部循环，这时车外的空气无法进入车厢。当需要快速将车内温度调整到理想状态时，可选择打开内循环开关，在这种状态下，空气循环仅限于车厢内，能获得快速升（降）温的效果。

空调装置操纵机构

2. 全自动控制面板与功能

全自动汽车空调系统能充分满足驾驶员及乘坐人员对舒适性的要求，实现了对车内空气流动、温度及湿度的自动调节，并且整个控制过程通过功能键来完成，无需再去调节控制柄。图 1-2 所示为某车型全自动控制系统的控制面板，各功能键的作用如下所述。

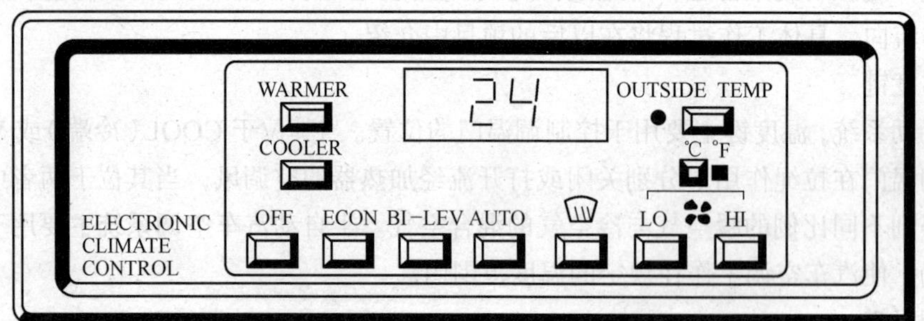

图 1-2 全自动控制系统的控制面板

（1）OFF 键

按下此键即关掉汽车空调，车外空气不再进入车内，可防止车外被废气及灰尘污染的空气进入车内。

（2）ECON 键

此键是经济键。按下此键，温度、鼓风机速度、暖风及新鲜空气的分配都进行自动调节，汽车空调压缩机被关掉，只有新鲜空气或暖风通过鼓风机吹入车内。

（3）AUTO 键

此键是自动键，适用于各种天气状态，一旦达到设定的温度，空调鼓风机将以最低转速运转；若温度发生变化，调节系统会通过改变鼓风机转速和调节温度门进行调节。天气寒冷时，暖空气从下出风口吹出，少部分暖空气吹到风窗玻璃上进行除霜；天热时，冷风从中央出风口吹出。

（4）BI-LEV 键

此键是混合气按键，其工作位置、温度、鼓风机转速的调节与 AUTO 键功能相同，但空气的分配不同，暖风和冷风按给定的路线以相同的流量从中央出风口和下出风口吹出，只有少量空气吹到风挡玻璃上。

（5）DEF 键

此键是除霜键，按下此键，大部分空气通向风窗玻璃进行除霜、除雾。此时空调鼓风机以高速运转。

（6）WARMER 和 COOLER 键

此键用来调节车内温度，范围在 18℃～29℃。按一下 WARMER 键，温度升高 1℃，超过 29℃时，显示“HI”；按一下 COOLER 键，温度下降 1℃，低于 18℃时，显示“LO”。

HI 和 LO 分别对应于全自动空调的最大采暖和最大制冷能力，在这两个位置上，温度自动调节不起作用。

（7）LO-HI 键

此键是一个辅助功能键，是为降低或提高鼓风机转速而设置的。按下 LO 或 HI 键，空调鼓风机的转速就会下降或提高；如果要使 LO 或 HI 键回位，取消其辅助作用，只要按一下其他任何一个键即可。

（8）OUTSIDE　TEMP 键

此键为外部温度键。按下此键，将显示外部温度值，同时该键左侧的检查指示灯亮。天气寒冷时，鼓风机只有在发动机冷却液加温到 50℃时才开始运转，以此键指示温度是否合适。如果点火开关接通后约 1 min，OUTSIDE TEMP 键左边的指示灯闪亮，则表示空调系统有故障；如果在行驶中有故障，光敏二极管同样也会显示。

汽车空调系统的使用方法

在 OUTSIDE　TEMP 键的下方是温度指示选择开关℃和℉键。按下℃键时，显示温度为摄氏温度；而按下℉键时，显示温度为华氏温度。

该面板功能键的组合控制，可以完成对汽车空调系统的自诊断功能，故障码在显示屏幕上自动显示。

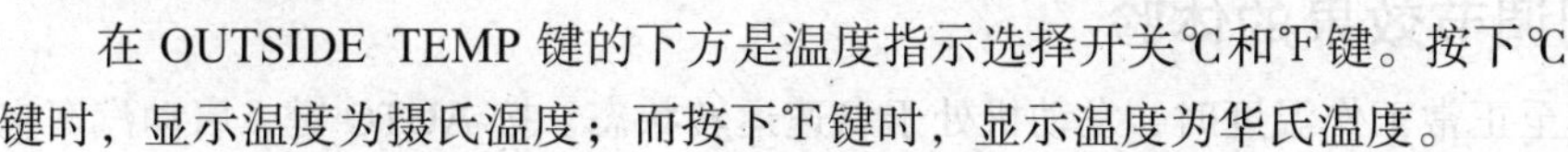

项目实施

【实施条件】

实施地点和要求：拥有多种型号整车的汽车实验室，整车性能良好，汽车空调能正常工作。

实施时间：课程内容最好安排在气温合适的季节，以便体验汽车空调的效果。

教学要求：根据整车数量将学生分成若干小组，每小组 5 人使用一辆整车；实验室应配有小黑板和带写字板的座椅；指导教师先讲解并现场演示，学生再动手操作。

【实施步骤】

一、现场对汽车空调控制面板进行操控

汽车空调控制面板如图 1-3 所示。

图 1-3 汽车空调控制面板

1. 汽车空调控制面板的操控

① 启动发动机，并预热至正常工作温度，使发动机处于怠速运转状态。

② 按 AUTO 键，汽车空调进入工作状态，发动机运转速度提高，出风口出风量大。

③ 天气寒冷时，大部分暖风从下出风口吹出，少部分暖风吹到风挡玻璃上进行除霜。天气炎热时，冷风从中央出风口吹出。

④ 一旦达到设定的温度，汽车空调鼓风机将以最低转速运转；若温度发生变化，调节系统会通过改变鼓风机转速和调节温度门进行调节。

⑤ 按左右两侧的+、－键，改变设定温度。按一下+键，温度升高 1℃，超过 29℃时，显示“HI”；按一下－键，温度下降 1℃，低于 18℃时，显示“LO”。HI 和 LO 分别对应于全自动汽车空调的最大采暖和最大制冷能力。

⑥ 按中间+、－键，可提高或降低鼓风机的转速。

⑦ 关闭空调则再按 AUTO 键即可。

2. 汽车空调调节效果的体验

启动发动机预热至正常工作温度时，发动机处于怠速运转状态。按 AUTO 键，启动汽车空调，此时，发动机转速提高，鼓风机工作，面板中央出风口出风。

① 感受面板中央出风口吹出的凉风（如有其他出风口，也吹出凉风），驾驶室内温度下降，空气湿度降低，感觉越来越舒适。驾驶室温度一旦达到设定的温度，汽车空调鼓风机将以最低转速运转。

② 按调温按钮，改变驾驶室的设定温度，体验温度和出风量的变化。

③ 按调风按钮，改变出风量，体验风量的变化。

④ 按内外循环按钮，改变内外循环，观察和感觉车外空气从进风口进入车内，体验空气质量的变化。

⑤ 按 ECON 键，改变汽车空调的工作模式，观察和感觉压缩机或鼓风机的工作变化，体验汽车空调工作情况的变化。

二、汽车空调系统的总体结构认知

1. 汽车空调在汽车上布置位置的认识

汽车空调部件的布置位置如图 1-4 所示。

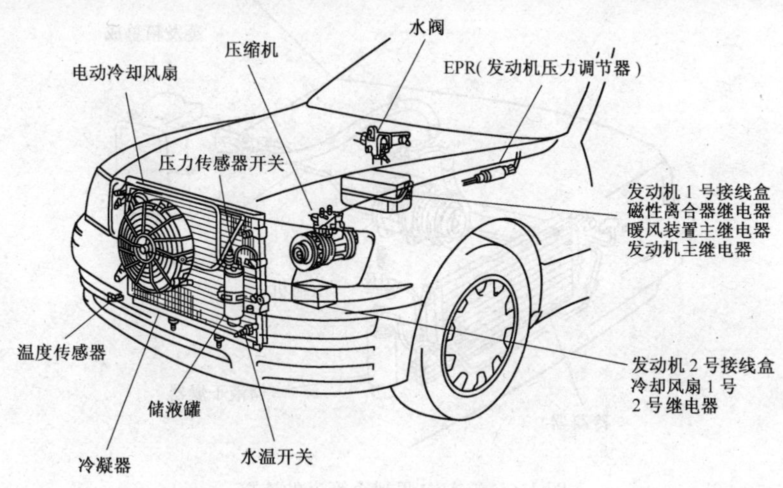

图 1-4　汽车空调部件的布置位置

① 冷凝器和储液干燥器安装在汽车的前部，与汽车发动机散热器左右并排或前后重叠放置，便于冷凝器和储液干燥器通风散热；电动冷却风扇置于冷凝器的前端或后端，以加强通风散热。

② 双重压力开关安装在储液干燥器上，用于感应汽车空调制冷系统高压端的压力。

③ 汽车空调压缩机安装在发动机前端，通过发动机曲轴皮带轮驱动运转工作。

④ 膨胀阀和蒸发器安装在汽车驾驶室的仪表下面，便于向驾驶室吹风配气，如图 1-5 所示。蒸发器位于通风配气通道中；暖风系统加热器、鼓风机也置于其中，夏季将蒸发器周围的低温空气吹入驾驶室，冬季将加热器周围的暖空气吹入驾驶室，如图 1-5 所示。

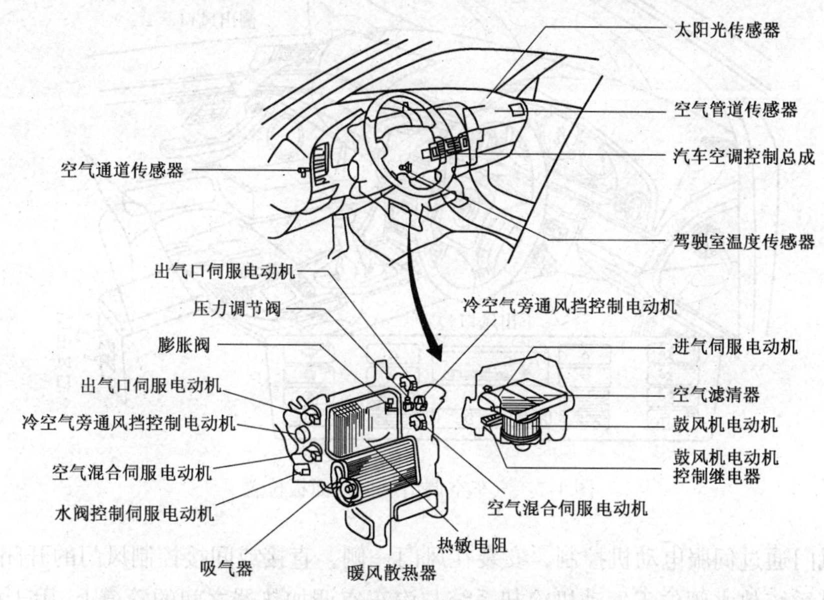

图 1-5　汽车空调通风部件在汽车上的布置

⑤ 由金属管道或橡胶软管连接制冷系统上述各部件，在汽车空调压缩机的作用下，制冷剂在上述部件和管道中循环流动，作为制冷系统热传递的媒介，如图 1-6 所示。

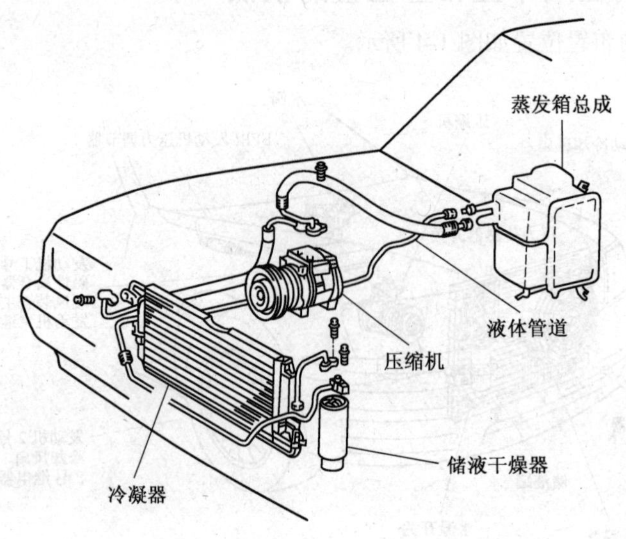

图 1-6　汽车空调制冷管道的连接

⑥ 通风配气通道总体位于驾驶室仪表台的下面。进风口通过进风风门连通前挡风玻璃下的大气和驾驶室室内，进风风门控制汽车空调通风系统的内外循环；出风口通过各气流方式风门连通驾驶室出风口，如仪表台中部出风口、仪表台下部下出风口、驾驶室侧出风口、驾驶室后排座中部的后出风口等。各出风口及控制面板的位置如图 1-7 所示。若某出风口风门打开，则该出风口有暖风（或冷风）吹出。

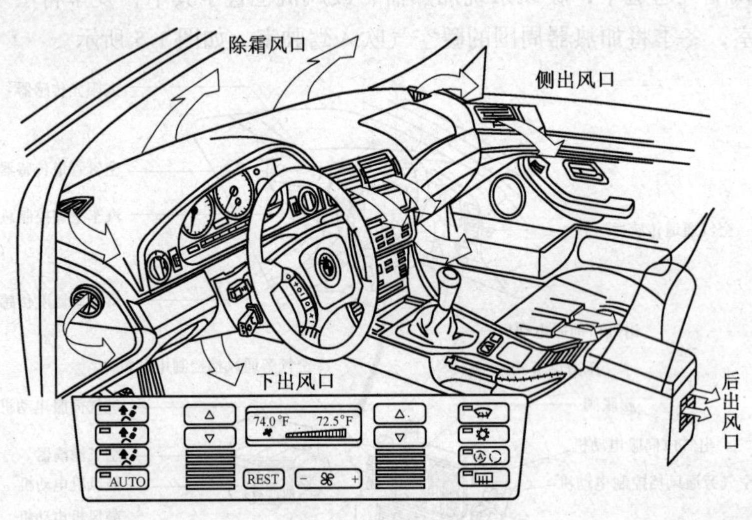

图 1-7　汽车空调出风口及面板位置

⑦ 各风门通过伺服电动机控制，安装在风门一侧，直接或间接控制风门的开闭和转动。

⑧ 暖风系统热水阀位于发动机冷却系统与汽车空调加热器之间的管道上，用于控制发动机

热水进入加热器的量。

⑨ 汽车空调控制面板位于驾驶室仪表板的中部，驾驶员可通过右手进行操作控制。

⑩ 室外温度传感器位于汽车前保险杠处，不受发动机高温的影响，能够真实地感应车外温度；室内温度传感器位于通风口的进风管道内，用于感应驾驶室温度；蒸发器温度传感器位于蒸发器散热片之间，用于感应蒸发器的表面温度；发动机水温传感器安装在发动机水循环管道上，有的与发动机电脑共用；太阳光传感器位于仪表台上、挡风玻璃下，用于感应太阳光的强弱。空气质量传感器的位置与室内温度传感器相同。

⑪ 汽车空调系统电路中各继电器和熔断丝位于发动机舱接线盒中。

⑫ 汽车空调控制电脑位于驾驶室仪表台下。

2. 汽车空调各部件工作情况的观察

① 汽车空调工作过程中，压缩机离合器有吸合和不吸合两种情况，即压缩机有运转工作和不工作两种情况。

② 汽车空调工作过程中，散热器和冷凝器风扇有低速运转和高速运转两种情况。

③ 汽车空调工作过程中，在储液干燥器上的视液窗处观察制冷剂的流动情况，如图 1-8 所示。视液窗有透明、气泡、泡沫、油纹和雾状几种情形，如图 1-9 所示。

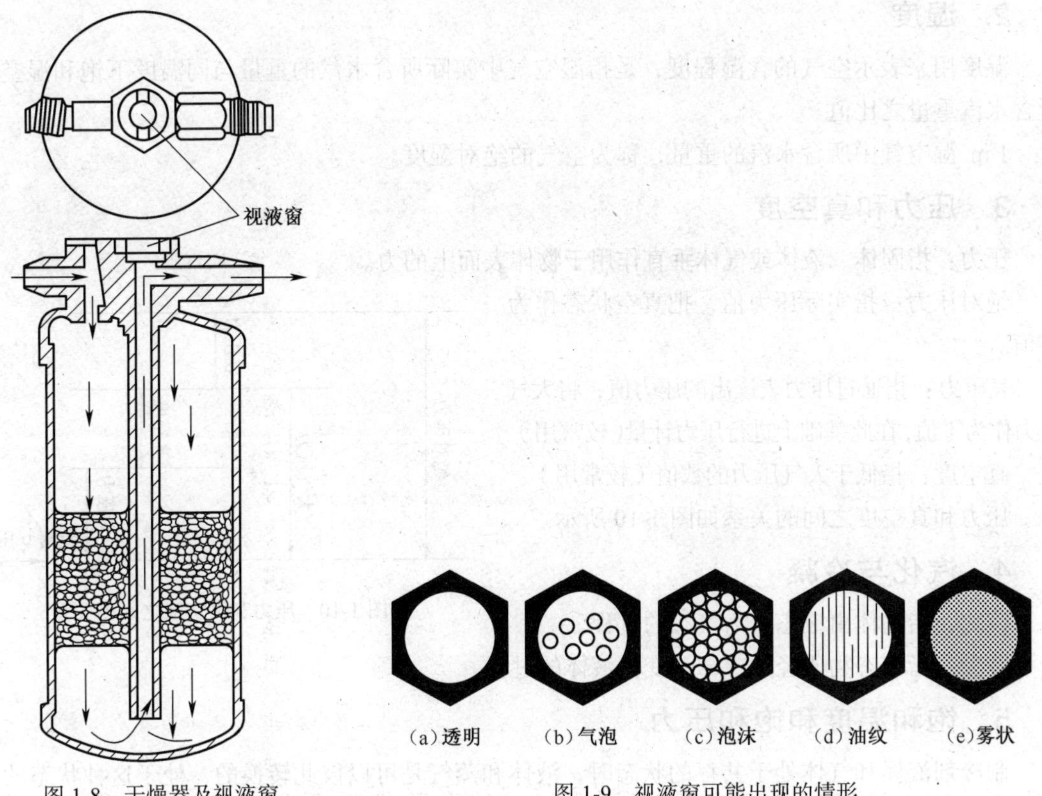

图 1-8 干燥器及视液窗

图 1-9 视液窗可能出现的情形

④ 汽车空调工作过程中，亲手触摸制冷系统的高压管道和低压管道，以感觉温度的差别和变化。

拓展知识

一、热力学基础知识

1. 温度

温度是用来衡量物体冷热程度的物理量。

干球温度：通常指使用温度计所测量的空气温度。

湿球温度：由于湿纱布上的水蒸发吸收相应的汽化潜热，湿球温度计上的读数比干球温度计上的读数要小一些，此时的温度称为湿球温度。

干、湿球温度差：指湿球温度低于干球温度的差值。

露点温度：当空气湿度达到 100%，干、湿球温度相同时，空气中的水汽便成为饱和状态，其中一部分水凝结成露水，此时的温度为露点温度。

冷凝温度：指制冷剂在一定压力下，由气态变成液态时的温度。

蒸发温度：指制冷剂在低压下，由液态汽化时的温度。

2. 湿度

湿度用来表示空气的含湿程度，是指湿空气中实际所含水汽的重量与同温度下饱和湿空气所含水汽重量之比值。

1 m^3 湿空气中所含水汽的重量，称为空气的绝对湿度。

3. 压力和真空度

压力：指固体、液体或气体垂直作用于物体表面上的力。

绝对压力：指实际压力值，把真空状态作为零值。

表压力：指通过压力表读出的压力值，将大气压力作为零值，在此基础上进行压力计量（较常用）。

真空度：指低于大气压力的数值（较常用）。

压力和真空度之间的关系如图 1-10 所示。

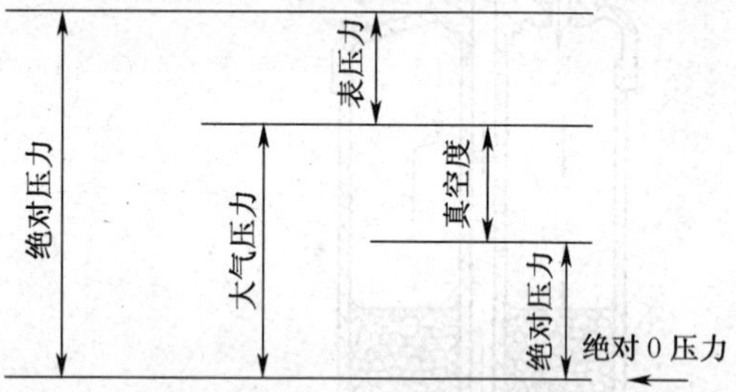

图 1-10 压力和真空度之间的关系

4. 汽化与冷凝

汽化：指物体由液态变为气态的过程。

冷凝：指气态物质经过冷却转变为液体的过程。

5. 饱和温度和饱和压力

制冷剂液体和气体处于共存的状态时，液体和蒸气是可以彼此转换的，处于这种状态的制冷剂蒸气称为饱和蒸气。

饱和蒸气的温度称为饱和温度，温度降低时，蒸气将变为液体，放出液化潜热；温度升高则相反。

饱和蒸气的压力称为饱和压力，压力降低时，液体将变为蒸气，吸收汽化潜热；压力升高则相反。

6. 热量和热容

热量：温度变化的大小和出入的热量成正比，这种热的量称为热量。热量传递有 3 种形式：传导、对流、辐射。

热容：把单位质量物体的温度升高 1K 所需要的热量称为热容。

7. 显热与潜热

水在达到 100℃以前，加热会使水的温度上升，这种能用温度计测量出的所加的热称为显热。

水在达到 100℃以后，加热不能使水的温度升高，但可以使液体变成为气体，这时所加的热称为潜热。潜热分为汽化潜热、液化潜热、固化潜热、升华潜热、溶解潜热。

物体的显热与潜热关系如图 1-11 所示。

8. 节流

在流体通路中，若通道突然缩小，液体压力便下降，如果此时产生气体，则总体积还要增大，这种变化称为节流，如图 1-12 所示。

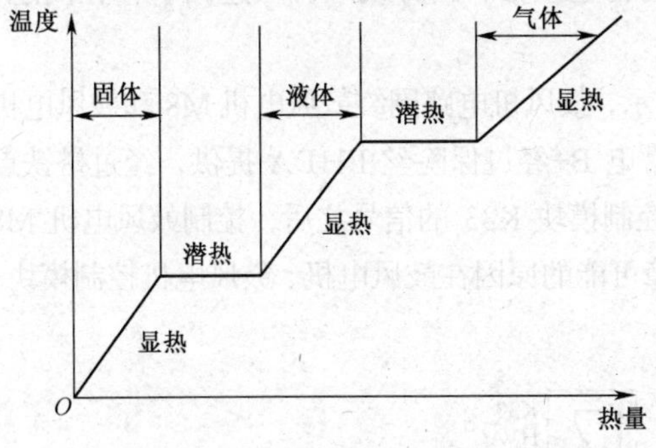

图 1-11　物体的显热与潜热关系

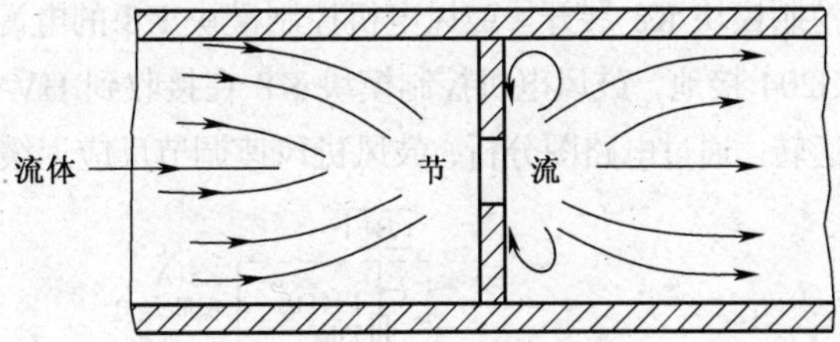

图 1-12　流体的节流

9. 制冷能力和制冷负荷

单位时间内所能转移的热量称为制冷能力。

汽车空调必须将来自车外的辐射、热传递和人体散发出的热量，排到大气中去，这种热量的总和称为热负荷。

二、热力学基础知识在汽车空调制冷系统中的应用

① 汽车空调压缩机将制冷剂压缩，升高制冷剂压力，使其达到饱和蒸气温度，并进入冷凝器进行降温液化。

② 在冷凝器中，冷凝器风扇将制冷剂降温，使制冷剂温度达到饱和蒸气温度以下而液化，放出大量的液化潜热，并排入大气中。

③ 制冷剂经管道和干燥器，进入膨胀阀，膨胀阀将制冷剂节流→膨胀→降压，使制冷剂达到饱和蒸气压力，并进入蒸发器进行汽化。

④ 汽化的制冷剂在蒸发器中吸收大量的汽化潜热，将蒸发器周围的空气温度降低，低温空气在鼓风机的作用下，循环流入驾驶室，以降低驾驶室的空气温度。

⑤ 同时，蒸发器外表面温度降低，当低于空气中水蒸气的饱和蒸气温度时，水蒸气液化成

水排出驾驶室，使驾驶室湿度降低，从而达到除湿效果。

实战案例 别克英朗 GT 轿车空调控制面板反应迟缓

一、故障现象

有 1 辆 2012 款别克英朗 GT 轿车，行驶里程约 25000km，配置自动空调系统。驾驶员反映调节鼓风机风速时按键（见图 1-13）反应迟缓，有时需要多次按动才有作用。

启动发动机，打开鼓风机，按动鼓风机风速调节按键，感觉风速调节反应滞后，多次按动按键之后，风速指示灯才会变化，风速才会改变，经过多次验证依然如此。

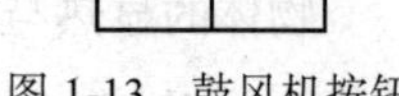

图 1-13 鼓风机按钮

二、故障分析

对车辆进行试车，发现汽车行驶正常，发动机运转也正常，只有鼓风机风速调节存在问题，故障可能与鼓风机系统有关。

查阅相关资料，别克英朗鼓风机电路如图 1-14 所示，鼓风机电路围绕鼓风电机 M8 和鼓风电机控制模块 K8 展开。鼓风电机控制模块 K8 的电源由常电 B+经过保险丝 F11DA 提供，经过搭铁点 G204 接地，鼓风电机控制模块 K8 在接收到 HVAC 控制模块 K33 的信号之后，控制鼓风电机 M8 运转。通过电路图分析，鼓风机风速调节反应迟缓故障可能的原因在鼓风电机、鼓风电机控制模块。

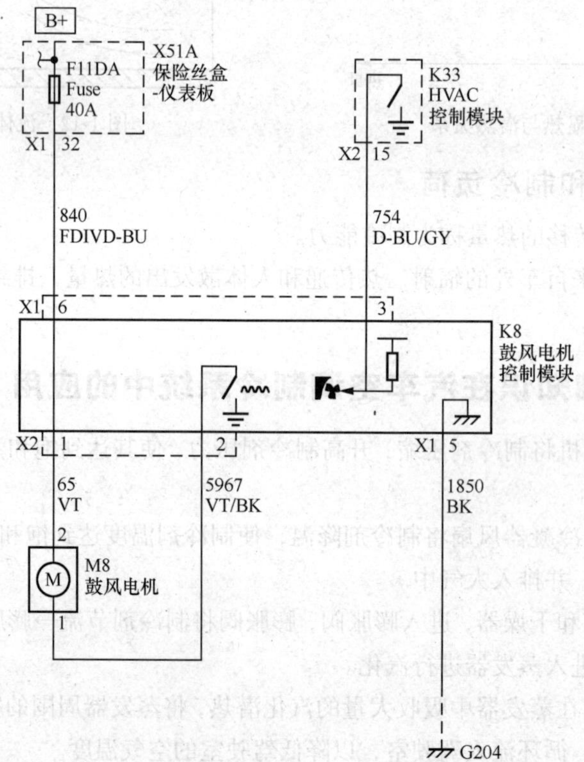

图 1-14 别克英朗鼓风机电路图

三、故障排除

根据前期的故障分析和所查阅的资料，应重点检查鼓风电机和鼓风电机控制模块。对鼓风电机、鼓风电机控制模块、空调面板等部件进行初步外观检查，未发现明显断路、插头脱落等现象。初步检查并未发现明显故障，笔者尝试读取故障码，看能否找到排除故障的线索。将故障诊断仪连接到诊断插口，读取发动机系统、空调系统故障码，均未发现故障码。

外观检查和读取故障码都没有线索，该故障的维修一度陷入困境。尝试检查鼓风电机、鼓风电机控制模块等电子元件。用万用表检测鼓风电机 M8 的 1 号、2 号端子分别到鼓风电机控制模块 K8 的 2 号、1 号端子的线束电阻，电阻均小于 1Ω，该线束正常。将鼓风电机 M8 的 1 号、2 号端子直接连到蓄电池正负极，鼓风电机运转正常，初步判断鼓风电机无故障。检查鼓风电机控制模块 K8 供电线路和搭铁线路，用万用表检测鼓风电机控制模块 K8 的 6 号端子电压为 12.6V，供电线路正常，检测鼓风电机控制模块 K8 的 5 号端子至搭铁的电阻，电阻值小于 1Ω，搭铁线路正常。

经过前面的检查，没有发现故障原因，也没有明确的故障线索，故障的原因指向鼓风电机控制模块本身，下一步准备更换鼓风电机控制模块。在更换鼓风电机控制模块之前，向驾驶员详细地询问了故障出现的过程。驾驶员反映该故障已经出现 2 ~ 3 个月，刚开始按动风速调节按钮时，风速调节反应只是稍微有些迟缓，后来反应越来越慢。接着驾驶员又提供了一个重要线索，故障现象的出现是在安装车载导航之后。由此想到安装车载导航，应该会动空调控制面板，故仔细观察空调控制面板，在点火钥匙打开时，空调控制面板的背景灯会闪烁几次，按动空调系统其他按钮时，也存在反应迟缓的现象，所以故障不仅仅是鼓风机风速调节反应迟缓，应该是空调面板反应迟缓，接着查阅空调控制面板电路图（见图 1-15）。

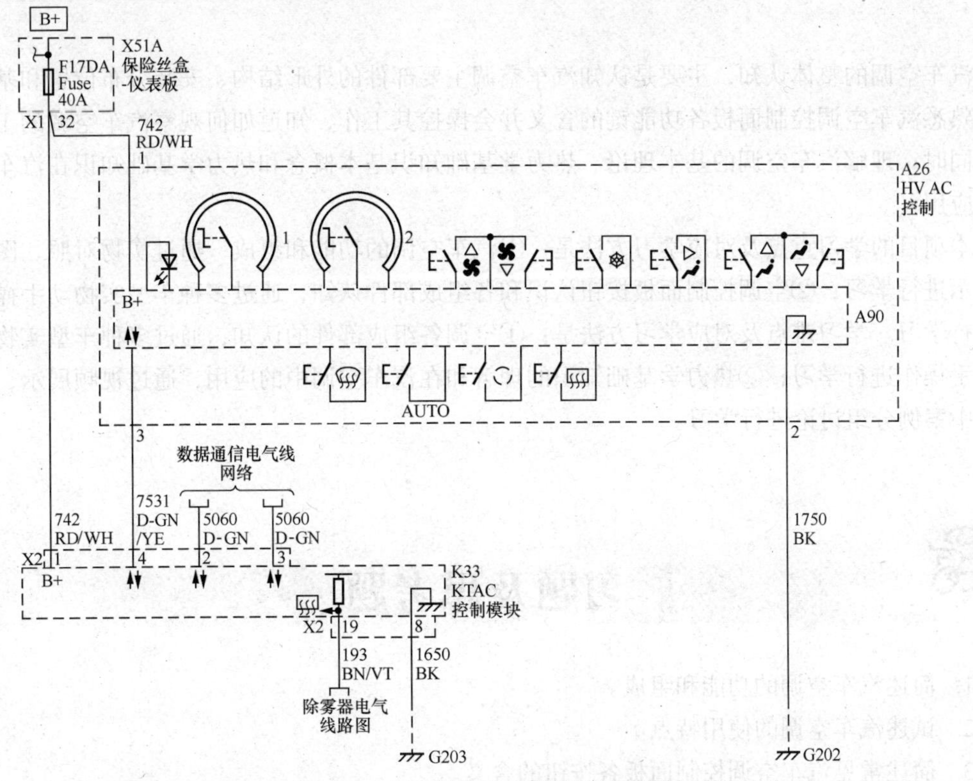

图 1-15　别克英朗空调控制面板电路图

空调控制面板 A26 的电源由常电 B+经过保险丝 F17DA 提供，经过搭铁点 G202 接地，空调控制面板 A26 通过数据线与 HVAC 控制模块连接。初步检查空调控制面板 A26 供电线路和搭铁线路，用万用表检测空调控制面板 A26 的 1 号端子电压为 12.6V，供电线路正常；检测空调控制面板 A26 的 2 号端子至搭铁的电阻，电阻值约 60Ω，搭铁电阻过大。观察空调控制面板的插接头，发现搭铁线 1750BK 接头有锈蚀现象。

将空调控制面板插接头的锈蚀除去，并将插接头接好，安装好控制面板，重新启动发动机，鼓风机风速调节正常，滞后现象消失，其他按键也能正常工作，故障排除。

四、故障总结

该故障的出现应该是安装车载导航设备过程中，安装人员拆装过空调控制面板，插接头在拆装过程中沾上汗渍或进水，导致插接头出现锈蚀现象。插接头的锈蚀特别是搭铁线接头的锈蚀，导致空调控制面板电路搭铁不良，出现面板的按键反应迟缓。

该故障的排除过程比较曲折，主要是由于故障现象误导所致，最初以为仅仅是鼓风机风速调整迟缓，将排除故障的思路集中于鼓风机系统，后面通过仔细观察和询问，才弄清鼓风机风速调整迟缓只是现象之一，整个空调面板的操作均出现迟缓，最后才将故障顺利排除。

小　结

汽车空调的整体认知，主要是认知汽车空调主要部件的外形结构、安装分布位置和基本功能，熟悉汽车空调控制面板各功能键的含义并会操控其工作，知道如何观察汽车空调的工作状况。同时，理解汽车空调的基本理论、热力学基础知识基本概念和热力学基础知识在汽车空调中的应用。

本项目的学习重点及对应学习方法是：①汽车空调的功能和组成，通过实物对照、图片视频展示进行学习；②空调控制面板按钮认识和各组成部件认知，通过多种车型实物动手操作体验进行学习。学习难点及对应学习方法是：①空调各组成部件的认知，通过多种车型实物对照并动手操作进行学习；②热力学基础知识的理解和在汽车空调中的应用，通过视频展示，结合实际中案例分组讨论进行学习。

习题及思考题

1. 简述汽车空调的功能和组成。
2. 试述汽车空调的使用特点。
3. 简述常见汽车空调控制面板各按钮的含义。

4. 试述汽车空调主要部件在汽车上的布置位置。
5. 解释饱和温度、饱和压力、液化潜热、汽化潜热和节流等名词。
6. 理解上述名词在汽车空调制冷系统中的应用。

项目二 汽车空调完全不制冷故障检修

项目要求

汽车空调完全不制冷是汽车空调的常见故障之一。本项目以汽车空调完全不制冷故障为载体，通过对汽车空调完全不制冷故障检测和维修过程的学习和实施，使读者在掌握汽车空调制冷系统的结构与工作原理的同时，具备对上述故障进行分析与排除的能力，学会使用汽车空调制冷系统制冷剂检漏和加注的常见设备。

汽车空调完全不制冷故障，往往是制冷系统的制冷剂完全泄漏造成的，本项目主要针对制冷系统的制冷剂完全泄漏问题来讲解相关的知识，并训练解决此问题所需的相应能力。

【知识要求】

1. 理解汽车空调制冷系统的作用、组成和工作路线
2. 理解汽车空调制冷系统两种类型（膨胀阀和孔管）的工作原理
3. 掌握汽车空调制冷系统的各种检漏方法和各种检漏仪的正确使用方法
4. 掌握汽车空调制冷剂的回收专用设备的正确使用方法

【能力要求】

1. 能对汽车空调制冷系统进行常规的基本检查
2. 能对汽车空调制冷系统进行各种方法的检漏操作
3. 能正确使用汽车空调制冷剂的回收专用设备
4. 熟练掌握汽车空调制冷系统加注制冷剂的各项操作

重点掌握内容：汽车空调系统的检漏和制冷剂加注，汽车空调维修专用设备的使用。

相关知识

一、汽车空调制冷系统的功能与组成

1. 基本功能

空调系统的组成

调节车内温度是汽车空调制冷系统的基本功能。汽车空调制冷系统的第二个功能是调节车内的湿度。

2. 组成

制冷系统的主要部件有压缩机、冷凝器、储液干燥器、膨胀阀、蒸发器、导管与软管、压力开关等，如图 2-1 所示。各主要部件的名称、功用及实物图片对照如表 2-1 所示。

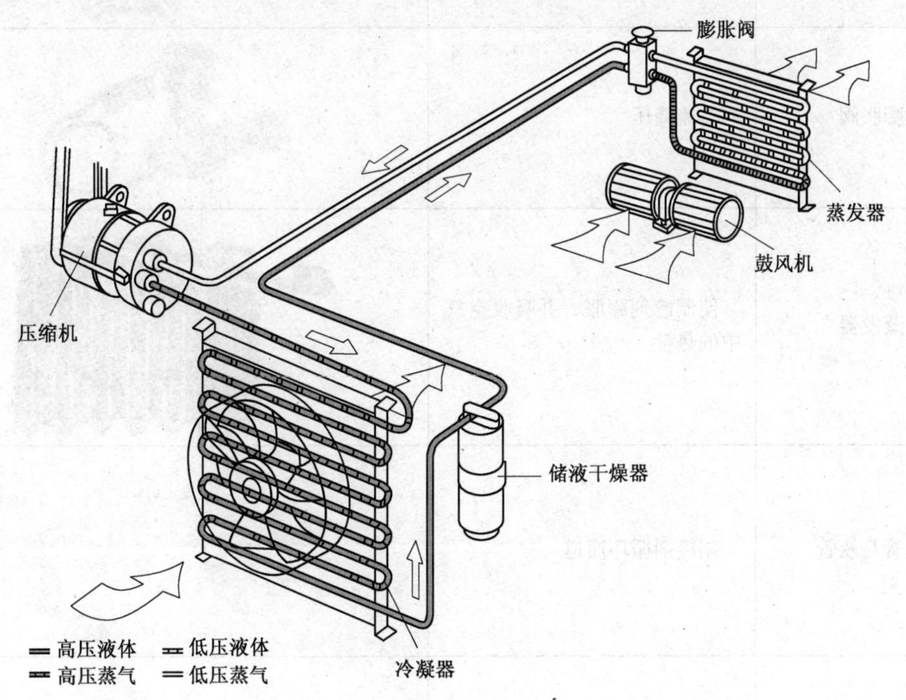

图 2-1　汽车空调制冷系统的组成

表 2-1　汽车空调制冷系统主要元部件的名称、功用和实物图片对照表

元部件	功　用	图　示
压缩机	压缩制冷剂，使制冷剂在系统中循环	

续表

元部件	功　用	图　示
冷凝器	对从压缩机排出的气态制冷剂散热降温，使其变成液态制冷剂	
储液干燥器	储存制冷剂、干燥水分、过滤杂质	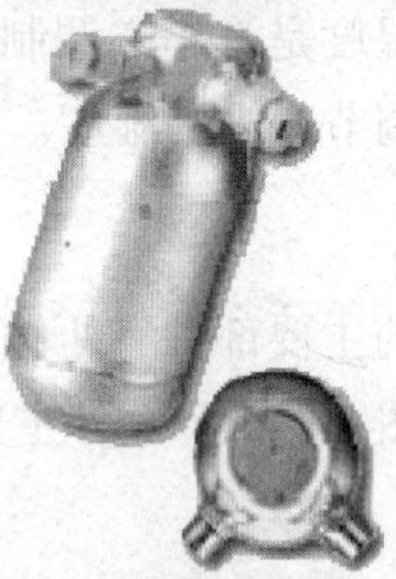
膨胀阀	节流降压	
蒸发器	使制冷剂膨胀，并吸收空气中的热量	
导管与软管	制冷剂循环通道	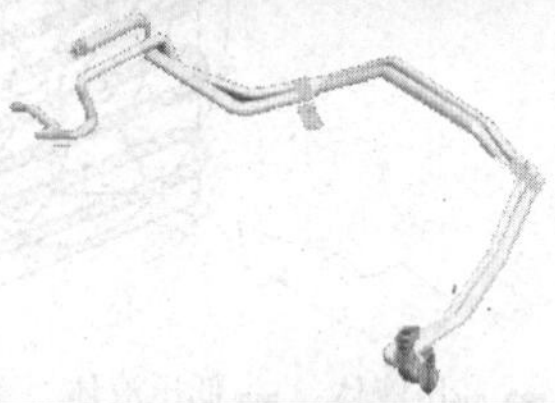
压力开关	在制冷系统高压侧压力过高、过低时，使制冷系统停止工作	

二、汽车空调制冷系统的工作原理和分类

1. 工作原理

汽车空调制冷系统的工作原理如图 2-2 所示。

压缩过程：汽车空调压缩机吸入蒸发器出口的低温低压制冷剂气体，把它压缩成高温高压气体排出压缩机，经管道进入冷凝器。

放热过程：高温高压的过热制冷剂气体进入冷凝器后，由于温度的降低，达到制冷剂的饱和蒸气温度，制冷剂气体冷凝成液体，并放出大量的液化潜热。

节流过程：温度和压力较高的制冷剂液体通过膨胀装置后体积变大，压力和温度急剧下降，以雾状排出膨胀装置。

吸热过程：雾状制冷剂液体进入蒸发器，由于压力急剧下降，达到饱和蒸气压力，制冷剂液体蒸发成气体。蒸发过程中吸收大量的汽化潜热，变成低温低压气体后，再次循环进入压缩机。

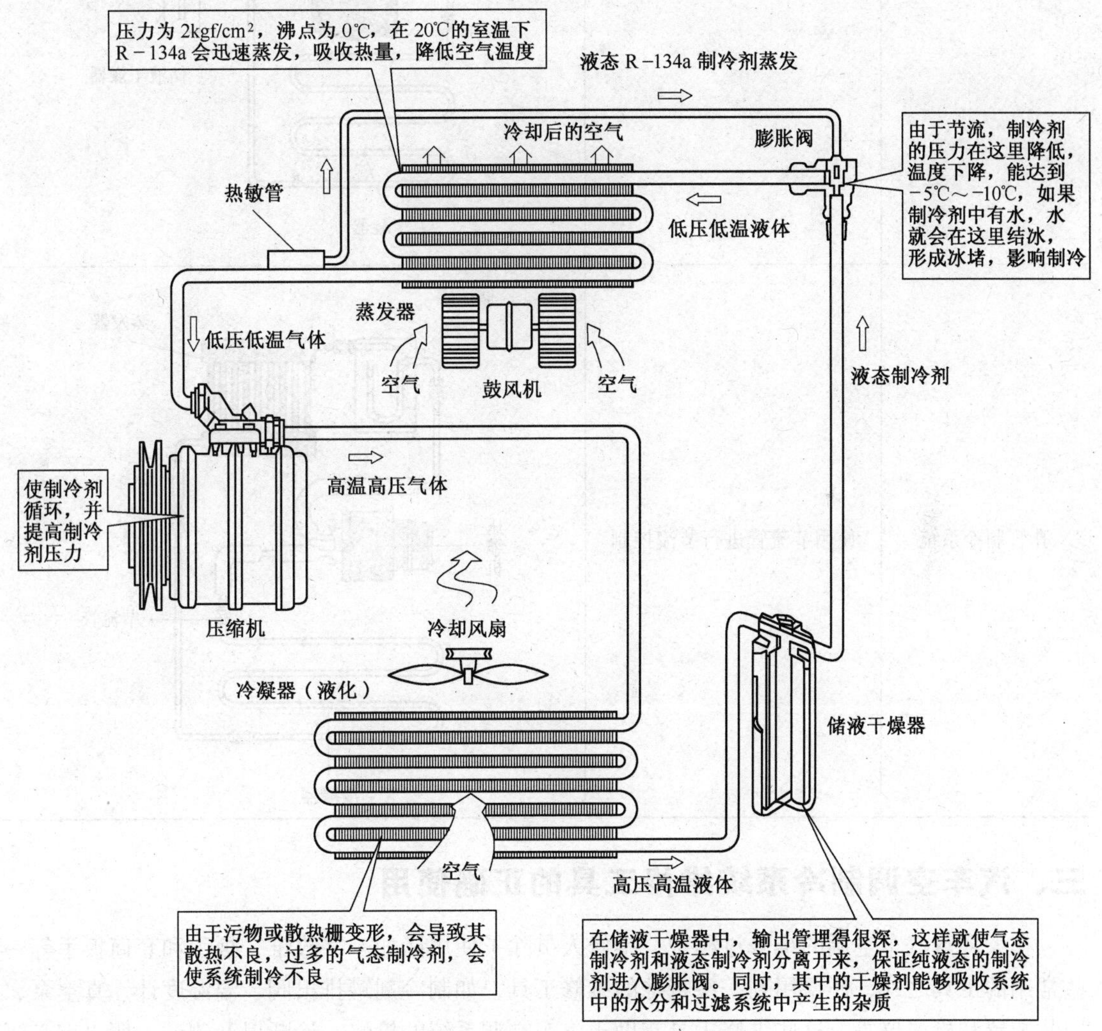

图 2-2　汽车空调制冷系统的工作原理

2. 分类

汽车空调制冷系统可分为膨胀阀制冷系统和孔管制冷系统，二者的区别如表 2-2 所示。

表 2-2　　膨胀阀制冷系统与孔管制冷系统的区别

制冷系统类型	特　点	图　示
膨胀阀制冷系统	使用膨胀阀进行节流控制	蒸发器 膨胀阀 压缩机 储液干燥器 冷凝器
孔管制冷系统	使用节流管进行节流控制	储液罐 蒸发器 压缩机 节流管 冷凝器

三、汽车空调制冷系统维修工具的正确使用

在大多数汽车空调的维修过程中，维修人员除了使用诸如一字改锥、扳手和套筒扳手等一些常用的工具之外，还要用到一些特殊的维修工具，如制冷剂罐排出阀、温湿度计、真空泵、回收装置和检漏仪等。这些维修工具有助于汽车空调系统的检修、诊断以及测试，所以有必要掌握它们的使用方法，并熟悉其使用注意事项。

1. 检漏仪的正确使用

汽车空调系统中的泄漏通常为冷泄漏或热泄漏。冷泄漏是指当系统未处于工作温度和压力下，如汽车在夜间停放时所发生的泄漏现象；热泄漏则指系统处于高压周期时，如汽车在交通

阻塞或缓慢移动时所产生的泄漏。

检测汽车空调系统泄漏的方法有很多，简单的用肥皂液，复杂的利用电子汽车空调检漏仪等工具，关于这些工具的具体应用，后面将会介绍。

（1）检漏方法

可用如下方法和仪器来检查汽车空调系统的渗漏。

① 气泡检查法。这是一种在被怀疑渗漏点外表面使用某种溶液的方法。如有渗漏发生，就会产生气泡和泡沫，肥皂水的检查效果就很好。

② 染料溶液。这是一种可以放入汽车空调器的有色溶液。在渗漏处，染料会显示，而且零件会着色。有些制造厂商供应含有红染料的制冷剂，这种制冷剂也是用正常方法装入汽车空调器。其他染料溶液还有浅黑色的。

染料或示踪液可帮助准确地确定小的泄漏。围绕泄漏点着上一层有色薄膜染料就可显示出准确的位置。依据所使用的染料，薄膜可以是橘红色或黄色。染料一旦被吸入汽车空调系统，它就可以保持到系统被清洗为止，而丝毫不会影响系统的运行。

可供应含有染料的制冷剂用于内漏检漏仪。使用这类材料无须一些制造厂商的担保。可借助说明书或染料制冷剂检漏仪，使用有关厂家的方法，有把握地进行泄漏检查。

③ 荧光检漏仪。这种检漏仪将定量的紫外线敏感染料引入系统，汽车空调运行几分钟就能使染料在系统内流通，然后用一台紫外线灯照出泄漏的精确位置，如图 2-3 所示。虽然紫外线检漏法比较昂贵，但它能够精确确定微小的泄漏。

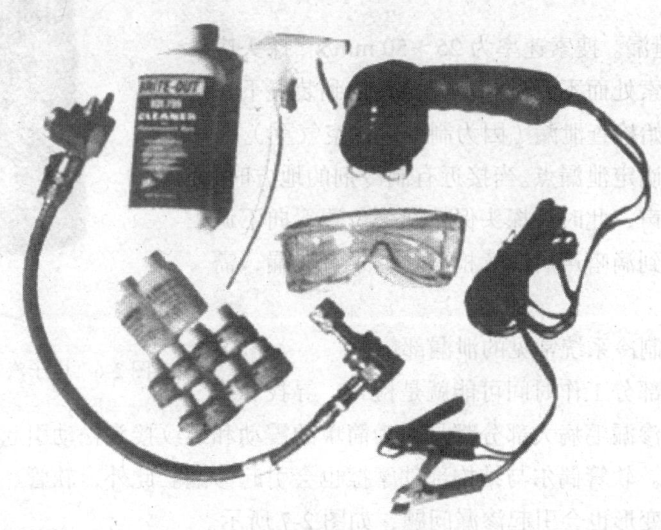

图 2-3　荧光检漏仪

④ 卤化物（丙烷）吹管。这种检漏仪利用丙烷火焰进行检查，如图 2-4 所示。丙烷火焰可以将渗漏的制冷剂吸到一个热的铜合金反应板上。火焰产生惊人的颜色变化即表示有制冷剂渗漏（表示不密封）。这种检漏仪必须在通风良好的区域使用，绝不能在有爆炸性气体的空间使用。建议尽量不使用这种检漏仪，因为明火有危险而且会生成有害气体。

⑤ 电子汽车空调检漏仪。这种检漏仪可以通过探针吸收任何漏出的制冷剂，如图 2-5 所示。它发现制冷剂时，就会发出声响报警或发出闪烁光。电子汽车空调检漏仪是所使用的密封检漏

仪中灵敏度最好的检漏仪。

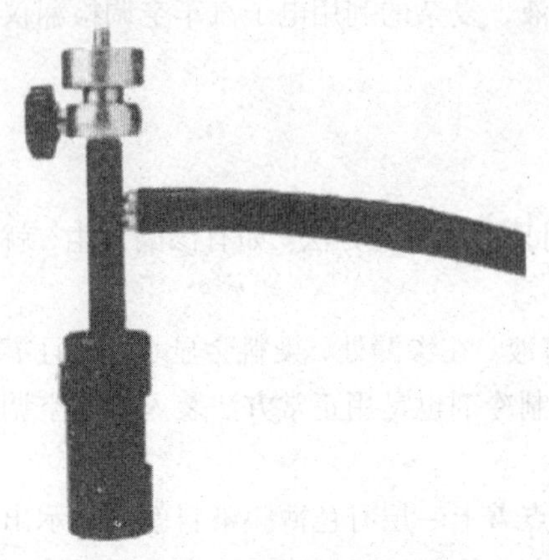
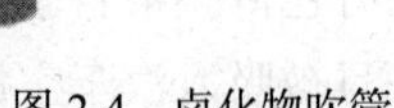

图 2-4　卤化物吹管

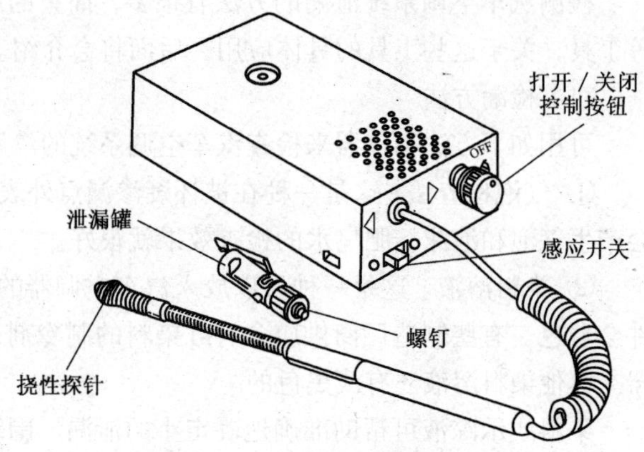

图 2-5　电子汽车空调检漏仪

（2）电子汽车空调检漏仪的使用方法

下面以 ROBINAIRl6500（见图 2-6）为例，讲解电子汽车空调检漏仪的使用方法。

① 旋转 ON/OFF 开关到 ON。

② 将灵敏度开关拨至 LEVEL1（R-12）或 LEVEL2（R-134a）。

③ 调节平衡。调节平衡直到听到最大的警报声，再往回调节直至听到缓慢连续的滴嗒声，且最下面的指示灯有一个闪亮。

④ 开始搜索泄漏。搜索速率为 25～50 mm/s。探头应尽可能地靠近被搜索处而不要碰到。把探头伸到装置下，围绕系统的底部开始检查泄漏（因为制冷剂比空气重）。

⑤ 调节平衡，确定泄漏点。当接近有制冷剂的地方时，检漏仪会发出警报声，此时让探头保持同一位置，向下调节平衡控制，当听到滴嗒声后继续检查。如果有泄漏，需要调节几次平衡。

图 2-6　电子汽车空调检漏仪的外观

（3）汽车空调制冷系统常见的泄漏部位

维修人员的大部分工作时间可能就是检查、寻找和修理渗漏问题。许多渗漏毛病大部分都是因为简单的震动和螺纹接头松动引起的。拧紧这些部位就会解决密封问题。软管偶尔与结构部件摩擦也会引起渗漏。此外，软管、密封圈、压力卸压阀、易熔销等零件变形也会引起渗漏问题，如图 2-7 所示。

2. 真空泵的正确使用

（1）制冷系统抽真空

首先将歧管压力计中间的黄色软管接真空泵接口（见图 2-8），再打开歧管压力计高低压阀，并插上电源插头，然后打开电源开关启动真空泵，就可以对汽车空调制冷系统抽真空了。

（2）制冷系统加注冷冻润滑油

真空泵的操作方法与上述相同，只是歧管压力计的另两根软管中的一根，不接压力计端，而是插入盛装冷冻润滑油的量瓶中，吸入冷冻润滑油进入制冷系统。

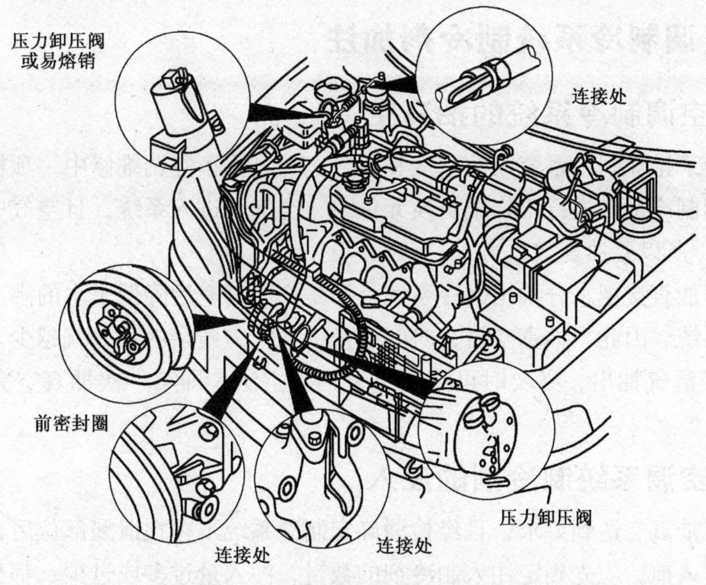

图 2-7　制冷剂易泄漏的部位

图 2-8　真空泵

3. 温湿度计

温湿度计是用来测量温度和湿度的仪器，如图 2-9 所示。

湿度用来表示空气的干湿程度。空气由不含水蒸气的空气（干燥空气）和含水蒸气的空气组成，水蒸气量的多少就用湿度来表示。

常用的湿度测量是测相对湿度。相对湿度是空气在某一已知温度下实际含有的水蒸气量与空气在该温度下所能含的水蒸气量之比。例如，相对湿度是 50%，则空气能含有的水蒸气量是该温度下实际含有水蒸气量的 2 倍。

空气含有的水蒸气量随空气的温度而变化。如果空气的温度上升，则空气所能含有的水蒸气的量也增加。所以，如果空气温度上升，而空气中含有的水蒸气的量保持不变，则相对湿度降低。

空调系统检修的注意事项

图 2-9　温湿度计

四、汽车空调制冷系统制冷剂加注

1. 汽车空调制冷系统的抽真空

抽真空是为了排除制冷系统内的空气和水分，它是汽车空调维修中一项极为重要的工序。因为对汽车空调制冷系统进行维修或更换元件时，空气会进入系统，且空气中含有一定量的水蒸气（湿空气），所以要抽真空。

抽真空并不能直接把水分抽出制冷系统，而是产生真空后降低了水的沸点，水分化成蒸气后被抽出制冷系统。因此，抽真空时，时间越长，系统内残余的水分就越少。为最大限度地将系统内的空气及湿气抽出，必要时可采用重复抽真空法，即第一次抽真空完毕后，再继续抽 30 min 以上。

2. 汽车空调系统制冷剂的注入

当制冷系统抽真空达到要求，且经检漏确定制冷系统不存在泄漏部位后，即可向制冷系统注入制冷剂。注入前，应先确定注入制冷剂的数量，注入量过多或过少，都会影响汽车空调的制冷效果。维修手册或压缩机的铭牌上一般都标有所用制冷剂的种类及其注入量。

注入制冷剂的方法有两种：一种是从压缩机排气阀（高压阀）的旁通孔（多用通道）注入，称为高压端注入，注入的是制冷剂液体，其特点是安全、快速，适用于制冷系统的第一次注入，即经检漏、抽真空后的系统注入。但用该方法时必须注意，注入时不可开启压缩机（发动机停转），且制冷剂罐要求倒立。另一种是从压缩机吸气阀（低压阀）的旁通孔（多用通道）注入，称为低压端注入，注入的是制冷剂气体，其特点是注入速度慢，可在系统补充制冷剂的情况下使用。

3. 汽车空调系统制冷剂的补充与排放

（1）制冷剂的补充

制冷剂的排放

如果汽车空调系统的制冷剂不足并非由于管道暴露于空气之中或因大量泄漏，从而导致水分和空气进入汽车空调系统，而是经过一段时间运行后，由于汽车震动等原因，使汽车空调系统某些部位的接头松动而导致制冷剂泄漏，制冷效果变差。经过查漏、排漏后，不必排空原有的制冷剂、抽真空后再注入制冷剂，直接从低压侧向系统补充不足的制冷剂即可。

（2）制冷剂的排放

由于修理或其他原因，需将系统内的制冷剂排放掉。其排放方法有两种：一是将制冷剂放到大气中，但此法污染环境；二是回收制冷剂，但要有回收装置。排放时，周围环境一定要通风良好，不能接近明火，否则会产生有毒气体。

4. 冷冻润滑油的加注

汽车空调制冷系统大修后，压缩机的冷冻润滑油需要按照规范加注，平时也要定期检查，发现量减少时必须及时补充。

压缩机冷冻润滑油量的检查方法有两种，即观察油尺和观察视镜。

项目实施

【实施条件】

实施地点和要求：拥有多种型号整车的汽车实验室，整车性能良好，汽车空调能正常工作；真空泵、汽车空调制冷剂回收专用设备、各种形式的检漏仪等空调维修设备；教学过程中，需设置汽车空调完全不制冷故障，然后进行教学演示和学生动手操作。

实施时间：课程内容最好安排在气温较高的季节，使学生能体验汽车空调的完全不制冷故障被排除后的成就感。

教学要求：根据整车数量将学生分成若干小组，每小组 5 人使用 1 辆整车；实验室应配有小黑板和带写字板的座椅；指导教师先讲解并现场演示，学生再动手操作。

【实施步骤】

一、汽车空调制冷系统的常规检查

汽车空调完全不制冷故障的发生，往往伴随着压缩机不工作、冷凝器风扇不工作或散热器风扇不工作。因此，发生此故障时，一般先检查导致汽车空调压缩机、冷凝器和散热器风扇不工作的外部原因，如风扇皮带有无松脱、电路导线有无松脱、冷却管道接头处有无明显的油迹（制冷剂泄漏时带出的冷冻润滑油）等。此外，还应对制冷系统进行以下检查。

1. 处理故障之前的注意事项

① 检查发动机冷却液位，启动发动机并使其升温到正常工作温度。

② 继续检查之前，矫正所有异常现象。

③ 因需准确测量，检查时要使用数字式电路检测仪。

④ 实施任何故障处理之前，检查相关的保险丝、继电器、接地点和线路插头的清洁状况和紧固程度。

2. 散热器风扇故障的检查

① 检查发动机盖下继电器盒中和仪表板下继电器盒中的散热器保险丝是否正常。

② 检查发动机盖下继电器盒中的继电器及其插座是否正常。

③ 检查仪表板下继电器盒中的散热器保险丝与风扇继电器之间的线路是否断路。

④ 检查散热器风扇继电器与散热器风扇之间的导线是否断路。

⑤ 检查散热器风扇与车体接地之间的导线是否断路和接地不良。

⑥ 检查散热器风扇控制模块的输入线路和输出线路及接地是否正常。

⑦ 检查散热器更换风扇电动机。

3. 冷凝器风扇故障的检查

① 检查发动机盖下继电器盒中和仪表板下继电器盒中的冷凝器保险丝是否正常。

② 检查发动机盖下继电器盒中的继电器及其插座是否正常。

③ 检查仪表板下继电器盒中的冷凝器保险丝与风扇继电器之间的线路是否断路。

④ 检查冷凝器风扇继电器与风扇之间的导线是否断路。

⑤ 检查冷凝器风扇与车体接地之间的导线是否断路和接地不良。

⑥ 检查冷凝器风扇控制模块的输入线路和输出线路及接地是否正常。

⑦ 检查冷凝器更换风扇电动机是否有损坏。

4. 压缩机离合器故障的检查

① 检查发动机盖下继电器盒中和仪表板下继电器盒中的离合器保险丝是否正常。

② 检查发动机盖下继电器盒中的离合器继电器及其插座是否正常。

③ 检查仪表板下继电器盒中的离合器保险丝与离合器继电器之间的线路是否断路。

④ 检查离合器继电器与离合器之间的导线是否断路。

⑤ 检查离合器与车体接地之间的导线是否断路和接地不良。

⑥ 检查离合器控制模块的输入线路和输出线路及接地是否正常。

⑦ 检查汽车空调压力开关及其线路故障。

⑧ 检查压缩机离合器更换风扇电动机。

5. 冷凝器风扇和压缩机都不工作故障的检查

① 检查仪表板下继电器盒中的保险丝。

② 检查汽车空调压力开关及其线路。

③ 检查汽车空调系统压力。

二、汽车空调制冷系统的检漏

1. 汽车空调的传统检漏方法

（1）检查油迹

如果制冷剂泄漏，就会带出一些冷冻润滑油，所以系统中有油迹的地方一般都是泄漏的迹象。

（2）气泡检查密封

用其他方法不能或不容易准确确定渗漏部位时，建议使用这种检查方法。商品气泡检查液很有效，家用肥皂水溶液也可使用。

用商品检查液带的涂抹器将溶液抹到怀疑发生渗漏的全部接口、接头、配件或控制器处。如果用高浓度家用皂液检查时，要用刷子涂抹。气泡形成的地方就会出现渗漏，如图 2-10 所示。注意应对汽车空调系统进行整体检查，因为渗漏部位可能不只一处。

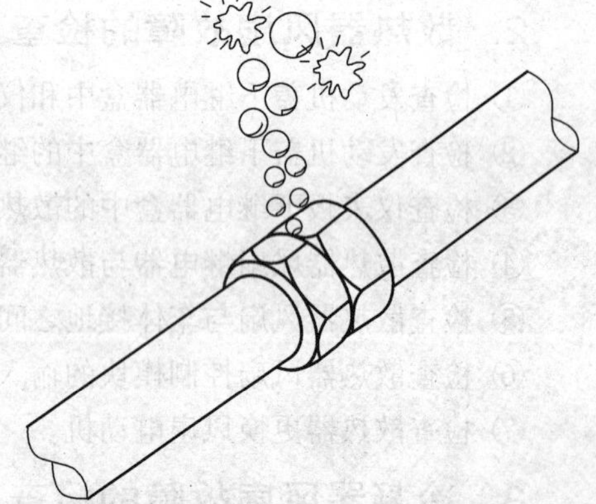

图 2-10 气泡法检查管道

（3）压力检漏

将软管连接在压缩机的高、低压检修阀上，打开高、低压检修阀，向系统中注入干燥氮气，其压力一般应为 1.5 MPa 左右。当系统达到规定压力后，用检漏仪进行检漏，泄漏大的地方有微小声音，检漏必须仔细，并反复检查 3～5 次，发现渗漏处应做出记号并及时加以修复，然后再去检查其他接头处，直至渗漏彻底排除。修漏完毕，应试漏，让系统保持压力 24～48 h，若压力不降低，则检漏合格，倘若压力有显著降低，则必须重新进行检漏，直到找出泄漏处并加以消除为止。

（4）充氟检漏

① 抽真空后关闭手动高、低压阀。

② 将歧管压力计上的中间软管从真空泵接头上拧下，并换接上制冷剂钢瓶接头。

③ 拧松歧管压力计上的中间软管接头，并稍微开启制冷剂钢瓶阀，让制冷剂将中间软管内的空气排出，一般开启 2～3 s 即可。

④ 打开手动高、低压阀和制冷剂钢瓶阀，让少量制冷剂进入制冷系统，当压力表指示到 0.1 MPa 时，关闭手动高、低压阀和制冷钢瓶阀，并保持数小时。

⑤ 若系统压力无变化，则说明系统无泄漏；若系统压力下降，则说明系统存在泄漏，应立即用检漏仪找出泄漏部位并加以修复。

（5）真空检漏

使用真空泵时，真空度应达到 0.1 MPa，并保持 24 h 内没有明显变化。抽真空的目的有 3 个：一是抽出系统中残留的氮气；二是检查系统有无渗漏；三是使系统干燥。只有在系统抽真空后才能加注制冷剂。

（6）检漏工作注意事项

① 必须检查每一个接头的整个圆周。

② 探头要靠近被检查点，离检测点约 5 mm。

③ 探头移动的速度要慢，不能高于 3 cm/s。

④ 因为制冷剂比空气重，所以要从部件（总成）顶部开始检漏，然后沿着部件或管道的底部移动。出于同样的原因，在下部测出的泄漏，泄漏点不一定在下部。

⑤ 如发现制冷剂大量渗漏时，应进行通风处理，防止引起人窒息事故。

2. 各种电子检漏仪的使用

（1）电子检漏仪的使用

有些电子检漏仪只能用于检测 R-12 汽车空调器和 R-134a 汽车空调器中的一种，而有些检漏仪对于两种类型的汽车空调器都适用。检查汽车空调系统渗漏时，要注意选择合适的电子检漏仪。电子检漏仪的使用如图 2-11 所示。

电子检漏仪应在通风良好的地方使用，避免在有爆炸性气体的地方使用。要按照检漏仪厂商的说明书进行检查。如果没有说明书，应按如下程序进行。

第一，全部控制器和开关拨到断开位置或归零。将检漏仪插头插到非蓄电池控制的被准许的电源插孔内，接通电源开关并预热约 5 min。

第二，将探头放在已知有少量制冷剂的参考区，检验检漏仪的工作情况。调整控制器和灵敏度旋钮，一直调到检漏仪反应正确为止。移开探头后，反应应该停止。如果反

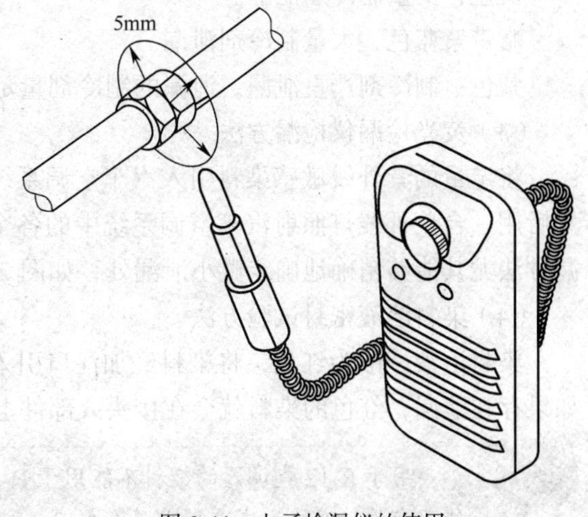

图 2-11 电子检漏仪的使用

应不停止，则应将灵敏度旋钮往低调。

第三，检漏仪灵敏度调好后，在各控制器、密封圈及接头下面移动探头。拆下和检查真空软管。探头要保持移动，不准停留地接触制冷剂，发现渗漏位置后，按需要进行修理。应当预先估计到，渗漏的地方可能不只一处。

严禁探头停在已知存在有严重渗漏的地方，否则检漏仪的灵敏元件可能被损坏。一旦查到渗漏，即应将探头移开。

（2）卤化物（丙烷）吹管检漏方法

有制冷剂存在时，反应板上方的火焰将发生颜色变化，如图2-12所示。

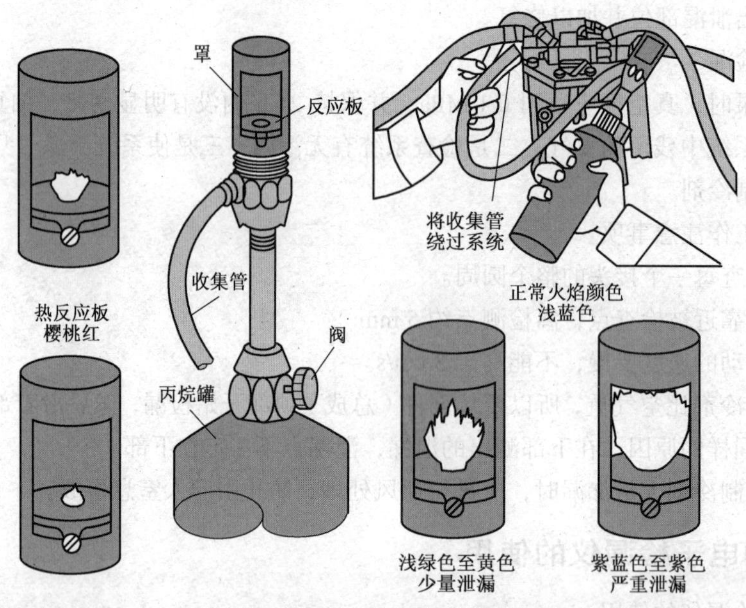

图2-12　卤化物吹管检漏火焰颜色变化

火焰颜色表示含义如下。

浅蓝色：无制冷剂泄漏。

黄色：少量制冷剂泄漏。

略带紫蓝色：大量制冷剂泄漏。

紫色：制冷剂严重泄漏，泄漏的制冷剂量足以熄灭火焰。

（3）荧光检漏仪检漏方法

将定量的紫外线敏感染料引入汽车空调系统，汽车空调器运行几分钟使染料在系统内流通，然后用一台紫外线灯照射汽车空调系统中的各个部件。如果存在泄漏，染料就会发光。这种检漏方法尤其能够精确地确定微小泄漏处，如图2-13所示。

（4）染料溶液密封试验方法

染料溶液一般为红色，将染料经加注口引入汽车空调系统中，然后使汽车空调系统运转，如果存在泄漏，红色的染料就会在接头或部件上呈现污渍，如图2-14所示。

用于R-12空调器的染料不能用于R-134a空调器。可借助说明书或染料制冷剂检漏仪使用有关厂家的方法进行泄漏检查。

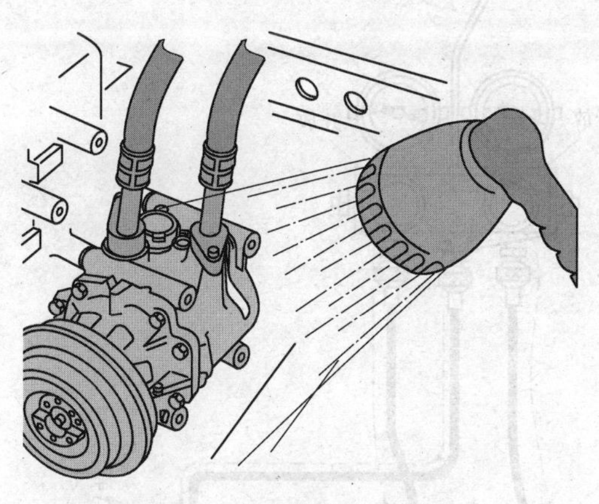
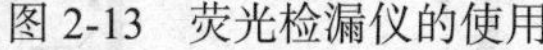

图 2-13　荧光检漏仪的使用

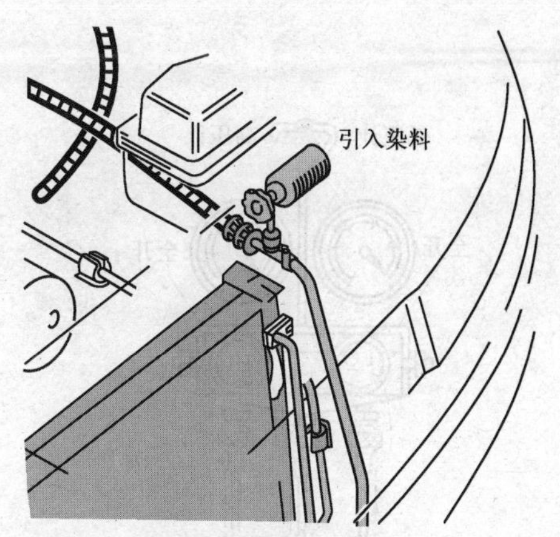

图 2-14　染料溶液检漏

染料溶液（非含染料的制冷剂）装入汽车空调系统的方法如下所述。

第一，歧管表组按正常方法与汽车空调器相接，并冲洗汽车空调系统。再从歧管卸下中央软管，然后用两个 6.35mm（1/4 in）的扩口管接头，连接 152.4mm（6 in）长的 6.35mm（1/4 in）紫铜管。最后把染料溶液罐连接到紫铜管上。

第二，将试表组中间软管的一端接染料溶液桶，另一端与制冷剂罐连接。发动机怠速运行，汽车空调系统调到最大冷风挡，然后缓慢地打开低压侧阀使染料溶液流入系统内。

第三，汽车空调加制冷剂至少达到 50%的容量。汽车空调运转 15 min 后，把汽车空调和发动机关闭。检查全部接头是否出现有色染料溶液的痕迹。24 h 之后再次进行检查，如果发现渗漏，按需要进行修理。

三、汽车空调制冷系统制冷剂加注

1．汽车空调系统的抽真空

图 2-15 所示为抽真空管道连接图，具体操作过程如下。

① 将歧管压力计上的两根高、低压力软管分别与压缩机上的高、低压阀接口相连，将歧管压力计上中间软管与真空泵相连。

② 打开歧管压力计上的手动高、低压阀，启动真空泵，并注意两个压力表，将系统压力抽真空至 96.60～99.99 kPa。

③ 关闭歧管压力计上的手动高、低压阀，观察压力表指示的压力是否回升。若回升，则表示系统泄漏，此时应进行检漏和修补。若压力表针保持不动，则打开手动高、低压阀，启动真空泵继续抽真空 15～30 min，使真空压力表指针稳定。

④ 关闭歧管压力计上的手动高、低压阀。

⑤ 关闭真空泵。先关闭手动高、低压阀，然后关闭真空泵，目的是防止空气进入制冷系统。

2. 汽车空调系统制冷剂的加注

（1）高压端注入制冷剂

① 系统抽真空后，关闭歧管压力计上的手动高、低压阀，并将歧管压力计与系统连接。

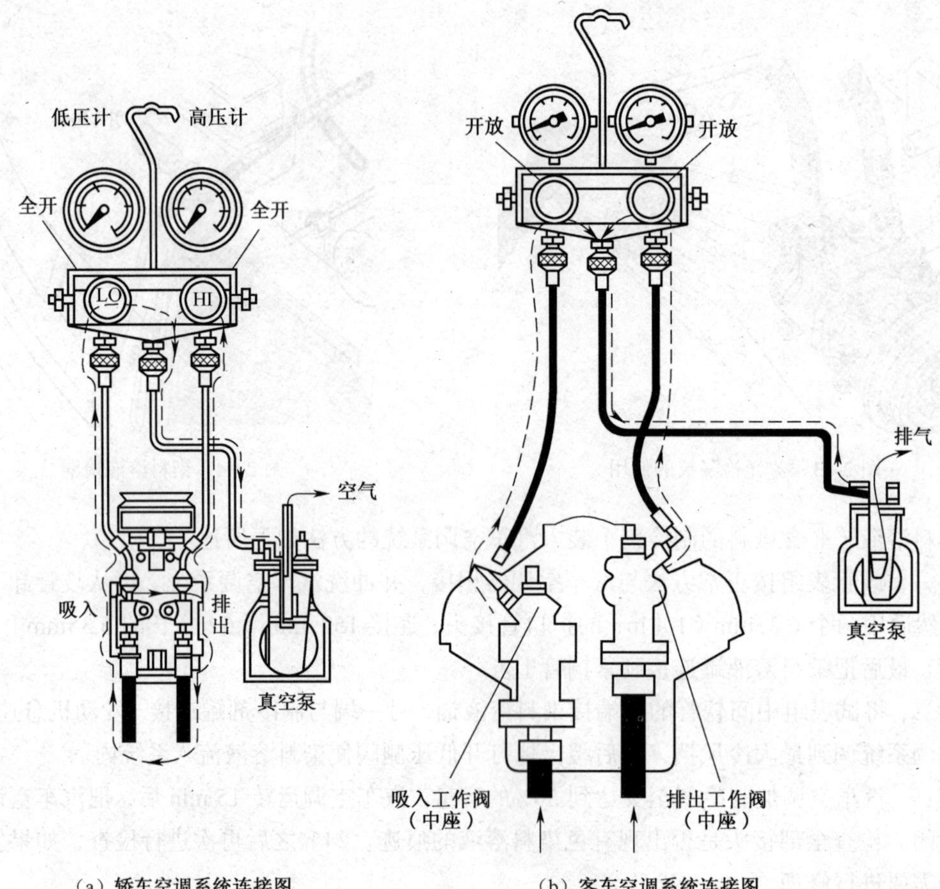

（a）轿车空调系统连接图　　（b）客车空调系统连接图

图 2-15　汽车空调制冷系统抽真空

② 将中间软管的一端与制冷剂罐注入阀的接头连接起来，如图 2-16 所示，并打开制冷剂罐开关，再拧开歧管压力计软管一端的螺母，让气体溢出几分钟，把空气赶走，然后再拧紧螺母。

③ 拧开高压侧手动阀至全开位置，将制冷剂罐倒立，以便从高压侧注入液态制冷剂。

④ 从高压侧注入规定量的液态制冷剂后，关闭制冷剂罐注入阀及歧管压力计上的手动高压阀，然后将仪表卸下。

⑤ 装回所有保护帽和保护罩。

特别要注意，从高压侧向系统注入制冷剂时，发动机处于未启动状态（压缩机停转），更不可拧开歧管压力计上的手动低压阀，以防止产生液压冲击。另外，如果低压表不能从真空量程移动到压力量程，表示系统堵塞，则应按要求消除堵塞后，重新对系统抽真空并继续注入制冷剂。

（2）低压端注入制冷剂

① 将歧管压力计与压缩机和制冷剂罐连接好，如图 2-17 所示。

② 关闭手动高、低压阀，拆开高压端检修阀和胶管的连接，然后打开手动高压阀，再打开制冷剂罐开关。在胶管口听到制冷剂蒸气出来的“嘶嘶”声后，立即将软管与高压检修阀相连，关闭手动高压阀。用同样的方法清除低压端和管道中的空气，然后关好手动高、低压阀。

③ 打开手动低压阀，让制冷剂进入制冷系统，当系统压力值达到 0.4 MPa 时，关闭手动低压阀。

④ 启动发动机并将转速调整到 1 250 r/min 左右，将汽车空调开关接通，并将风机开关置于高速、调温开关调到最冷。

⑤ 打开歧管压力计上的手动低压阀，让制冷剂继续进入制冷系统，直至注入量达到规定值时，立即关闭手动低压阀。

⑥ 向系统中注入规定量的制冷剂后，从视液玻璃窗处观察，确认系统内无气泡、无过量制冷剂。此时，高压表值应为 1.01～1.64 MPa，低压表值应为 0.118～0.198 MPa。

⑦ 注入完毕后，先关闭歧管压力计上的手动低压阀，再关闭制冷剂罐开关，使发动机停止运转，然后将歧管压力计从压缩机上卸下，卸下时动作要迅速，以免过多制冷剂被排出。

⑧ 装回所有保护帽和保护罩。

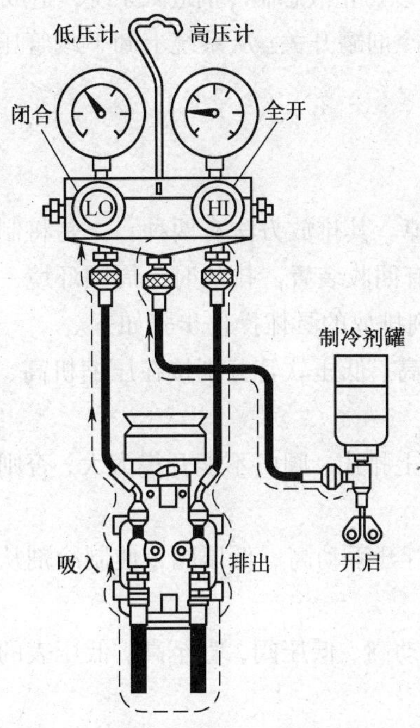

图 2-16　高压端注入制冷剂

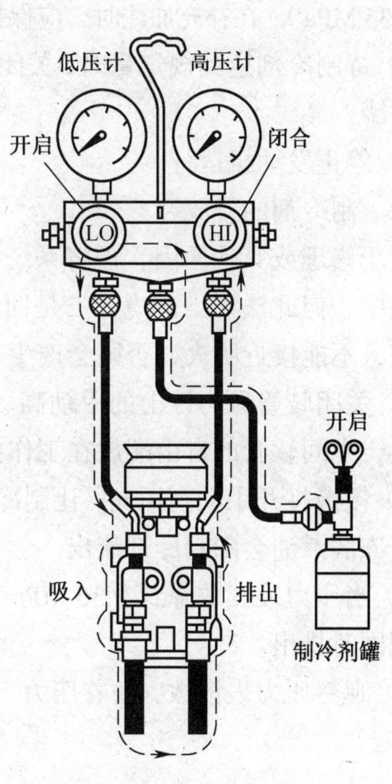

图 2-17　低压端充注制冷剂

（3）注入制冷剂时的注意事项

① 注入人员应遵守操作规范、戴好防护眼镜，避免制冷剂与皮肤直接接触。

② 制冷剂罐应放在 40℃以下的无太阳直射的通风处。

③ 在系统抽完真空后，应立即关闭歧管压力计上的手动高、低压阀，然后再关闭真空泵。两者顺序千万不能颠倒，否则会导致管道与外界相通，无法保持系统的真空状态。

④ 注入制冷剂后，应及时检查制冷剂的注入量。如果注入量适当，制冷剂在流动中仅有极少量的气泡，当发动机转速提高到 1 500 r/min 时，气泡应完全消失，且制冷剂呈透明状；如果注入过量，则制冷剂在流动中完全看不到气泡；而注入量不足时，制冷剂在流动中会出现明显的气泡。

3. 汽车空调系统制冷剂的补充与排放

（1）制冷剂的补充

① 启动汽车空调，使其运转几分钟。

② 从视液玻璃窗口处检查制冷剂的流动情况。若气泡连续出现，则表明系统内缺少制冷剂。

若气泡间断出现，需要再运转一会儿，观察气泡是否消失，若仍然有气泡，也表明系统缺少制冷剂。

③ 将歧管压力计、制冷剂罐和系统连接起来。

④ 打开制冷剂罐上的阀，拧松歧管压力计上的中间软管接头，使制冷剂放出几秒，然后拧紧接头，以排出中间软管内的空气，防止它进入制冷系统。

⑤ 关闭手动高压阀，将制冷剂钢瓶直立，再启动发动机，并稳定在快怠速位置上（6 缸发动机为 1 600 r/min，8 缸发动机为 1 300 r/min），然后打开空调，风速为高挡，这时应打开汽车门窗，让排气压力保持在 1.55～1.68 MPa，如果排气压力不够高，可挡住送至冷凝器的通风，使其压力升高。

⑥ 打开手动低压阀，让气态制冷剂从低压侧进入汽车空调系统（注意吸入制冷剂的压力不得超过 0.35 MPa），在补充加注时，应保持制冷剂罐竖立，以防止液态制冷剂进入系统，造成事故。

⑦ 待制冷剂达到规定量时，关闭手动低压阀和制冷剂罐开关。从系统上卸下歧管压力计和制冷剂罐。

⑧ 停止发动机运行。

（2）制冷剂的排放

由于修理或其他原因，需将系统内的制冷剂排放掉。其排放方法有两种：一是将制冷剂放到大气中，但此法污染环境；二是回收制冷剂，但要有回收装置。排放时，周围环境一定要通风良好，不能接近明火，否则会产生有毒气体。制冷剂排放的具体操作步骤如下。

① 关闭歧管压力计上的手动高、低压阀，并将其高、低压软管分别接在压缩机高、低压检修阀上，中间软管的自由端放在工作抹布上。

② 慢慢打开手动高压阀，让制冷剂从中间软管向上排出，阀门不能开得太大，否则压缩机内的冷冻润滑油会随制冷剂流出。

③ 当压力表读数降到 0.35 MPa 以下时，再慢慢打开手动高、低压阀，使制冷剂从高、低压两侧同时排出。

④ 观察压力表读数，随着压力下降，逐渐开大手动高、低压阀，直至高、低压表的读数指示为零。

4. 冷冻润滑油的加注

（1）压缩机冷冻润滑油油量的检查

压缩机冷冻润滑油油量的检查方法有以下两种。

① 观察油尺。如图 2-18 所示，卸下加油塞 1，通过加油塞孔察看并旋转离合器前板；将油尺用棉纱擦干净，然后插到压缩机内，直到油尺端部碰到压缩机内壳体为止；取出油尺，观察油尺浸入深度，当加油合适时，压缩机内油面应在前 4～6 格之间，若少则加入，若多则放出，然后拧紧加油孔塞。

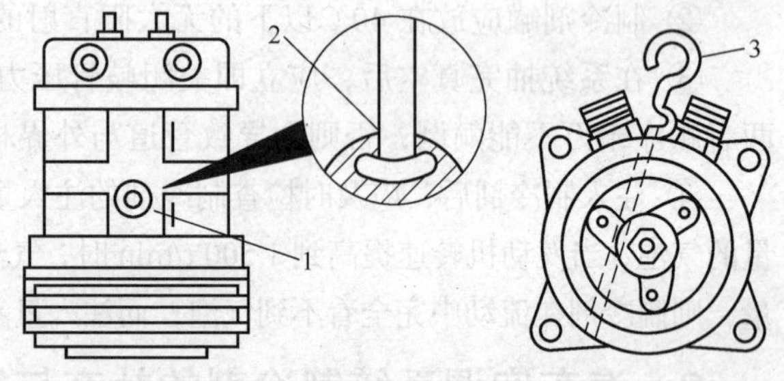

1—加油塞　2—加油孔　3—油尺

图 2-18　空调压缩机冷冻润滑油油量的检查

② 观察视镜。通过压缩机上安装的视镜玻璃，可观察冷冻润滑油油量，如果压缩机冷冻润滑油油面达到观察高度的 80%位置，一般认为是合适的；如果油面在这个界限以下，则

应该添加；如果油面在这个界限以上，则应该放出多余的冷冻润滑油。

（2）冷冻润滑油的加注

补充冷冻润滑油的方法有以下两种。

① 直接加入法。将冷冻润滑油按标准称量好，直接加入压缩机内，这种方法只是在系统大修后采用。

② 利用抽真空法加注冷冻润滑油。其具体操作如下。

a. 按抽真空的方法先对制冷系统抽真空。

b. 选用一个有刻度的量筒，装上比要补充的冷冻润滑油油量还要多的冷冻润滑油。

c. 将连接在压缩机上的低压软管从歧管压力计上拧下来，并将其插入盛有冷冻润滑油的量筒内，如图 2-19 所示。

d. 启动真空泵，打开歧管压力计上的手动高压阀，补充的润滑油就从压缩机的低压侧进入压缩机中。当冷冻润滑油油量达到规定量时，停止真空泵的抽吸，并关闭手动高压阀。

e. 按抽真空法加注冷冻润滑油后，再对制冷系统进行抽真空、加注制冷剂。

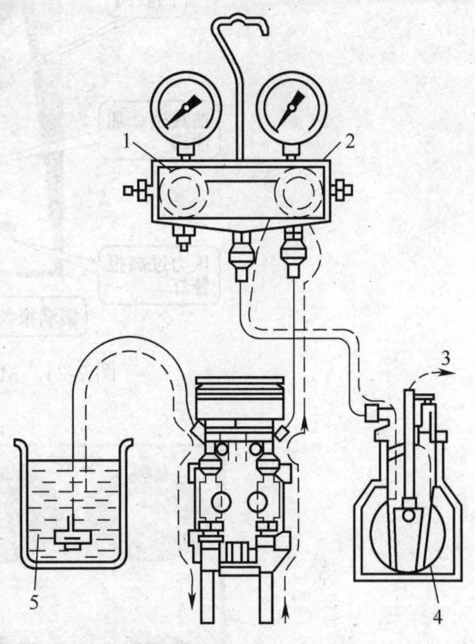

1—手动低压阀　2—手动高压阀　3—排出空气
4—真空泵　5—冷冻润滑油

图 2-19　抽真空加注冷冻润滑油

拓展知识

一、汽车空调专用回收机的使用

1. 汽车空调专用回收机的介绍

图 2-20 ~ 图 2-22 所示为 MRF-101 型制冷剂回收机，其主要部件及作用如下。

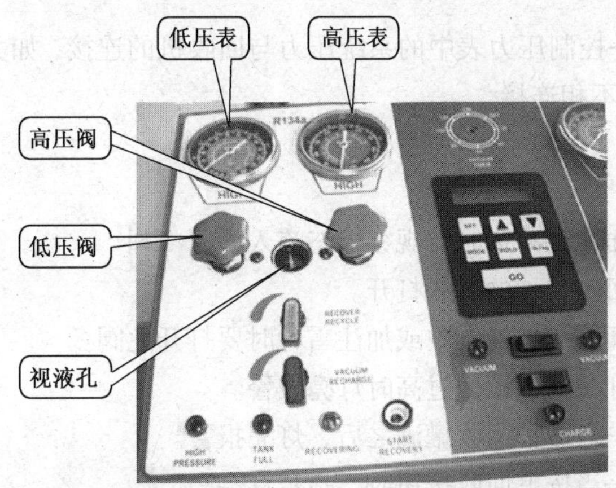

图 2-20　MRF-101 型制冷剂回收机（1）

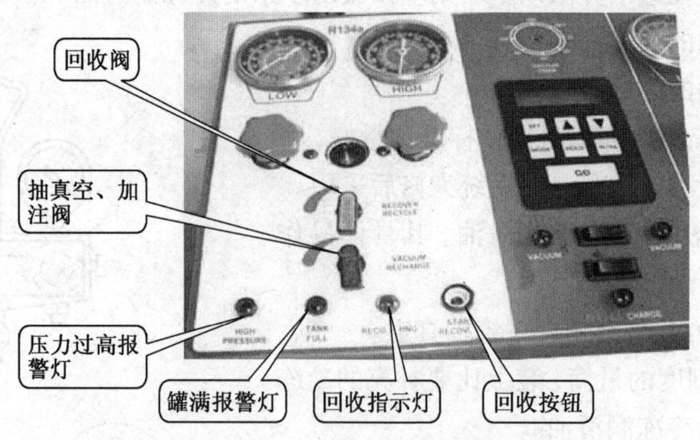

图 2-21　MRF-101 型制冷剂回收机（2）

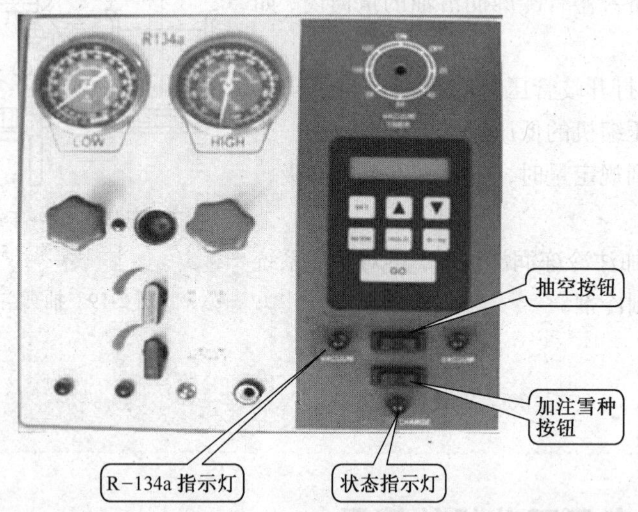

图 2-22　MRF-101 型制冷剂回收机（3）

① 高、低压表——用于测量制冷系统内的压力。

高压表：红色。

低压表：蓝色。

② 高、低压阀——控制压力表中的系统压力与回收机的连接，如关闭低压阀，那么系统的低压侧压力就和回收机不相连接。

高压阀：红色。

低压阀：蓝色。

③ 视液孔——在加注制冷剂时，观察液态流入的制冷剂。

④ 回收阀——当回收雪种的时候打开。

⑤ 抽真空、加注阀——当抽真空或加注雪种时要打开此阀。

⑥ 压力过高报警灯——当压力过高时灯亮报警。

⑦ 罐满报警灯——当雪种回收罐满之后，灯亮报警。

⑧ 回收指示灯——当按下回收按钮时，指示灯会亮。

⑨ 回收按钮——按下此按钮，即启动回收系统开始回收制冷剂。

⑩ 抽空按钮——控制机器的抽空系统。

⑪ R-134a 指示灯——指示 R-134a 系统的抽空工作。

⑫ 加注雪种按钮——按下此按钮，机器加注系统即开始处于工作状态。

⑬ 状态指示灯——指示机器加注系统正处于工作状态。

2. 制冷剂回收

首先要确定制冷剂可用，有回收价值。制冷剂回收的具体步骤如下。

① 回收之前先运转汽车空调几分钟，便于回收时将杂质及油带出。然后连接设备的高、低压管到汽车空调的高、低压阀，如图 2-23 所示。

图 2-23 制冷剂回收（1）

② 检查高、低压表是否指示正压，没有正压说明无制冷剂可回收，如图 2-24 所示。

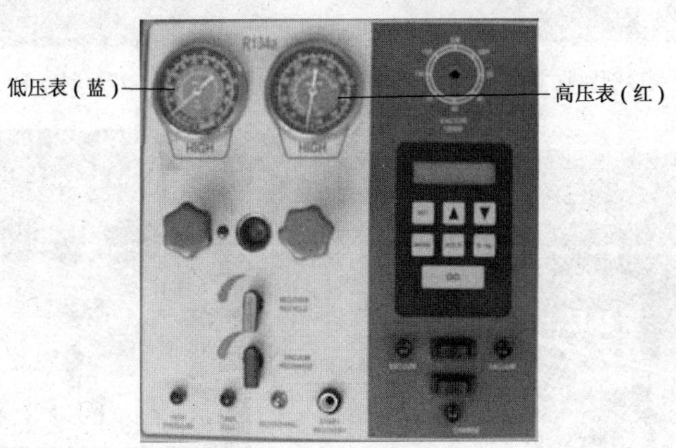

图 2-24 制冷剂回收（2）

③ 插好制冷剂回收机的电源插头，并按下电源按钮，如图 2-25 所示。

④ 打开回收罐阀门（蓝色），如图 2-26 所示。

⑤ 把背面的回收输出阀旋转至“开”的位置，如图 2-27 所示。

⑥ 把控制面板上的回收阀旋转至“开”的位置，如图 2-28 所示。

⑦ 按下回收按钮，回收指示灯亮，如图 2-29 所示。在显示屏上显示所回收制冷剂的重量。回收到压力表指示为“0”。

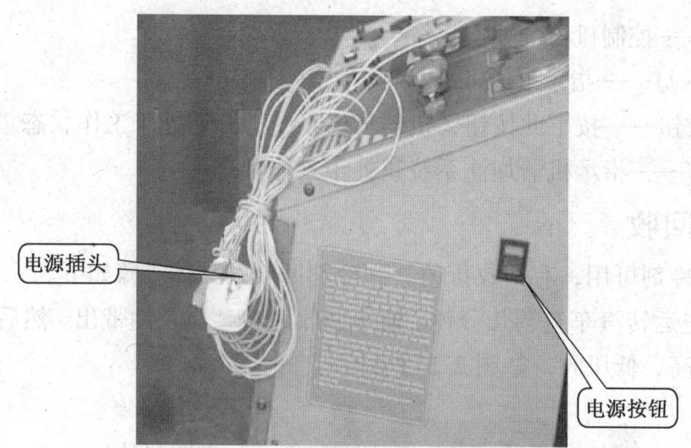

图 2-25　制冷剂回收（3）

图 2-26　制冷剂回收（4）

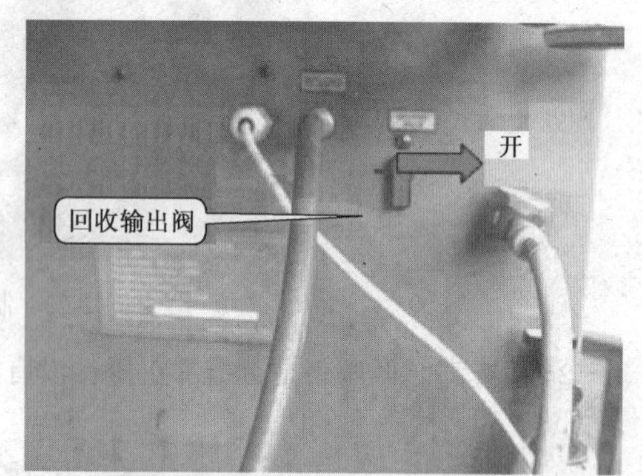

图 2-27　制冷剂回收（5）

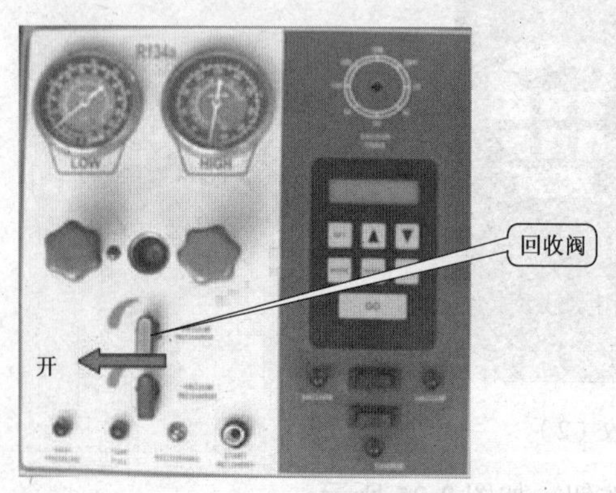

图 2-28　制冷剂回收（6）

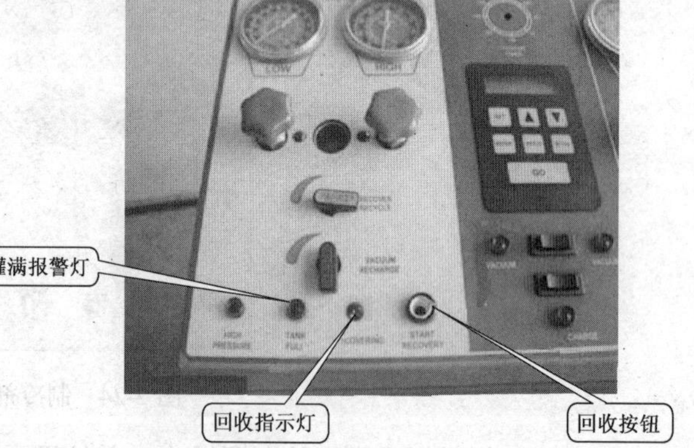

图 2-29　制冷剂回收（7）

观察左边的两个指示灯，如果罐满报警灯亮，证明回收罐已装满。

⑧ 压力表指示为“0”时停止回收：先松开回收按钮，再关闭回收阀，最后关闭高、低压阀。如图 2-30 所示。

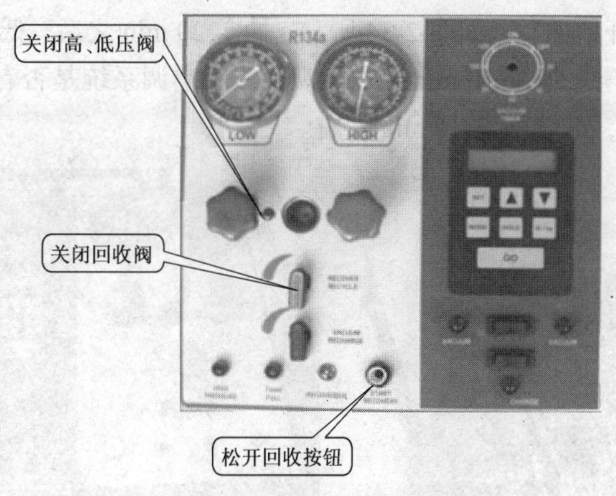

图 2-30　制冷剂回收（8）

⑨ 回收完毕，关闭制冷剂回收罐回收阀，如图 2-31 所示。

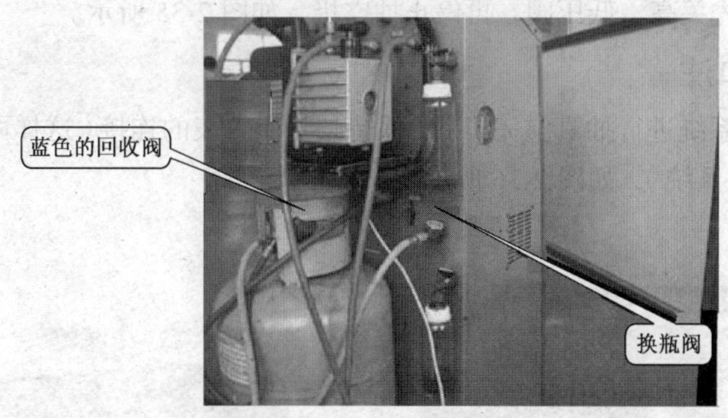

图 2-31　制冷剂回收（9）

3. 制冷系统抽真空

① 把制冷剂回收机的高、低管与汽车空调的高、低压阀连接好。

② 插好制冷剂回收机的电源插头，并打开机器按钮。

③ 把抽空、加注阀旋转至“开”的位置，同时打开高、低压阀，如图 2-32 所示。

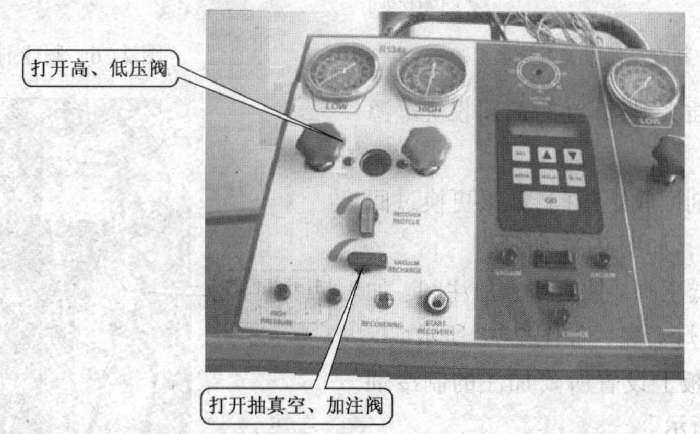

图 2-32　制冷系统抽真空（1）

④ 打开抽空机电源开关按钮，如图 2-33 所示。

⑤ 按下抽空按钮开始抽空，如图 2-34 所示。抽空 20 min 之后，低压表指示−95 kPa，关闭高、低压阀，并停止抽空。等待 10 min 左右，观察汽车空调系统是否有泄漏情况，如果有泄漏则进行修理；如果没有，继续抽空 10 min 左右。

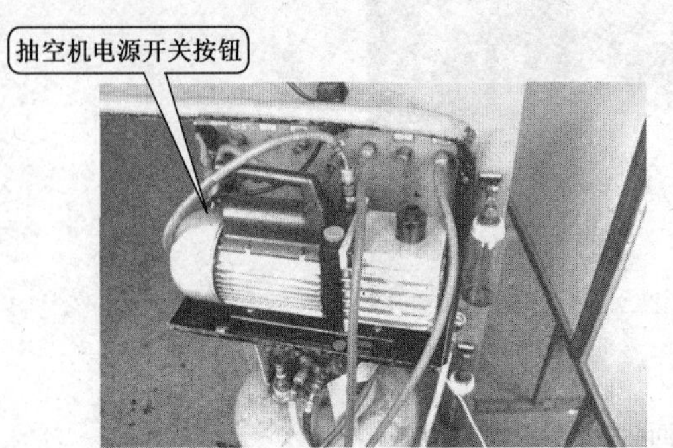

图 2-33 制冷系统抽真空（2）

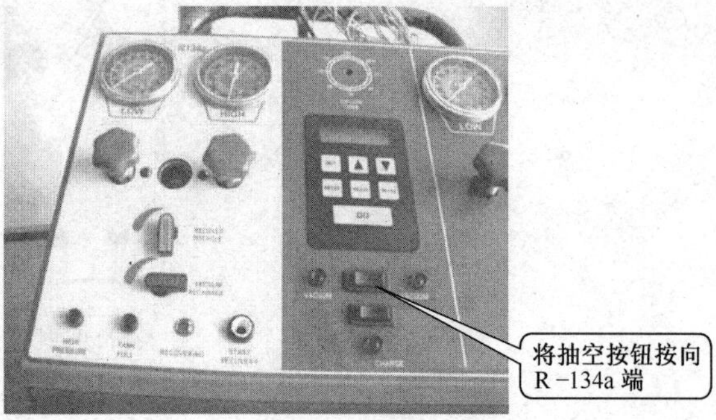

图 2-34 制冷系统抽真空（3）

将抽空按钮按向 R −134a 端

⑥ 停止抽空。先关高、低压阀，再停止抽空机，如图 2-35 所示。

4. 制冷剂加注

① 对汽车空调系统进行抽真空完毕后，保持歧管压力表的连接（这样可以避免连接压力表管的过程中空气进入系统），如图 2-36 所示。

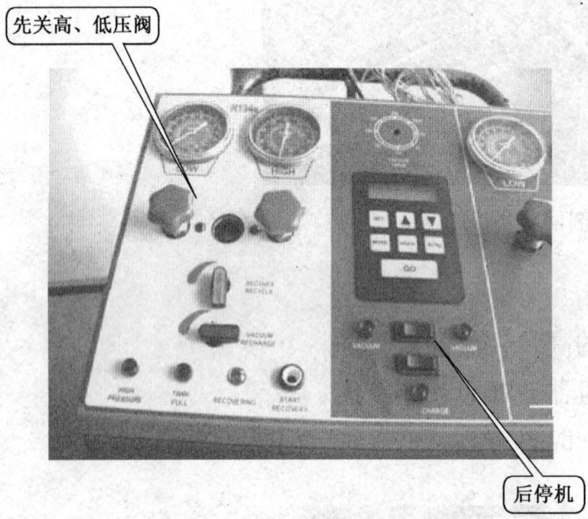

图 2-35 制冷系统抽真空（4）

图 2-36 制冷剂加注（1）

② 插好电源插头，打开制冷剂回收机电源开关。

③ 打开制冷剂回收罐阀门，如果更换过回收罐，应该排空气，如图 2-37 所示。

④ 打开高、低压阀、抽真空、加注阀、加注电源开关，指示灯会亮，如图 2-38 所示。

⑤ 在控制面板上设置所要加注的制冷剂的量，如图 2-39 所示。

a. MODE——选择加注模式。

b. SET——设置加注的制冷剂的重量。

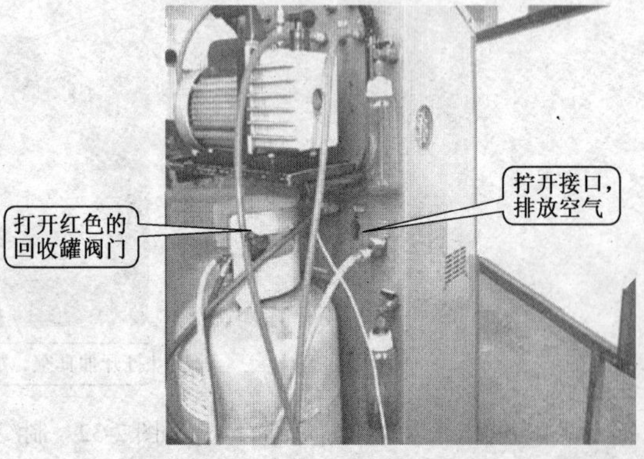

图 2-37 制冷剂加注（2）

注：▲——增加；
▼——减少。

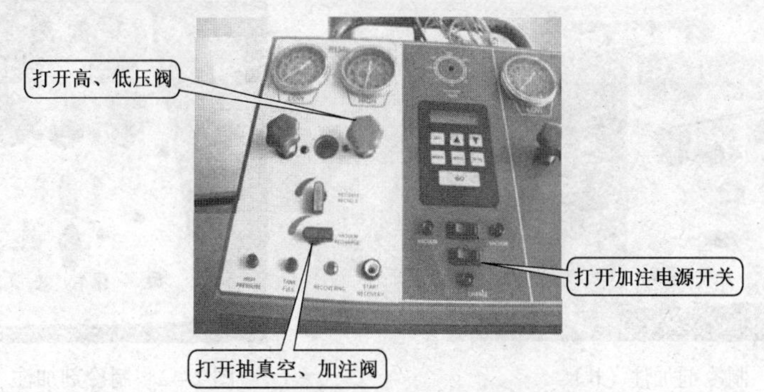

图 2-38　制冷剂加注（3）

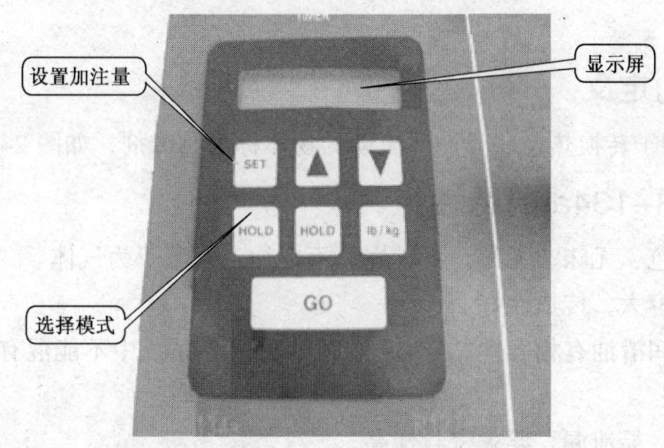

图 2-39　制冷剂加注（4）

例如，要加注 300 g 制冷剂。先按 MODE 选择加注模式，再按 SET 设置要加注的制冷剂的量，最后按▲键直到显示屏上显示 300 g 为止。

⑥ 按 GO 键，开始加注制冷剂。如果要中途暂停加注，按 HOLD 键即可，如图 2-40 所示。

⑦ 如果需要运转压缩机加注，在运转压缩机之前必须关闭高压阀，如图 2-41 所示。然后再根据⑤、⑥进行操作。

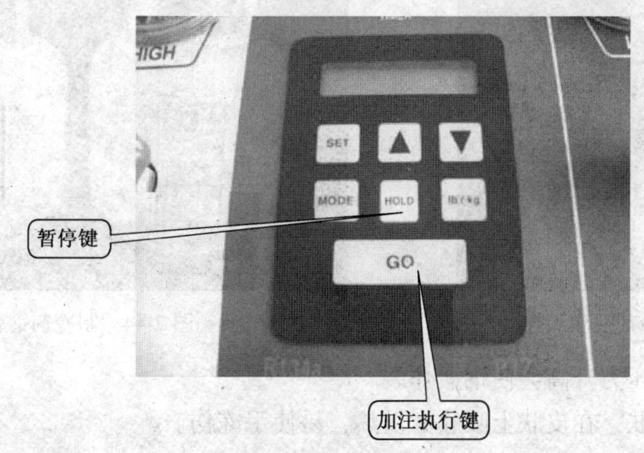

图 2-40　制冷剂加注（5）

⑧ 加注完毕。关闭各阀门及机器电源，如图 2-42 所示。

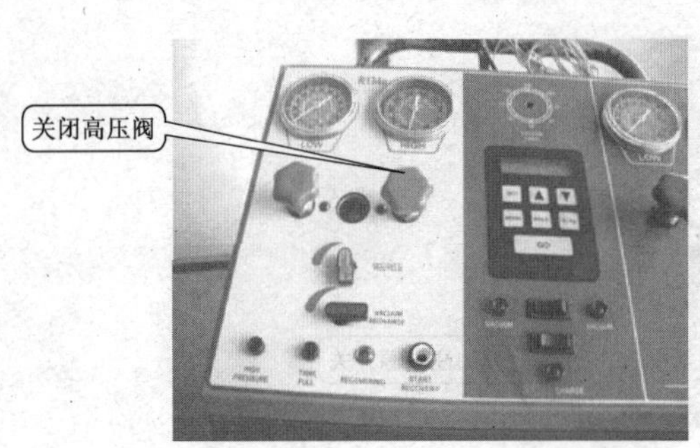

图 2-41　制冷剂加注（6）

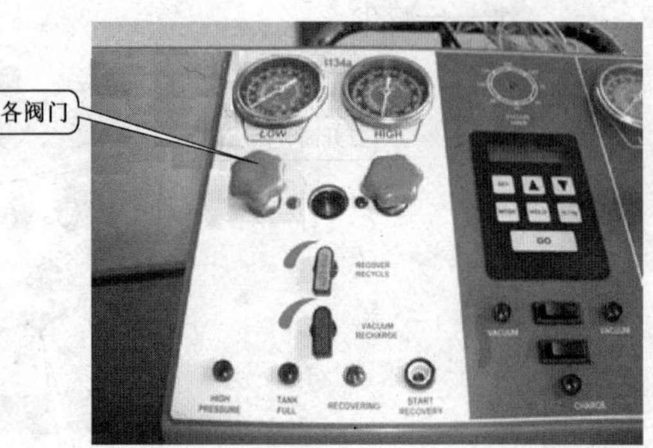

图 2-42　制冷剂加注（7）

二、制冷剂

1. 制冷剂的定义

制冷系统中，用于转换热量并且循环流动的物体称为制冷剂，如图 2-43 所示。

2. 制冷剂 R-134a 的特性

① 物理性：无色、无味、无毒，不燃烧、不爆炸，常温下为气体。

② 传热性：热容大，传热性好。

③ 相容性：与润滑油有相容性，与水不相容，因此，系统中不能混有水分，否则，水在系统中结冰会堵塞管道。

④ 分子直径小：易泄漏，要求密封性高。

⑤ 吸水性和水溶解性高。

3. 制冷剂的使用注意事项

① 钢瓶储存：压力高，应避免震动撞击，防止受潮腐蚀，如图 2-44 所示。

图 2-43　制冷剂及注入阀

图 2-44　制冷剂钢瓶

② 远离热源：压力升高会使钢瓶炸裂。

③ 避免接触皮肤：在皮肤上吸收大量热，易使手冻伤。

④ 避开明火：不爆炸、不燃烧，但会分解出对人体有害的气体。

⑤ 注意通风良好：制冷剂在大气中含量达到一定时，会使氧含量降低，从而使人窒息。

4. 制冷剂 R-134a 与 R-12 的特性比较

① 制冷剂 R-134a 比 R-12 传热性好，热容大。

② 制冷剂 R-134a 不破坏大气层。

③ 适用的冷冻油不同，制冷剂 R-12 更换成制冷剂 R-134a 时要更换冷冻油。两种制冷剂不能混用。

三、冷冻润滑油

1. 作用和特性

① 润滑作用：润滑汽车空调压缩机、系统中其他阀门等。

② 密封作用：对压缩机、阀门、管道接头等部位进行密封。

③ 冷却作用：对压缩机进行冷却，避免高温。

④ 降噪作用：降低压缩机的噪声。

2. 对冷冻润滑油性能的要求

① 凝固点要低，这样不易结冰堵塞管道。

② 具有一定的黏度，受温度影响小，可减少运动阻力。

③ 与制冷剂的溶解性要好，便于使冷冻润滑油在系统中流动。

④ 闪点温度要高，这样具有较高的热稳定性。

⑤ 不含水分，因为水在系统中易堵塞管道。

3. 使用及性能检查

① 不可随意改变牌号，否则可能会使压缩机损坏。

② 由于其吸湿能力强，加注操作应迅速，避免水进入系统。

③ 不使用变质油，这样可避免压缩机损坏。

④ 按规定量加注，若冷冻润滑油不制冷，加注量多会降低制冷效果。

⑤ 排放制冷剂时要缓慢进行，可避免排出冷冻润滑油。

实战案例 丰田卡罗拉空调不起作用故障的诊断与排除

一、故障现象

有 1 辆 2012 年款丰田卡罗拉 1.6L 自动天窗版轿车来厂检修空调。该车采用 SCS06C 型号空调压缩机和自动空调控制系统，已行驶 50 000km。车主反映该车为事故车，空调不起作用。

二、故障诊断

此车来厂更换了压缩机、空调管路以及冷凝器。在进行制冷剂的充注过程中，制冷剂无法加注到系统的内部。空调系统不起作用。打开空调检查，电子扇运转，鼓风机运转。调节空调面板，温度可以调节。用 IT2 调取故障码，只有阳光温度传感器的故障码。车放到阳光下照射，故障码消失。检查压缩机电磁阀的电路，在该电路中接收来自空调放大器的制冷剂压缩请求信号，基于该信号，压缩机改变输出量。检查压缩机电磁阀的电阻在 20℃时为 10～11Ω，正常。检查线束 B7 端子的 1 脚与车身搭铁的电阻值小于 1Ω，正常。B7 端子的 2 脚与 E30 端子的 SOL 端子的电阻值小于 1Ω，与车身搭铁的电阻值为∞，说明线路正常。检查空调放大器的电源与搭铁，正常。替换同型号车的空调放大器，故障依旧。会不会是膨胀阀有问题呢？拆下膨胀阀检查，没有发现问题。以防万一，更换 1 个新的膨胀阀后抽真空加制冷剂，还是同样的故障。是不是压缩机不工作呢？查看数据流，压缩机工作时的电流为 0.97A，工作正常。此时诊断陷入僵局，感到无从下手。会不会压缩机有问题呢？实在没有办法，更换了同型号车的压缩机，故障依旧。压力表还是和以前一样一动不动（见图 2-45）。是不是压力表有问题呢？

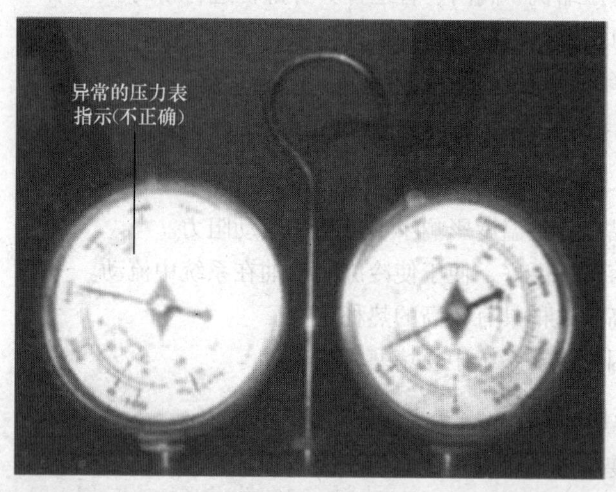

图 2-45　异常的压力表指示（不正确）

三、故障排除

借来其他压力表。抽真空加入制冷剂，此时奇迹发生，制冷剂可以充入。空调可以正常工作了。

四、故障总结

此车为人为故障，压力表为新买的，是由于压力表的损坏造成制冷剂不能充入系统的内部。仔细观察压力表，压力表的高压侧阀门可以正常打开高压侧的加注口，而低压侧的阀门不能正常打开低压侧的加注口（见图 2-46）。当我们抽真空的时候，高、低压侧的阀门都要打开，所以高、低压管路中的空气都在高压侧抽出，在加注制冷剂时，高压侧阀门要关闭加注，低压侧阀门不能正常的打开低压侧加注口，所以制冷剂不能正常充注到系统内部，造成了上述故障。由此建议，采购人员购置设备时，首先要保证设备的质量。以此类推，在维修中，在配件的使用上，也有可能遇到这样的问题，希望大家要大胆质疑，多多思考，放开思路，有时故障的解决方法，或者故障原因就在我们触手可及的地方。

图 2-46　压力表的阀门损坏

小　结

本项目以汽车空调完全不制冷这一故障现象为载体，将汽车空调的总体结构、工作原理等理论知识与其故障检修技能及汽车空调维修专用工具和专用设备的正确使用知识融为一体，涉及机械传动、电动机、低压电器、热力学等多方面的理论知识以及相关方面的故障诊断与检修经验。在学习过程中，通过对故障进行全过程的检修，认真训练每个环节和步骤，掌握每个环节涉及的理论知识，加深对汽车空调制冷系统工作原理的理解。

通过本项目的学习，应能独立地进行以下工作：能进行汽车空调系统故障的常规检查；能进行汽车空调制冷系统的抽真空、加注制冷剂、加注冷冻润滑油工作；能进行汽车空调制冷系统的检漏工作；能正确使用汽车空调制冷系统的检测维修设备；能进行汽车空调完全不制冷故障的原因分析、检测诊断、维修和排除工作。

习题及思考题

1. 简述汽车空调制冷系统的组成和功用。
2. 试述汽车空调制冷系统的分类和工作原理。
3. 如何正确使用汽车空调制冷系统制冷剂专用回收机？
4. 如何正确使用电子检漏仪？
5. 汽车空调制冷系统的检漏方法有哪些？目前常用的检漏方法是如何进行检漏的？
6. 如何进行汽车空调制冷系统抽真空？
7. 如何进行汽车空调制冷系统制冷剂加注？
8. 如何正确使用汽车空调制冷剂？

项目三

汽车空调制冷不足故障检修

项目要求

汽车空调制冷不足是常见故障之一。本项目以汽车空调制冷不足故障为载体，通过对汽车空调制冷不足故障检测和维修过程的学习和实施，使读者在掌握汽车空调制冷系统各部件的结构与工作原理的同时，具备对上述故障进行分析与排除的能力，学会使用汽车空调制冷系统的常用检测和维修工具。

汽车空调制冷不足往往是制冷系统的主要部件出现故障造成的，本项目主要针对制冷系统的主要部件性能不良或损坏问题，讲解解决此类问题所需的相关知识，并训练解决此类问题所需的相应能力。

【知识要求】

1. 理解汽车空调制冷系统各部件（压缩机、冷凝器、干燥器和集液器、膨胀阀和孔管）的作用和组成结构
2. 理解汽车空调制冷系统各部件的工作原理
3. 掌握压力计的结构和正确使用方法

【能力要求】

1. 通过拆装汽车空调制冷系统认识和理解各部件的结构和工作原理
2. 通过系统分解组装全面认识和理解制冷系统的结构和工作原理
3. 会使用压力计进行制冷系统的压力检测
4. 能熟练进行汽车空调系统各部件的检修
5. 能够运用制冷系统各部件的工作原理进行故障分析

重点掌握内容：汽车空调系统各部件的拆装和检修，汽车空调维修专用压力计的使用。

相关知识

制冷系统的基本部件有压缩机、冷凝器、干燥器和集液器、膨胀阀或节流管（节流膨胀装置)、歧管压力计。

一、汽车空调压缩机

1. 作用

压缩机俗称空调泵，其作用是使制冷剂保持循环。压缩机的吸气侧抽吸制冷剂蒸气，然后制冷剂流经压缩机的出口或排放侧，对其加压（温度也随之升高）。高压、高温的制冷剂被压出压缩机而流入冷凝器。

压缩机有两个重要的功能：一是使系统内产生低压条件；二是使制冷剂循环，把制冷剂蒸气从低压压缩至高压，两种功能同时完成。

2. 结构和性能上的特殊要求

① 制冷能力要强。

② 节省动力。

③ 体积和质量要小。

④ 在高温和颠震的情况下能正常工作。

⑤ 启动运转平稳、噪声低、工作可靠。

3. 类型

图 3-1 所示为常见的压缩机分类。

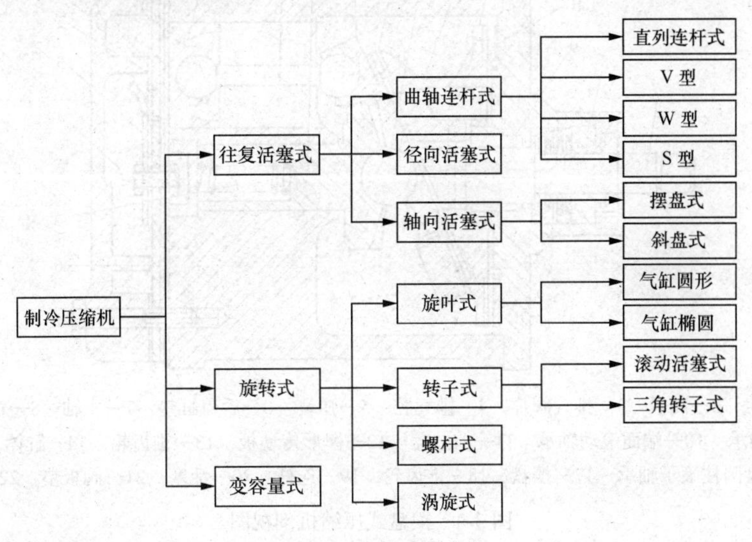

图 3-1　压缩机的分类

（1）曲轴连杆式压缩机

① 组成结构。曲轴连杆式压缩机包括活塞、气缸、进气阀、排气阀等部件。

② 工作原理。曲轴连杆式压缩机的工作原理如图 3-2 所示。

压缩过程：活塞由下止点向上止点运行到中部位置的过程中，进气阀、排气阀关闭，制冷剂气体被压缩。

排气过程：活塞继续向上运行，排气阀打开，进气阀关闭，压缩气体排除，活塞到达上止点，排气阀也关闭。

膨胀过程：活塞由上止点向下止点运行，进气阀、排气阀关闭，气缸容积扩大产生真空度，到达中部位置。

吸气过程：活塞继续向下运行，进气阀打开，排气阀关闭，低温低压制冷剂气体吸入气缸，到达下止点结束。

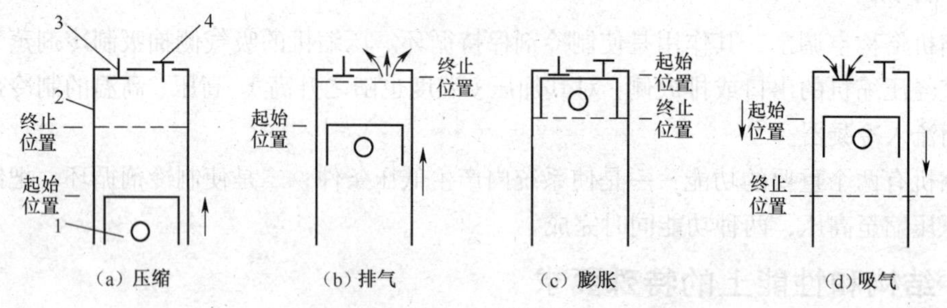

1—活塞　2—气缸　3—进气阀　4—排气阀

图 3-2　曲轴连杆式压缩机的工作原理

（2）摆盘式压缩机

① 组成结构。摆盘式压缩机包括活塞、压块、钢球、摆盘、主轴、楔形传动板等部件。目前，该型压缩机已得到广泛应用，其剖视图如图 3-3 所示。

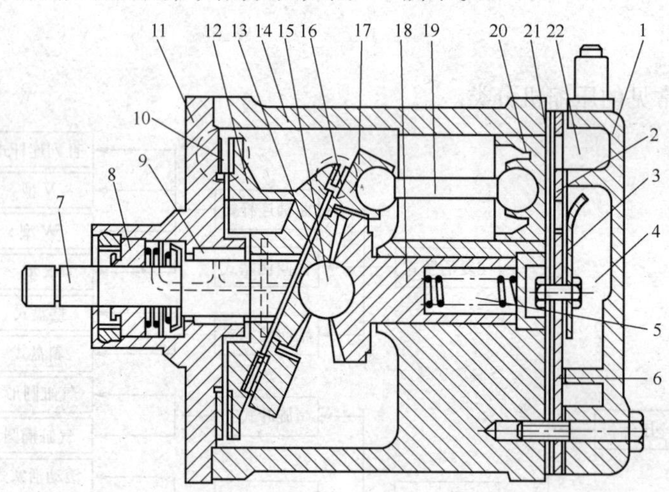

1—后盖　2—阀板　3—排气阀片　4—排气腔　5—弹簧　6—后盖缸垫　7—主轴　8—轴封总成
9—滑动轴承　10—端面滚动轴承　11—前缸盖　12—楔形传动板　13—锥齿轮　14—缸体　15—钢球
16—摆盘圆柱滚子轴承　17—摆盘　18—锥齿轮　19—连杆　20—活塞　21—阀板垫　22—吸气腔

图 3-3　摆盘式压缩机剖视图

② 工作原理。主轴旋转，带动楔形传动板转动，推动摆盘摆动，通过连杆带动活塞上下往复运动，完成气体压缩工作，如图 3-4 所示。

（3）斜盘式压缩机

① 组成结构。斜盘式压缩机包括主轴、压板、前阀板、后阀板、斜板、活塞、前气缸盖、

后气缸盖、钢球及钢球套等部件。目前，斜盘式压缩机应用最广泛。

② 工作原理。主轴旋转，斜盘转动，带动活塞上下往复运动，完成压缩气体工作。斜盘式与摆盘式压缩机工作原理与结构的比较如图 3-5 所示。

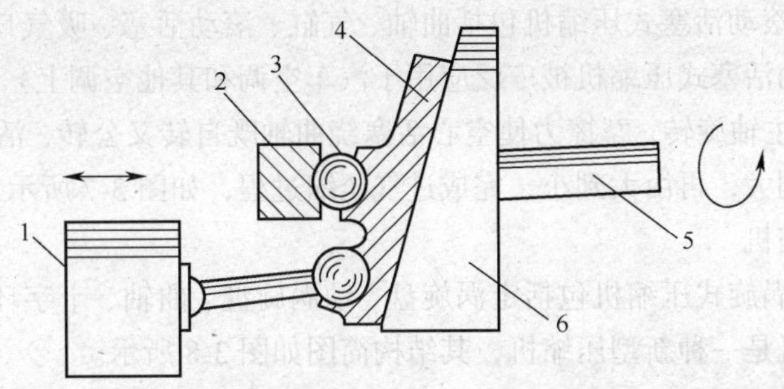

1—活塞　2—压块　3—钢球　4—摆盘　5—主轴　6—楔形传动板

图 3-4　摆盘式压缩机的工作原理

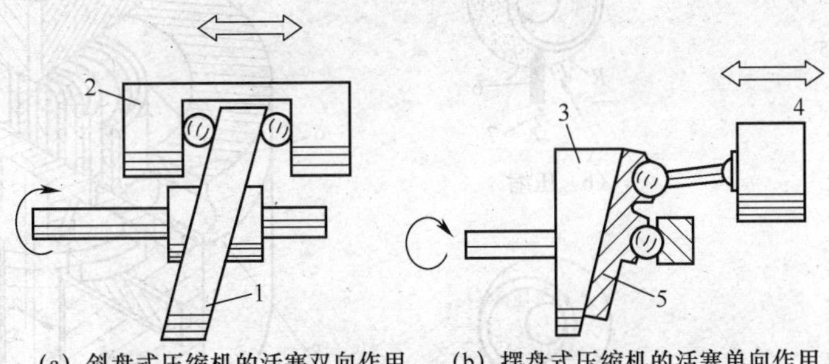

(a) 斜盘式压缩机的活塞双向作用　(b) 摆盘式压缩机的活塞单向作用

1—回转斜盘　2—活塞　3—楔形传动板　4—活塞　5—摆盘

图 3-5　斜盘式与摆盘式压缩机工作原理和结构的比较

（4）旋叶式压缩机

① 组成结构。旋叶式压缩机包括气缸、转子、叶片、缸盖、主轴、进气孔、排气孔、单向阀等部件。旋叶式压缩机正逐步取代往复式压缩机。圆形气缸的旋叶式压缩机的剖视图如图 3-6 所示。

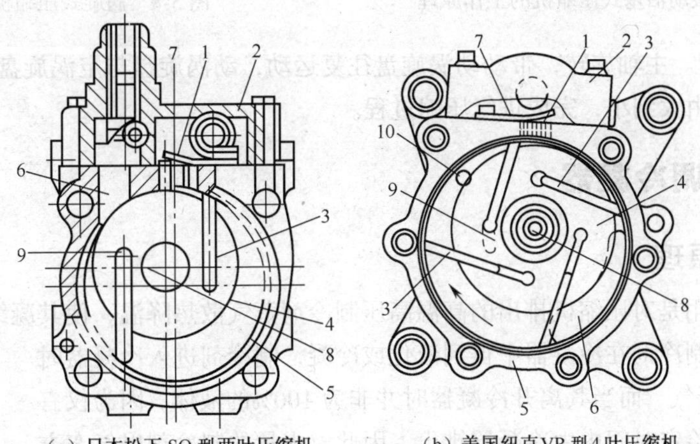

(a) 日本松下 SO 型两叶压缩机　(b) 美国纽克 VR 型 4 叶压缩机

1—排气孔　2—缸盖　3—叶片　4—转子　5—缸体　6—吸气孔　7—排气簧片

8—主轴　9—进油孔　10—单向阀

图 3-6　圆形气缸的旋叶式压缩机剖视图

② 工作原理。主轴旋转，带动活塞转动，叶片随活塞运转，在离心力的作用下，叶片紧贴气缸内壁，在气缸活塞叶片之间形成的空间，先由小到大，再由大到小，完成进气压缩过程。

（5）滚动活塞式压缩机

① 组成结构。滚动活塞式压缩机包括曲轴、气缸、滚动活塞、吸气口、排气阀、刮片、前后端盖等部件。滚动活塞式压缩机被广泛应用于汽车空调和其他空调上。

② 工作原理。主轴旋转，摩擦力使空心活塞绕曲轴既自转又公转，活塞外壁与气缸滑片组成的空间，先由小到大，再由大到小，完成进气压缩过程，如图 3-7 所示。

（6）涡旋式压缩机

① 组成结构。涡旋式压缩机包括定涡旋盘、动涡旋盘、曲轴、十字环、吸入口、排出口等部件。涡旋式压缩机是一种新型压缩机，其结构简图如图 3-8 所示。

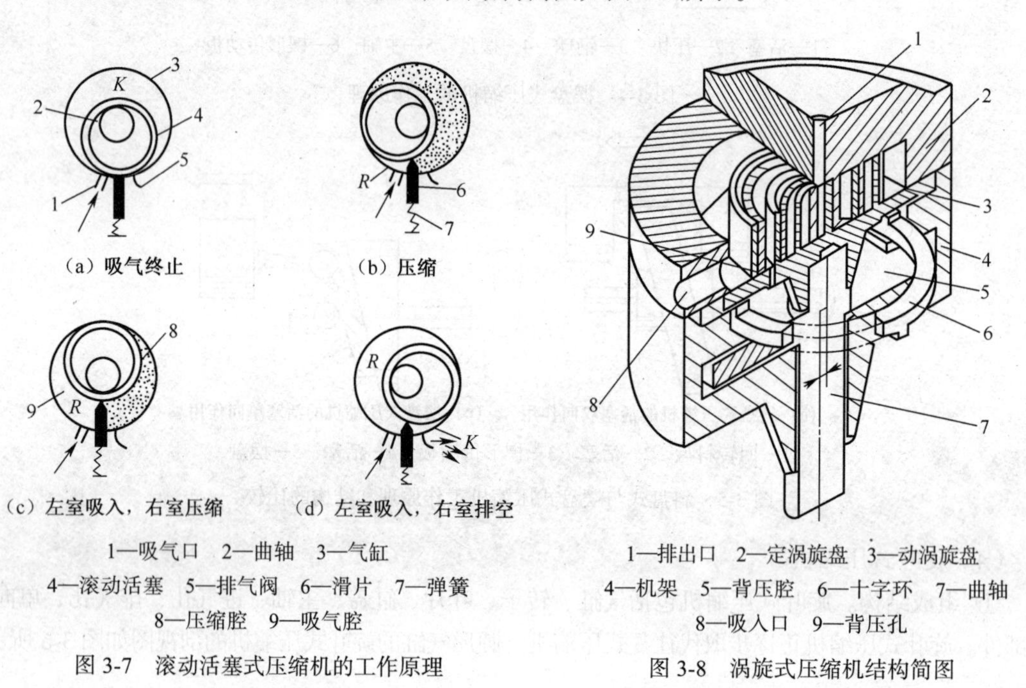

1—吸气口 2—曲轴 3—气缸
4—滚动活塞 5—排气阀 6—滑片 7—弹簧
8—压缩腔 9—吸气腔

图 3-7 滚动活塞式压缩机的工作原理

1—排出口 2—定涡旋盘 3—动涡旋盘
4—机架 5—背压腔 6—十字环 7—曲轴
8—吸入口 9—背压孔

图 3-8 涡旋式压缩机结构简图

② 工作原理。主轴旋转，带动动涡旋盘往复运动，动涡旋盘与定涡旋盘之间形成的空间，先由小到大，再由大到小，完成进气压缩过程。

二、汽车空调冷凝器

1. 工作原理

冷凝器的作用是对压缩机排出的高温高压制冷剂蒸气散热降温，使其凝结为液态高压制冷剂。气体状态的制冷剂在冷凝器中得到液化或冷凝，制冷剂进入冷凝器时几乎为 100%的蒸气，而当其离开冷凝器时并非为 100%的液体，因为仅有一定量的热能在给定时间内由冷凝器排出。因此，少量的制冷剂以气态方式离开冷凝器，但由于下一步是储液干燥器，故制冷剂的这一状态并不影响系统的运行。冷凝器直接安装在散热器的前方，这样冷凝器可以接收汽车向前行驶和发动机风扇所产生的充分气流。

空调系统工作原理及冷凝器的安装方式

2. 结构形式

汽车空调冷凝器有管片式、管带式以及平行流式 3 种。

（1）管片式冷凝器

管片式冷凝器由安装在一系列薄散热片上的制冷剂螺旋管组成。在发动机室有限的空间内，这种设计结构可以提供最大的散热面积。冷凝器接收来自压缩机的高温高压制冷剂蒸气，蒸气制冷剂从冷凝器顶部流入并流过螺旋管。按热的自然趋向从热制冷剂顶部流入并流过螺旋管，热制冷剂蒸气中的热量经散热片向大气中散发热量。当制冷剂蒸气冷却并经过冷凝器向下流动时，就会达到发生冷凝的温度。气态制冷剂即变为液态制冷剂。在冷疑点时，制冷剂释放出更多的热量。冷凝器底部的制冷剂是有余温的高压液体。在以平均热负荷运行的汽车空调系统中，冷凝器螺旋管上部的 2/3 为热的制冷剂蒸气，而下部 1/3 部分为液态制冷剂，这种高压液态制冷剂从冷凝器排出并向前流入蒸发器。

（2）管带式冷凝器

管带式冷凝器如图 3-9（a）所示，一般是将小扁管弯成蛇管形，其中放置三角形的翅片或其他类型的散热片。这种冷凝器的传热效率比管片式冷凝器高 15%～20%。

（3）平行流式冷凝器

平行流式冷凝器如图 3-9（b）所示，由圆筒集管、铝制内肋管、波形散热翅片以及连接管组成，是专为 R-134a 提供的新型冷凝器。平行流式冷凝器与管带式冷凝器的最大区别是：管带式冷凝器只有一条扁管，自始至终地呈蛇形弯曲，制冷剂只能在这一条通道中流动而进行热交换；而平行流式冷凝器则是在两条集流管间用多条扁管相连，制冷剂可在同一时间经多条扁管流通而进行热交换。这种结构的散热性能较管带式冷凝器提高了 30%～40%，通路阻力降低了 25%～33%，内容积减少了约 20%，大幅度地提高了它的热交换性能。

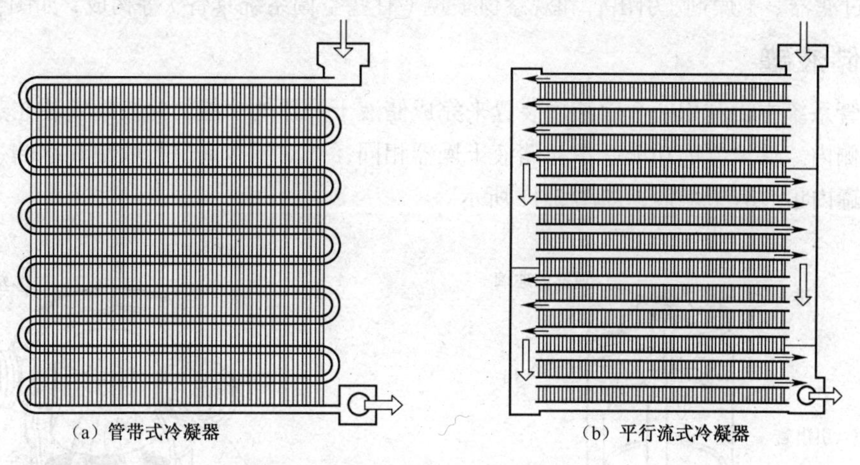

（a）管带式冷凝器　（b）平行流式冷凝器

图 3-9　冷凝器的形式

三、汽车空调干燥器和集液器

1. 储液干燥器

由于汽车空调正常工作时，制冷剂的供应量大于蒸发器的需要量，所以高压侧液态制冷剂会有一定的储存量。而且随着季节的变化，在系统不运行或检修、更换系统内的零件时，可将系统中的制冷剂收到高压侧进行储存，以免制冷剂泄漏。因此，在汽车空调系统中，需设置储液干燥器。

储液干燥器与制冷剂管路

（1）作用

① 储存制冷剂。储液干燥器可以暂时储存一部分制冷剂，使气、液分离。

它还可作为储存罐使用，即接收冷凝器流出的液态制冷剂，并一直将其保留到蒸发器需要排出时为止。根据工况不同，各种要求条件也有所变化。

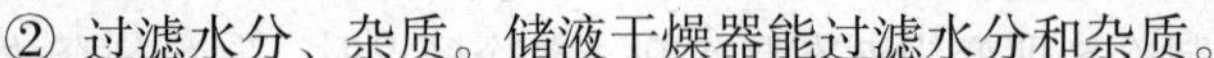

② 过滤水分、杂质。储液干燥器能过滤水分和杂质。

储液干燥器中放置了干燥剂，一般为硅胶形状，可以吸收汽车空调系统的水分，这点对于汽车空调系统是十分重要的。假如制冷剂中含有水分，将会腐蚀功能部件，还可能在膨胀阀的节流小孔处冻结，造成制冷剂管路堵塞；如果在蒸发器中冻结，则将阻碍制冷剂流动。干燥剂有效地防止了此类故障。

③ 防止气态制冷剂进入蒸发器。储液干燥器的位置和设计结构可防止气态制冷剂进入蒸发器。

由冷凝器出口进入储液干燥器的制冷剂并不是 100%的液体，尤其是在大气温度较高、冷凝器散热困难时，气态的制冷剂流入储液干燥器的比例会很高。流入蒸发器的气态制冷剂由于没有经过形态变化，所以不能吸热，从而影响制冷效果。

④ 提供缓冲空间。储液干燥器还提供了系统内液态制冷剂的缓冲空间，能及时调整和补充供给恒温膨胀阀液态制冷剂的流量，以保证系统内制冷剂流动的连续性和稳定性。

（2）构造

储液干燥器接收冷凝器排出的制冷剂。它装在冷凝器周围或下流处膨胀阀之前，由储液干燥器体、过滤器、干燥剂、引出管和观察窗玻璃（有些空调系统具备）等构成，如图 3-10 所示。

2. 储液罐

在孔管系统中，利用一个储液罐装置来完成储液干燥器的功能。储液罐安装在蒸发器出气口处低压侧内。储液罐的功能基本与储液干燥器相同，即对制冷剂进行收集和存储、滤清和干燥。储液罐内也装有干燥剂，如图 3-11 所示。

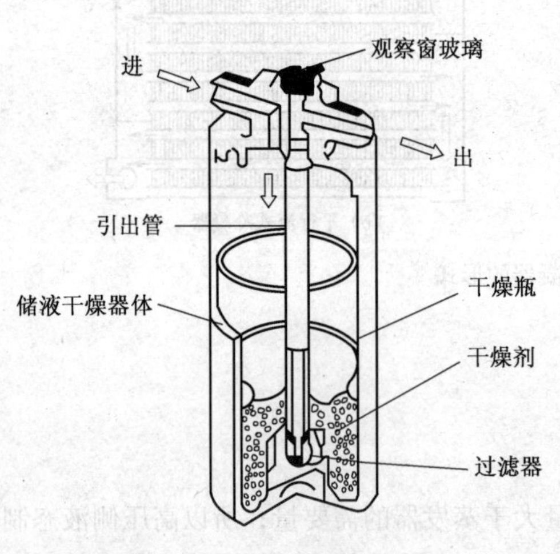

图 3-10 储液干燥器的结构

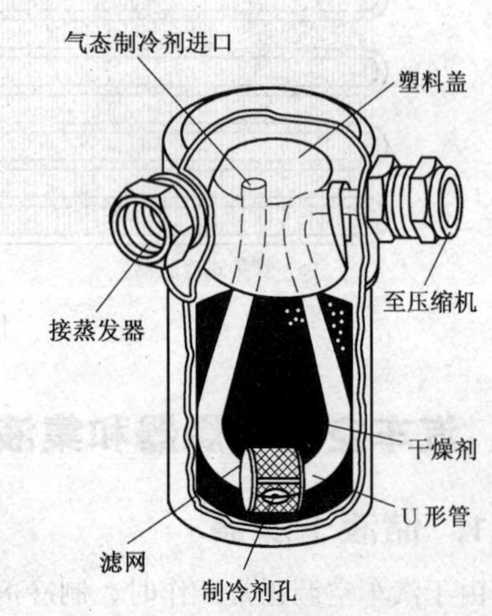

图 3-11 储液罐的构造

四、汽车空调膨胀阀和孔管

为了达到最大的冷却效果，必须控制进入蒸发器的流量，这样才能确保蒸发器内的液态制冷剂得到完全蒸发。节流膨胀装置就能够达到这个目的。汽车空调采用的节流膨胀装置主要是热力膨胀阀，另外还有 H 形阀、节流管等。

1. 膨胀阀

（1）作用

储液干燥器排出的制冷剂作为高压液体流入膨胀阀（见图 3-12）。当这种高压液体流经膨胀阀的节流孔时，制冷剂被强制流过此小孔并在另一侧喷出。这样就产生了一个压力差，由此，压力和温度得到降低，雾化的制冷剂可流过蒸发器并且容易汽化。

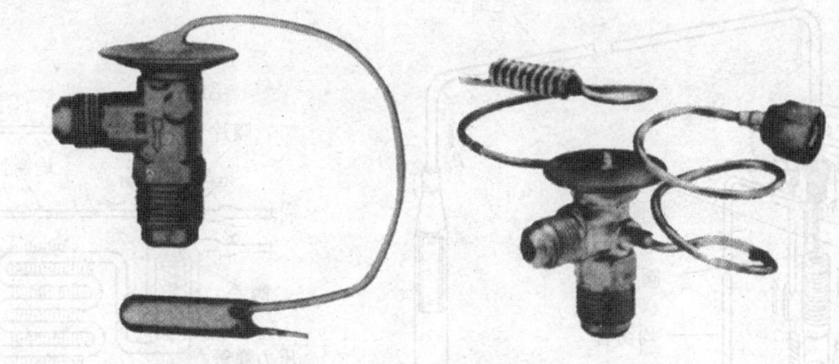

图 3-12　膨胀阀的外形结构

因为系统的温度比车内温度低，所以制冷剂吸收热量并将其排出车厢。具体来说，膨胀阀有下述 3 个功能。

① 节流作用。膨胀阀节流小孔将改变流入的液态制冷剂的压力，从高压变为低压。膨胀阀将汽车空调系统的高压侧与低压侧分离开来。因为通过阀产生一压力降，制冷剂的流动会受到限制（即节流）。进入阀中的制冷剂为高压液体，离开阀的制冷剂为低压液体，制冷剂的压力降低对制冷剂的状态几乎没有影响。少量制冷剂会由于严重的压力降而汽化，这种汽化称为“闪蒸气体”。

② 调节作用。安装在膨胀阀体上的恒温控制阀按照要求改变开启或关闭位置，以控制通过节流孔的液态制冷剂流量。这就确保了蒸发器可以接收到适量的制冷剂，以保证适当的冷却作用。

在给定时间所需的制冷剂量随不同的热负载而不同。热力膨胀阀可以从全开位置调到关闭位置，它在这两位置之间不断地调整平衡，以保证在各种负载条件下节流，从而进入适量的制冷剂。

③ 控制作用。恒温膨胀阀必须快速地对热负载工况变化做出反应。当测出的热量升高时，膨胀阀会向增加制冷剂流量的开启位置移动。由于发动机转速提高，使得热载荷降低或压缩机输出量增加时，就会使膨胀阀向前移动到关闭位置，以限制制冷剂流入蒸发器的数量。

（2）分类

膨胀阀一般有恒压式和温控式两种。

① 恒压式，又称内平衡式，这种膨胀阀从针阀的蒸发器侧到膜片下侧有一孔型通路。

② 温控式，又称外平衡式，这种膨胀阀有一毛细管连接至蒸发器出口处，用于探测蒸发器的压力。使用外平衡式膨胀阀可以消除经过蒸发器盘管的压力降的影响，使过热（入口和出口的温度差）的设定取决于过热弹簧力的设定，其弹簧在使用一段时间后，弹簧力可能会下降，可以做必要调整。

（3）工作原理

膨胀阀的针阀是通过膜片连动的，膜片的控制因素有 3 个：蒸发器的压力使阀关闭；弹簧压力使阀关闭；膜片顶部通过毛细管来自热敏管的惰性气体压力使阀打开。这 3 种力的合力使膨胀阀打开一定的开度，控制制冷剂的流量。

（4）工作过程

膨胀阀的工作过程如图 3-13 所示。

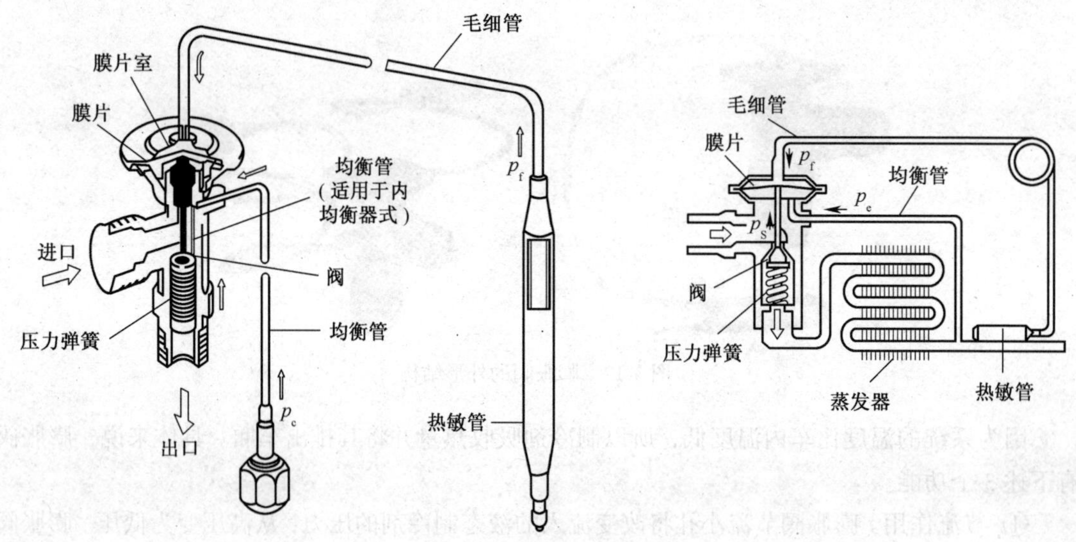

图 3-13　膨胀阀的工作过程

热敏管固定在蒸发器的出口或尾管处。热敏管感应出尾管的温度后，通过毛细管对阀中的膜片作用。当作用在膜片顶部的压力比蒸发器的压力与弹簧压力的组合还大时，针阀从阀座移开，直到压力达到平衡为止，以此方式将适量的制冷剂流入蒸发器芯。

尾管处的温度上升时，热敏管中的膨胀气体通过毛细管作用在膜片上的压力增加，膜片接着又迫使推杆向下推动阀销和针阀，使更多的制冷剂进入蒸发器。

尾管处的温度下降时，热敏管和膜片上的压力降低，从而使针阀就座，流入蒸发器的制冷剂量受到限制。

除了典型的膨胀阀以外，还有一种 H 形膨胀阀得到了广泛的应用，H 形膨胀阀取消了外平衡式膨胀阀的外平衡管和感温包，使其直接与蒸发器进出口相连。H 形膨胀阀因其内部通路形状像字母 H 而得名，如图 3-14 所示。它有 4 个接口通往汽车空调系统，其中两个接口和普通膨胀阀一样，一个接储液干燥器的出口，一个接蒸发器的进口，但另两个接口，一个接蒸发器的出口，一个接压缩机的进口，感温包和毛细管均由薄膜下面的感温元件取代，H 形膨胀阀结构紧凑，性能可靠。由于没有感温包、毛细管和外平衡接管，避免了因汽车颠簸、震动而使充注系统断裂外漏以及感温包松动影响膨胀阀工作，提高了膨胀阀的抗震性能。我国生产的北京切诺基吉普车、广州标志轿车、捷达轿车和富康轿车都采用了这种 H 形膨胀阀。

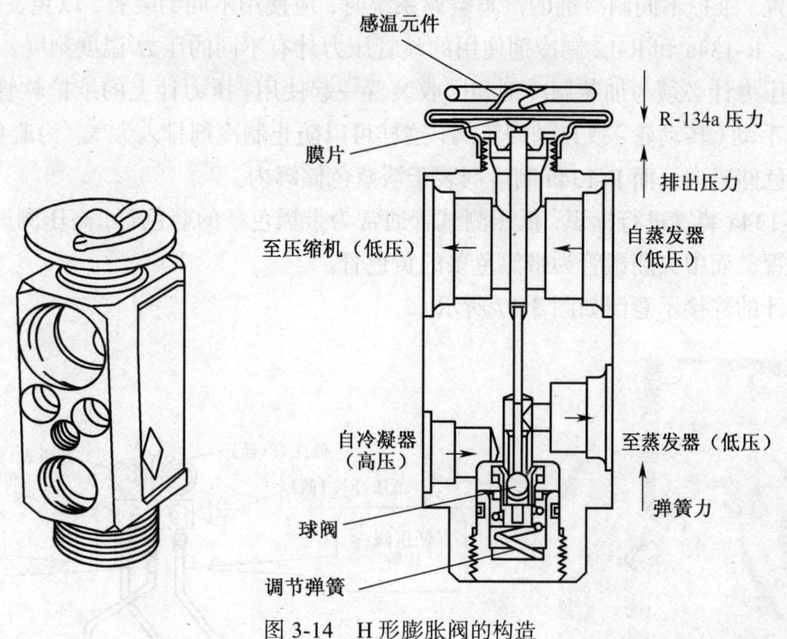

图 3-14　H 形膨胀阀的构造

2. 节流管

膨胀阀的另一种形式是节流管，也称细管，用于孔管系统上，它没有感温包、平衡管，而有一个小孔节流元件和一个网状过滤器，如图 3-15 所示。它一般用在隔热性能好，且车内负荷变化不大的轿车上。与膨胀阀相比，它具有结构简单，可靠性好，价格低，应用广泛的特点，美国、日本的许多高级轿车都采用这种节流方式，但它不能根据工况变化调节制冷剂的流量。节流管根据使用情况不同，其尺寸也有所不同，其节流元件堵塞会导致节流管失效，即使清理堵塞，节流管的节流效果也不理想，所以节流管一旦失效，通常都是直接换件，而且储液罐一般也要同时更换。

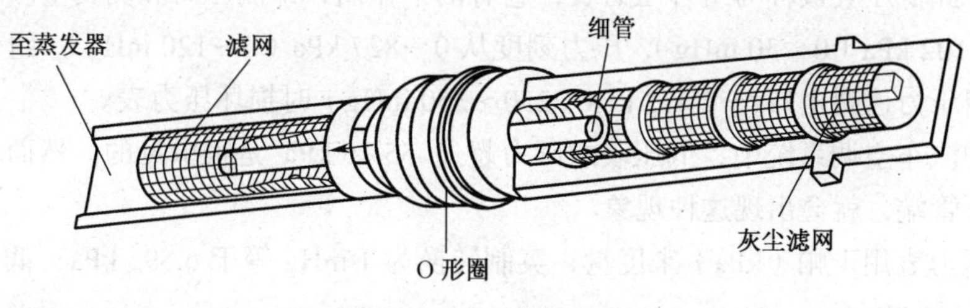

图 3-15　节流管的构造

五、歧管压力计

1. 歧管和压力表组件

歧管压力计是维护汽车空调系统最重要的工具，如图 3-16 所示。歧管压力计用来测定汽车空调系统的高、低压侧的压力，正确的制冷剂装量以及汽车空调系统的工作效率等。测量的目的就是同时测出高、低压侧的压力读数，以便进行比较，确定汽车空调系统的工作情况。

由于 R-134a 与 R-12 两种制冷剂是不可互换的，因此必须将它们的歧管压力计、加注及回收装置分开放置。维护不同制冷剂的汽车空调系统时，应使用不同的装置，以免发生交叉污染，损坏汽车空调。R-134a 和 R-12 制冷剂使用的歧管压力计有不同的压力/温度刻度。

每套歧管压力计必须与加装制冷剂和回收装置一起使用。压力计上的维护软管必须在维护孔接头端安装手动（转动轮）或自动回流阀，这样可以防止制冷剂排入大气。为避免混淆，R-12 制冷剂装于白色储罐内，而 R-134a 制冷剂装于淡蓝色储罐内。

为了对 R-134a 装置进行标识，低压测试管通常为带黑色条的蓝色管，高压测试管通常为带黑色条的红色管，而中央测试管为带黑色条的黄色管。

歧管压力计的连接示意图如图 3-17 所示。

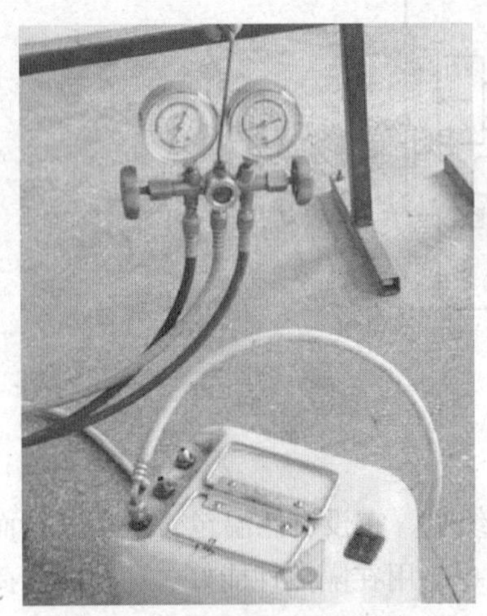

图 3-16　歧管和压力表组件

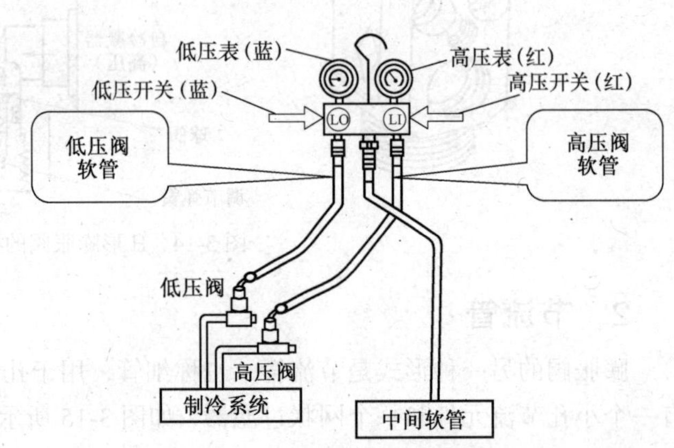

图 3-17　歧管压力计的连接

（1）低、高压表的识别

低压表是一个标有蓝色标志的表，用于测量低压侧维护孔的压力。表顺时针方向的压力读数为 0～150 lbf/in^2（0～10.4 bar，0～10.5 kgf/cm^2）（压力刻度），而逆时针方向的读数为 0.30 inHg（真空刻度）。此低压表被称为组合压力表，它有两个作用，即测压力和测真空。组合表的真空度刻度从 0～102 kPa（0～30 inHg），压力刻度从 0～827 kPa（0～120 inHg）。组合表的结构设计可以防止当压力达到 1 724～2 413 kPa（250～350 inHg）时损坏压力表。

在工作的汽车空调系统中，低压表的压力超过 55.15 kPa 是很少见的。然而，如果低压管被误接在高压管端，就会出现这种现象。

低压侧压力表用千帕（kPa）来度量，英制转换为 1 inHg 等于 6.895 kPa，低压侧工作压力一般为 103～241 kPa。

带红色标记的高压表仅仅是个压力表，它顺时针方向的读数为 0～500 lbf/in^2（0～34.5 bar，0～35.2 kgf/cm^2）。

（2）辅助表

有时检修汽车空调系统还需要第 3 只表——辅助表。这种表用于蒸发器需有某种方式压力控制的系统，此时，两只低压表可用来确定通过控制装置的压力差。

例如，这种表可以用于测试使用蒸发器压力调节阀的老式克莱斯勒公司汽车或装有绝对阀操纵的先导阀的福特公司车型。这种表提供的 0～150 lbf/in^2（0～10.4 bar，0～10.5 kgf/cm^2）的读数范围与低压表所示的读数范围一样，所以这种辅助表成为低压侧测试的同类型表。

（3）手动阀的作用和使用方法

安装歧管压力计的目的是控制制冷剂的流动。歧管压力计与汽车空调系统连接后，当正常工况条件时，两个试表始终有压力指示。测试时，低压侧和高压侧手动阀一直关闭（向内转，直到阀归位为止）。

制冷剂流过阀杆到达相应的试表，同时低压表读出低压侧的压力，而高压表读出高压侧的压力。手动阀的作用是将低、高压侧与歧管中心孔隔开。

除了位于歧管压力计的手动阀之外，全部维护试验软管均需要在相应的 1 in 维护端接头内安装手动（转轮）或自动回流阀。为了将排入大气的制冷剂量控制到最低程度和限制进入软管的空气量，无论使用与否，截止阀必须关闭，直到将维护试验软管从汽车空调系统维护管接头上卸下。卸下软管之后，连通再循环装置，可将残留制冷剂回收。

当两个手动阀关闭或低、高压手动阀有一个打开时，低、高压表都会给出精确的读数。但是，当两个手动阀都打开时，表的读数是不可靠的，因为高压侧压力会传到低压侧。

使用与低压侧表正下方接头连接的软管将试验歧管压力计低压侧接到汽车空调系统的低压侧，高压侧的连接方法与之相同。歧管压力计中央接头与维护软管连接头进行汽车空调系统制冷剂加注或抽空。

汽车空调系统运转时，不得打开高压手动阀。如果当汽车空调系统运转时，高压手动阀被打开，高压制冷剂将被迫通过高压表而冲击制冷剂罐（如果连接）。这样的高压会使制冷剂罐破裂或安全罐阀接头被爆开，造成严重的伤害和损坏。

2. 压力表的标定和刻度

（1）单位

检查和诊断汽车空调系统使用的压力测量单位为每平方英寸磅（psi），1 psi=6.895kPa，如图 3-18 所示。这种读数受大气压力变化（包括高度变化）的影响。不受大气压力变化的压力读数称为“绝对值”。

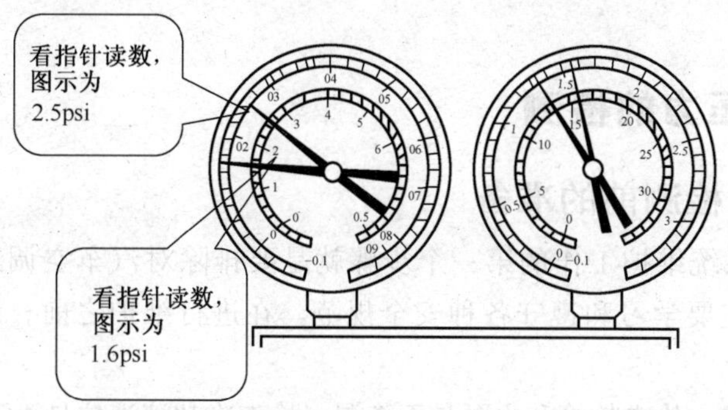

图 3-18　压力表的读数

大气压力——这是大气的压力。测量单位为每平方英寸磅（psi），并且是大气对地球表面任何一点产生的压力大小。在海平面时，大气压力为 14.7 psi（每平方英寸磅绝对值），约为 101kPa。大气压力随高度变化而改变。每提高 1 000 in（25 400mm），大气压力大约减少 1/2 lb（0.23kg）。在相同高度，由于气候条件的变化（如压力表所示），大气压力（和表读数）也会有不同。

PSIA——每平方英寸磅绝对值。是指不受大气条件或高度影响的压力读数，单位为每平方英寸磅。在完全真空条件下，压力读数从零开始。绝对压力一般不用于汽车空调器。当涉及不同高度大气压力的变化时，才使用这个单位，可参见高度压力变化表。

PSIC——每平方英寸磅表读数是表组测量数值，这种表就称为布尔登压力表。在大气压力 29.92 inHg（3.4 kPa，14.7 lbf/in^2，1 bar，1 kgf/cm^2）标准气候条件下的海平面上，将压力表读数调到零。高度升高（大气压力降低），表的读数降低。

为了将每平方英寸磅值转换为每平方英寸磅绝对值，应在海平面的每平方英寸磅值上加 14.7。

（2）表的高度修正

高度超过海平面时，大气压力随之降低。采用从读数中减去“表高修正量”的方法就可以换算出闭路系统内修正过的表压。在检查汽车空调系统低压侧的压力时，这一点是很重要的。

项目实施

【实施条件】

实施地点和要求：拥有多种型号整车的汽车实验室，整车性能良好，汽车空调能正常工作；汽车空调制冷系统压力检查装置、真空泵等汽车空调维修设备，用于制冷系统的拆装和维修；教学过程中，需要设置使汽车空调制冷效果不佳的故障，再进行教学演示和学生动手操作。

实施时间：课程内容最好安排在气温较高的季节，使学生能体验汽车空调的制冷效果不佳故障被排除后的成就感。

教学要求：根据整车数量将学生分成若干小组，每小组 5 人使用一辆整车；实验室应配有小黑板和带写字板的座椅；指导教师先讲解并现场演示，学生再动手操作。

【实施步骤】

一、制冷系统压力的检测

1. 系统压力检测前的准备

进行汽车空调系统维护工作的第一个步骤就是要排除对汽车空调系统工作产生不利影响的任何因素，一定要学习和遵守各种安全规范。在进行维护之前，应对以下外部情况做初步检查。

① 检查冷却系统，检查软管和水泵是否渗漏，检查冷却液液位是否正常。

② 确保压缩机和发动机风扇皮带必须处于良好的状态并且拧紧到正确的张紧程度。

③ 检查大功率风扇和风扇壳的安装是否正确，检查风扇离合器的工作情况。

④ 检查冷凝器散热片（不得弄弯、损坏或堵塞），必要时用专业散热片梳梳直或清洗散热片。

⑤ 清除栅格或冷凝器的虫网（如果有），虫网会降低通过散热片的风速。

⑥ 因为很多汽车空调零件都是真空操纵的，所以应检查全部真空管是否密封。

⑦ 检查是否出现机械故障，如真空马达、加热器空气道损坏、风门动作功能不正常或热水阀功能不正常等。

⑧ 检查压缩机前密封和压力安全阀的密封情况。

对空调系统进行检修时，应对温度、制冷剂循环状况、压缩机皮带和压力进行测试和观察。

（1）温度检查

在进行温度检查前，首先要热机，并使发动机转速保持在 3 000 r/min，盖好发动机罩，打开汽车空调控制开关并使鼓风机开到最大风量（外部进空气），同时打开所有通风口。

制冷系统工作 3 min 后，测定中央通风口的温度（T_a）和外界温度（T_b），然后根据测得的 T_a 和 T_b 绘制温度曲线。

（2）制冷剂循环状况检查

通过干燥罐视窗检查制冷剂的循环状况，同时可对系统中制冷剂的量进行粗略的检查。启动发动机，打开汽车空调系统，使发动机在高怠速（1 500～2 000 r/min）状态下运转 5 min 后，观察干燥罐视窗。如果液体正常流动，则说明循环正常；如果液体不流动，则应检查系统的密封性并予以修复；如果出现气泡，则说明缺少制冷剂，应检查系统的密封性并予以修复，然后添加合适的制冷剂；如果出现乳白状气泡，则说明制冷系统的湿度过大。

（3）压缩机皮带的检查

检查汽车空调压缩机驱动皮带的状况是否良好；驱动皮带是否正确地安装在皮带槽内；驱动皮带的张力是否适中。检查皮带张力时可用皮带张力检测仪，皮带张力应为 250 N。如果张力达不到规定值，则必须调整预紧螺钉，使之达到规定值，如图 3-19 所示。

2. 制冷系统压力的检测

（1）表组的安装

① 找到低压侧和高压侧维护阀。某些汽车空调系统可能有两个低压侧维护阀，吸气压力调节器前、后各一个。低压侧阀应位于蒸发器出气口和压缩机进气口之间；高压侧维护阀应在压缩机出气口和冷凝器进气口之间。

② 安装表组。

第一，戴上安全眼镜并罩上汽车护板，取下防尘盖，慢慢地检查阀是否密封。

试验软管接到施拉德形阀之前，歧管表组的手动阀和软管端截止阀必须是关闭的，这一点一定要记住。

第二，维护软管一定要装阀芯压板，与施拉德形阀连接。否则，应装专用接头。如果以前未接的话，应将两个歧管手动阀关闭。

第三，低压侧维护管与压缩机低压（吸气）侧连接，并用手将其拧紧；高压侧维护管与压缩机高压（排气）侧连接，然后用手拧紧，如图 3-20 所示。

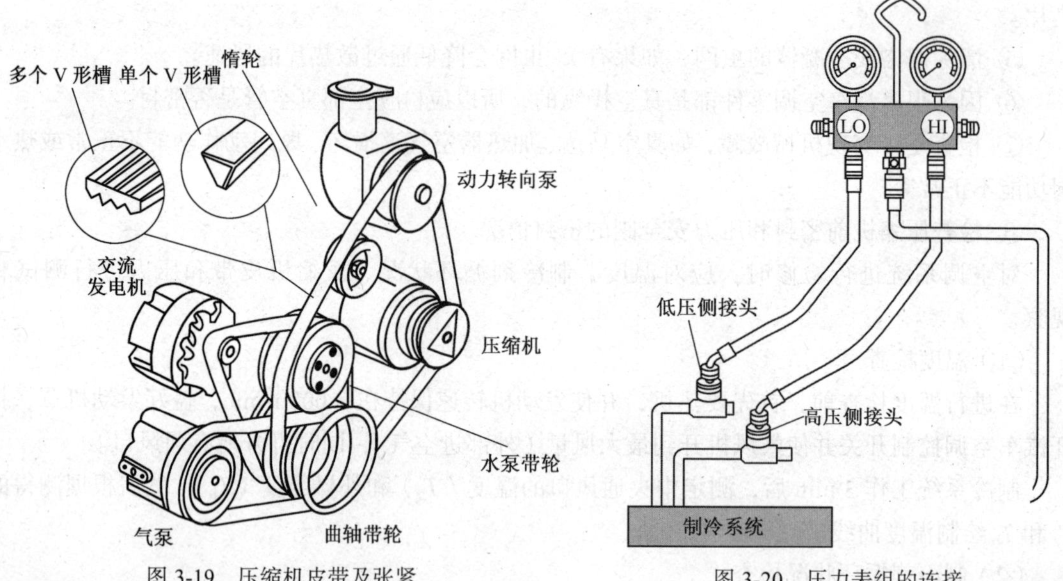

图 3-19　压缩机皮带及张紧　　　　图 3-20　压力表组的连接

注意

如果在高压侧施拉德形阀上未装高压侧维护管接头时，必须使用专用接头。新式福特和通用公司的阀比老式阀小。这种小尺寸阀可以防止将低压侧维护管和试表错装在空调器的高压侧上。

测试表安装之后，在测试之前，必须将全部空气从测试软管抽空。根据规程要求，应使用再循环机抽空测试软管。

（2）压力检查

压力检查是一种用歧管仪表查找故障部位的方法，其前提条件是：发动机转速 1 500 r/min；鼓风机转速处于高速状态；温度控制开关置于最冷位置。压力表组的使用如图 3-21 所示，具体操作如下。

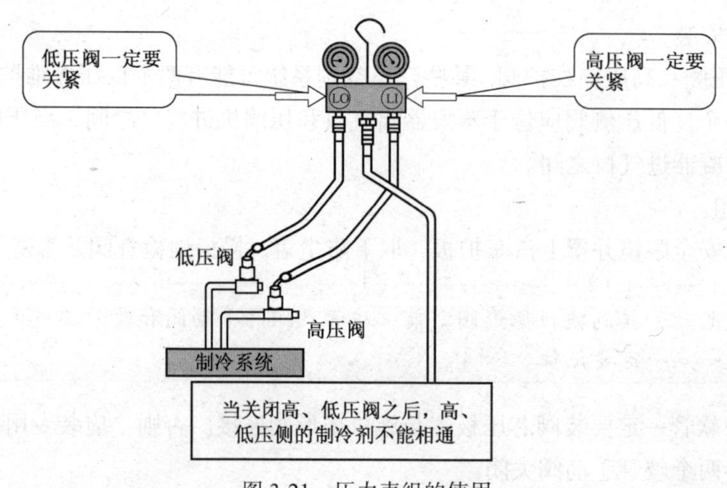

图 3-21　压力表组的使用

① 高压手动阀关闭，低压手动阀打开。低压管路与中间管路、低压表相通，这时可进行低

压侧加注制冷剂或排放制冷剂，并同时检测高、低压侧的压力。

② 高压手动阀打开，低压手动阀关闭。高压管路与中间管路、高压表相通，这时可从高压侧加注制冷剂，并同时检测高、低压侧的压力。

③ 高压手动阀和低压手动阀均关闭。可检测高、低压侧的压力。

④ 高压手动阀和低压手动阀均打开。可进行加注制冷剂、抽真空，并进行高、低压侧压力的检测。

⑤ 注意事项如下。

a. 压力表软管与接头连接时，只能用手拧紧，不准用工具拧紧。

b. 不用时，软管要与接头连起来，以防止灰尘、水或杂物进入管内。

c. 使用时要把管内的空气排空。

d. 该表是一种精密仪表，应当细心维护，保持仪表及软管接头的清洁。

e. 对于使用不同制冷剂的系统，歧管压力计应专用。

安装好歧管仪表后即可以获得歧管仪表的压力读数，根据这些读数情况可进行相应的汽车空调系统的运转状况分析。需要说明的是，由于环境温度条件的变化，仪表的读数可能会略有变化。

二、汽车空调压缩机的检修

1. 汽车空调压缩机的隔离

对装有杆式维护阀的压缩机进行维护或更换时，可以将压缩机与汽车空调器隔开，这样，在拆卸压缩机时，就不再需要把整个汽车空调系统排空。要做到有效地隔离压缩机，需按如下步骤进行。

① 取下压缩机杆式维护阀防尘罩。接上歧管压力表表组后，抽空空气，然后关闭手动阀，将两个杆式阀移到中间位置（看表压），如图 3-22 所示。

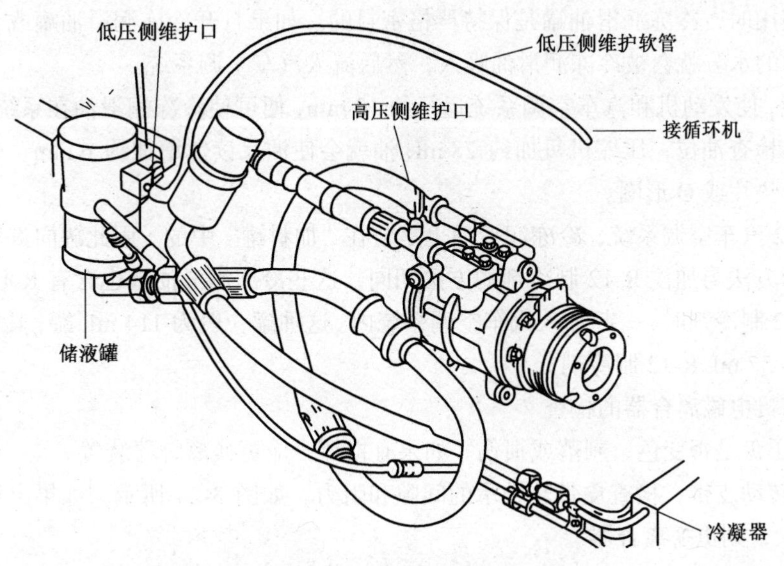

图 3-22 压缩机的隔离

② 如果没有压力而且又不知道是否有渗漏，则向汽车空调器内加注一部分制冷剂，以便在

拆开接头时防止空气侵入。

③ 启动发动机，运转汽车空调压缩机，慢慢地向前转动低压侧（吸气）维护阀。当低压表值达到 0.1 kgf/cm^2 时，立即切断压缩机。快速将低压侧和高压侧的两个维护阀调到关闭位置，拆开压缩机离合器线，以防压缩机运转。

④ 慢慢松开油位旋塞，释放压缩机内部压力。此时压缩机与汽车空调系统完全断开。从压缩机上拆下杆式维护阀（不得从阀上拆下软管），然后从汽车上卸下压缩机。

2. 汽车空调压缩机的检查与修理

汽车空调压缩机的安装位置如图 3-23 所示。

图 3-23 压缩机的安装位置

（1）压缩机冷冻润滑油的检查

处理冷冻润滑油时，一定要使用合适的冷冻润滑油。目前 R-12 汽车空调系统使用的矿物冷冻润滑油不适合 R-134a 汽车空调系统使用，因此开发出一种用于 R-134a 汽车空调系统的由聚烷乙二醇合成的新的冷冻润滑油。

对于 R-134a 汽车空调系统，加油时，最重要的是要识别汽车空调系统和压缩机的不同标牌。不是所有的聚烷乙二醇冷冻润滑油都是一样的。汽车和压缩机制造厂商都规定了所使用的润滑油的牌号。例如，装有 10 P/10 PA 型旋转斜盘（活塞）式压缩机的凌志汽车就使用 ND-OIL8，而旋转叶片式压缩机都使用 ND-OIL9。

有些压缩机的油位在汽车上就可以进行检查，而另一些压缩机则必须拆卸下来进行油位检查和加油。这种汽车空调系统必须首先排空制冷剂（如果装有杆式维护阀，可如前面介绍的那样将压缩机隔离），特殊压缩机的油位检查方法将在本章详细介绍。

汽车空调系统只能使用新的纯净而又无水的冷冻润滑油，冷冻润滑油是高度纯化和脱水的，所以，在不使用时，冷冻润滑油罐是保持严格密封的。如果打开冷冻润滑油罐或者短时间放置不用，大气中的水分就会被冷冻润滑油吸入，然后流入汽车空调系统。

如果可能，使发动机和汽车空调系统运行约 10 min，便可使冷冻润滑油在系统中均匀分布。

如用油尺检查油位，压缩机每加约 28 mL 油就会使油尺读数增加约 6 mm。必要时，更换油位旋塞密封垫片或 O 形圈。

对于 R-12 汽车空调系统，冷冻润滑油也是装在“加料罐”中的。用此罐向汽车空调系统加冷冻润滑油的方法与加注 R-12 制冷剂的方法相同，这些冷冻润滑油罐也含有 R-12 制冷剂，而且在加装 R-12 制冷剂时，一起加入汽车空调系统内。这种罐一般为 114 mL 罐，其中含约 57 mL 冷冻润滑油和 57 mL R-12 制冷剂。

（2）压缩机电磁离合器的检查

① 检查压盘是否变色、剥落或损伤。如果有损坏，应更换离合器装置。

② 用手转动皮带，检查皮带轮轴承的间隙和阻力，如图 3-24 所示。如果出现噪声或间隙过大/阻力过大，则更换离合器。

③ 用百分表测量皮带轮 A 与压盘 B 之间的间隙，如图 3-25 所示。将百分表归零，然后给压缩机离合器施加蓄电池电压。在施加电压时，测量压盘的位移。如果间隙不在规定范围内（规

定间隙为 0.35～0.6 mm），则需要使用调整垫片进行调整。调整垫片有多种厚度可供选择，如 0.1 mm、0.3 mm 和 0.5 mm 等。

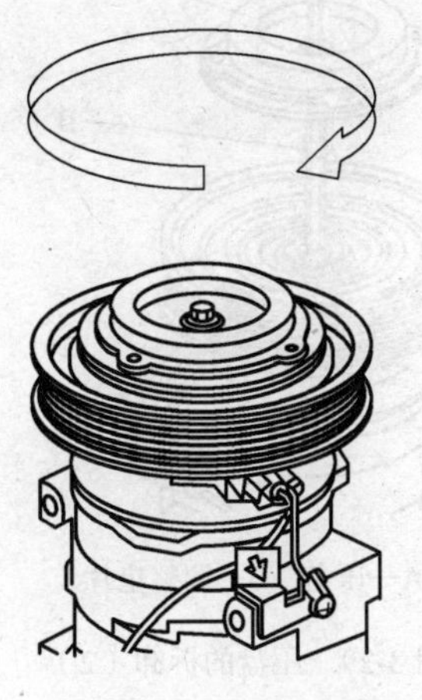

图 3-24　压缩机阻力试验

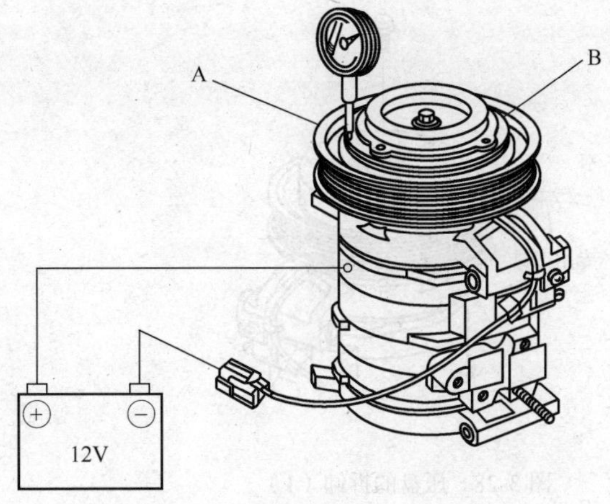

A—皮带轮　B—压盘

图 3-25　压缩机压盘间隙检查

④ 测量皮带轮 A 与压盘 B 之间的间隙（标准同③），如图 3-26 所示。也可以使用间隙规来测量，之后选择不同的垫片来增大或减小间隙。

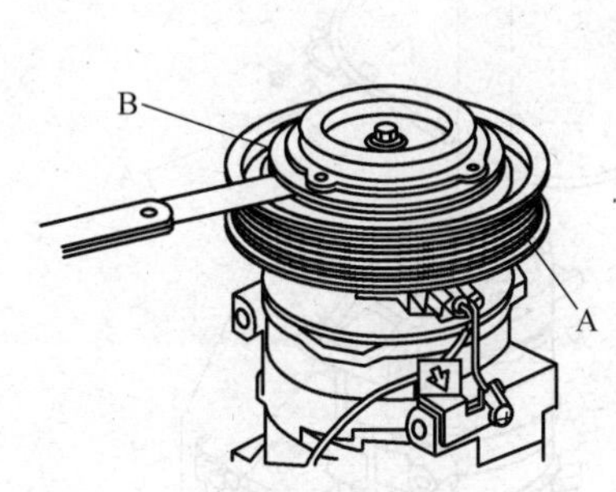

A—皮带轮　B—压盘

图 3-26　压盘间隙检查

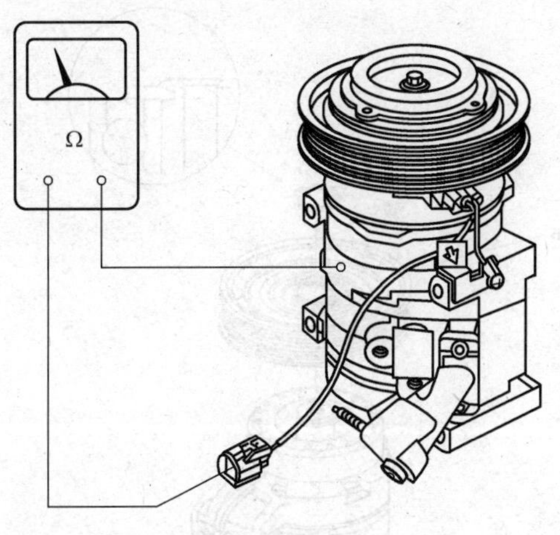

图 3-27　离合器线圈的检查

⑤ 测量励磁线圈的电阻，如图 3-27 所示。如果电阻不符合技术要求，则应更换励磁线圈。电阻为 4～4.5 Ω，温度为 20℃。

（3）压缩机电磁离合器的修理

① 拆除中心螺栓，如图 3-28 所示，拆除中心螺栓要借助专用工具，固定压盘。

② 如图 3-29 所示，拆除压盘 A 和调整垫片 B，注意不要将调整垫片弄丢。如果离合器需要调整，根据需要增加或减少调整垫片的数量和厚度即可，然后重新安装压盘，并重新检查间隙。

③ 如果要更换励磁线圈，先用卡环钳拆除卡环 A，然后拆除皮带轮 B，如图 3-30 所示。注意不要损坏皮带轮和压缩机。

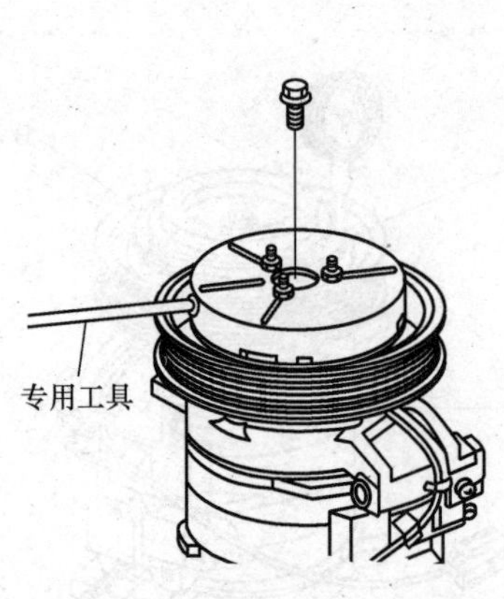

图 3-28　压盘的拆卸（1）

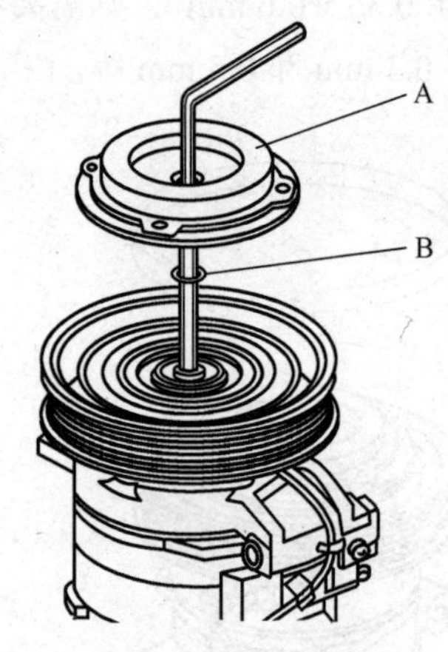

A—压盘　B—调整垫片

图 3-29　压盘的拆卸（2）

④ 如图 3-31 所示，拆除螺钉、线束夹 A 和保持架 B，用卡环钳拆除卡环 C，然后拆除励磁线圈 D，注意不要损坏励磁线圈和压缩机。

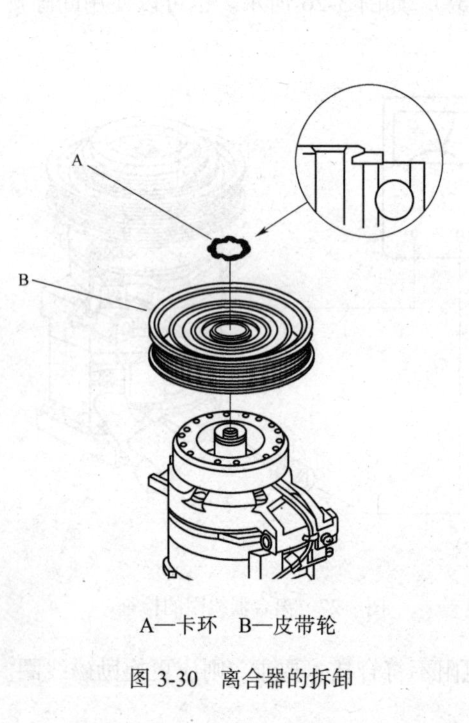

A—卡环　B—皮带轮

图 3-30　离合器的拆卸

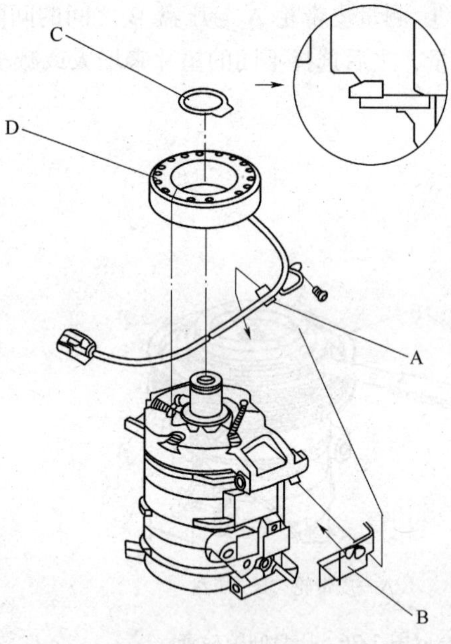

A—线束夹　B—保持架　C—卡环　D—励磁线圈

图 3-31　离合器压盘的安装

⑤ 按与拆卸相反的顺序重新组装，并注意以下事项。

a. 安装励磁线圈时，导线侧要朝下，并将励磁线圈的突起与压缩机上的孔对齐。

b. 用不含油溶剂的清洁剂或其他非石油制品溶剂，清洗皮带轮和压缩机的滑动表面。

c. 安装新的卡环，并确保它们完全安放在凹槽里。

d. 重新组装完毕后，确保皮带轮能转动自如。

e. 妥善布线，并把其夹紧，以免被转动的皮带轮损坏。

（4）压缩机的更换

① 让发动机怠速运转，并让汽车空调工作几分钟，然后关闭发动机。

② 如果车辆具有电子防盗系统，那么要确信拥有无线电发射装置防盗编码。同时，要记下收音机的频率设定。

③ 断开蓄电池的负极电缆。

④ 如图 3-32 所示，拆除压缩机离合器插接器 A，然后断开插接器。拆除螺栓和螺母，然后从压缩机上断开吸入管路 B 和排出管路 C，断开后，应立即塞住或盖住管道，以免被水汽和灰尘污染。

⑤ 拆除螺栓和压缩机，如图 3-33 所示。在拆除压缩机时，注意不要损坏散热器片。

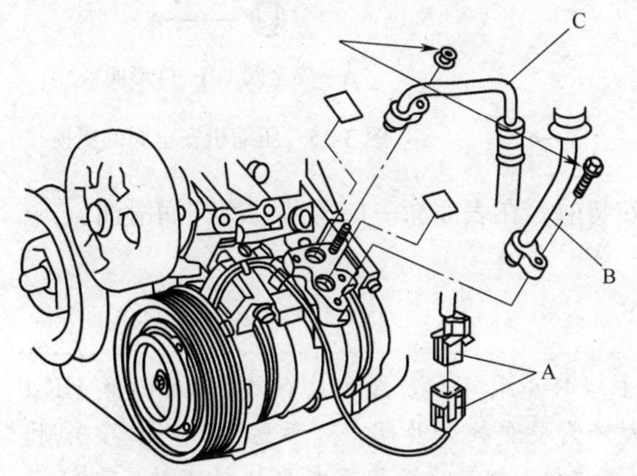

A—离合器插接器　B—吸入管路　C—排出管路

图 3-32　压缩机管路的拆装

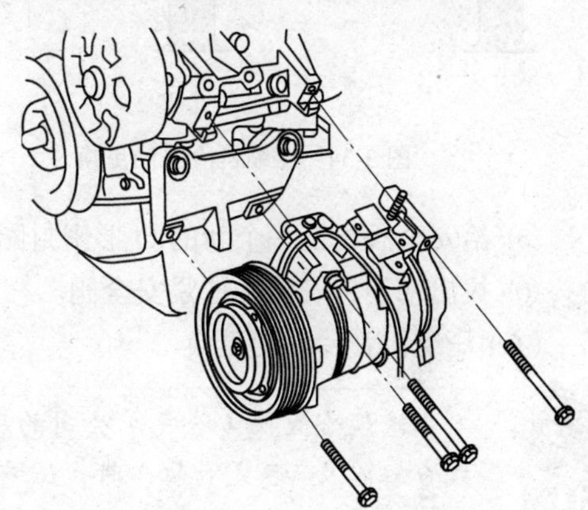

图 3-33　压缩机的拆装

⑥ 按与拆卸相反的顺序安装，并注意以下事项。

a. 如果安装一个新的压缩机，则必须计算出要排出的制冷剂量。

b. 每次安装时，要更换一个新的 O 形密封圈，并在安装前，涂上一层薄薄的冷冻润滑油。务必使用与 R-134a 或 R-12 相对应的 O 形密封圈，以免泄漏。

c. 为了避免污染，机油一旦配好，不得倒回容器，千万不要与其他制冷剂混合使用。

d. 压缩机更换时，被拆除压缩机排出的油量应少于新压缩机排出的油量，如图 3-34 所示。即使被拆除的压缩机没有油排出，也要从新压缩机中排出约 50 mL 的油量。

e. 用完冷冻润滑油后，应立即重新盖好盖子，并加以密封，以免吸入水汽。

f. 不要把制冷剂溅在汽车上，它可能会损坏油漆；如果制冷剂沾到汽车上，应立即把它清洗干净。

g. 在安装压缩机时，注意不要损坏散热器片。

h. 给系统注入制冷剂。

i. 输入无线电发射装置防盗码，然后输入用户无线发射装置的预设值。

j. 检测汽车空调系统的工作性能，并进行充分检漏。

（5）压缩机安全阀的更换

① 回收汽车空调系统内的制冷剂。

② 拆除安全阀 A 和 O 形密封圈 B，如图 3-35 所示。

③ 用塞子塞住开口，以防止异物进入系统及冷冻润滑油外流。

④ 清洁配合面。

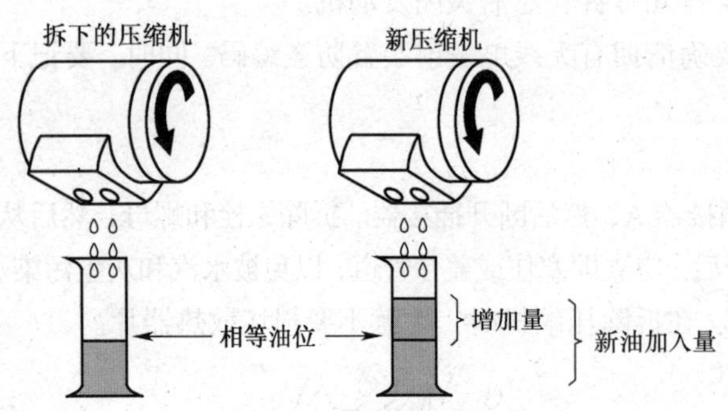

图 3-34　压缩机冷冻油更换

B
A
A—安全阀　B—O 形圈

图 3-35　压缩机安全阀的更换

⑤ 给安全阀更换一个新的 O 形密封圈，安装前，在表面涂一层薄薄的冷冻润滑油。

⑥ 拔出塞子，安装并拧紧安全阀。

（6）压缩机簧片阀的更换

修理哈里松（冷气）公司的压缩机（R-4 式 4 缸、A-6 式 6 缸、DA-6 和 HR-6 式 6 缸以及 V5 式 5 缸）时，压缩机大修需要更换簧片阀，可参见适当的维修手册。TecumsehHRg80 式 4 缸压缩机外壳为焊接件，内部维修局限在更换轴密封。三电（三尤）公司的涡旋式压缩机没有簧片阀。

汽车空调系统受水汽作用导致簧片阀被腐蚀的现象是很罕见的。更换压缩机的簧片阀很简单，即更换整个簧片阀总成，而不是更换单个有问题的簧片阀。

（7）克莱斯勒、Tecumseh 和约克公司两缸，三电（三尤）公司 5 缸和 7 缸压缩机

① 仔细清洗压缩机，排空汽车空调系统。拆下压缩机缸盖螺栓和维护阀（如安装时），并标记缸盖长螺栓的位置（一般在维护阀处）。

② 轻轻撬动或敲击缸盖突出边的下方，将其与压缩机壳体分开，拆下缸盖，并用干净布包住缸盖，注意不要刮伤密封面。

③ 清洗旧衬垫、缸盖并按要求安装维护阀，取下簧片阀总成，如图 3-36 所示。

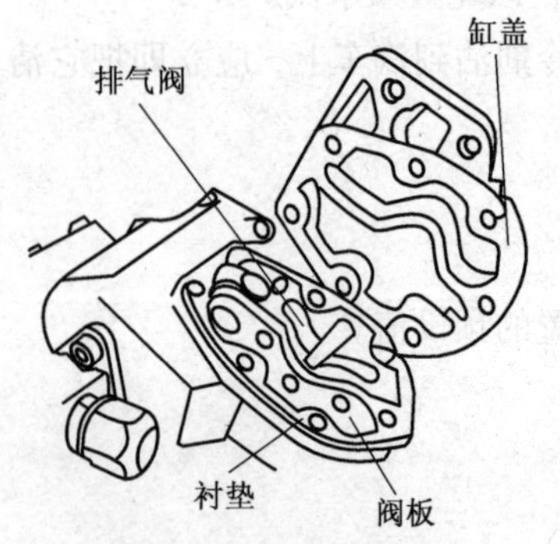

（a）克莱斯勒两缸压缩机

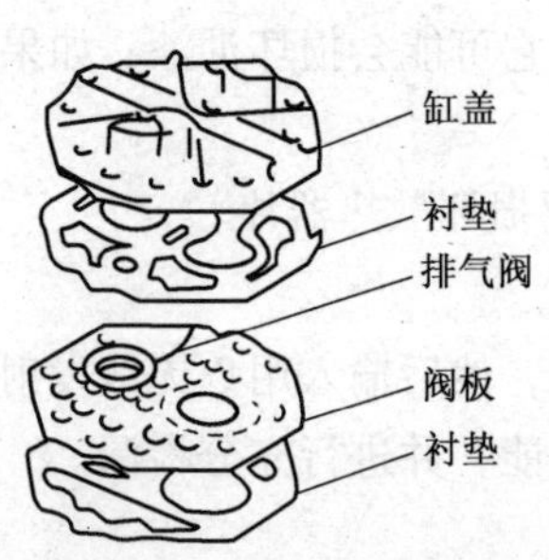

（b）Tecumseh 和约克公司两缸压缩机

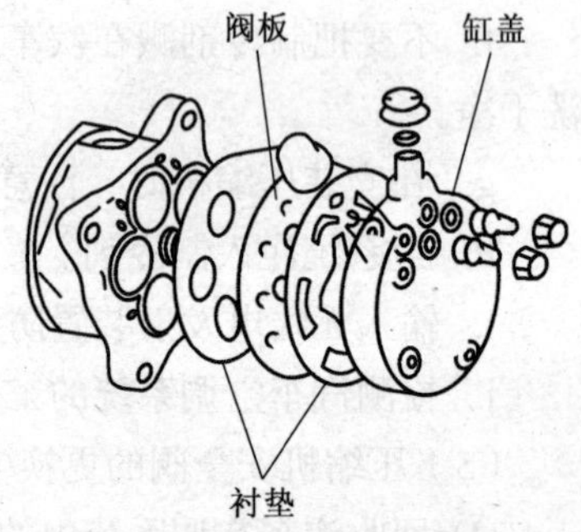

（c）三尤公司 5 缸压缩机

图 3-36　取下簧片阀总成

④ 在新衬垫上涂清洁的冷冻润滑油并将其放在压缩机壳体上，用各定心销定位。然后，安

装新簧片阀总成，注意排气阀要朝上，排气阀要比进气阀小。

⑤ 新衬垫和簧片阀总成就位之后，安装缸盖，仍用提供的定心销定位（如果装有），润滑和安装新的维护阀衬垫。注意高、低压侧维护阀的正确位置。

⑥ 以交叉方式拧紧全部缸盖螺栓。如果维护阀安装在缸盖上，首先拧紧这些螺栓（先内后外）。

（8）克莱斯勒 C-171、福特 FS-6、日本电装 6P148 禾口 6E171 型 6 缸压缩机

① 汽车空调系统抽真空后，从汽车上拆下压缩机，卸下离合器总成，从吸气口排出压缩机冷冻润滑油并测量排出量。

② 盖上各开口并仔细清洗压缩机，然后压缩机放在台钳或专用夹具上，拆下螺栓和前、后盖总成、定位销、衬垫、阀座和簧片总成等。

③ 用溶剂清洗全部零件并用干净空气吹干，再用清洁冷冻润滑油润滑各零件，安装定位销。然后，按与拆卸相反的顺序安装簧片阀总成、阀座及衬垫，最后安装缸盖。

④ 安装新黄铜垫圈（如原已装），并拧紧贯穿螺栓，然后添加新鲜冷冻润滑油。之后，安装离合器总成，最后安装压缩机。

（9）日本电装 10PAl7 式 10 缸压缩机

① 汽车空调系统排空后，从车上卸下压缩机，并将压缩机放在夹具上，把冷冻润滑油放入有刻度的容器内。然后用手转动压缩机轴，使冷冻润滑油全部排出。

② 拆下离合器轮毂固定螺栓，从压缩机轴上卸下离合器轮毂和垫片。如果轮毂太紧卸不下来，用一 8 mm 的螺栓拧入离合器毂轴孔内，迫使轮毂从轴上拆下。然后，取下皮带轮卡环，卸下皮带轮和轴承总成。

③ 拆下固定离合器线圈的卡环，再从压缩机取下离合器线圈。然后，清洗前、后缸盖密封接头，把残余的冷冻润滑油和污物清除掉，拆下 5 个压缩机贯穿螺栓。最后，打开压缩机前、后缸盖，注意不要刮伤密封面。

④ 将 O 形圈拆卸器插入轴孔，并把毡封和挡环拆下，将压缩机前缸盖放在平整而垫上纸板的表面上。

⑤ 用轴封拆卸器从缸盖上拆下轴封，小心地拆下前、后缸盖的衬垫，然后卸下压缩机总成 O 形圈。

⑥ 为了安装簧片阀，应使后吸气簧片阀、阀板以及排气阀在压缩机总成内正确地定位，对准定位销并将后缸盖衬垫装在压缩机总成上。

⑦ 衬垫应与排气阀紧密配合，以使衬垫的突起表面能进入后缸盖凹槽内，装上压缩机后缸盖，并使压缩机压在后缸盖上，以保持零件位置不动。

⑧ 前吸入簧片阀、阀座以及排气阀应正确地定位在压缩机总成上，对准定位销，并将前缸盖衬垫装在压缩机总成上。

⑨ 用清洁冷冻润滑油润滑新的 O 形圈，再将密封圈放入轴孔内，使密封唇向上，用安装工具定位密封圈，然后装密封圈止动卡环。

⑩ 用离合器毂将毡垫和止动器压入轴孔内，然后在压缩机轴上装密封防护器，并用干净的冷冻润滑油润滑防护器。

⑪ 在压缩机壳体上安装已润滑的新的前缸盖 O 形圈，对准前缸盖定位孔与定位销后，将前缸盖装到压缩机总成上，然后取下轴封防护圈。

⑫ 垫上新的黄铜垫圈后，安装 5 个贯穿螺栓（以 26 N · m 的扭矩拧紧螺栓）。再安装离合

器线圈，然后将离合器线圈的定位凸台与压缩机底侧的开槽咬合，最后装上卡环。

⑬ 将压缩机皮带轮和轴承总成对准。只要能对准，组装很容易，装好卡环，使斜边向上。

⑭ 在压缩机轴花键表面上涂一层白色润滑脂薄膜，给毂的花键轴孔装上垫片后，将毂推到压缩机轴上，然后将新毂螺栓装在压缩机轴端上，注意将螺栓拧紧到 11～14 N · m。

⑮ 用塞规在周边 3 个等距位置上测量离合器毂和皮带轮接合面之间的间隙，间隙应保持在 0.36～0.66 mm。

⑯ 如果离合器间隙不在规范之内，应更换垫片，直到达到规定要求为止。在间隙达到要求后，向压缩机内加入与排出量相同的冷冻润滑油。

3. 个别部件冷冻润滑油量的更换

修理中，汽车空调系统若与大气相通，制冷剂便会汽化，而冷冻润滑油在室温下并不会汽化，几乎全部保留在汽车空调系统中。因此，当更换诸如干燥瓶、蒸发器、冷凝器等这类部件时，必须补充相当于留在旧部件中的冷冻润滑油量。

由于新压缩机装有制冷装置所需的全部冷冻润滑油量，所以当更换压缩机时，首先排空旧压缩机内的冷冻润滑油，并测量其容量，然后，排空新压缩机，将与旧缩机排出的相同的冷冻润滑油量加上 20 cm^3 注入新压缩机。

因此，更换压缩机时，新压缩机排出的油量=新压缩机内的总油量 – 旧压缩机内的油量。

如果汽车空调系统未发生大量冷冻润滑油损耗，而且只有单个部件需要更换时，可直接向个别的部件加冷冻润滑油。各部件的用量如下。

① 冷凝器：约 28 mL。

② 储液干燥器：约 28 mL。

③ 罐中阀的干燥剂袋：从储液干燥器排出的总量再加上 28 mL。

④ 蒸发器：约 85 mL。

⑤ 储液罐：计量后的现有量加 28 mL（福特）；加 85 mL（美国通用汽车公司，使用 DA-6 和 HR-6 冷冻润滑油）；加 57 mL（美国通用汽车公司，使用 A-6，R-4 或 V5 冷冻润滑油）。

有关专用车辆的冷冻润滑油量一般是参阅相应的维修手册，按维修手册中的标准加注；加注油量不足时，将导致压缩机润滑不充分，过量时冷冻润滑油会附在管壁上，阻碍热交换，降低散热能力。

三、汽车空调制冷系统其他部件的检修

R-134a 汽车空调系统所使用的干燥剂、冷冻润滑油、软管、O 形圈、密封圈以及系统零件等，与 R-12 汽车空调系统是不可互换的。有些零件可能看上去是相似的，甚至功能是相同的，但是 R-134a 和 R-12 汽车空调系统的零件是在不同压力下运行的，而且 R-134a 对 R-12 的密封部件有腐蚀作用。

要维修汽车空调，首先要将汽车空调系统进行排空，但如果修复的只是汽车空调压缩机，而且被修理的压缩机能够被有效地隔离，则可以不用对汽车空调系统进行排空。在对汽车空调系统排空之后，方可进行汽车空调系统的修理工作，在系统可以恢复到工作条件之前，必须完成大部分必要的修理工作（如拧紧接头、更换零件等）。汽车空调系统常用的修理方法是：经故

障诊断后，对一些部件进行更换。

1. 更换密封圈

如果空调管路接头处有小的渗漏，可以通过将接头拧紧一些来解决泄漏。当拧紧接头时，为了避免管道变形，应使用两把扳手。

① 如果将接头拧紧后不能解决制冷剂的泄漏问题，就要更换 O 形圈。注意：在更换 O 形圈之前，为防止管路被拆开后有异物进入汽车空调系统，首先要对欲维修的部件进行清洗，并清洗掉管件上的污物。

② 拆开汽车空调部件后，为了防锈和防止异物进入，被拆开部件的开口要用防护帽进行密封。

③ 安装 O 形圈前，要先在 O 形圈上涂冷冻润滑油，冷冻润滑油只能涂到 O 形圈上，不可以涂到管件或螺纹上。

④ 管路连接时必须按规定扭矩拧紧，如拧得过紧，不仅 O 形圈可能变形，也会造成泄漏。

⑤ 旧的 O 形圈不能重复使用。

⑥ 只能涂指定的冷冻润滑油，不能以其他油脂代替。最后要进行密封试验，检查泄漏。

2. 修理汽车空调软管

只有 R-12 汽车空调系统的软管能够进行修理。对于 R-134a 的汽车空调系统来讲，建议不修理软管。由于 R-134a 汽车空调系统的工作压力较高，且使用不同的软管结构。倘若 R-134a 汽车空调系统的软管损坏，只能进行更换。

如果是 R-12 汽车空调系统的软管损坏，可以参照如下步骤进行修理。

① 给新软管装接头时，只能用清洁的冷冻润滑油润滑软管和接头。

② 用扭绞动作将接头装到软管上，这样可以帮助固定波纹或锯齿纹在软管上就位，接头必须安装到位，如图 3-37 所示。

③ 装上软管夹箍并可靠地拧紧，有些夹箍带有定位边，定位边应定位在软管端处。软管正确定位后，夹箍将起到夹紧作用。

3. 更换制冷剂软管和管路

制冷剂的软管和管路的安装如图 3-38 所示。更换之前，要将汽车空调系统内的制冷剂排干净，并将制冷剂管和接头擦干净。当拆开接头或连接器时，也应将其彻底擦干净，并立即将管口盖上，避免污物进入汽车空调系统。为了避免管路和接头发生变形，拆卸时通常使用两把扳手。所要换上的新部件要有防尘盖进行密封，在装上之前，不得将更换件的防尘盖取下。在立即开始安装之前，同样要先将新部件擦干净。

安装管路不能出现弯曲，应小心放置管路以免发生弯曲，并按需要用支架架住。剧烈震动会损坏管路和接头，或使接头松动，导致制冷剂泄漏。

一些制冷剂管是用弹簧锁紧（快拆）接头连接的，为了修理接头渗漏或更换制冷剂管，应按下述程序进行。

① 排空汽车空调系统，在接头上安装弹簧锁紧接头夹，合上接头夹后，将其推入壳体开口侧，使环形螺旋弹簧膨胀打开阴接头。

② 利用膨胀的环形螺旋弹簧将接头推开，环形螺旋弹簧应保持在阴接头壳体内。如果弹簧损坏，则用小线钩将其取下并更换。

③ 清除阴、阳接头的污染物和异物，然后安装新 O 形圈，用清洁的冷冻润滑油润滑阳接

头、O 形圈及阴接头内侧，并在壳体开口内放入塑料定位环（如使用时）。

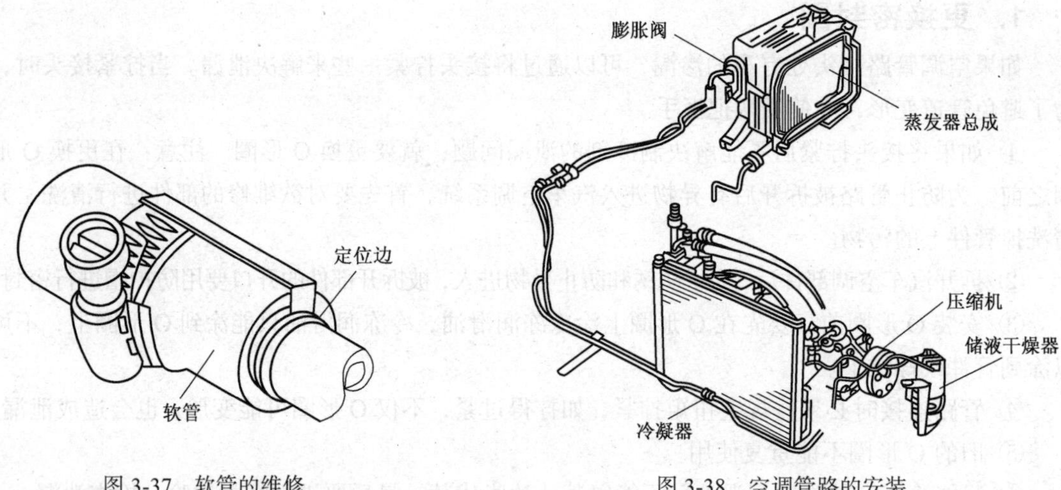

图 3-37　软管的维修　　　　图 3-38　空调管路的安装

④ 将阴接头套在阳接头上，然后往一起推两个接头，一直推到环形螺旋弹簧卡到阴接头扩口端为止。如果未使用定位环，则用肉眼检查环形螺旋弹簧，一定要卡在阴接头的扩口端上，如图 3-39 所示。在检查接头是否正确装好时，可使用塑料定位环。

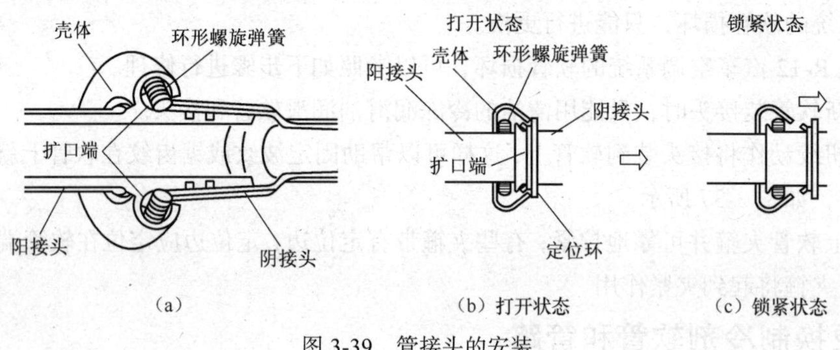

（a）　（b）打开状态　（c）锁紧状态

图 3-39　管接头的安装

4. 更换膨胀阀滤网

制冷剂完全排空后，取下连接膨胀阀的进气口管，然后拆下蒸发器膨胀阀。滤网正好位于进气口管的内侧，如图 3-40 所示。取下滤网清除残余物，并更换新滤网，膨胀阀无需维修。

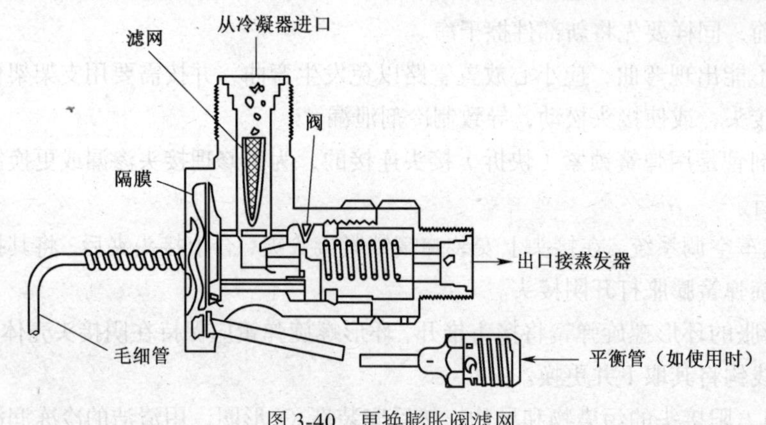

图 3-40　更换膨胀阀滤网

5. 罐中阀的修理

① 仔细清洗罐中阀的外体。拆下连接器和安装螺钉，从车上取下罐中阀总成。卸下进气口接头壳体与阀室的 4 个螺钉，从总成上拆下进气口壳体，小心避免刮伤密封面，如图 3-41 所示。

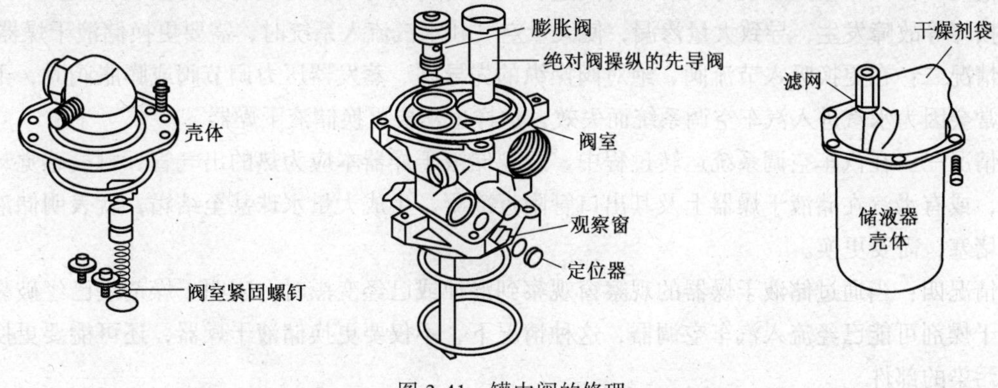

图 3-41 罐中阀的修理

② 清洗阀室顶部，清除污物。松开一个阀室固定螺钉 2～3 圈，然后再将其余螺钉全部拆下。这样做就使得松开的螺钉起到保护作用，否则罐中阀总成的制冷剂压力会将罐中阀从其座上顶出。

③ 将阀室拆卸器接到膨胀阀斜槽突出处，按压拆卸器使阀松开。

④ 转动拆卸器并使其另一头插入绝对阀操纵的先导阀（吸气节流阀）室的挡圈内，压下拆卸器，将阀松开，不得下压到阀室顶部的 O 形圈上。取下松开的固定螺钉并将其两个阀卸下，从阀和阀室上拆下 O 形圈并扔掉。

⑤ 将在清洁的冷冻润滑油中浸泡过的新 O 形圈装上，用拇指将阀推回定位。安装两个固定螺钉，并将其拧紧到 7～9 N · m。

⑥ 修理后应更换干燥剂袋。为了修理，拆掉下壳体与罐中阀室的固定螺钉。如果壳体粘住，用手将其松开，不得用其他物体撬动。松开后，小心地将壳体放下，擦干净传感管，并更换旧干燥剂袋。

⑦ 取下并扔掉旧 O 形圈。如果壳体内仍有冷冻润滑油，则应将其排尽后进行测量。取下传感管滤网，并用溶剂清洗滤网和壳体内部，最后用不起毛的布将其完全擦干。

⑧ 更换传感管滤网，安装新干燥剂袋，用多加 28 mL 的新油更换已计量过的油。将壳体装到阀室上，并把螺钉拧紧到 7～9 N · m。至此，修理工作即结束。

6. 更换储液干燥器或干燥剂

由于 R-134a 和 R-12 汽车空调系统使用不同的干燥剂，所以一定要注意使用正确的干燥剂。

储液干燥器一般为密封结构，不可修理。如果储液干燥器吸收水分饱和后，诸如发生大量泄漏，就必须更换。要注意 VIR 或 EEVIR 阀总成内的干燥剂袋可单独更换。

利用触摸储液干燥器及其进气口和出气口软管（或硬管）的方法可以对其进行快速检查。因为储液干燥器（除福特公司和美国通用汽车公司的孔管式汽车空调系统外的其他系统）安装在汽车空调系统的高压侧，在汽车空调系统运转时，它的温度是较高的。如果在其出口管处能够感觉到冷，说明储液干燥器或管路堵塞，导致故障产生。

在维修汽车空调系统时，遇到以下几种情况时，可以采取更换储液干燥器或干燥剂袋的办法。

情况一：汽车空调系统每次拆开时间过长而又未将其有效密封或有软管破裂、接头松开、意外损坏等故障发生，导致大量渗漏，使大量空气和水汽流入系统时，需要更换储液干燥器。

情况二：在更换吸入节流阀、绝对阀操纵的先导阀、蒸发器压力调节阀或膨胀阀时，干燥剂常常会因为水汽进入汽车空调系统而失效，这样也需要更换储液干燥器。

情况三：在汽车空调系统运转过程中，发现储液干燥器本应为热的出气管，触摸感觉却是冷的，或有水汽在储液干燥器上及其出口管附近冷凝，生成大量水珠甚至结霜，就表明储液干燥器堵塞，需要更换。

情况四：当通过储液干燥器的观察窗观察到混浊或已经变黑时，表明干燥剂袋已经破裂，而且干燥剂可能已经流入汽车空调器，这种情况下，不仅要更换储液干燥器，还可能要更换相关被污染的部件。

情况五：当有大量的冷冻润滑油（142 mL 以上）集聚在储液干燥器内时，表明储液干燥器的排油孔堵塞并可能造成汽车空调系统的性能下降，这种情况需要更换储液干燥器。

7. 储液罐的更换方法

在福特公司和美国通用汽车公司孔管式汽车空调系统中，储液罐与蒸发器的出气管连接，如图 3-42 所示。它的功能同储液干燥器，且不可修理。

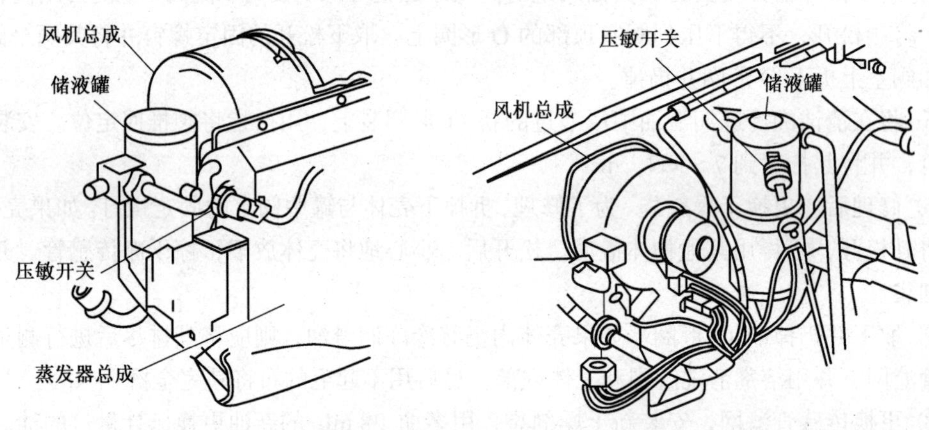

图 3-42　储液罐的更换

如果发生故障，例如，储液罐穿孔就会产生渗漏、细管或压缩机进气口滤网堵塞、蒸发器内部腐蚀或干燥剂饱和，储液罐必须更换，但干燥剂不能单独更换。

当在汽车空调系统或制冷剂周围工作时，应戴护目镜。

拆卸储液罐时，要遵循下述程序。

① 拆去蓄电池地线。

② 排空汽车空调系统，一定要遵守以前介绍的规定，以避免冷冻润滑油流失。

③ 拆开储液罐的进、出气管并将全部开口盖住。修理 1981 年及以后的福特公司的车型时，

应当拆下压缩机的吸气软管，因为储液罐的管路是不能拆的。

④ 拆下储液罐安装托架螺钉，再将储液罐卸下。

⑤ 在修理压力循环开关位于储液罐上的车辆时，拆下开关并将其装到新更换的储液罐上。

⑥ 将原来的储液罐安装托架安装到新更换的储液罐上，注意储液罐的箭头指示方向，箭头指向为制冷剂的出口方向。

⑦ 安装之前，将约 28 mL 新而干净的冷冻润滑油直接加入新更换的储液罐内，因为被换下的储液罐中带出了一部分冷冻润滑油，为了保持汽车空调系统内有足够的冷冻润滑油，所以要在更换新的储液罐时补充一部分。

⑧ 遵循 O 形圈的更换方法，更新储液罐进口管和出口管上的 O 形圈。

⑨ 安装进口管和出口管，注意储液罐上的箭头指示方向，按规定扭矩拧紧进口管和出口管的固定螺栓。

⑩ 固定储液罐。

⑪ 对汽车空调系统进行充分排空后，加注标准量的制冷剂，触摸储液罐，感觉其前后温度是否是热的，而且温度相同，并进行系统检漏。

在安装储液罐之前，不要拆除密封阀，防止水汽进入储液罐，导致储液罐失效。

8. 更换固定细管

福特公司和美国通用汽车公司所使用的孔管式汽车空调系统不使用标准膨胀阀部件，而使用了一种固定流量的细管，即节流管，这种细管安装在冷凝器和蒸发器之间。使用这种固定流量的细管，其优点是当拆开汽车空调器进行维修时，很容易更换细管。

在有些福特公司的汽车上，其固定细管是装在液体管内的。由于这种固定细管是不可调整或不可维修的，因此不能将其从液体管中拆下。要更换细管，就必须更换液体管或安装全套细管更换件。

（1）更换细管的程序

① 首先将汽车空调系统完全排空。

② 从蒸发器上拆下高压侧管，将看到的 O 形圈拆下并作废。向进气口内倒入少量冷冻润滑油，用以润滑管中的 O 形圈。

③ 修理美国通用汽车公司的车辆时，可用尖嘴钳或专用拔卸器将细管拆下。修理福特公司的车辆时，只能用专用拆卸工具将细管卸下，如图 3-43 所示。

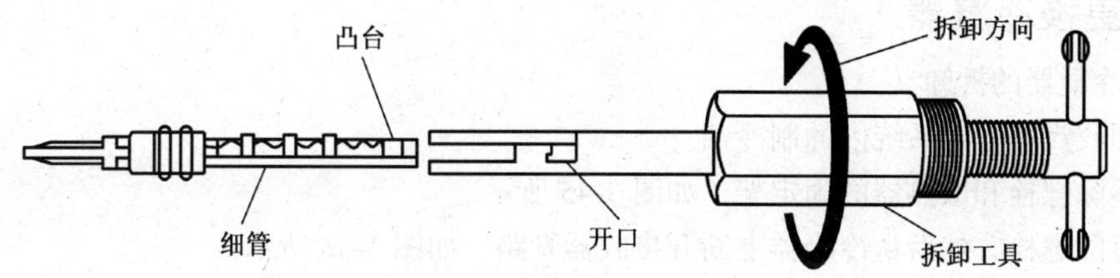

图 3-43 节流管（细管）的更换

拆卸时，不得在蒸发器芯管内转动细管。

④ 将专用拆卸工具插入细管内，顺时针转动拆卸工具，衔住细管的凸台。慢慢转动专用工具螺母拉出细管。拆卸时，如果细管断裂，用专用细管拔卸器，将损坏部分拔出。

⑤ 装上细管，用清洁的冷冻润滑油润滑新 O 形圈，短头向着蒸发器插入细管一直插到位为止，接好高压侧管。

假如用专用细管拔卸器不能卸下破损细管，可以购买专用全套修理工具进行拆卸。

（2）福特公司细管全套零件的安装

① 排空汽车空调系统。

② 从汽车上拆下液体管，将细管插入液体管的金属部分内。细管用 3 个刻槽或环形压痕来标示。

③ 在液体管两端标注角度位置，以便使其能正确重装。从细管位置切断液体管 63.5 mm，切割部位距弯管部分不得小于 25.4 mm。用钳子小心地将细管拔出其壳体。

④ 冲洗液体管，将污物冲洗掉。用干净的冷冻润滑油润滑 O 形圈。组装细管全套零件，如图 3-44 所示。细管总成装在液体管上，流动方向应指向蒸发器。

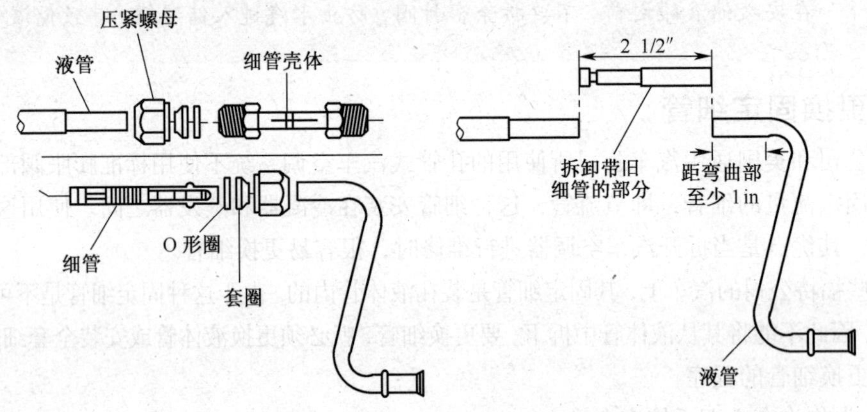

图 3-44　福特公司细管的更换

⑤ 当液体管六角螺母夹在台钳上之后，以 88～95 N · m 的扭矩拧紧压紧螺母。将液体管装在车上，装好后用干净的冷冻润滑油润滑 O 形圈。进行汽车空调系统的渗漏、抽空和加注。最后检查汽车空调系统运转是否正常。

9. 更换冷凝器

（1）冷凝器的拆卸

① 回收汽车空调系统内的制冷剂。

② 拆除螺栓和散热器的固定架，如图 3-45 所示。

③ 拆除螺栓，然后从冷凝器上断开接收器管路，如图 3-46 所示。

④ 断开 A/C 压力开关插接器，如图 3-46 所示。

⑤ 拆除冷凝器上的螺栓。

⑥ 拆除螺母，然后从冷凝器上断开排出管路，如图 3-47 所示。

⑦ 将冷凝器提出，拆下冷凝器时，注意不要损坏冷凝器和散热器片，如图 3-48 所示。

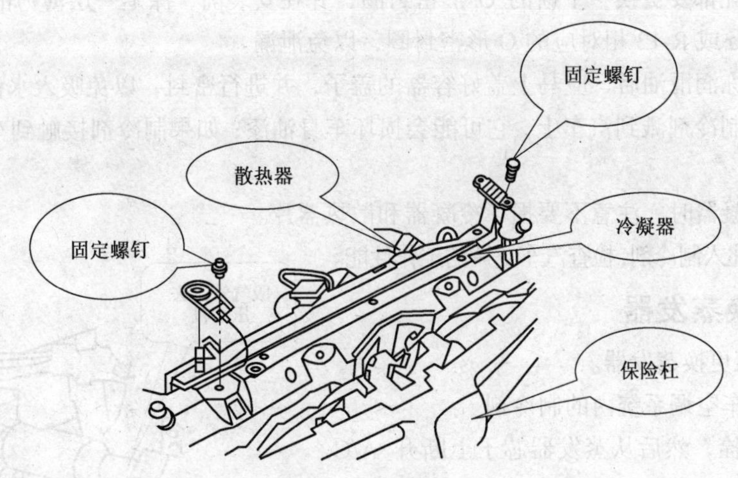

图 3-45　冷凝器的更换（1）

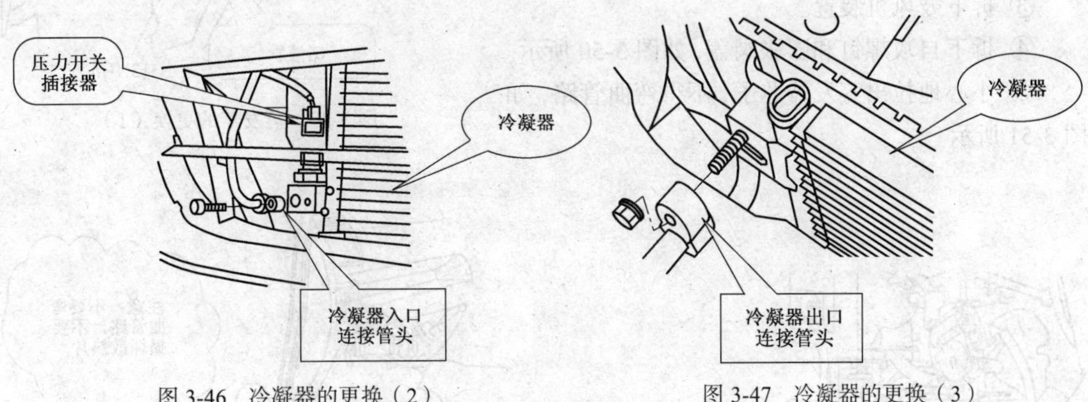

图 3-46　冷凝器的更换（2）

图 3-47　冷凝器的更换（3）

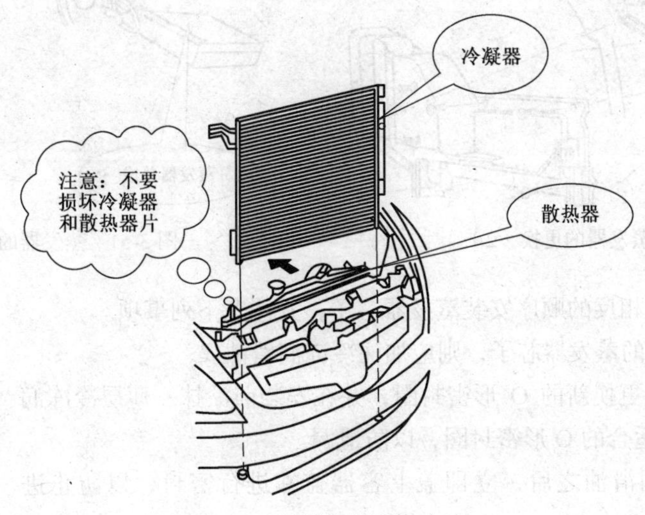

图 3-48　冷凝器的更换（4）

（2）冷凝器的安装

按照与拆卸冷凝器相反的顺序进行安装，并注意以下事项。

① 如果要安装一个新的冷凝器，则需要加入冷冻润滑油。

② 每次装配都要更换一个新的 O 形密封圈，并在安装前，涂上一层薄薄的冷冻润滑油；务必使用 R-134a 或 R-12 相对应的 O 形密封圈，以免泄漏。

③ 用完冷冻润滑油后，应马上盖好容器的盖子，并进行密封，以免吸入水汽。

④ 不要把制冷剂溅到汽车上，它可能会损坏车身油漆；如果制冷剂接触到车身，应立即清洗干净。

⑤ 安装冷凝器时，注意不要损坏冷凝器和散热器片。

⑥ 给系统注入制冷剂，检查汽车空调的工作性能。

10. 更换蒸发器

按下列步骤更换蒸发器。

① 排空汽车空调系统内的制冷剂。

② 拆下螺栓，然后从蒸发器芯子上断开 A/C 管路，如图 3-49 所示。

③ 拆下鼓风机装置。

④ 拆下自攻螺钉和膨胀阀盖，如图 3-50 所示。

⑤ 小心地拉出蒸发器芯子，不得弯曲管路，如图 3-51 所示。

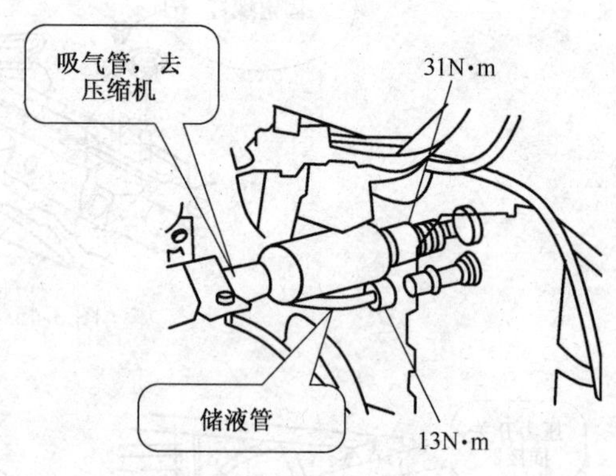

图 3-49 蒸发器的更换（1）

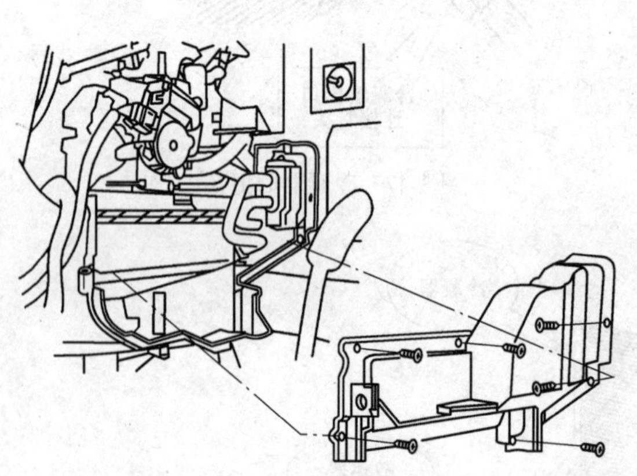

图 3-50 蒸发器的更换（2）

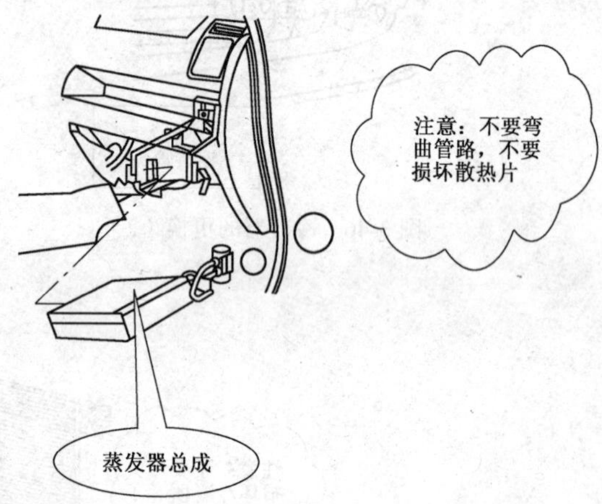

图 3-51 蒸发器的更换（3）

⑥ 按照与拆卸相反的顺序安装蒸发器芯子，并注意下列事项。

a. 如果安装新的蒸发器芯子，则应加注冷冻润滑油。

b. 在各接头处更换新的 O 形密封圈，并在安装前涂抹一薄层冷冻润滑油。一定要使用适合的 O 形密封圈，以防泄漏。

c. 使用冷冻润滑油之后，立即盖上容器盖并进行密封，以防止进入湿气。

d. 不要将冷冻润滑油溅洒到车辆上，防止损坏喷漆表面。如果已溅到喷漆表面上，立即将其冲洗干净。

e. 将系统抽空，对系统进行加注，并检测系统性能。

拓展知识

一、压力调节式变排量压缩机

1. 原理

压力调节式变排量压缩机（见图 3-52）的旋转运动由输入轴传递给驱动连杆机构，驱动连杆机构通过斜盘将旋转运动转换成 5 个连杆的轴向运动。滑轨保证斜盘沿轴向运动。

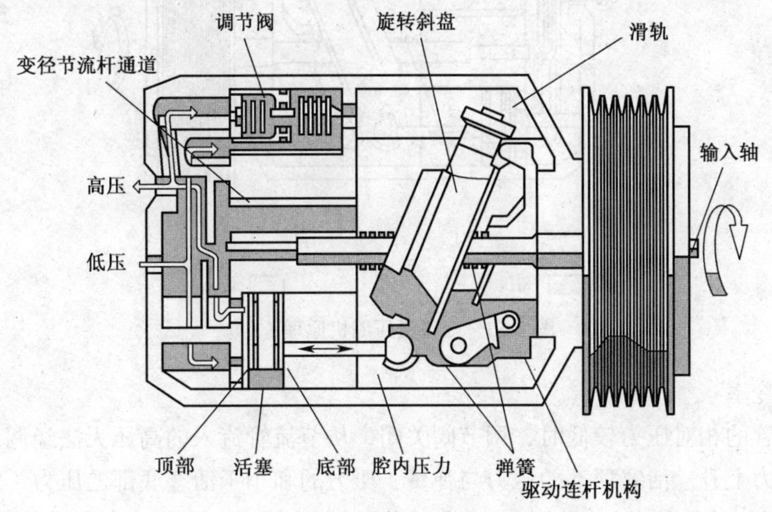

图 3-52　变排量压缩机的结构

这种压缩机活塞的工作行程可以根据高、低压压力比率而改变。活塞行程的改变直接影响压缩机的压缩比率，从而调节制冷剂的输出功率，改变制冷效率。在正常工作情况下，压缩机是持续运转的，不发生离合动作。

旋转斜盘的倾斜度决定了活塞的冲程。旋转斜盘的倾斜度取决于腔内压力、活塞顶部和底部的压力以及斜盘前后的弹簧力。腔内的压力取决于调节阀两侧的高低压力和节流管道的大小。

2. 工作过程

（1）汽车空调接通

刚接通汽车空调时，高、低压及腔内的压力是相等的，旋转斜盘前后弹簧对斜盘的调节范围为 40%。此时压缩机开始的输出功率为 40%，即以较小的输出功率工作，以减小对发动机的冲击负荷。

（2）高制冷率

高、低压管的相对压力较高时，调节阀打开，从节流管流入的高压经调节阀流回低压端，腔内的压力下降。活塞顶部的压力与弹簧 1 压力的和大于活塞底部的压力（腔内压力）与弹簧 2 压力的和，旋转斜盘的倾斜角度增大，活塞的行程增大，输出功率提高，如图 3-53 所示。

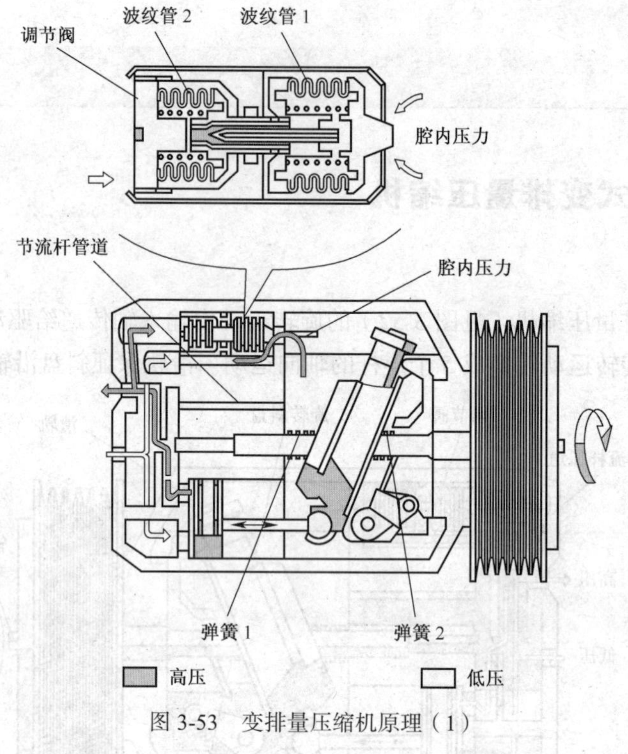

图 3-53　变排量压缩机原理（1）

（3）低制冷率

高、低压管的相对压力较低时，调节阀关闭，从节流管流入的高压无法经调节阀流回低压端，腔内的压力上升。活塞顶部的压力与弹簧 1 压力的和小于活塞底部的压力（腔内压力）与弹簧 2 压力的和，旋转斜盘的倾斜角度减小，活塞的行程减小，输出功率降低，如图 3-54 所示。

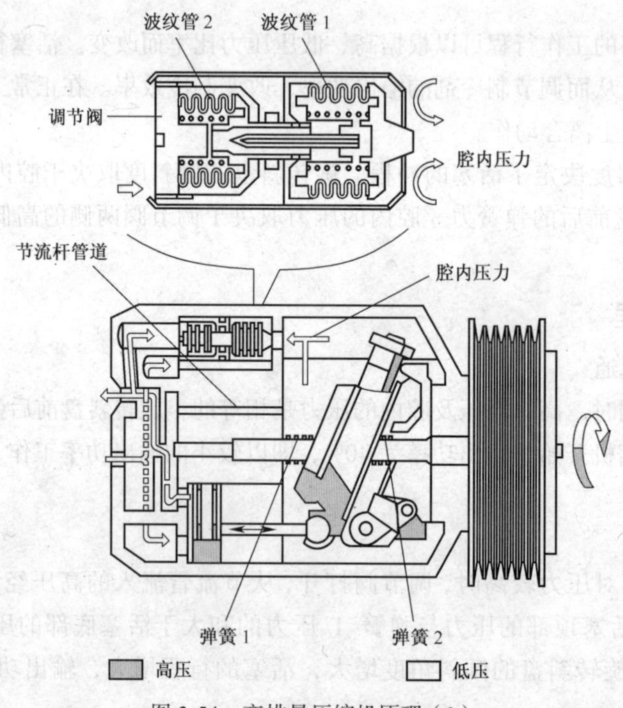

图 3-54　变排量压缩机原理（2）

（4）压缩机的调节范围

通过腔内压力的改变，旋转斜盘的斜度随之改变，其对功率的调节范围为 5%（斜度最小）~100%（斜度最大）。

二、电磁阀调节式变排量压缩机

电磁阀调节式变排量压缩机也是旋转斜盘式压缩机。图 3-55 所示的电磁阀调节式变排量压缩机共有 10 个气缸。通过可变排量机构，可使压缩机在 10 个气缸上同时运转（100%功率输出），也可使压缩机在 5 个气缸上运转（50%功率输出）。

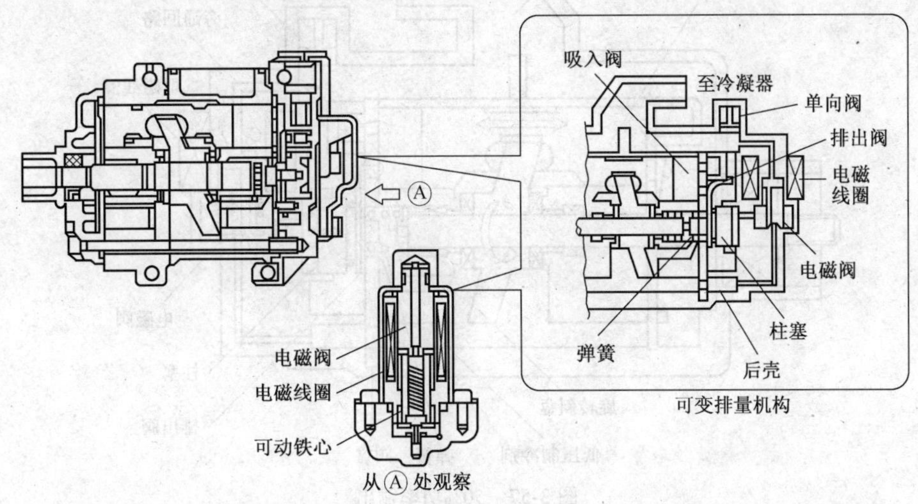

图 3-55 电磁阀控制的变排量

① 在 100%功率输出的运作下，电磁阀的电源不接通，电磁阀在弹簧力的作用下，关闭 b 孔，打开 a 孔。高压气体经过 a 孔，推柱塞关闭排出阀，后部的 5 个缸参与工作，其产生的压力推开单向阀，与前部的 5 个缸产生的压力一起流向冷凝器，实现 100%功率输出，如图 3-56 所示。

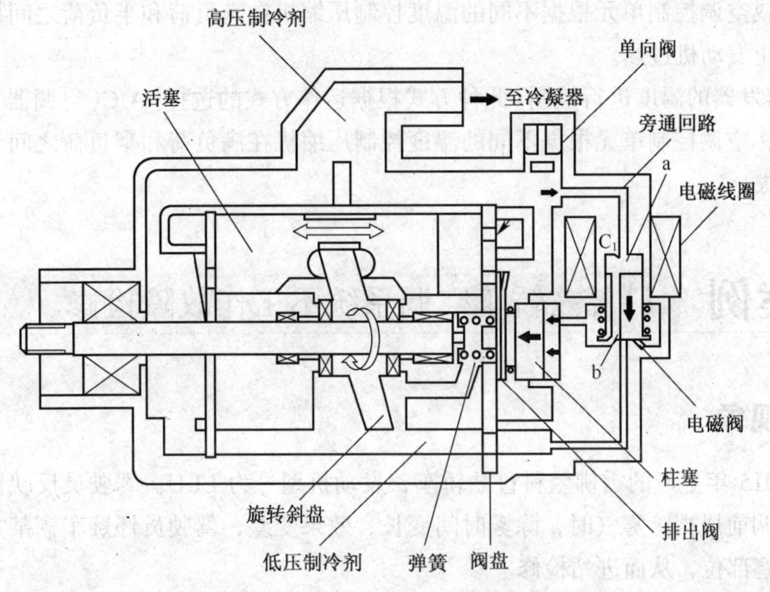

图 3-56 100%功率输出

② 在 50%功率输出的运作下，电磁阀的电源接通，电磁阀克服弹簧力的作用，关闭 a 孔，打开 b 孔。高压气体无法经过 a 孔，推柱塞后部的压力降低，在弹簧力的作用下柱塞右移，排出阀打开，后部的 5 个缸不产生高压。只有前部 5 个缸继续产生高压气体。单向阀在压力差的作用下下移，防止前部的高压回流，实现 50%功率输出，如图 3-57 所示。

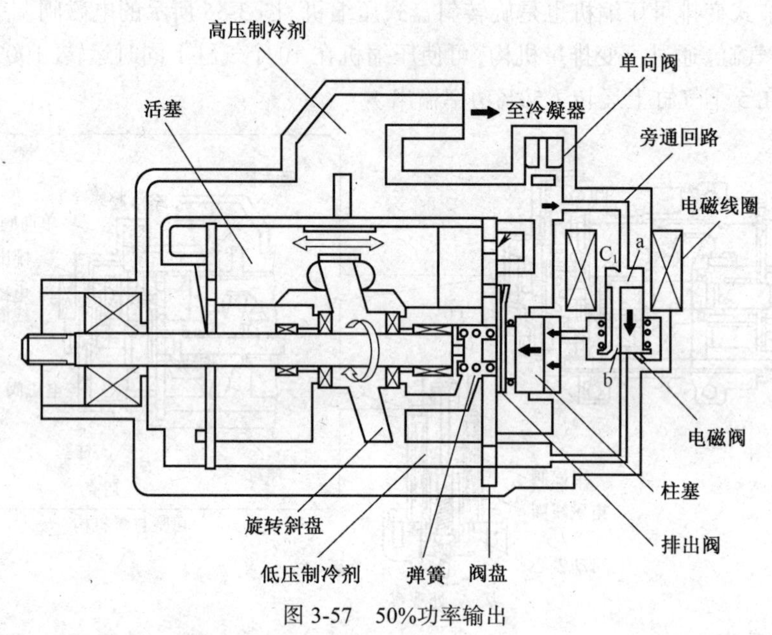

图 3-57 50%功率输出

电磁阀调节式变排量压缩机的控制方式有两种：一种是根据冷却液的温度进行控制；另一种是根据蒸发器温度进行控制。

① 根据冷却液的温度进行控制。此种方式利用温度传感器或温度控制开关的温度信号，由压缩机放大器或空调控制单元根据不同的温度控制压缩机在满负荷和半负荷之间切换。减少发动机负荷，防止发动机过热。

② 根据蒸发器的温度进行控制。此种方式根据运作方式的选择[A/C（空调器）方式、ECON（节能）方式]，空调控制单元根据不同的温度控制压缩机在满负荷和半负荷之间切换，以减少压缩机功率损失。

实战案例 科鲁兹轿车空调系统不工作故障检修

一、故障现象

有 1 辆 2015 年生产的雪佛兰科鲁兹轿车，发动机型号为 LLU。驾驶员反映该车最近在下雨天气使用空调前风挡除雾气时，除雾时间变长、效果变差，驾驶员怀疑车辆某方面性能有故障或者出现堵塞部位，从而进站检修。

二、故障诊断

当车辆外部气温较低而驾驶室内人员过多时，车内乘员呼出的气体中的水汽，遇到较冷的风挡玻璃，会在风挡玻璃内侧形成一层雾气，从而影响驾驶员视线，如果不及时清除，会存在严重的安全隐患。该车驾驶员利用空调工作时吹出的干燥气流去除雾气，这是去除雾气的最佳方法。

接车之后，首先根据驾驶员的描述去验证故障现象，既然开启空调系统去除雾气效果变差，排除了鼓风机风量的原因，最可能造成该现象的原因就是空调系统工作异常。

通过咨询驾驶员车辆的工作状况得知，在炎热夏天使用空调时，制冷效果很好，也就是说，该车空调系统在进站之前曾经正常工作过。可是这个季节不是冬季，普遍多雨，气温也不低，不会出现因为气温过低而造成空调系统不工作的现象。为了验证这个结论，用空调性能检测仪检测，结果为环境温度 17℃、环境湿度 76%，通过查阅维修手册得知，空调系统不工作的环境温度远远低于 17℃。这就排除了环境原因造成空调系统不工作的可能性。

启动车辆，打开空调，空调面板显示制冷空调开启和关闭，难道是空调控制单元无法识别空调系统工作异常的现象？借助故障诊断仪读取 HVAC 控制模块故障码，显示系统正常。读取 HVAC 控制模块的数据流，按下空调按钮控制空调系统开启时，空调要求信号显示为“是”，空调压缩机离合器状态显示为“已接合”，空调压缩机离合器抑制原因显示为“未定义”，空调高端压力传感器显示为“854kPa”，空调蒸发器传感器温度为“14℃”（见图 3-58），此时风扇电动机速度为 28%，鼓风机电动机速度指令为 28%（见图 3-59）。当关闭空调系统时，HVAC 数据流显示空调要求信号为“否”，空调压缩机离合器状态为“已解除”，空调压缩机离合器抑制原因显示为“无决定”，空调高端压力传感器显示仍为“854kPa”，空调蒸发器传感器温度为“14℃”（见图 3-60），此时风扇电动机速度为 30%，鼓风机电机速度指令为 30%（见图 3-61）。通过检测压缩机离合器工作状态、风扇电动机速度和鼓风机电机速度指令发现，影响空调系统工作的压缩机、冷却风扇和鼓风机都在数据流中显示正常。那为何开启空调却无法正常工作呢？空调高端压力传感器的数据流和空调蒸发器传感器温度数据流，不管空调系统开关按钮是否按下，数据都不变，显然这是不正常的，这些数据也显示空调系统未工作，由此可以验证，驾驶员怀疑的某方面有故障是完全正确的。

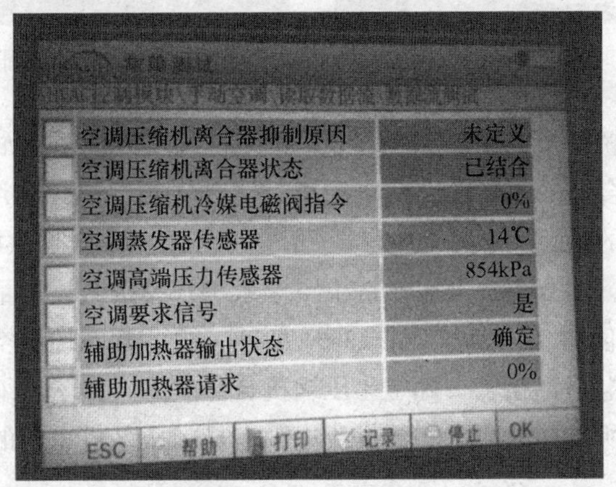

图 3-58　按下空调开关按钮读取 HVAC 控制模块数据流

故障测试	
HVAC控制模块\手动空调\读取数据流\数据流测试	
空调要求信号	是
蓄电池电压	15.7V
风扇电动机速度	28%
鼓风机电机速度指令	28%
加热/通风/空调作动器电源电压	活动
点火电压	14.5V
后除雾状态	关闭
已请求怠速增压水平	0计数
ESC 帮助 打印 记录 停止 OK	

图 3-59　打开空调开关读取风扇和鼓风机速度数据流

故障测试	
HVAC控制模块\手动空调\读取数据流\数据流测试	
空调压缩机离合器抑制原因	无决定
空调压缩机离合器状态	已解除
空调压缩机冷媒电磁阀指令	0%
空调蒸发器传感器	14℃
空调高端压力传感器	854kPa
空调要求信号	否
辅助加热器输出状态	确定
辅助加热器请求	0%
ESC 帮助 打印 记录 停止 OK	

图 3-60　关闭空调开关读取数据流

关闭空调系统，发动机熄火以后，利用 ROBINAIR AC350 冷媒加注机检测空调系统静态压力（见图 3-62），查阅标准数据，空调系统不工作，环境温度为 20℃时空调系统高、低压侧系统压力为 470kPa，由此得知静态空调压力数据正常，可以判断空调系统不工作，并不是因为制冷剂压力不足而造成的。

故障测试	
HVAC控制模块\手动空调\读取数据流\数据流测试	
空调要求信号	否
蓄电池电压	15.0V
风扇电动机速度	30%
鼓风机电机速度指令	30%
加热/通风空调作动器电源电压	活动
点火电压	14.5V
后除雾状态	关闭
已请求怠速增压水平	0计数
ESC 帮助 打印 记录 停止 OK	

图 3-61　关闭空调开关时的电机速度数据流

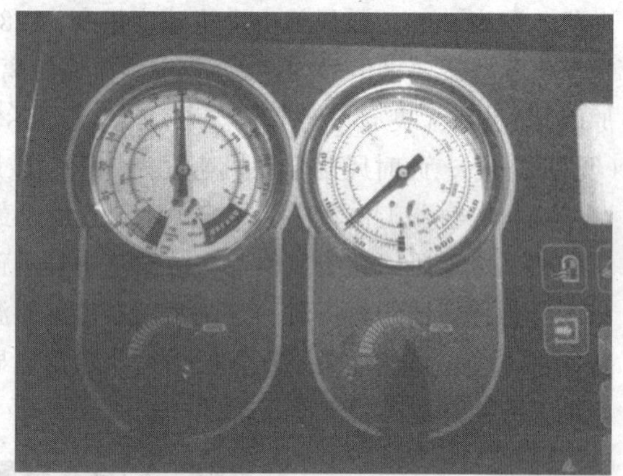

图 3-62　测量空调系统静态压力数值

接下来查阅科鲁兹轿车维修手册，读取空调压缩机线路原理图，如图 3-63 所示。从电路图上看出，空调压缩机离合器的工作线路从电源正极，通过 F62UA（10A）保险丝到达 KR29 空调压缩机离合器继电器的触点，通过 87 号端子给空调压缩机离合器供电，由 G110 搭铁点构成回路。断开压缩机插头，闭合点火开关，按下空调系统开关按钮，测量 Q2 空调压缩机离合器的 2 个端子之间的电压值为 12.12V，如图 3-64 所示，由此判断控制空调压缩机工作的控制电路和压缩机所在的工作电路都正常，确定为压缩机自身故障。由于压缩机工作电路并没有受到 HVAC 控制模块控制，所以在故障码和数据流中没有显示压缩机工作的异常数据流也就变得合理了。

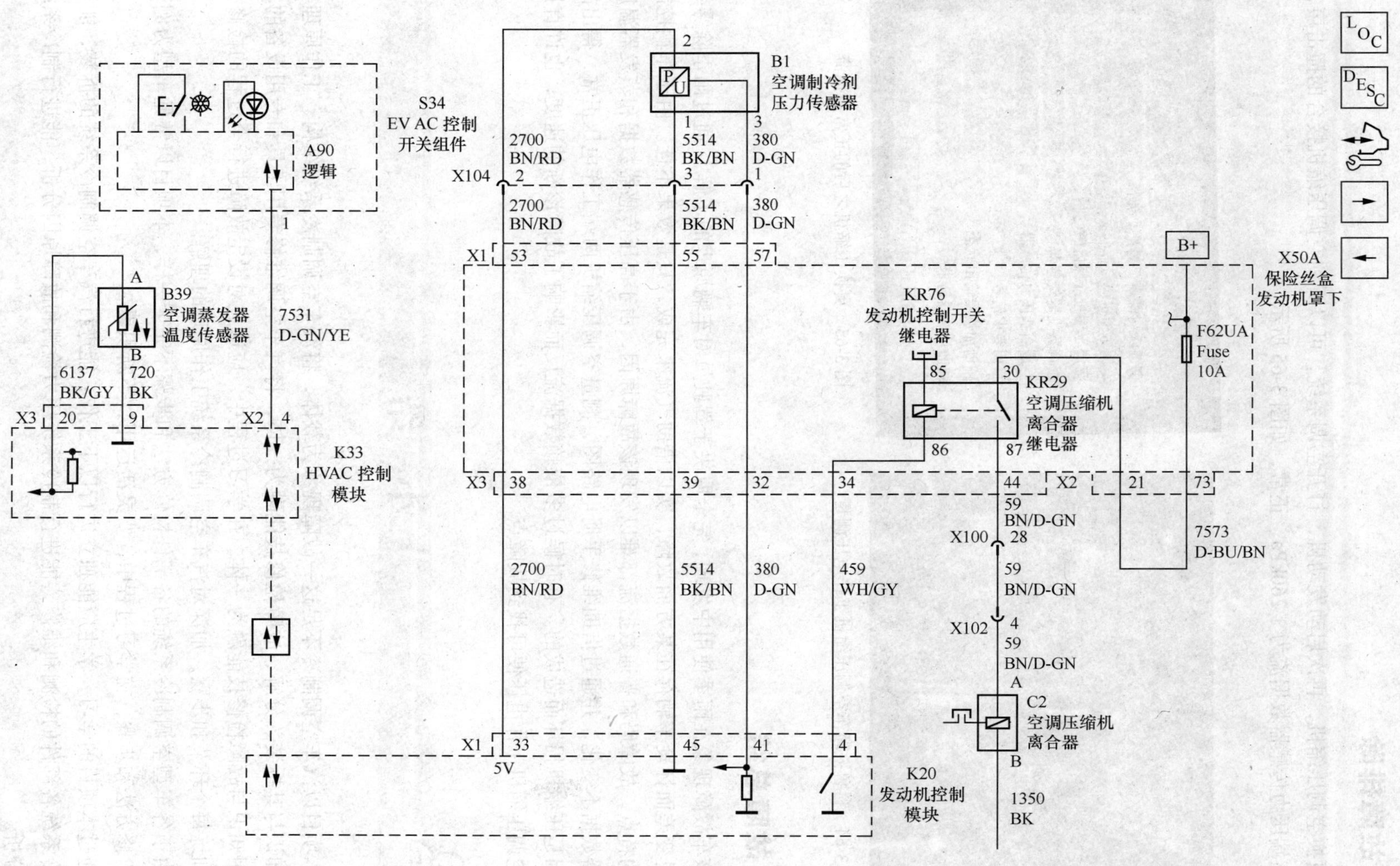

图 3-63 空调压缩机线路原理

三、故障排除

更换空调压缩机，再次启动发动机，打开空调系统，可以听到空调压缩机接合的撞击声，空调高端压力传感器数据流为 1 260kPa，正常，如图 3-65 所示。

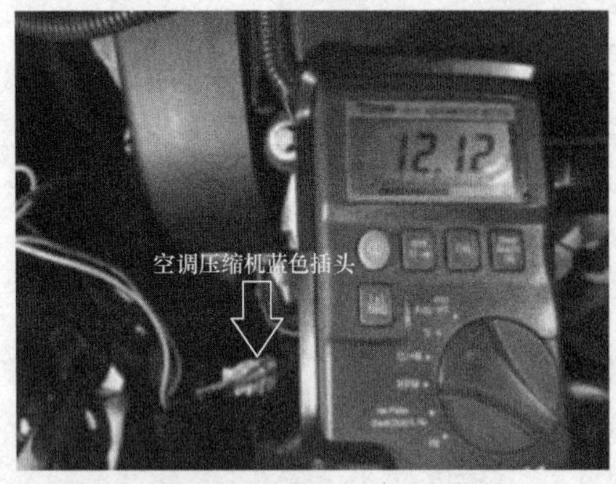

图 3-64　科鲁兹轿车空调压缩机工作电压测量

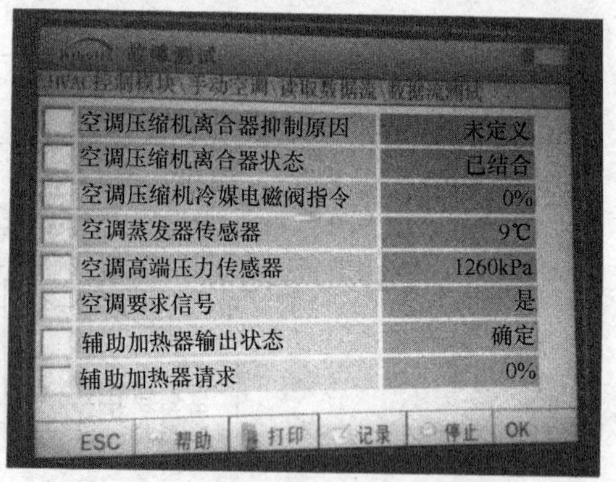

图 3-65　更换压缩机之后的正常数据流

四、故障总结

该车故障现象在雨季使用中发现，完全取决于驾驶员对车辆原理的了解， 通过雨季除雾效果明显变差而怀疑车辆存在某方面故障，实以借助气流来完成，只是效果不佳。由于车辆控制方面的特点，故障码和普通数据流都难以发现该故障原因，由于高压传感器数据和蒸发器温度传感器数据不变化，并通过借助维修手册电路图，测量空调压缩机两端工作电压正常，得出故障原因是压缩机损坏而造成的。有时候过多依赖数据流反而影响了故障诊断的速度，也许直接测量空调压缩机工作电压便可找到故障点。

小　结

本项目以汽车空调制冷不足这一故障现象为载体，将汽车空调制冷系统结构、工作原理等理论知识与其拆装、分解、故障检修技能融为一体，将汽车空调维修专用工具和专用设备的正确使用知识与故障检修技能融为一体。在学习过程中，应通过对设定故障进行全过程的检修，认真训练每个环节和步骤，加深对汽车空调制冷系统工作原理的理解。

由于各车型空调制冷系统的各部件检修方法和步骤不完全一样，本项目以常见车型为例，讲述检修方法和步骤，在学习过程中，要灵活运用，不断积累。

通过本项目的学习，学生应能独立进行以下工作：能进行汽车空调制冷系统的拆装，能进行制冷系统各部件的检测和维修，能进行制冷系统压力检测和故障原因分析，能进行制冷系统检漏分析。

习题及思考题

1. 简述汽车空调压缩机的组成和功用。
2. 试述汽车空调压缩机的分类和工作原理。
3. 如何正确使用空调制冷系统专用歧管压力计?
4. 如何进行空调压缩机的隔离?
5. 如何进行空调压缩机的更换?
6. 如何进行空调压缩机的检查、调整和维修?
7. 如何进行蒸发器和冷凝器的检修和更换?
8. 如何进行干燥器的检修和更换?
9. 如何进行膨胀阀的检查和更换?
10. 如何进行孔管的检查和更换?

项目四

汽车空调间歇性不制冷故障检修

项目要求

汽车空调间歇性不制冷是常见故障之一。本项目以汽车空调间歇性不制冷故障为载体，通过对汽车空调间歇性不制冷故障检测和维修过程的学习和实施，使读者在掌握汽车空调温度控制系统的结构与工作原理的同时，具备对上述故障进行分析与排除的能力，学会使用汽车空调温度控制系统的检修工具。

汽车空调间歇性不制冷故障，常发生在汽车空调手动控制系统中，往往是由于汽车空调制冷控制系统出现故障造成的，如汽车空调温度控制装置、压力控制装置和真空控制装置等不正常。本项目主要针对制冷系统的主要控制部件性能不良或损坏问题，讲解要解决此问题所需的相关知识，并训练解决此问题所需的相应能力。

【知识要求】

1. 理解汽车空调的基本控制部件及其组成和工作原理
2. 理解汽车空调压力控制装置的类型、结构和工作原理
3. 理解汽车空调温度控制装置的类型、结构和工作原理
4. 理解汽车空调真空控制装置的类型、结构和工作原理
5. 理解汽车空调电气控制元件的类型、结构和工作原理
6. 理解汽车空调车速控制装置的类型、结构和工作原理

【能力要求】

1. 能就车进行汽车空调控温器及其电路的检测
2. 能就车进行汽车空调鼓风机及其电路的检测
3. 能就车进行汽车空调冷凝器及其电路的检测
4. 能就车进行汽车空调压缩机离合器及其电路的检测

重点掌握内容：汽车空调温度控制系统电路分析，汽车空调温度控制系统电路检测。

相关知识

在汽车空调手动控制系统中（汽车空调自动控制系统在项目六中介绍），汽车空调间歇性不制冷故障往往是由温度控制装置、压力控制装置和真空控制装置及其线路故障引起的，因此本项目主要介绍汽车空调温度控制装置、压力控制装置和真空控制装置检修的相关知识。

汽车空调手动控制系统顾名思义就是手动调节的汽车空调系统，即汽车的温度调节、通风模式以及风速等都依靠驾驶员手动各种控制键来实现，这无疑增加了驾驶员的劳动强度，但手动空调是最经济的，所以目前仍然广泛应用在大多数经济型轿车上。

冷却系统中各控制元件的功能

为了使汽车空调系统能正常工作，车内能维持所需要的温度，汽车空调系统中设有一系列的控制元件和执行机构。为保证带汽车空调的汽车正常工作，还需要对压缩机的运行及发动机的工作采取一些措施。车内人员对汽车空调系统工作的要求是通过电气系统或真空系统的控制作用来实现的。

汽车空调系统的几种主要控制部件的作用及安装部位如表 4-1 所示。

表 4-1　空调系统的主要控制部件及安装部位

名　称	目　的	安装部位	感受因素
膨胀阀	制冷剂的节流降压、流量控制与调节，防止液击和异常过热	本体在蒸发器前，传感器在蒸发器出口处	过热度
易熔塞	防止制冷系统因异常高温、高压而受损伤	在高压管路上，常设在储液器顶部	制冷剂温度
安全阀	保护压缩机不因压力过大而损坏	在压缩机排气口处	压力
蒸发压力调节阀	（1）防止蒸发器结霜 （2）蒸发器容量控制	在蒸发器出口管路上	压力
高压开关	（1）防止异常高压压力，起安全作用 （2）控制冷凝器风扇工作	在制冷剂高压侧	压力
低压开关	（1）防止压缩机在缺少制冷剂的情况下工作	在制冷剂高压侧	压力
	（2）控制除霜作用	在蒸发器出口管路	
过热开关	防止低压侧制冷剂过少	在吸气管路	过热度
恒温器	调节车内温度，防止蒸发器结霜	在需要测温处	温度
转速控制	保证发动机正常工作，防止发动机过热	信号来自点火线圈及发动机进气管路的真空度	发动机转速
超车空转装置	使发动机有足够动力超车	在化油器边上	汽车加速信号
电磁离合器	接收由压力和温度控制的电流信号及人为的开关 A/C 信号，启、停压缩机	在压缩机前端或附近	电流的通、断
控制继电器	控制各种功能并减少流入控制开关的电流	在冷凝器风扇等部位	电流的通、断

一、汽车空调的基本控制部件

1. 恒温器（温度开关）

恒温器是汽车空调系统的温度控制部件，感受的温度有蒸发器表面温度、车内温度、大气温度等。一般恒温器是指通过感受蒸发器表面温度控制压缩机的开与停，起到调节车内温度及防止蒸发器结霜的电气开关装置。恒温器一般放在蒸发箱中或靠近蒸发箱的冷气控制板上，且出厂时已调好最低开关温度。车上若有调温器时，实际上是调节恒温器中的调节控制机构。当车内温度上升到某一调定值时，温度开关触点闭合，离合器电流接通，压缩机工作；当车内温度下降到某一调定值时，温度开关触点断开，离合器电流中断，压缩机停止工作。大多数恒温器有一个绝对断开位置，在这个位置上不受温度影响，离合器电流中断（即压缩机不工作），而空调机的风机可以运转。

控制离合器工作的恒温器有 3 种形式：波纹管式、双金属片式和热敏电阻式。

（1）波纹管式恒温器

这种恒温器采取的是热力杠杆式（或称热力机械式）结构，它将一根由毛细管连接的温度传感器（感温包）放在需要感温的部位，一般插在蒸发器中间。

它的工作原理如图 4-1 所示。当流过的空气温度升高时，毛细管里的气体膨胀，对波纹管产生一个压力，波纹管与摆动框架相连，框架上有一个动触点，恒温器壳体上有一个定触点。波纹管的压力推动框架，使两个触点闭合，电流接通，电磁离合器产生吸力。人工温度调节是靠与框架相连的轴及外部调整旋钮来实现的。旋钮顺时针方向转动时，弹簧拉紧，车内温度比较高时，才能使触点闭合。

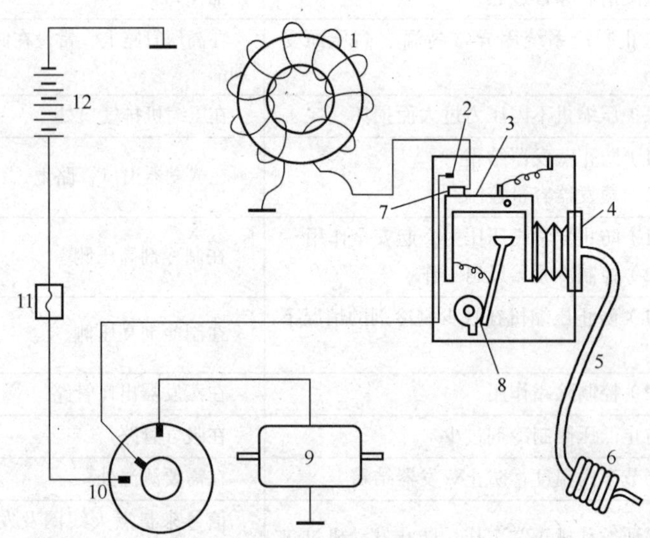

1—电磁离合器　2—触点　3—摆动框架　4—波纹管　5—毛细管　6—感温包
7—绝缘块　8—冷点控制　9—电动机　10—开关　11—保险丝　12—电池

图 4-1　波纹管式恒温器的工作原理

恒温器中的另一个弹簧调节触点断开的温度范围（即断开时间）保证有足够的时间不让蒸发器结霜。

注意　对待毛细管必须十分小心，不能将其弯成尖角或有划痕，假如毛细管中的充注物泄漏，必须更换整个恒温器。

（2）双金属片式恒温器

这种恒温器没有毛细管，直接靠空气通过表面而进行工作。它的人工温度调整方法与波纹管式相同。

它的工作原理如图 4-2 所示。它由两片对温度变化胀缩程度不同的金属片组成，上面有一个动触点，壳体上有一个定触点。在设定温度范围内，双金属片平伸，触点闭合，电流接通，压缩机电磁离合器吸合。由于温度变化，这两片金属产生不同的变形而弯曲，使触点分开，中断电磁离合器的电流，使压缩机停止转动。

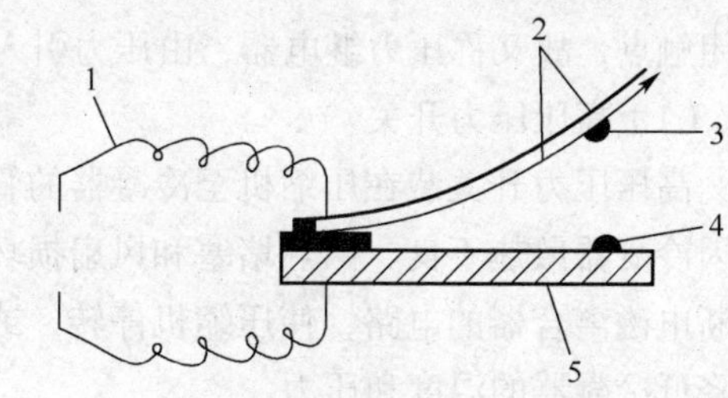

1—导线　2—双金属　3—动触点　4—定触点　5—壳体

图 4-2　双金属片式恒温器的工作原理

当冷空气通过恒温器时，引起恒温器的双金属片中的一片收缩成弓形。随着空气温度的不断降低，这片金属不断收缩，直到把触点分开。当温度增加时，另一片金属受热伸长，把触点拉回到一起。

双金属片式恒温器结构简单，价格低，但由于它必须放在蒸发箱中，布置有一定困难。而波纹管式恒温器用一根长的毛细管感应温度，恒温器本体可布置在稍远的合适部位，布置方便。因此波纹管式恒温器比双金属片式恒温器应用广泛。

（3）热敏电阻式恒温器

这种恒温器是一种电气结构，有一个小圆片形的热敏电阻与毛细管一样插在蒸发器芯子中间（或其他需要感温的部位），热敏电阻用导线与晶体管电路系统相连，如图 4-3 所示。由于温度变化使热敏电阻的电阻值发生变化，从而控制电路的接通与断开。

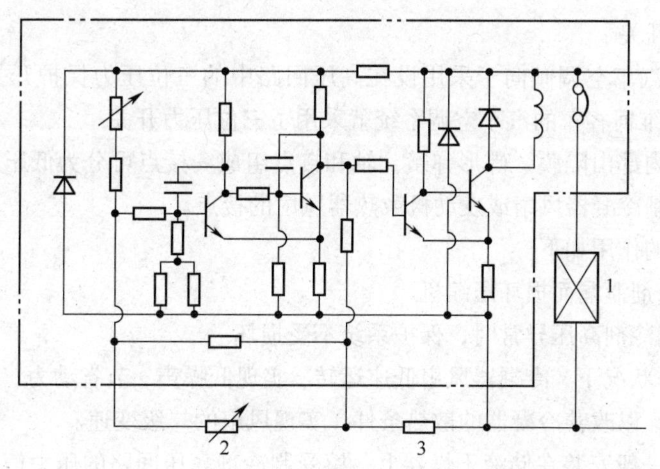

1—电磁阀　2—可变电阻　3—热敏电阻

图 4-3　热敏电阻式恒温器的电路原理

热敏电阻有两种：一种电阻具有负温度特性，即温度升高，电阻值下降；另一种具有正温度特性，即温度上升，电阻值上升。

热敏电阻式恒温器的调节精度主要由热敏电阻的特性决定，若热敏电阻特性不良，则会造成较大的调节误差。例如，当蒸发器表面温度为 4℃时，热敏电阻式恒温器将使电流中断，但由于热敏电阻特性不良、偏差较大，则可能到 0℃还不中断电流，造成蒸发器结霜。

2. 制冷剂压力开关

压力开关属于保护元件，分高压保护、低压保护和中压保护 3 种。它可以根据压力的变化开闭触点，故又称压力继电器，由压力引入装置、动力器件和触点等组成。

（1）高压压力开关

高压压力开关装在压缩机至冷凝器的管路上，其作用是防止系统在异常的高压压力下工作。当因冷凝器散热不良、散热堵塞和风扇损坏等导致冷凝器的压力出现异常上升时，开关会自动切断电磁离合器的电路，使压缩机停转，或接通冷却风扇高速挡电路，自动提高风扇的转速，以降低冷凝器的温度和压力。

在汽车空调系统中，高压开关的压力控制范围为：2.82～3.10 MPa 范围内断开；1.03～1.73 MPa 范围内接通。

（2）低压压力开关

低压压力开关有两种：一种设在高压回路中，其主要目的是保护压缩机在缺少制冷剂的情况下不空转，以免压缩机因缺乏润滑油而磨损。同时，也起到低温环境保护作用，以免在过低温度的环境下使制冷系统工作而造成蒸发器表面结冰，增加功耗。另一种低压开关设在低压回路中，通过感受吸气压力，用来控制高压旁通阀的除霜作用。即当低压压力低到某一规定值时，接通高压旁通阀（电磁阀），让部分高压蒸气直接进入蒸发器，以达到除霜的目的。这种低压开关一般用于大客车汽车空调，当系统吸气压力降低时，压力调整弹簧和压力差弹簧的弹力相抵消，动作板复原，微动开关动作，接点通电，高压旁通阀开启。在正常运转时，高压旁通阀的接点一直是开着的。

在汽车空调制冷系统中，低压开关的压力控制范围为：80～110 kPa 范围内断开；230～290 kPa 范围内接通。

（3）三位压力开关

近年来，不少汽车空调倾向于采用设在高压回路中的三位压力保护开关，如上海桑塔纳2000 轿车、南京依维柯客车的汽车空调系统就采用了三位压力开关。

三位压力开关内部由隔膜、碟形弹簧、轴和接点组成。接点可分为低压及高压异常时会动作的接点和用于控制冷凝器风扇或发动机散热器风扇的接点。

三位压力开关的作用如下。

① 防止因制冷剂泄漏而损坏压缩机。

② 当系统内制冷剂高压异常时，保护系统不受损坏。

③ 在正常工作状况下，冷凝器风扇低速运转，实现低噪声，节省动力；当系统内高压升高时，风扇高速运转，以改善冷凝器的散热条件，实现风扇的二级变速。

三位压力开关一般安装在储液干燥器上，感受制冷剂高压回路的压力信号，其工作过程如图 4-4 所示（以 R-134a 制冷剂为例）。

当制冷剂压力不大于 0.196 MPa 时，由于隔膜、碟形弹簧和弹簧的弹力大于制冷剂压力，因此高低压接点断开（OFF），压缩机停转，实现低压保护，如图 4-4（a）所示。

当制冷剂压力为 0.2～3 MPa 时，制冷剂压力高于开关的弹簧压力，弹簧挠曲，高低压接点接通（ON），压缩机正常工作，如图 4-4（b）所示。

当制冷剂压力大于或等于 3.14 MPa 时，制冷剂压力大于隔膜、碟形弹簧压力，高低压接点断开，压缩机停转，实现高压保护，如图 4-4（c）所示。

（4）中压压力开关

当制冷剂压力大于 1.77 MPa 时，压力就大于隔膜弹力，隔膜会反转，将轴推上，以接通冷凝器的风扇高速接点，风扇以高速运转，实现中压保护，如图 4-4（d）所示。当压力降至 1.37 MPa 时，隔膜恢复原状，轴下落，接点断开，冷凝器风扇又以低速运转。

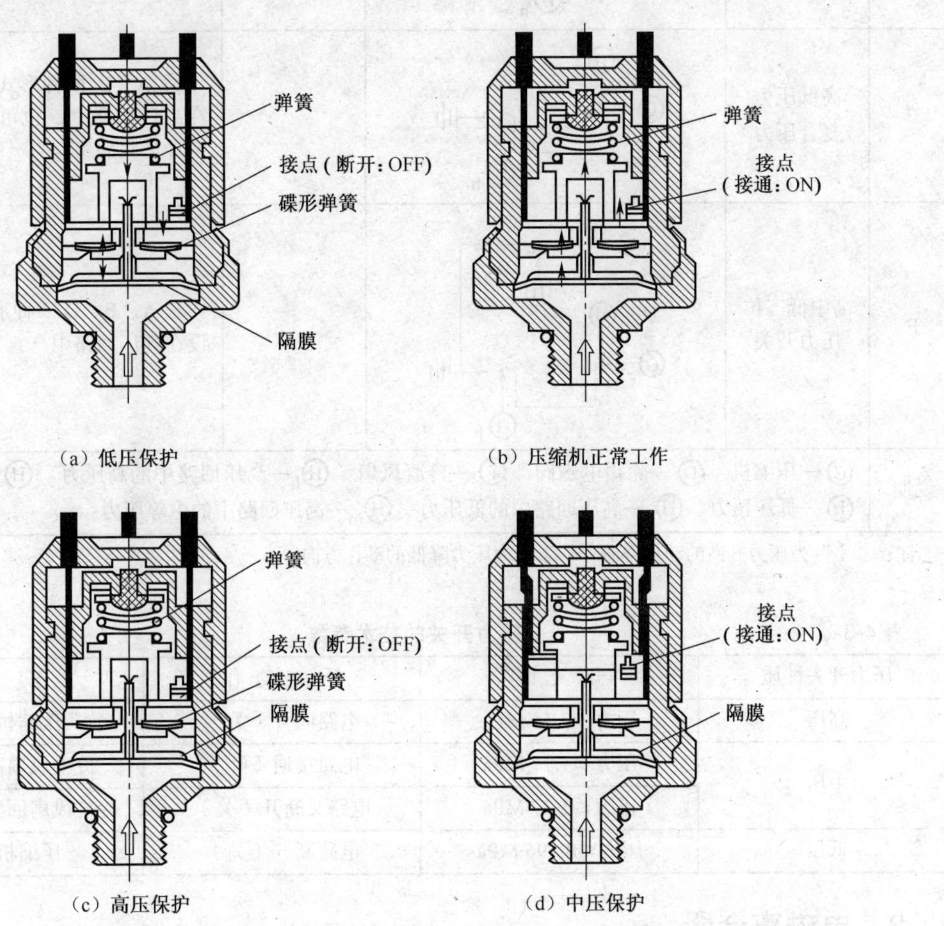

图 4-4　三位压力开关

常见压力开关的开关形式及作用如表 4-2 所示，其有关技术参数如表 4-3 所示。

表 4-2　压力开关的开关形式及作用

序号	种　类	开关形式	特　性	作　用
A	低压开关	Ⓒ—Ⓗ$_1$	常闭	高压回路压力低于规定值时，使压缩机停转
B	高压开关	Ⓒ—Ⓗ$_h$	常闭	高压回路压力高于规定值时，使压缩机停转

续表

序号	种　类	开关形式	特　性	作　用
C	低压开关	Ⓓ—开关—电源；Ⓛ↑	常开	低压回路压力低于规定值时，接通除霜电磁阀
D	高压开关	Ⓕ—开关—电源；Ⓗh↑	常开	高压压力高于规定值时，使冷凝风扇高速运转
E	高低压力复合压力	Ⓗl↓；Ⓒ—开关—开关—电源；Ⓗh↑		是 A、B 两种形式的组合，设在高压回路中，也可以是 A、D 两种形式的组合
F	高中低三位压力开关	Ⓕ—开关；Ⓗm↑；Ⓗl↓；Ⓒ—开关—开关—电源；Ⓗh↑		是 A、B、D 3 种形式的组合，设在高压回路中
说明	Ⓒ—压缩机　Ⓓ—除霜电磁阀　Ⓕ—冷凝风扇　Ⓗh—高压回路中的高压力　Ⓗ—高压压力　Ⓛ—低压压力　Ⓗl—高压回路中的低压力　Ⓗm—高压回路中的中等压力			

注：“↑”为压力升高的动作方向，“↓”为压力降低的动作方向。

表 4-3　　压力开关的技术参数

压力开关性质	开关值	开关动作	作　用
高压	压力≥3.14 MPa	电路断开（关）	压缩机停转
中压	压力≥1.77 MPa	电路接通（开）	冷凝风扇高速运转
	压力≤1.37 MPa	电路又断开（关）	冷凝风扇回到低速运转
低压	压力≤0.196 MPa	电路断开（关）	压缩机停转

3. 电磁离合器

除大型独立式汽车空调机组以外，一般汽车空调、压缩机都是通过电磁离合器与发动机主轴发生联系的。压缩机的停、开都是由电磁离合器的吸合与释放决定的，因此电磁离合器是汽车空调自动控制系统中的执行部件，受温度开关（恒温器）、压力开关（压力继电器）、车速继电器和电源开关等元件的控制，它一般装在压缩机前端。个别车型电磁离合器与压缩机分开，如日本的 Coster 旅行车。

（1）电磁离合器的种类及工作原理

电磁离合器由离合器压力板、皮带盘（转子）及电磁线圈组成，其分解图如图 4-5 所示。

电磁离合器有定圈式和动圈式两种，前者电磁线圈固定在压缩机壳体上不转动，后者电磁线圈与皮带盘连在一起是转动的。两种电磁离合器的作用原理基本相同，如图 4-6 所示。

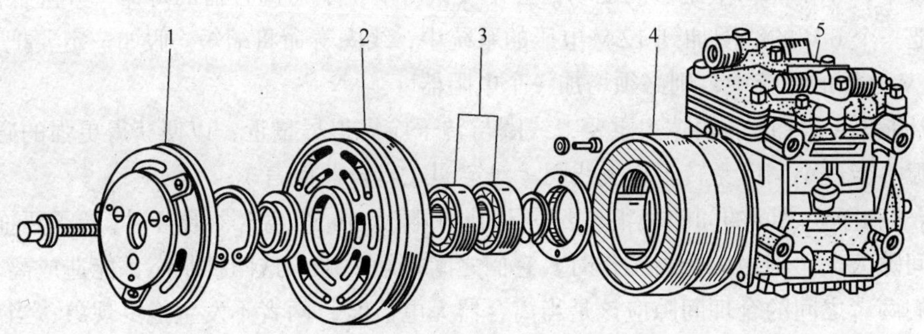

1—压力板　2—转子　3—转子轴承　4—定子　5—压缩机

图 4-5　电磁离合器分解图

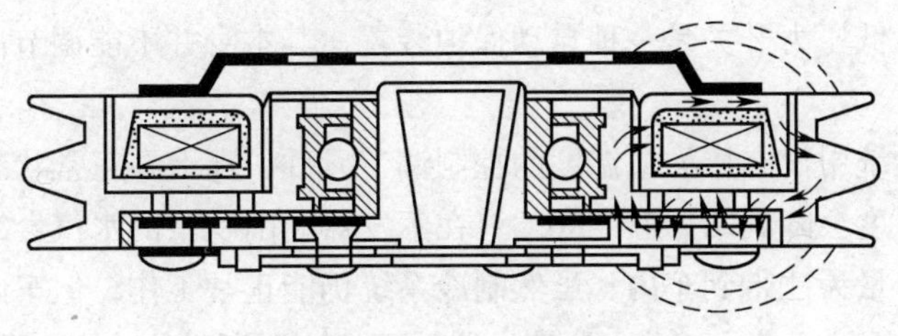

图 4-6　电磁离合器的工作原理

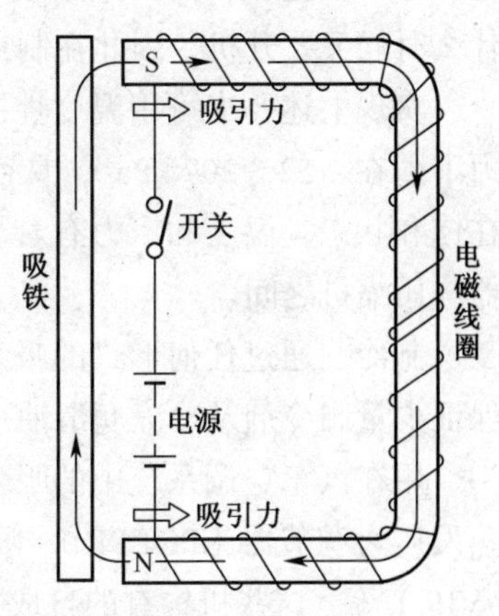

图 4-7　定圈式离合器

① 定圈式离合器。电磁线圈安装在压缩机端盖上不转动，转子靠轴承和卡簧保持在电磁线圈上面，转子的外壳即为皮带盘。吸铁（离合器板）装在压缩机曲轴的端头。没有电流通过电磁线圈时，离合器上没有电磁吸力，转子由皮带带动自由转动。当有电流通过时，在线圈与吸铁之间建立磁场，吸铁被拉向转子。当两者完全啮合时，整个装置一起旋转，如图 4-7 所示。

只要有电流持续通过，磁场就保持恒定。吸铁与压缩机曲轴连在一起，带动压缩机曲轴旋转，制冷系统便开始工作。

当恒温器或开关断路时，线圈电流被切断，吸铁从转子上脱开，此时虽然转子仍在转动，但压缩机已停止工作。

② 动圈式离合器。其工作原理与定圈式离合器相同，但电磁线圈位置不同。在动圈式结构中，电磁线圈是转子的一部分，与转子一起转动，电流通过装在压缩机上的电刷流到电磁线圈中，建立磁场。磁场使吸铁与转子接触，由吸铁、转子和线圈组成的整个电磁离合器的装置的转动带动压缩机的转动。

这两种离合器在吸铁及转子上都开有几条集流槽，以利于聚集磁场，增加两者的吸引力。

（2）电磁离合器的使用注意事项

① 由于电磁离合器的接合与脱开是高速进行的，在吸铁板和转子表面会有很多离合的痕迹。这些痕迹对工作不会造成危害，是允许的。

② 要引起重视的是对电磁线圈要施加合适的电压。对于 12 V 电压的电磁线圈，若加在 6 V

电压的系统中，则不能产生足够的磁场，会使吸铁打滑，缩短离合器的寿命，并降低制冷量。反之，若把一个 6 V 的线圈加到 12 V 电压的系统中，线圈寿命将缩短。假如一定要把 6 V 的设备接到 12 V 电压的系统中，则必须增加一个电阻器。

③ 线圈和转子之间的间隙很重要，线圈与转子应靠得尽量近，以便获得更强的磁场作用，但是此间隙不能过小，以免转子拖曳线圈（对定圈式离合器而言）。

④ 转子和吸铁之间的间隙也很重要。假如此间隙太小，当离合器脱开时，转子要拖曳吸铁。但假如此间隙太大，则当离合器工作时，它们之间接触太少。这两种状态都能造成离合器性能不良。它们两者之间的合理间隙应该是当离合器无电流时，两者不发生拖曳现象；当离合器有电流时，能保证不发生打滑现象。

二、汽车空调的压力控制

前面介绍的高、低压力开关是一种自动保护装置，其本身并不能调节压力大小，但也属于压力控制部件。

如果汽车空调系统中没有压力或温度的控制调节元件，那么在正常状态下，车内温度会越来越低，蒸发器的温度会降到结冰温度 0℃，在蒸发器周围积聚的水汽会结冰，并逐渐把空气流道堵死；这样，冷量无法带到车内，虽然制冷系统仍能正常工作，但车内温度反而升高。此时，唯一的办法是使压缩机停止工作，让蒸发器外面的冰逐渐融化，待冰融化完再开启压缩机。这样在行驶过程中需要频繁地停、开压缩机。事实上，司机不可能准确地确定什么时候关机，什么时候又要开机，因此在制冷系统中必须有自动控制机构。

实现上述要求可用温度控制或压力控制的办法，防止蒸发器压力低于规定值（一般蒸发压力下限在 152～207 kPa），从而避免蒸发器温度低到使空气中的水汽结冰的状态。因为制冷剂在饱和状态，温度和压力有着一一对应的关系。这种控制机构称为吸气压力调节器，装在蒸发器与压缩机之间。

制冷剂通过任何形式的吸气压力调节器都不会完全停止流动，这是因为有一个旁通管路可保证少量制冷剂及冷冻润滑油得到循环。

用在汽车空调系统中的吸气压力调节器种类有很多，如蒸发压力调节器（EPR）、导阀控制蒸发压力调节器（POEPR）、吸气节流阀（STV）、导阀控制吸气节流阀（POASTV）和组合阀（VIR）等。这些机构有的自成一个独立总成，有的则与压缩机组成一体。

1. 蒸发压力调节器

蒸发压力调节器是一种全自动吸气压力控制装置。美国克来斯勒公司的部分汽车上采用了 EPR。EPR 有两种：一种装在蒸发器与压缩机之间的管路上；另一种装在压缩机内，紧挨着吸气服务阀。其目的是将压缩机吸气压力保持在设定范围内，防止蒸发器结霜。一般设定的蒸发压力在 152～180 kPa，压缩机的进口压力在 104 kPa 左右，这个压力会随着蒸发器热负荷的大小而改变。

蒸发压力调节器的平衡点是控制弹簧压力与蒸发压力共同作用的结果。

装于压缩机内的 EPR 是圆柱形结构，有一片膜片能防止制冷剂泄漏。当蒸发压力增加时，此压力作用在膜片上方克服控制弹簧的压力，使阀离开阀座，从而使从蒸发器到压缩机的制冷剂流量增加；当蒸发压力下降时，控制弹簧便把阀压向阀座，从而限制来自蒸发器的制冷剂流量，这时蒸发压力将增加，直到把阀重新打开。

蒸发压力调节阀不断地打开和关闭，直到蒸发压力与弹簧压力平衡为止，然后保持在某一位置，直到蒸发器热负荷或者压缩机转速改变，要求一个新的平衡点。

EPR 装在压缩机吸气服务阀的后面，更换时可以很方便地取出。阀内有一条油道接通吸气管与压缩机曲轴箱，因为油被制冷剂带出压缩机，而这条油道使油又能回到压缩机。另外，这条油道压向压缩机曲轴箱，能防止曲轴箱压力低于正常的大气压力，假如此压力降到真空范围，空气将会通过曲轴密封件进入系统。

2. 导阀控制蒸发压力调节器

导阀控制蒸发压力调节器是标准 EPR 的改进型。它的性能与 EPR 相同，不同点仅在于 POEPR 阀内有个导阀用于控制主阀。这种导阀能提供更精确的控制，使蒸发器能在更低的平均温度下工作而不发生结冰现象。

与 EPR 一样，POEPR 也被安装在压缩机吸气服务阀的后面，更换非常方便。

3. 吸气节流阀

吸气节流阀也是用来防止蒸发器温度过低造成冷凝水结冰的，它能将蒸发压力保持在规定值内，一般为 200～207 kPa。

在 STV 中，大气压力和弹簧压力在膜片的一侧，另一侧是蒸发压力，两方面保持平衡，弹簧压力用绳索或真空控制，后者用得较多。STV 的工作原理如图 4-8 所示。

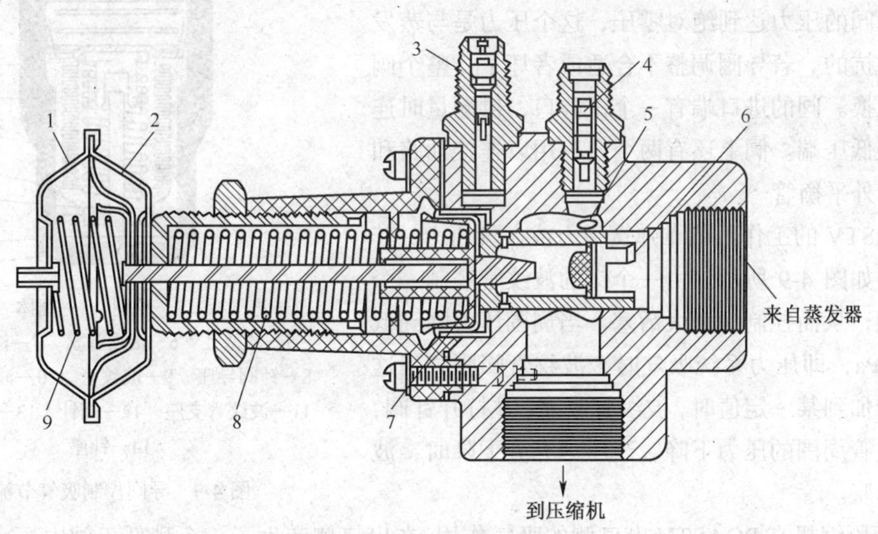

1—真空膜盒　2—小孔　3—接气管　4—接液管　5—平衡孔　6—活塞　7—膜片　8—主弹簧　9—辅助弹簧

图 4-8　吸气节流阀

当蒸发压力高于设定值时，超过部分的压力作用到阀的活塞上，然后通过在活塞上的小孔作用到膜片下方，当这个压力大到足以克服弹簧压力时，将阀的活塞打开。活塞一打开，这部分过量的蒸发压力就释放了，蒸发压力下降，弹簧压力又促使活塞向关闭位置移动。活塞不停地开和关，直到蒸发压力与弹簧压力相平衡为止。活塞停在这个平衡位置，直到蒸发器负荷或压缩机转速改变。

STV 工作的最小压力用调整螺钉来调定，而最大工作压力靠驾驶员调节安装在仪表板上的控制旋钮来达到。这个由人工确定的最小工作压力值是为了防止在未到达应该动作的压力时阀就动作。

膜片的作用是将阀内部与大气隔开。由一条油旁通回路把 STV 与蒸发器连通起来，在某些条件下，油能流到蒸发器。为了清除蒸发器中多余的油，STV 中有一个检查阀，或者安装了与热力膨胀阀的外平衡管相通的通道。

近年来，大部分 STV 已被导阀控制吸气节流阀代替。两者的工作原理基本相同，后者能更有效地进行控制，并消除了在膜片处制冷剂泄漏的可能，而这个泄漏是 STV 损坏的主要原因。

为解决因 STV 膜片处的泄漏而使系统制冷剂减少的问题，除用 POASTV 代替以外，还有一个办法就是将 POASTV 与热力膨胀阀（TXV）、储液干燥器组成一体，称为组合阀。

4. 导阀控制吸气节流阀

导阀控制吸气节流阀能将蒸发压力保持在预定的水平，比其他类型的阀控制精度高，能把蒸发压力调节精度提高到 ± 3.4 kPa。

POASTV 取消了 STV 中的膜片。阀中有一个导阀，能使阀的压力达到绝对零压，这个压力是与蒸发压力相对抗的。若导阀调整不合适或者坏了，整个阀就需要更换。阀的进口端有一个试验口，供测量时连接歧管表低压端。阀上还有两个孔，用以连接油路和膨胀阀的外平衡管。

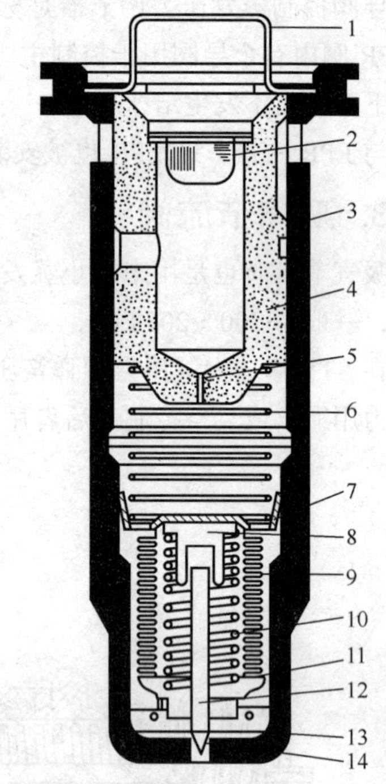

1—进气板　2—滤网　3—阀体　4—活塞
5—活塞孔　6—活塞弹簧　7—波纹管护
8—针阀导座　9—波纹管　10—波纹管弹簧
11—波纹管支座　12—阀针　13—支座弹簧
14—针座

图 4-9　导阀控制吸气节流阀

POASTV 的工作不依靠弹簧弹力或大气压力，其工作原理如图 4-9 所示。由一个铜的波纹管控制一个小的细阀，从而控制一个大活塞。当周围压力降到低于 200 kPa，即压力系统吸气时，波纹管膨胀。当这个压力增加到某一定值时，波纹管收缩，并打开针阀，此时波纹管周围的压力下降。当压力充分下降时，波纹管又膨胀。

由于压缩机在 POASTV 出口侧的吸气作用，在出口侧产生了一个稍低于阀内压力的压力。当波纹管膨胀时，波纹管周围压力开始增加，活塞顶侧的低压压力与活塞下侧的压力接近，两个压力值越接近，活塞被弹簧压得越紧。这两个压力差越大，底部压力就越高，最后把活塞推开。

当波纹管膨胀时，活塞顶部的压力增加，直到此压力与活塞底部的压力相等，弹簧压力把活塞推向紧闭位置。当波纹管收缩时，活塞顶部的压力下降，活塞下侧比较高的压力就将活塞顶开。POASTV 的工作是否合适，可用歧管压力表方便地检查出来。阀的工作与大气压力无关，因此这种形式的阀不需要高度补偿。

5. 组合阀

组合阀是在一个大的储液罐中装有导阀控制吸气节流阀、热力膨胀阀和储液干燥器的一种结构，如图 4-10 所示。在不少高级轿车（如别克和奥迪的部分车型）上可见到这种结构。

VIR 总成装在靠近蒸发器的地方，蒸发器的进出管都与 VIR 相连，取消了 TXV 的外平衡管及感温包，TXV 的膜片端直接暴露在从蒸发器出来进入 VIR 的制冷蒸气中。在 POASTV 与 TXV 之间有一个小孔，起到相当于外平衡管的作用，干燥器在储液罐壳体内，是可以更换的。一根带有滤网的液体吸出管伸到罐底，滤网用来防止脏物进入系统，在 TXV 的进口管处，有两块可更换的视液玻璃。

液体制冷剂从冷凝器通过 VIR 系统流向蒸发器，进入 VIR 的液体制冷剂降落到储液罐底部，而制冷剂蒸气则在顶部。制冷剂碰到干燥剂，将被吸收掉所有的水分。

液态制冷剂通过滤网和吸出管直接进入 TXV 下面的入口，如图 4-11 所示。它控制了进入蒸发器的流量，也就是说，它根据蒸发器的热负荷条件调节制冷剂流量。进入蒸发器的液体制冷剂吸收了热量就变成蒸气，制冷剂蒸气离开蒸发器后回到 VIR，到达 POASTV 的入口处。POASTV 用于调节流向压缩机的蒸气流量，到达压缩机的制冷剂蒸气量根据蒸发压力确定。从 POASTV 的出口将低压制冷剂送向压缩机，然后被压缩成高压蒸气，再进入冷凝器，在冷凝器中，气体放出热量又变成高压液体，就这样完成了一个循环。

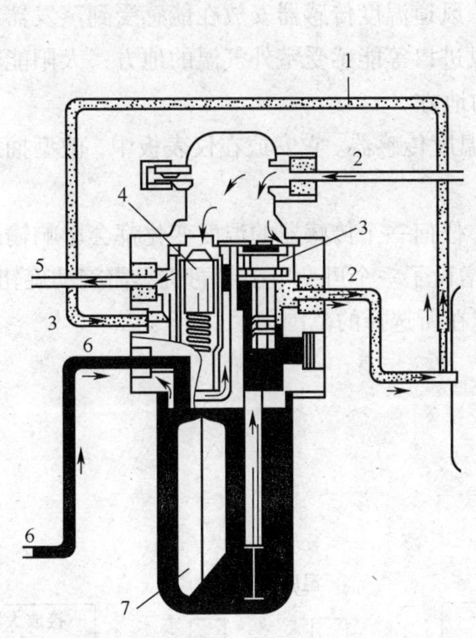

1—溢流管 2—蒸发器 3—膨胀阀 4—吸气节流阀 5—压缩机 6—冷凝器 7—储液干燥器

图 4-10 组合阀

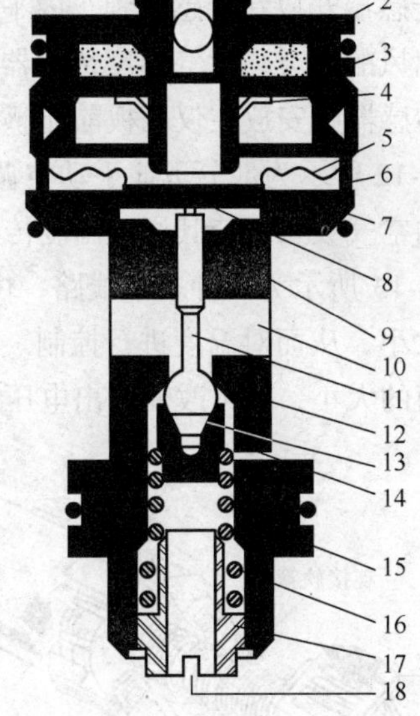

1—膜盒盖 2—活性炭 3—滤层 4—保持架 5—膜片 6—平衡孔 7—膜片底 8—密封支承环 9—活塞密封圈 10—阀出口 11—活塞 12—阀座 13—弹簧座圈 14—溢流孔 15—阀体 16—弹簧 17—螺栓 18—阀进口

图 4-11 组合阀中的膨胀阀

在 VIR 组件顶部有一个类似气门芯的接头，这个接头放在蒸发器的出口和 POASTV 的入口处。检查蒸发器压力时，只需将歧管表的低压管接到这个接头上即可。

VIR 组件应将蒸发器的压力保持在 207 kPa，这个压力足以将蒸发器芯子温度保持在 0℃左右。压力过低会引起蒸发器表面结满冰霜，从而使气流不能通过；压力过高（高于 207 kPa）会使制冷量不足或者说制冷效率降低。

三、汽车空调的温度自动控制

对于温度自动控制装置来说，只要设定了启动控制方式和需要的温度，不论车外的温度如何变化，都会提供和保持车室内预先设定的温度，无须人为地进行控制操作。前面介绍的恒温器便是其中的一种方式。

温度自动控制装置基本上有两种类型：电-气动式系统和热力-液压式系统。其中，电-气动式系统主要包括传感器电路、放大器（现已发展成集成电路板）和伺服传动装置。热力-液压式系统由传感器、传动机构、真空调节器、推动杆、支架、风速调节器和控制件等组成，控制、调节的对象是压缩机（开、停）、加热器（水流量大小）、风机转速、风门开度和新风门的开闭等。

1. 电–气动式系统

这种系统中的“电”是指汽车电气系统中的直流电，而“气动”则是指发动机真空。

（1）传感器

常见有 3 种温度传感器：车室内温度传感器、风道温度传感器和大气温度传感器。近年来，有的汽车中增设了太阳能辐射强度传感器，这类传感器主要采用负温度特性的热敏电阻。车室内温度传感器安放在能感受到车内平均温度的地方；风道温度传感器安放在能感受到蒸发器或加热器出风的地方；大气温度传感器一般安放在新风进口等能感受室外气温的地方；太阳能辐射强度传感器则安放在仪表板前能感受到太阳辐射的地方。

图 4-12 所示为部分奥迪手动空调轿车的车室内温度传感器。它安放在仪表板中，微型抽风机将车内空气吸入，使其通过温度传感器。

图 4-13 所示为一种基本线路，由图 4-13 可知，任何一个传感器的温度变化都会影响输出电压的大小，从而对温度进行控制。图 4-14 所示为增设了一个可变电阻，司机只需旋动旋钮，改变阻值的大小，就可改变输出电压值，将温度设定在所选择的范围内。

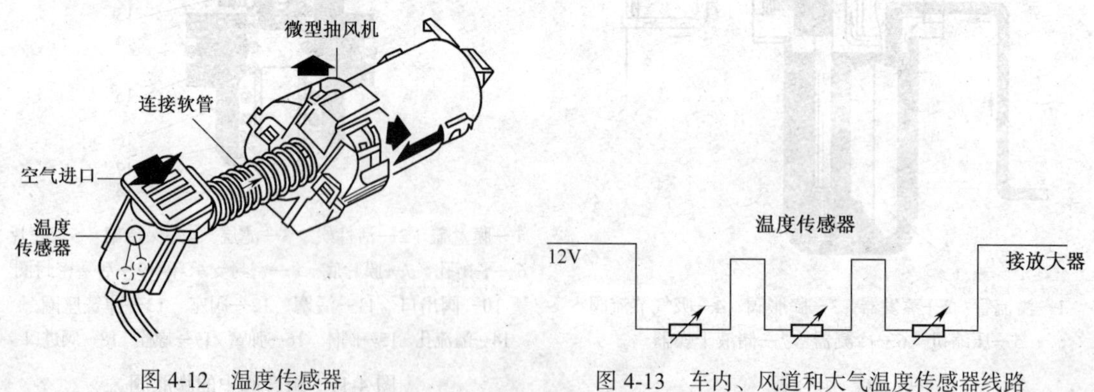

图 4-12　温度传感器　　图 4-13　车内、风道和大气温度传感器线路

（2）放大器与转换器

放大器的作用是把传感器电路送来的输入电压信号按一定的比例放大成输出电压。它主要由二极管、三极管、电容器和电阻器组成，如图 4-15 所示。

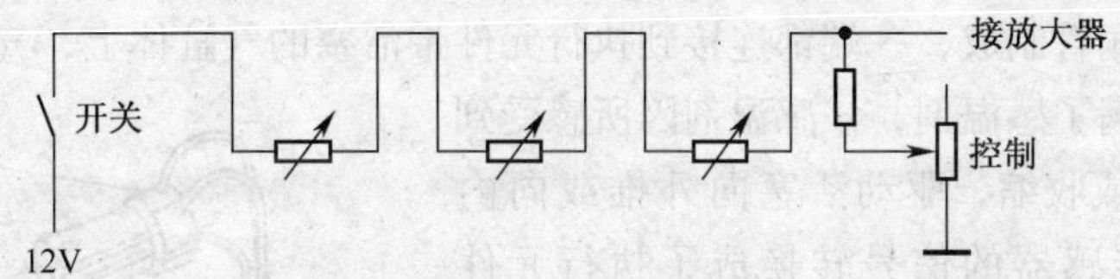

图 4-14　加可变电阻的线路

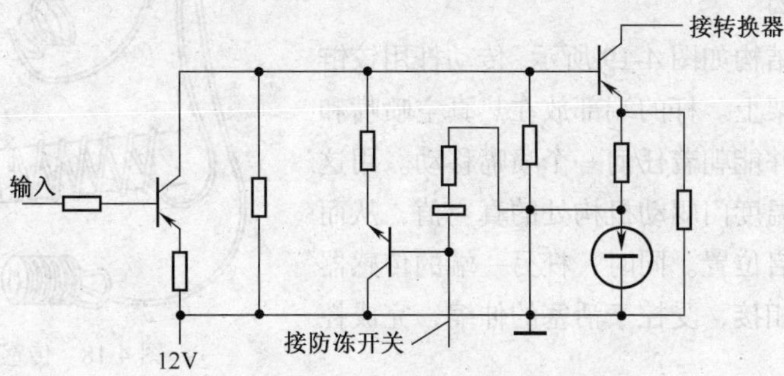

图 4-15　放大器线路

转换器（也称真空电磁阀）的作用是把来自放大器的电信号转变成真空信号，再用这个信号控制动力伺服机构。常见转换器结构如图 4-16 所示。它根据来自放大器的电压的高低变化，改变铁柱的上下位置，从而调节通向动力伺服机构的真空信号的大小。

（3）动力伺服机构

动力伺服机构的作用是对汽车空调部件进行控制，即把各种调温门拨到所要求的位置。它由真空动力装置、鼓风机的电路板、旋转真空阀和补偿门的连接机构等构成。它相当于一种与转臂相连的定位装置，把温度门和旋转阀放在适当位置。

图 4-17 所示为电-气动系统完整的电路图。

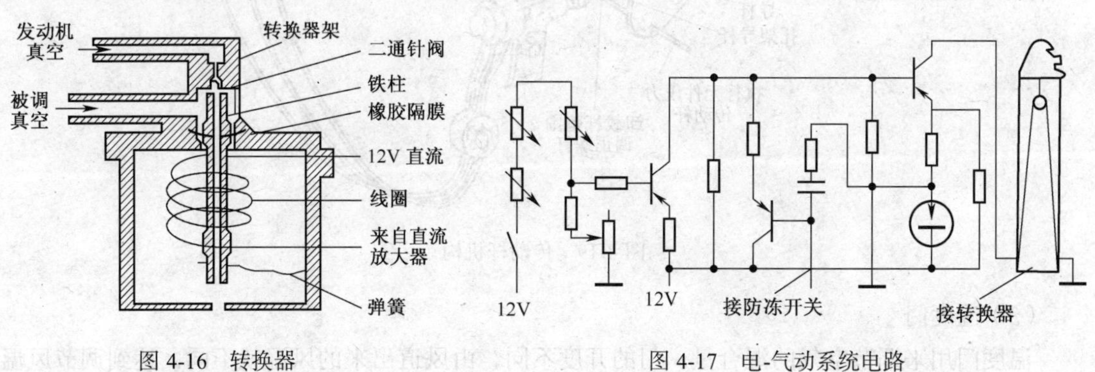

图 4-16　转换器　　　　图 4-17　电-气动系统电路

2. 热力–液压系统

用热力-液压系统方法进行温度自动控制，其工作原理与电-气动控制基本相同，不同之处在于控制设计和功能上存在差异。热力-液压系统主要由传感器和执行元件、真空调节器、限位器、推杆和托架以及温度门等组成。

（1）传感器和执行元件

如图 4-18 所示，共有 3 个传感器：车室外空气传感器、车室内空气传感器和风道空气传感器。它们由空心的铜管制成，一端都连接到执行元件带活塞的气缸体上，气缸的另一端是密封的。执行元件内充满了感温剂，该感温剂因所感受到的温度变化而膨胀或收缩，驱动活塞向外推或向内收缩。这样就把传感器的信号转换成了执行元件的动作，从而驱动传动杆机构。

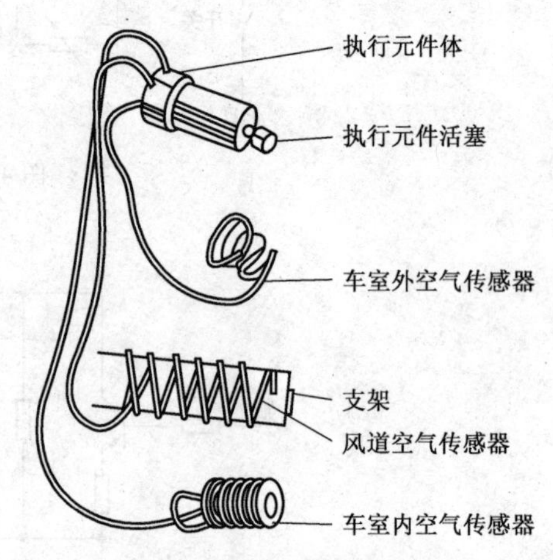

图 4-18　传感器和执行元件

（2）传动杆机构

传动杆机构的结构如图 4-19 所示。传动杆用铰链连接到可移动的支架上。杆的端部放在热真空喷嘴和冷真空喷嘴之间，并能朝着任何一个喷嘴移动。用这种方法就可以改变温度门驱动机构处的真空值，从而决定了温度门的开启位置。同时，杆另一端的传感器与执行元件的活塞相接，受控于活塞的伸缩，完成控制功能。

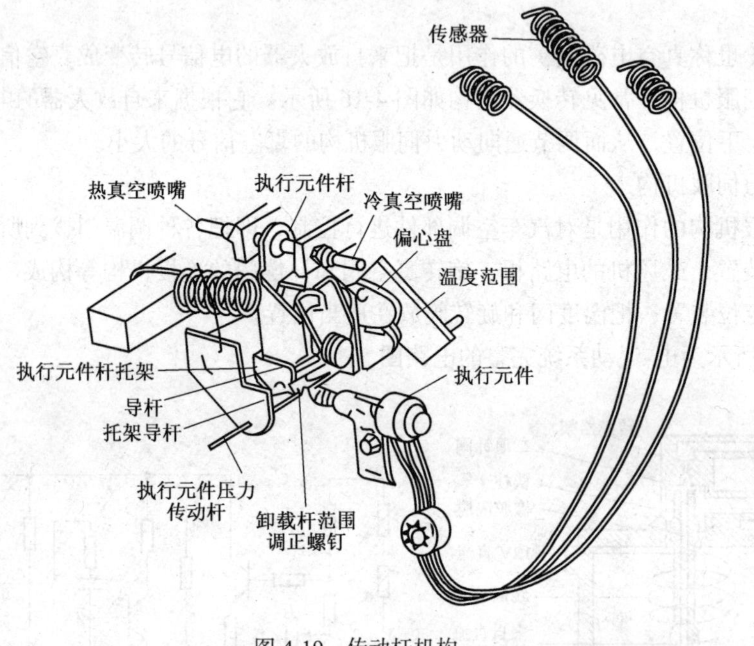

图 4-19　传动杆机构

（3）温度门

温度门用来调节空气的混合量。门的开度不同，由风道出来的风温就不同，达到调节风温的目的。

（4）程序真空开关

程序真空开关靠温度门驱动器工作。这个开关控制着水阀、恒温阀、主开关膜片、进出空气膜和所有其他靠真空动作的元件。

另外，程序真空开关还能带动风机开关、电流选择开关。风机开关可根据汽车空调系统的运行模式控制风机转速。电流选择开关可供司机选择自动程度的高低与除霜能力的强弱等。

图 4-20 所示为热力-气动系统原理，从图 4-20 中可知整个系统是如何实现控制的。首先

是通过车室内空气传感器、风道空气传感器和车室外空气传感器检测温度，并将其转换成执行元件的动作，以驱动传动机构。通过传动机构来改变温度门驱动机构处的真空值，决定温度门的开启位置。这样，门的开度不同，风道出来的风温就不同，以达到调节风温的目的。同时，温度门驱动器驱动程序真空开关、控制水阀、恒温阀、主开关膜片和进出空气膜等器件。该系统中车室内温度可保持在 18℃～29.5℃范围内，具体温度设置的高低可视司乘人员的要求而定。

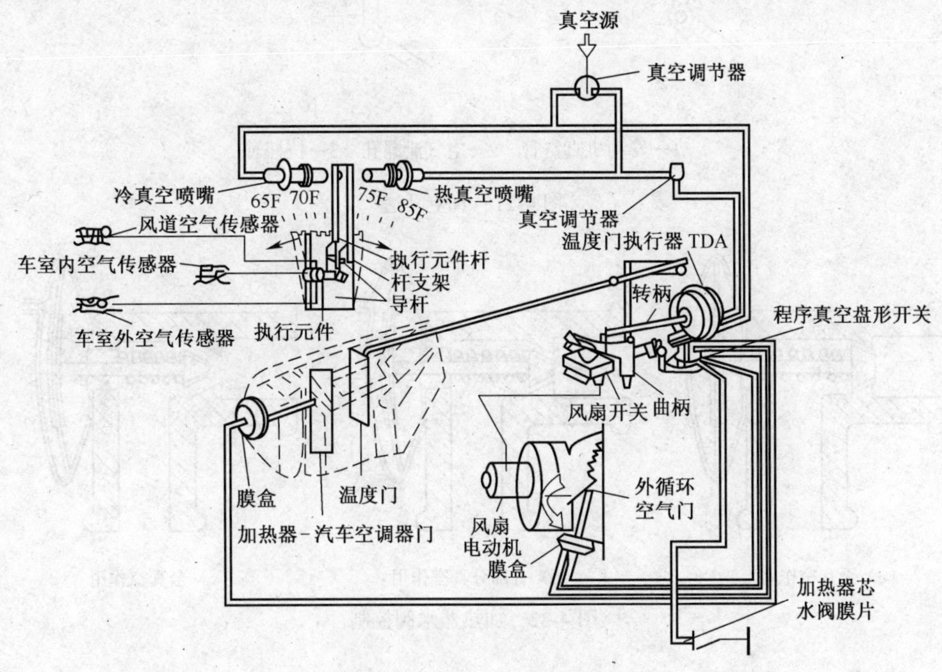

图 4-20　热力-气动系统原理

四、汽车空调的真空控制装置

前面介绍的温度和压力控制系统中有不少部件，如吸气节流阀、热水阀、各种温度门、风机转速和油门等都是靠真空或绳索控制的；有些部件如温度开关、各种继电器等则是靠电控制的。

真空控制系统由单向阀、真空马达等组成。下面介绍真空控制系统的几种主要部件及其控制内容。

1．真空马达

所谓真空马达，实际上是一种带膜片的真空盒，由于它能传送位移，所以称真空马达。有的真空膜盒自带弹簧，如图 4-21 所示。

2．加热器控制

加热器热水流量的控制有真空控制和绳索控制两种。图 4-22 所示为真空控制结构，没有真空作用时，在弹簧力的作用下水阀关闭，如图 4-22（a）所示；有部分真空作用时，水阀开一点，如图 4-22（b）所示；全真空作用时，水流量最大，如图 4-22（c）所示。

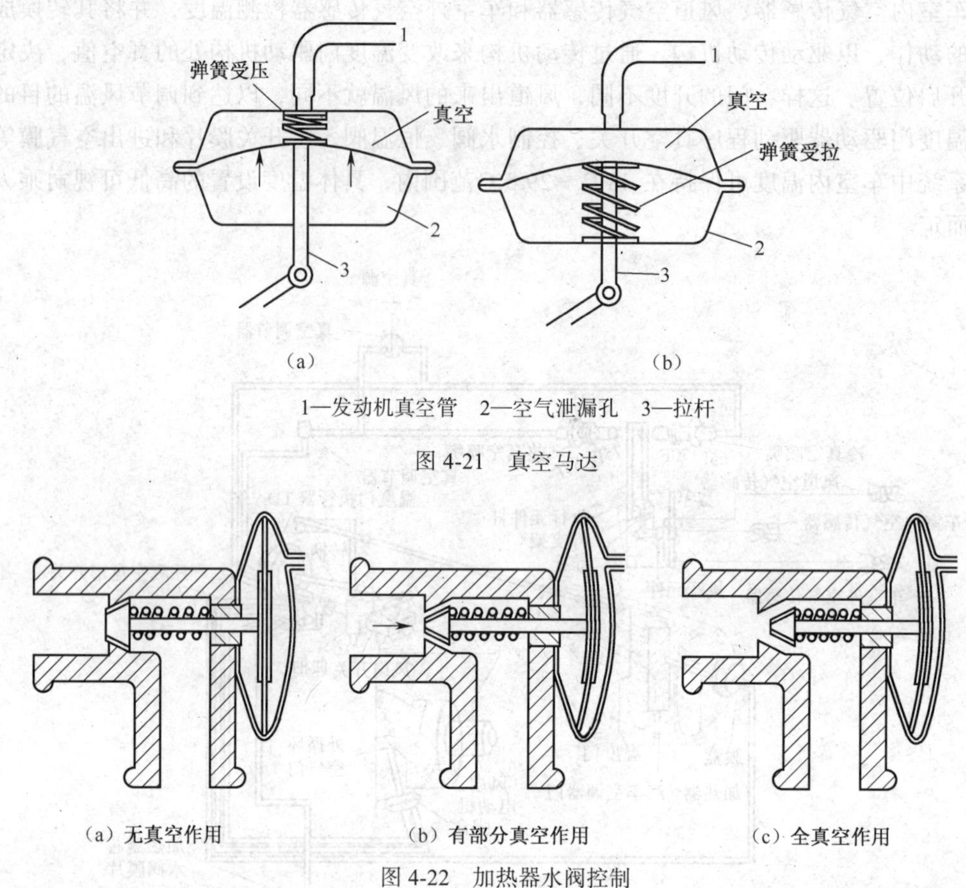

（a）　　（b）

1—发动机真空管　2—空气泄漏孔　3—拉杆

图 4-21　真空马达

（a）无真空作用　（b）有部分真空作用　（c）全真空作用

图 4-22　加热器水阀控制

3. 模式门的控制

所谓模式门，即指在汽车空调仪表板上有许多模式开关（按钮），用来人为地控制各种模式的风门开闭。汽车空调模式门有除霜门、内外进风门（指内、外风循环）、暖风/冷风出风门、中央风门和足向风门等，可用绳索操纵，也可用真空操纵（近年来发展到用电动机操纵）。图 4-23（a）所示为桑塔纳轿车中由真空操纵各风门的一种结构形式。其中，真空来自发动机（通过制动加力泵）或真空储气罐，真空储气罐上设有单向阀，以防止真空罐中的真空倒流向发动机。真空通向选择按钮开关和真空开关。当按下所要选择的模式门按钮后，开关处的真空就按需要分别流向除霜门、足向风门和外进风门等处的真空阀，真空阀的拉杆拨动这些风门动作，它只有开和关两种动作。当汽车空调手柄拨到取暖位置时，与手柄相接触的真空开关被推开，真空通过真空开关至外循环模式按钮开关处，接着通向进风罩真空阀，将外进风门打开，新鲜空气即进入车内。不论外循环模式按钮是否按下，只要冷暖拨杆拨至取暖模式，即自动转入外循环模式。

温度门是模式门中的一种，用以调节冷、暖空气的混合量。图 4-23（b）所示为桑塔纳轿车的风门控制图。图 4-23（a）和图 4-23（b）这两种结构的不同点在于对新风门的控制，前者是通过真空开关，而后者是通过电磁阀。当汽车空调开关打开（即冷气机开始工作）时，后者的风门电磁阀工作，将大气通孔遮住，真空流向真空马达（新风门控制器），将新风门关闭，使空气流通处于内循环状态。图 4-24 所示的控制装置与图 4-23（a）所示的装置是配套工作的。

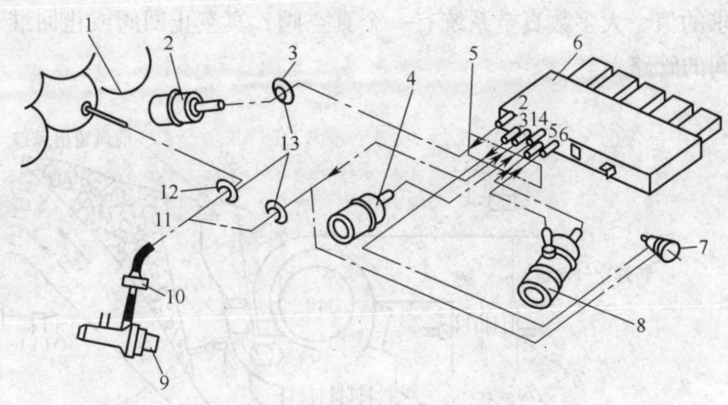

（a）桑塔纳轿车汽车空调风门真空控制示意图

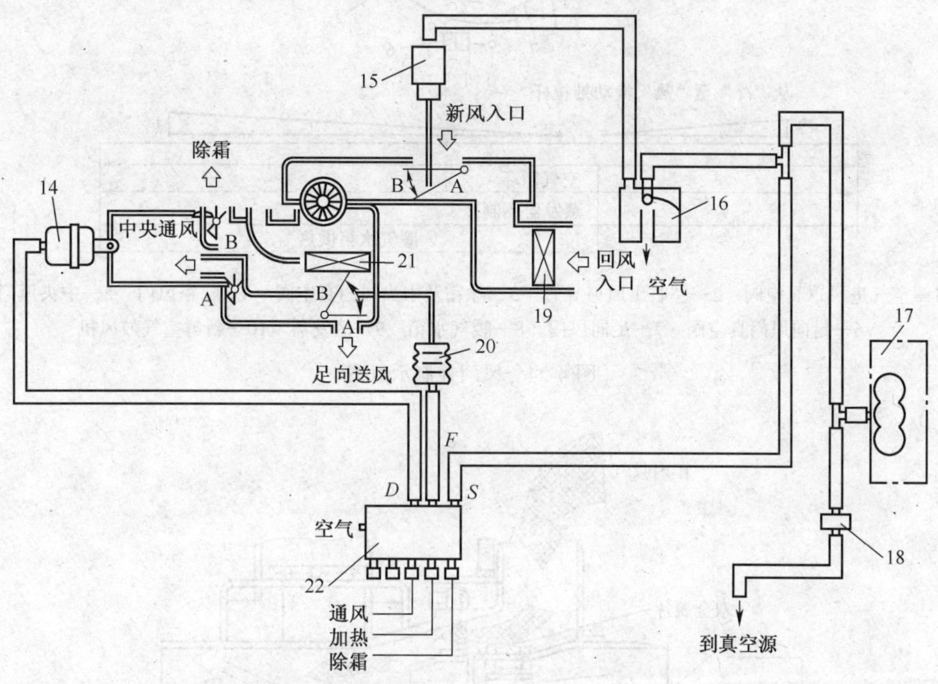

（b）桑塔纳轿车汽车空调风门控制示意图

1—真空储气罐　2—进风罩用真空阀　3—排水板　4—足向风门用真空阀　5—真空软管用连接板
6—汽车空调暖气装置按钮开关　7—真空开关　8—除霜及中央风门用真空阀　9—制动加力泵单向阀
10—汽车空调真空单向阀三角点朝吸入管或真空泵的连接件　11—排水板　12—串线板　13—橡皮套管
14—除霜器及通风门的真空马达　15—进风门真空马达　16—电磁阀　17—真空罐　18—单向阀
19—蒸发器　20—足向风门真空马达　21—加热器　22—风门控制板

图 4-23　桑塔纳轿车汽车空调风门控制图

有些温度自动控制系统中，内外进风口处各设有一组双金属片式温度传感器，如图 4-25 所示。它们根据感应到的内外空气温度差，打开真空调节器内的泄流孔，改变真空度的大小，进而改变真空马达推杆的伸出程度，实现新风阀门开度大小的调节。

4. 止回阀和止回继动器

正常的真空系统有一个真空止回阀或止回继动器，用于防止发动机进气歧管的真空度低于动作所要求的值。大多数真空系统有一个真空阀，真空止回阀或止回继动器通常放在真空罐和真空源之间的管路上。

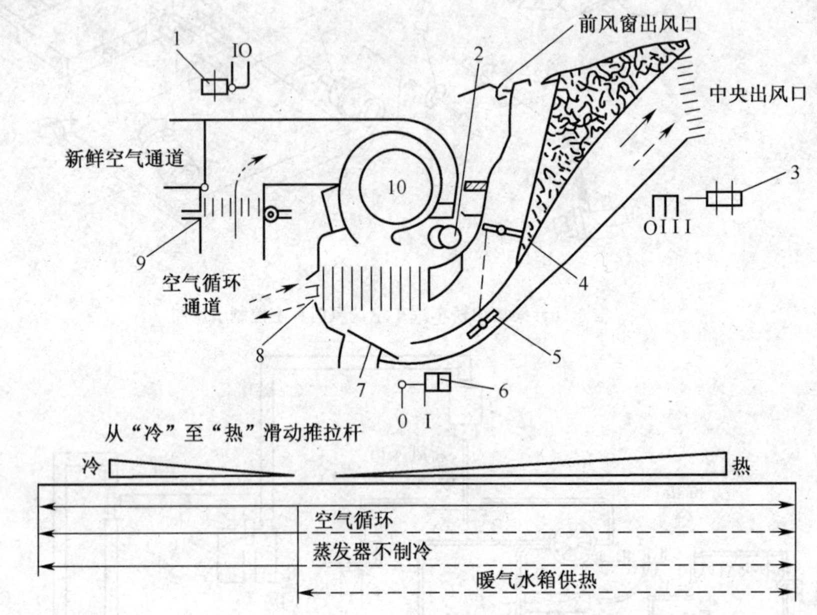

1—空气进风罩真空阀　2—左右出风口导管　3—除霜及中央风门真空阀　4—除霜风门　5—中央风门　6—足向风门真空阀　7—足向风门　8—暖气水箱　9—蒸发器　10—新鲜空气鼓风机

图 4-24　风门控制示意图

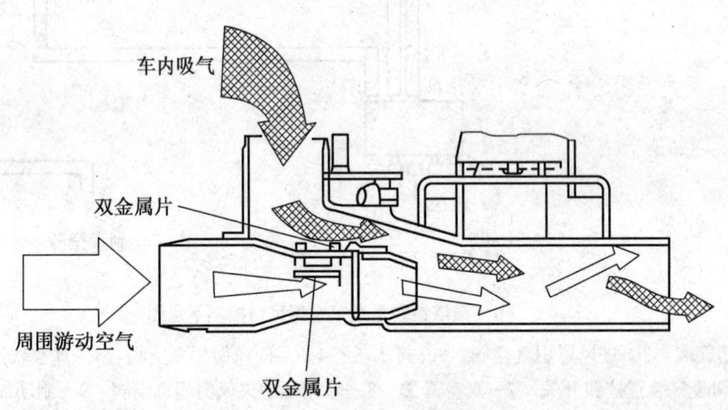

图 4-25　恒温真空调节器

（1）止回阀

当发动机吸气歧管中的真空度高于真空罐中的真空度时，止回阀打开，即止回阀是靠发动机的真空度打开的。此时，止回阀把真空罐连通。正常的发动机真空度也打开了真空膜盒（见图 4-26），使控制系统中的真空信号到达真空马达。若发动机的吸气真空度低于真空储气罐的压力，止回阀关闭，真空膜盒也关闭，控制器到真空马达的回路中断，真空储气罐中的真空度不会下降。

图 4-26（a）表示发动机真空度使单向阀打开，来自转换器的真空信号到达真空马达；图 4-26（b）表示发动机真空度下降时，弹簧使膜片上抬，使真空马达保持一定的真空度。

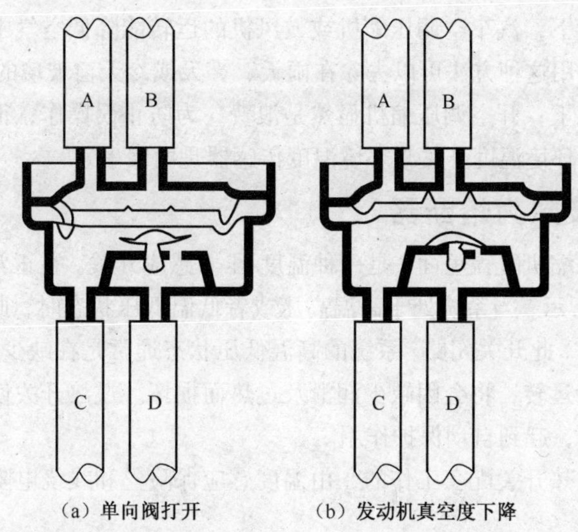

（a）单向阀打开　　（b）发动机真空度下降

A—到真空马达　B—来自转换器的真空　C—发动机真空　D—止回阀真空

图 4-26　真空止回阀

在加速或发动机停转时，发动机进气歧管中的真空度会下降，真空储气罐被用来驱动汽车空调系统及汽车上其他附属设备中的真空元件动作。

（2）止回继动器

止回继动器有两个作用：防止进气歧管真空度下降时真空系统的真空度下降；避免系统在这种情况下按正常状态运转。

止回阀（俗称单向阀）及止回继动器的主要问题是膜片不密封及阀座不合适。发现上述故障（首先确认系统没有渗漏），应更换止回阀或止回继动器。

五、汽车空调的电气控制元件

前面已介绍过，高低压力开关、恒温器和电磁离合器等都是通过电对压缩机的开、停进行控制的。这里再介绍几种电气控制元件。

1. 风机转速的控制

风机转速是靠改变电阻器阻值的大小进行控制的，如图 4-27 所示。

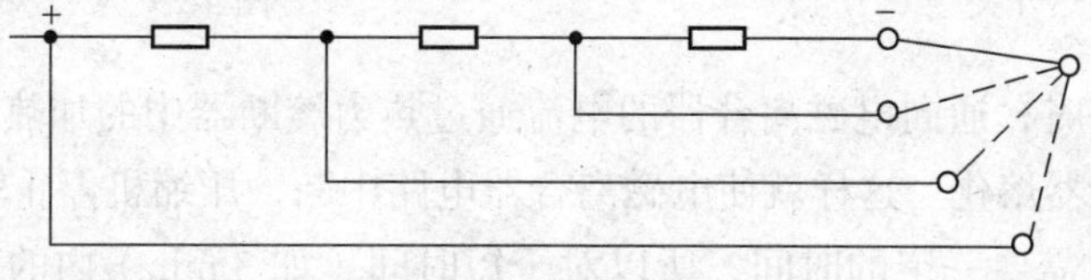

图 4-27　风机转速电阻器

2. 环境温度开关

环境温度开关是一种电气开关，因环境温度的改变而工作。当大气温度低于某一值（如 −4℃）时，使压缩机处于 OFF 位置；当大气温度高于某一值（如 2℃）时，又使压缩机处于 ON 位置。

在较低的环境温度下，汽车空调压缩机或鼓风机的运转能降低空气中的潮气，因为空气中的水分可被冷凝析出。用这种方法可以去除在雨天、雾天或冷天窗玻璃的结雾现象。

在过低的环境温度下，开空调压缩机显然是浪费，为防止误操作，很多带有汽车空调的车上设有环境温度开关。环境温度开关与环境温度传感器是两回事。

3. 过热开关及热力熔断器

过热开关安装在压缩机缸盖里面，是一种温度-压力感应开关。在正常情况下，此开关处于断开位置，如图 4-28 所示。当系统处于高温高压或者低温低压状态时，此开关保持常开。当系统处于高温低压状态时，此开关闭路。系统的高温低压状态通常是在缺少制冷剂的时候出现的。此时若压缩机继续保持运转，将会因缺少润滑及过热而损坏。过热开关使压缩机停止转动，直到故障排除再恢复运转，起到自动保护作用。

热力熔断器是与过热开关配套工作的，由温度感应保险丝和线绕电阻器（加热器）组成，如图 4-29 所示。

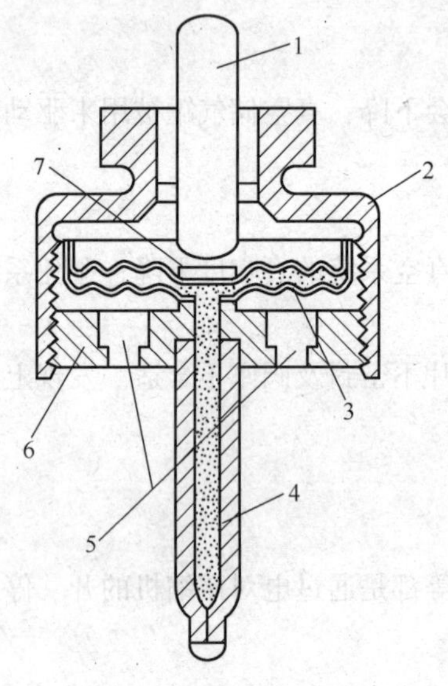

1—接线柱　2—壳体　3—膜片总成　4—感应管

5—底座孔　6—膜片底座　7—电触点

图 4-28　过热开关

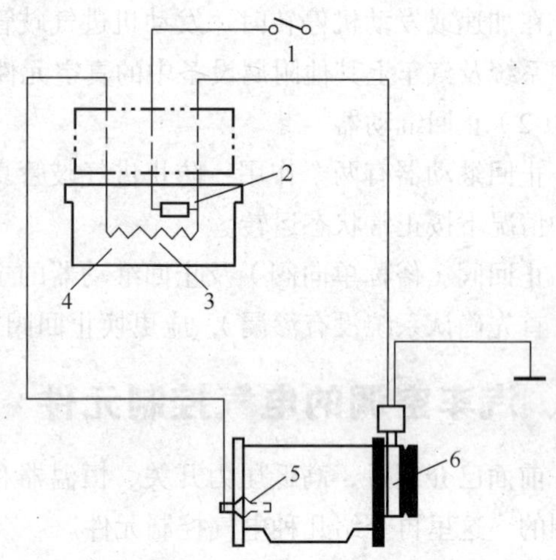

1—环境温度开关　2—熔断器　3—加热器

4—热力熔断器　5—过热开关　6—离合器线圈

图 4-29　热力熔断器

当过热开关闭路时，通向电磁离合器的电流通过热力熔断器中的加热器，使加热器温度升高，直到把热力熔断器熔化。这样就使电磁离合器电路中断，压缩机停止转动。

因为熔化保险丝需要一定的时间，所以对于短时间（如 3 min）内的高温低压现象是不起作用的，即短时间的异常现象未必会对系统工作产生影响。

4. 水温开关

水温开关装在发动机水箱或管路中，用于感应发动机水温，以防止发动机水温过热。当水温超过某一规定值时，开关断路，汽车空调压缩机停转；当水温降至某一规定值时，开关又自动接通，汽车空调压缩机又重新工作。

5. 除霜开关

为了消除蒸发器外壁的积霜，有的汽车空调系统在膨胀阀与蒸发器之间的管路外壁上安放了除霜开关的传感器。当温度到达 0℃时，波纹管收缩，接通继电器的电磁线圈回路，线圈产生电磁力，使继电器开关开路，压缩机停转，直到蒸发器温度上升，它又重新工作。其工作原理如图 4-30 和图 4-31 所示。

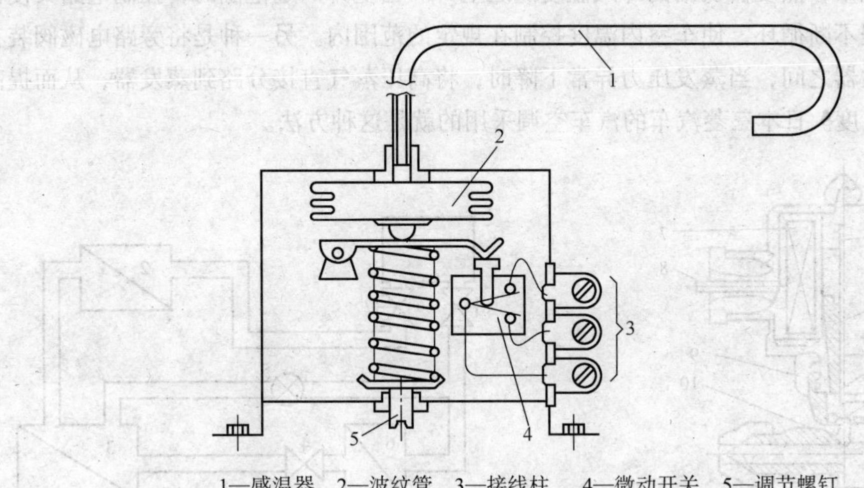

1—感温器　2—波纹管　3—接线柱　4—微动开关　5—调节螺钉

图 4-30　除霜开关

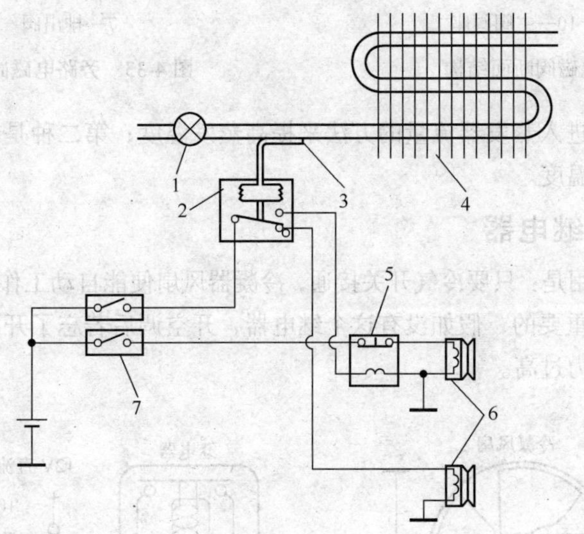

1—膨胀阀　2—除霜开关　3—感温管　4—蒸发器　5—继电器开关　6—电磁离合器

7—汽车空调开关（控制板上）

图 4-31　除霜开关工作系统

6. 旁路电磁阀

电磁阀是借助电磁线圈使阀杆升降而将阀启闭的。电流一旦通入电磁线圈，阀杆即被磁力吸引上升，阀即被开启。切断电流，磁力消失，阀杆在重力作用下落下，阀即被关闭。

旁路电磁阀的作用是：防止蒸发压力异常下降，使车内温度控制在规定范围内，防止蒸发器结霜，其结构如图4-32所示。

旁路电磁阀回路的工作原理有两种：一种是将旁路电磁阀连接于储液罐与压缩机吸入阀之间，如图4-33所示。当蒸发器的出风温度低于规定温度时，控制电路使连接于储液罐和压缩机吸入阀之间的旁路电磁阀开启，一部分高温、高压的气体制冷剂直接被吸入压缩机，从而减少了循环制冷剂的流量，蒸发器吹出的冷风温度随之上升。当上升一定范围时，控制电路又使该阀关闭。这一过程不断循环，使车室内温度控制在规定的范围内。另一种是将旁路电磁阀装在压缩机出口与蒸发器之间，当蒸发压力异常下降时，将高压蒸气直接分路到蒸发器，从而提高蒸发器的压力及温度。日本三菱汽车的汽车空调采用的就是这种方法。

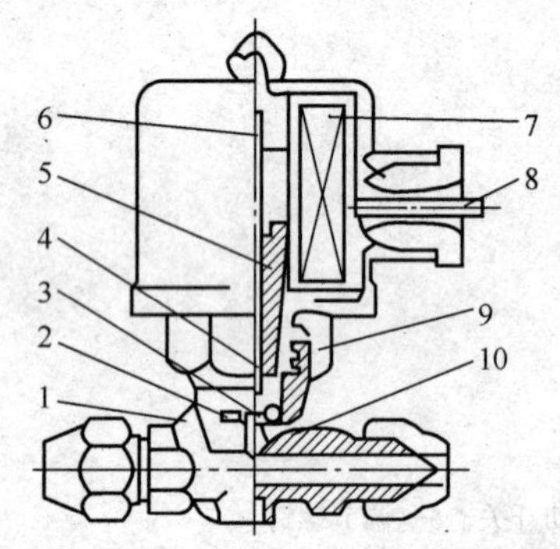

1—阀体　2—主阀　3—阀座　4—针阀
5—可动片　6—返回弹簧　7—线圈　8—配线
9—防松螺母　10—主阀阀座

图4-32　旁路电磁阀断面结构

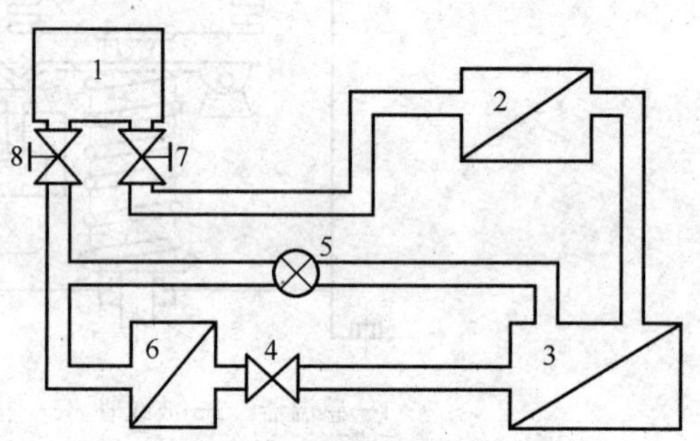

1—压缩机　2—冷凝器　3—储液罐
4—膨胀阀　5—旁路电磁阀　6—蒸发器
7—排出阀　8—吸入阀

图4-33　旁路电磁阀回路的工作过程

第一种是靠减少进入蒸发器流量的方法来提高蒸发温度；第二种是靠把高温气体通入蒸发器的方法来提高蒸发温度。

7. 冷凝风扇继电器

这个继电器的作用是：只要冷气开关接通，冷凝器风扇便能自动工作。其工作原理如图4-34所示。这个动作是很重要的，假如没有这个继电器，开空调后若忘了开冷凝风扇开关，则很可能造成冷凝温度及压力过高。

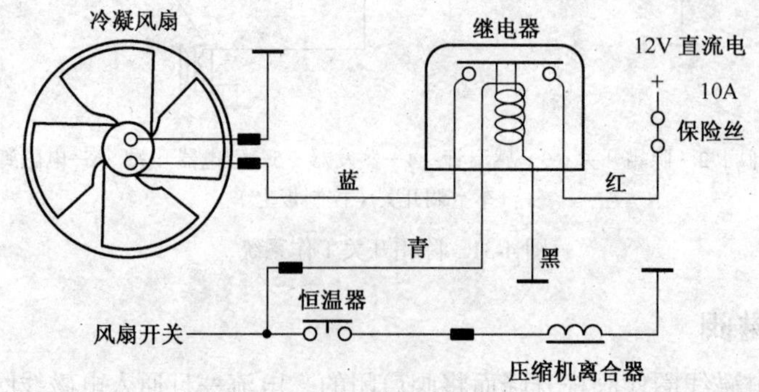

图4-34　冷凝器风扇电路图

8. 风门的电动机控制

在汽车空调系统中，冷气/暖风箱全部由电气控制，上、下、左、右温度分别控制。各风门均由许多小电动机带动。

六、发动机转速控制

由主机带动的汽车空调系统中一般都设有低速（怠速）控制器，当汽车发动机转速过低（例如在拥挤的城市道路慢速行驶及怠速）时，用于保证发动机正常运转，防止发动机过热。

有些高级轿车，为保证高速超车时，汽车有足够的动力，强制汽车空调压缩机暂时停止工作几秒钟而设有一套超车空调控制装置。

1. 低速（怠速）控制器设置的必要性

若汽车空调系统由主机带动，则当车速过低时，会出现下列情况。

（1）迎面风减少，由发动机带动的冷却风扇的转速又降低，使散热效果变差，发动机水温升高。若冷凝器装在水箱前面，则会进一步影响发动机水箱散热，容易造成发动机过热。

（2）由于迎面风减少，发动机转速又降低，使冷凝器的冷却效果恶化，而来自发动机的热辐射却增加，导致冷凝温度升高（可高达 70℃以上），使冷凝压力迅速升高（会高达 2.5 kPa 以上），导致高压压力异常升高。

（3）高压压力过高会造成压缩机所需的最大扭矩迅速增大，使发动机怠速负荷过大，造成发动机怠速工况不稳定，影响怠速性能，还有可能导致发动机熄火，并影响发动机寿命。

（4）压缩机所需的扭矩增大后，还会造成电磁离合器打滑和传动皮带损坏。

由于有可能发生上述情况，若汽车空调系统本身没有相应的自动控制措施，为保证汽车正常工作，驾驶员将需要频繁地开、关汽车空调系统。这样做会分散驾驶员的精力，容易造成行车事故。因此，汽车空调系统一般都装有低速自动控制装置或采取相应的保护措施（指主机带动的汽车空调系统）。

2. 低速控制装置

低速控制装置有两种：一种是自动切断电磁离合器电路，停止压缩机转动，以减轻发动机负荷，这就是通常所称的怠速继电器，是一种消极办法。另一种是加大油门，提高发动机怠速转速（即当打开汽车空调时，将怠速转速保持在正常范围内）。

（1）怠速继电器

我国的国产轿车、旅行车及载货汽车上所采用的汽车空调器大都采用怠速继电器。怠速继电器是一种电路元件，目前大多采用集成电路。它感应来自点火线圈的脉冲信号，所需控制的转速设定值可由人工调节。一般 6 缸发动机的关闭转速调在 650 r/min 左右，4 缸发动机的关闭转速调在 1 000 r/min 左右。当转速低于调定值时，脉冲电压的积分值不足以使电路转态，则压缩机停转。当转速高于调定值时，脉冲电压的积分值上升到足以使电路转态，输出电压改变，继电器吸合，电磁器吸合，使电磁离合器电路接通，压缩机工作。

怠速继电器的线路有很多种，图 4-35 所示为其中的一种线路原理。怠速继电器在汽车上的安装接线图如图 4-36 所示。

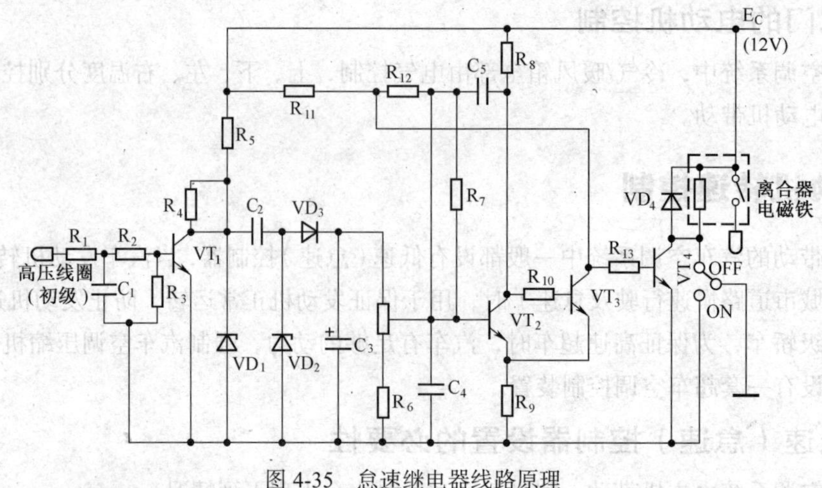

图 4-35　怠速继电器线路原理

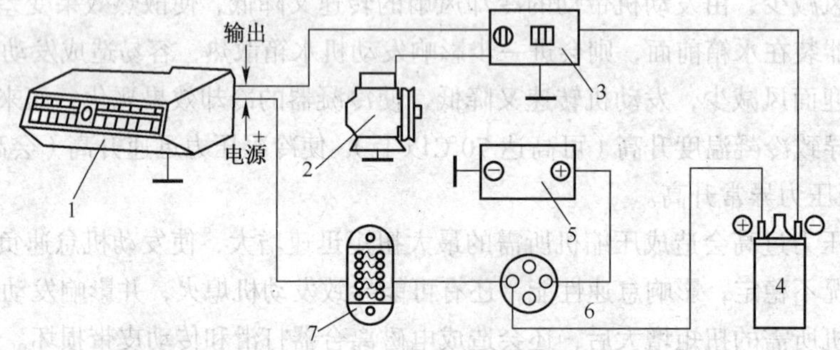

1—蒸发器　2—压缩机　3—车速控制器　4—点火线圈　5—蓄电池　6—点火开关　7—保险丝盒

图 4-36　轿车空调线路图

（2）怠速提升装置（TP）

在 TP 结构中，采用了螺线管式电磁阀、节流位置控制器、限位杠杆及负压延迟阀，如图 4-37 所示。节流位置控制器是一种真空膜盒或称真空马达，内有膜片，膜片上方有弹簧，膜片下方连接一根推杆。

使用汽车空调时，A/C 开关接通，电流通过电磁阀，真空回路被切断，大气压力作用在膜片上方，与弹簧一起作用，把推杆朝下推出，使限位杠杆另一端转到能碰到节气阀门杆的位置。当节气阀门朝关闭方向转动时，由于碰到限位杠杆而不能全闭，保持微开状态，这样就达到了提高发动机怠速转速的目的，如图 4-38（a）所示。

不使用汽车空调时，没有电流流过电磁阀，节流位置控制器承受真空负压作用，膜

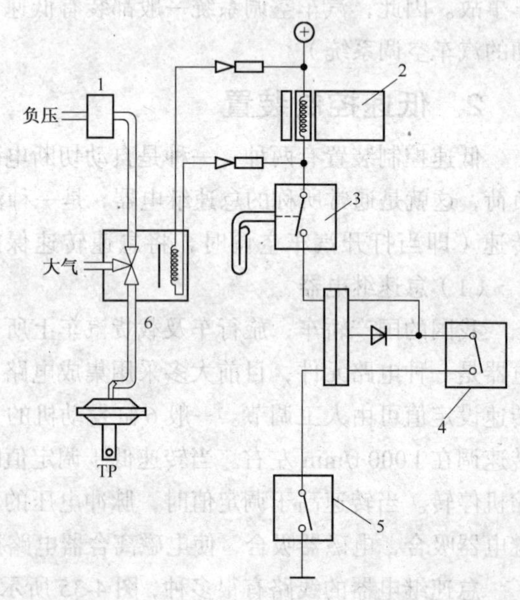

1—负压延迟阀　2—压缩机　3—外气恒温器　4—压缩机切断开关　5—鼓风机　6—用于加速空转的电磁阀

图 4-37　怠速提升装置

片被上吸，带动限位杠杆向上转，如图 4-38（b）所示，由于碰不到节气阀门杆，节气阀门可关闭至正常状态，如图 4-38（b）中的虚线位置所示，发动机转速恢复正常。TP 装置中的电磁阀又称真空转换阀。

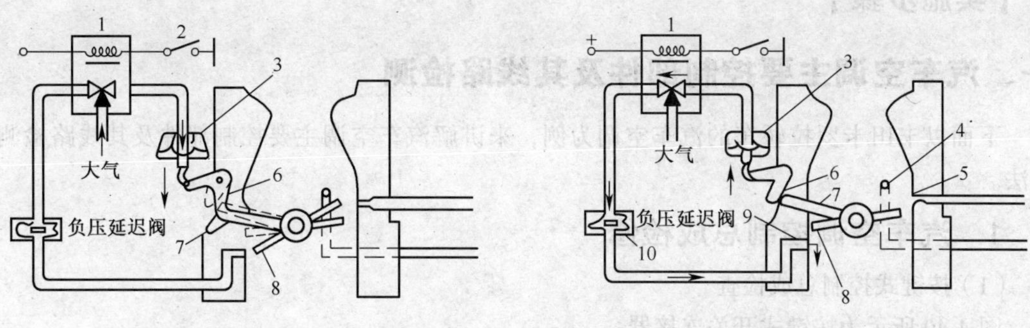

1—用于加速空转的电磁阀　2—A/C 开关　3—节流位置控制器　4—节流开度气门

5—前进气门　6—限位器　7—杠杆　8—节流阀　9—TP 气门　10—节流孔

图 4-38　节流位置控制器工作图

现代汽车大都采用电脑直接控制怠速旁通气道的流通面积来提升怠速。发动机怠速运转且汽车空调开关 A/C 接通时，开关信号同时传至汽车空调电脑和发动机电脑，发动机电脑随即控制怠速电磁阀，增大怠速气道的流通面积，提升发动机怠速。

3. 超速控制器

超速控制器由超速开关和延迟继电器组成，如图 4-39 所示。超速开关一般放在加速踏板下面，当加速踏板被踩下时，电路断开，压缩机停止工作，使发动机有足够的超车动力。一般电路断开 6s 后能自动接通，汽车空调器恢复工作。

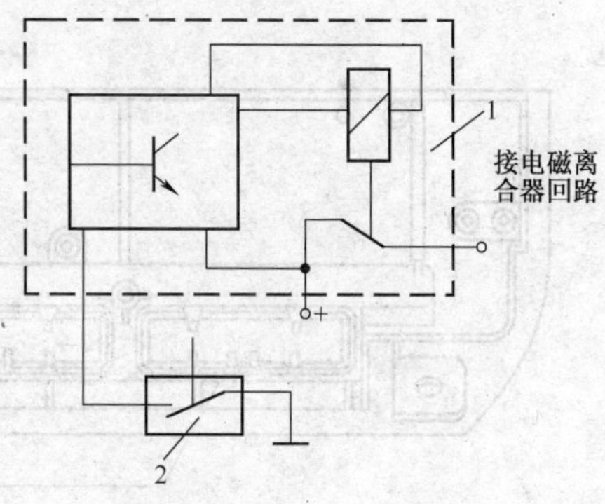

1—延迟继电器　2—超速开关

图 4-39　桑塔纳轿车空调超速控制器

项目实施

【实施条件】

实施地点和要求：拥有多种型号整车的汽车实验室，整车性能良好，汽车空调手动控制系统能正常工作；各种汽车空调手动控制系统控制部件和元件；蓄电池、数字式万用电表、真空泵等汽车空调检测维修设备；教学过程中，需要设置使汽车空调间歇不制冷的故障，再进行教学演示和学生动手操作。

实施时间：课程内容最好安排在气温较高的季节，使学生能体验汽车空调的间歇不制冷故障被排除后的成就感。

教学要求：根据整车数量将学生分成若干小组，每小组 5 人使用一辆整车，各种控制部件和元件每小组一套；实验室应配有小黑板和带写字板的座椅；指导教师先讲解并现场演示，学生再动手操作。

【实施步骤】

一、汽车空调主要控制部件及其线路检测

下面以丰田卡罗拉轿车的汽车空调为例，来讲解汽车空调主要控制部件及其线路检测的方法。

1. 汽车空调控制总成检修

（1）按键式控制总成检查

图 4-40 所示为按键式开关连接器。

① A/C 指示灯。将蓄电池正极接端子 B-1，负极接端子 A-10，按下 A/C 键，检查指示灯是否会亮。

② 模式指示灯。将蓄电池正极接端子 B-1，负极接端子 B-9，分别按下每一模式键，检查它们的指示灯是否会亮。

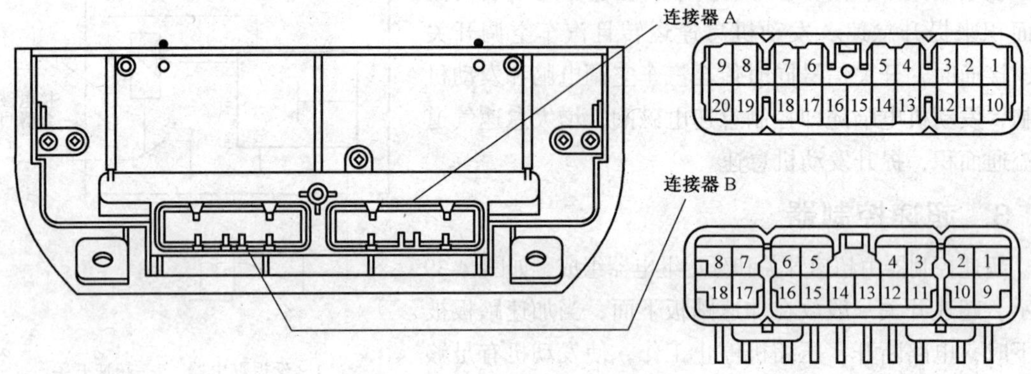

图 4-40　按键式开关连接器

③ 进气指示灯。将蓄电池正极接端子 B-1，负极接端子 B-9，交替地按下进气控制键，检查 FRESH（新鲜空气）和 RECIRC（再循环）指示灯是否会亮。

④ 鼓风机速度指示灯。将蓄电池正极接端子 B-1，负极接端子 B-9，分别按下每个鼓风机键，检查指示灯是否会亮。

当鼓风机键在 OFF 位置时，该指示灯不亮。

⑤ 指示灯变暗工作情况。将蓄电池正极接端子 B-1，负极接端子 B-9 和 B-18，再将蓄电池正极接端子 B-8，检查模式指示灯是否变暗。

以上①～⑤项检查中，如果工作情况不符合要求，则应更换 A/C 控制总成。

⑥ A/C 开关导通情况。开关在 OFF 位置时，A-8、A-16 端子不导通；开关在 ON 位置时，

上述两个端子导通。

⑦ 模式控制开关导通情况。模式控制开关在 FACE 位置时，B-12、B-9 端子导通；在 B/L 位置时，B-11、B-9 端子导通；在 FOOT 位置时，B-6、B-9 端子导通；在 FOOT/DEF 位置时，B-3、B-9 端子导通；在 DEF 位置时，B-2、B-9 端子导通。

⑧ 进气控制开关导通情况。开关在 RECIRC 位置时，B-15、B-9 端子导通；开关在 FRESH 位置时，B-14、B-9 端子导通。

⑨ 鼓风机速度控制开关导通情况。鼓风机速度控制开关在 OFF 位置时，A-13、A-14、A-15、A-17、B-9 端子均不导通；在 L0 位置时，A-17、B-9 端子导通；在 M1、M2 位置时，A-15、A-17、B-9 端子导通；在 M1、M2 位置时，A-14、A-17、B-9 端子导通；在 HI 位置时，A-13、A-17、B-9 端子导通。

以上⑥～⑨项检查中，如果导通情况不符合上述要求，则应更换 A/C 控制总成。

⑩ 温度控制开关。用欧姆表或万用表测量端子 A-19 和 B-17 间的电阻，正常约为 3 kΩ。当温度控制开关从 COOL 移至 HOT 位置时，端子 B-17 和 A-20 间的电阻应由 0 增加至约 3 kΩ。如果不符合规定要求，则应检修或更换 A/C 控制总成。

（2）拨杆式控制总成检查

图 4-41 所示为拨杆式开关连接器。

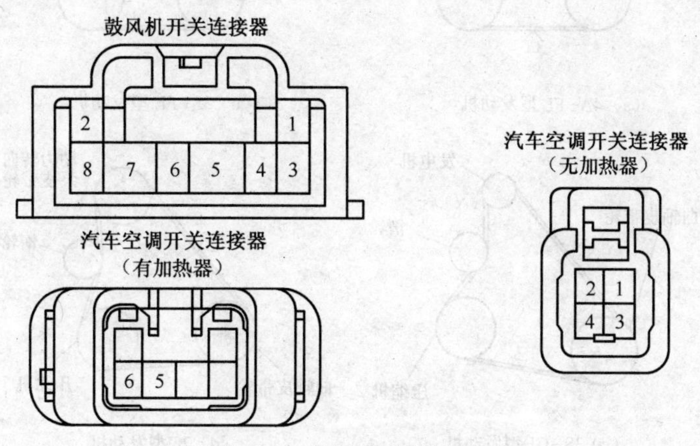

图 4-41　拨杆式开关连接器

① 汽车空调开关导通情况。有加热器的，开关在 OFF 位置时，5、6 端子不导通，在 ON 位置时，5、6 端子导通；无加热器的，开关在 OFF 位置时，2、3 端子不导通。当温度控制旋钮按顺时针方向转动时，2、3 端子间的电阻应从 3 kΩ 减至 0。如果不合规定要求，则应更换 A/C 控制总成。

② 鼓风机速度控制开关导通情况。鼓风机速度控制开关在 OFF 位置时，3、5、6、7、8 端子均不导通；在 L0、M1、M2 位置时，3、7 端子导通，在 L0、M1、M2 位置时，3、7、8 端子导通，在 L0、M1、M2 位置时，3、6、7 端子导通；在 HI 位置时，3、5、7 端子导通。1、2 端子接上蓄电池电压，开关指示灯应亮。如果导通情况不合要求，则应检修或更换 A/C 控制总成。

2. 汽车空调部件检修

（1）传动皮带张紧度检查

① 检查传动皮带是否正确地装在皮带轮槽内。

② 检查传动皮带的张紧度。

a. 在 98 N 的作用力下，检查传动皮带的下陷度（见图 4-42）：4A-FE 型发动机，新皮带应为 6.0～7.0 mm，旧皮带应为 8.5～9.5 mm；3S-FE 型发动机，新皮带应为 6.0～9.0 mm，旧皮带应为 9.0～11.0 mm；3S-GE 型发动机，新皮带应为 9.0～11.0 mm，旧皮带应为 13.0～16.0 mm；2C 型发动机，新皮带应为 11.0～13.0 mm，旧皮带应为 15.0～18.0 mm。

b. 使用专用工具（SST09216-00020 或 00030）检查传动皮带张紧度：4A-FE 和 2C 型发动机，新皮带应为 519～755 N，旧皮带应为 196～392 N；3S-FE 型发动机，新皮带应为 611～853 N，旧皮带应为 441～539 N；3S-GE 型发动机，新皮带应为 686～784 N，旧皮带应为 294～441 N。

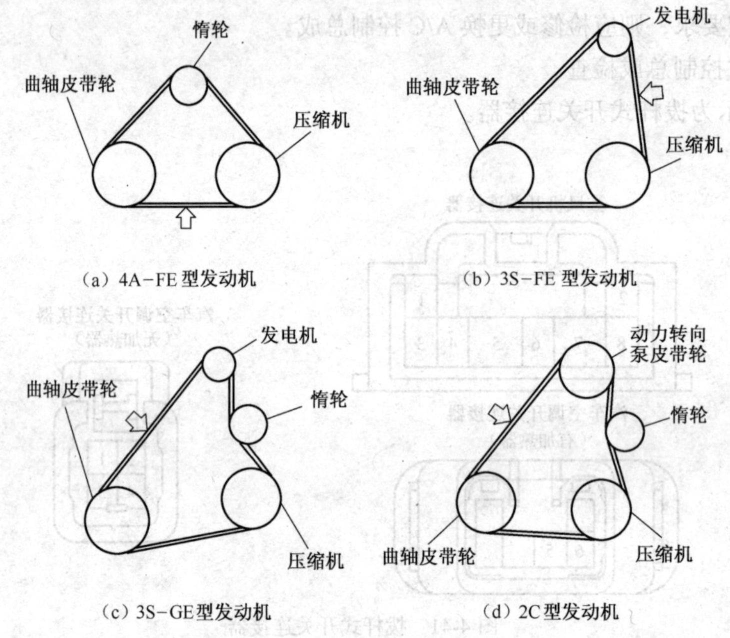

图 4-42　皮带张紧度检查

（2）真空开关阀检查

① 真空开关阀（VSV）的导通性。如图 4-43 所示，将蓄电池接至 VSV 阀端子，从 A 管吹入空气，空气应从 B 管出来。断开蓄电池电源，从 A 管吹入空气，空气不能从 B 管出来，如发现有故障，应更换 VSV 阀。

② VSV 阀短路和断路检查。用欧姆表检查每个端子和 VSV 壳体间的电阻，应不导通，如果导通应更换 VSV 阀。测量 VSV 阀两个端子间的电阻，应为 30～34 Ω（20℃），如不符合要求，应更换 VSV 阀。

（3）鼓风机电动机、鼓风机电阻器检查

① 鼓风机电动机。如图 4-44 所示，将蓄电池正极接端子 1，负极接端子 2，检查电动机是否平稳地转动。

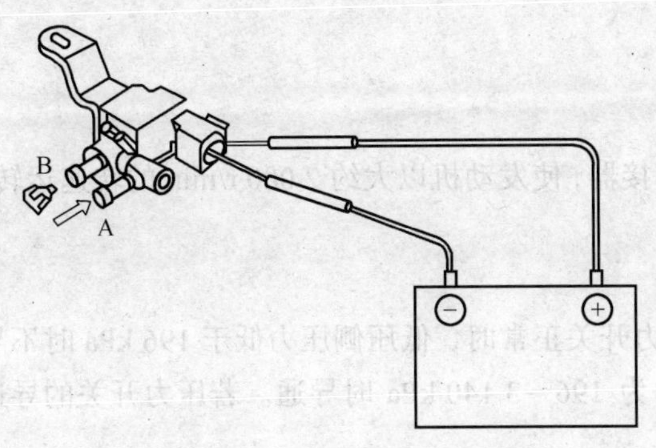

图 4-43 VSV 阀导通检查

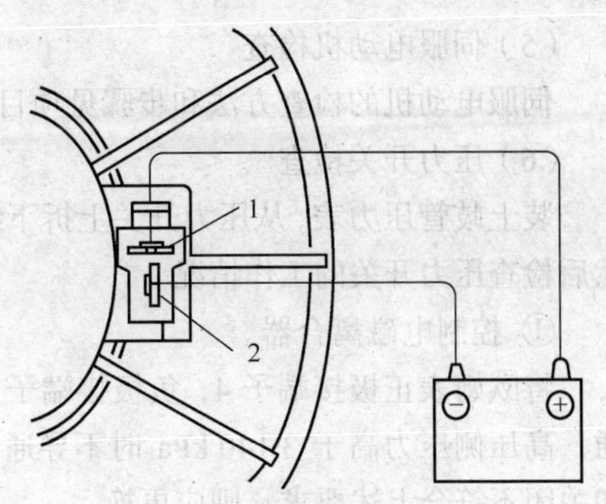

1、2—鼓风机接线端子

图 4-44 鼓风机电动机检查

② 冷凝器风扇电动机。如图 4-45 所示，将蓄电池正极接端子 1，负极接端子 2，检查电动机在标准电流内是否平稳转动。3S-GE 和 2C 型发动机的标准电流值为（6.5 ± 1.0）A，其他发动机的标准电流值为（6.0 ± 1.5）A。

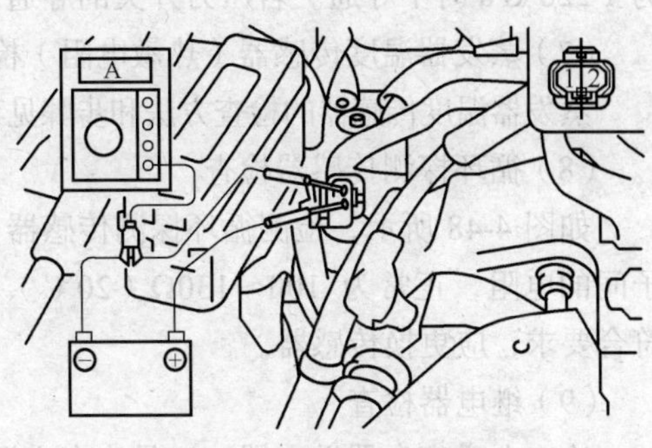

图 4-45 冷凝器风扇电动机检查

③ 鼓风机电阻器导通情况。如图 4-46 所示，用欧姆表检测鼓风机电阻器 L、M、H、F 端子间电阻情况，应在规定值范围内。如不符合要求，应更换鼓风机电阻器。

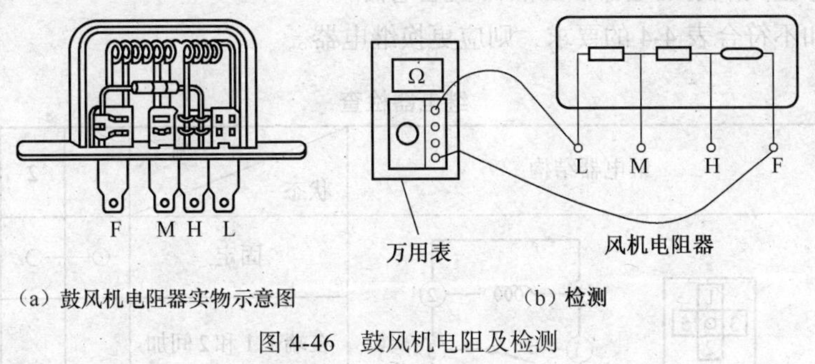

（a）鼓风机电阻器实物示意图 （b）检测

图 4-46 鼓风机电阻及检测

（4）汽车空调开关的检查

用欧姆表（或蓄电池与试灯）检测鼓风机电阻器 L、M、H、C 端子间的导通情况，在开关处于图 4-47 所示的一定位置时，应导通。如不符合要求，应更换鼓风机电阻器。

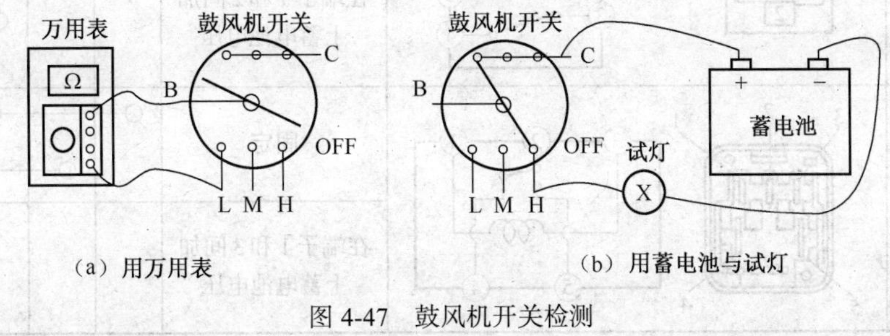

（a）用万用表 （b）用蓄电池与试灯

图 4-47 鼓风机开关检测

（5）伺服电动机检查

伺服电动机的检查方法和步骤见项目六。

（6）压力开关检查

装上歧管压力表，从压力开关上拆下线束连接器，使发动机以大约 2 000 r/min 的转速运转，然后检查压力开关的工作情况。

① 控制电磁离合器。

将欧姆表正极接端子 4，负极接端子 1，压力开关正常时，低压侧压力低于 196 kPa 时不导通；高压侧压力高于 3 140 kPa 时不导通，压力为 196～3 140 kPa 时导通。若压力开关的导通和关闭不符合上述要求，则应更换。

② 控制冷却风扇。

将欧姆表正极接端子 2，负极接端子 3，压力开关正常时，压力为 1 520 kPa 时导通，压力为 1 226 kPa 时不导通。若压力开关的导通性不符合上述要求，则应更换。

（7）蒸发器温度传感器（热敏电阻）检查

蒸发器温度传感器的检查方法和步骤见项目六。

（8）循环探测传感器检查

如图 4-48 所示，检测循环探测传感器 1、2 端子间的电阻，正常为 100～130Ω（20℃），如果不符合要求，应更换传感器。

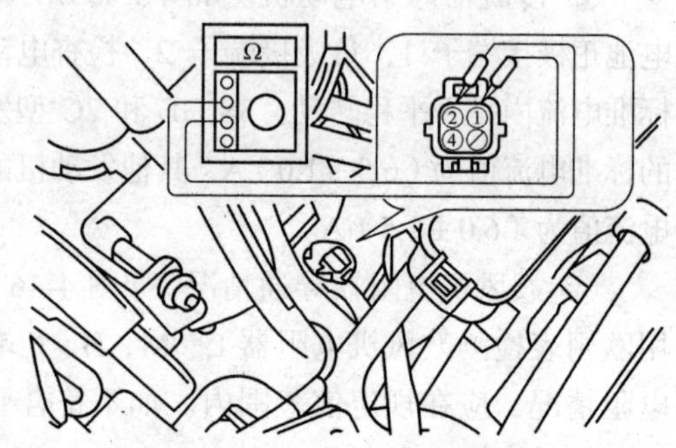

图 4-48　循环探测传感器检查

（9）继电器检查

检查电磁离合器继电器、3 号汽车空调风扇继电器、2 号汽车空调风扇继电器、加热器主继电器的导通情况，如不符合表 4-4 的要求，则应更换继电器。

表 4-4　　继电器检查

继电器名称	继电器结构	状态＼端子	1	2	3	4	5
电磁离合器 3 号空调风扇		 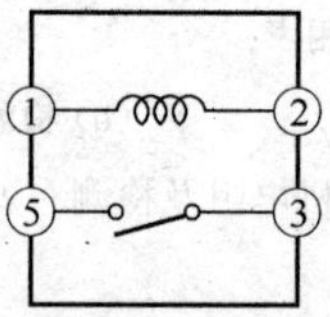 固定	○—	—○			
		在端子 1 和 2 间加上蓄电池电压			○—	—	—○
2 号空调风扇		 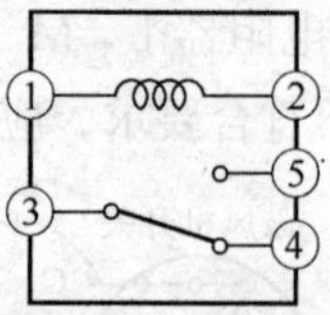 固定	○—	—○	○—	—○	
		在端子 1 和 2 间加上蓄电池电压			○—	—	—○
加热器主继电器		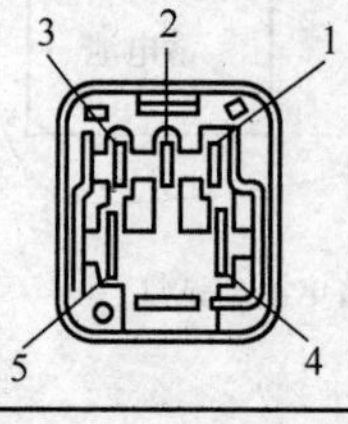 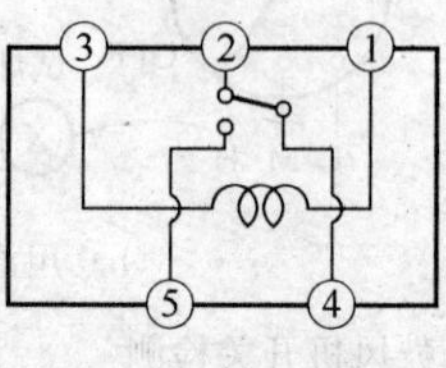 固定	○—	—	—○		
				○—	—	—○	
		在端子 1 和 3 间加上蓄电池电压				○—	—○

（10）汽车空调放大器检查

拆下放大器，并按表 4-5 检查配线侧连接器端子间的电压和电阻，测试条件为点火开关处于 ON 位置，温度控制杆处于 MAXCOOL 位置，鼓风机开关位于 HI 位置。如不符合要求，则应检修或更换汽车空调放大器。

表 4-5 空调放大器检查

检查内容	测试端子	条件	正常值
导通情况	5—接地	固定	导通
电阻	3—8（无加热器）	A/C 开关接通（最冷至最暖）	0～3 kΩ
		A/C 开关关断	不导通
	3—12	固定	1.5 kΩ（25℃时）
	10—12（有循环探测传感器）	固定	约 115 Ω（20℃时）
电压	1—接地（仅 2C 发动机）	固定	蓄电池电压
		鼓风机开关接通	0 V
	2—接地	固定	蓄电池电压
		鼓风机开关接通	0 V
	4—接地（4A-FE 发动机除外）	启动发动机	10～14 V
		停止发动机	0 V
	7—接地	A/C 开关接通	蓄电池电压
		A/C 开关关断	0 V
	11—接地	A/C 开关接通	蓄电池电压
		A/C 开关关断	0 V

（11）发动机怠速提升检查和调整

预热发动机，当车子处于下列条件时，检查发动机怠速：变速器在空挡位置，关闭所有的灯和后除霜开关，打开鼓风机开关，接通 A/C 开关使电磁离合器啮合。正常时 4A-FE 和 3S-FE 型发动机怠速为 900 r/min，3S-GE 和 2C 型发动机怠速为 950～800 r/min。若怠速不符合要求，2C 型以外的发动机转动在 VSV 阀内的怠速调节螺钉调整怠速，2C 型发动机转动在调速控制器内的怠速调节螺钉调整怠速，调整后拧紧锁止螺母，如图 4-49 所示。

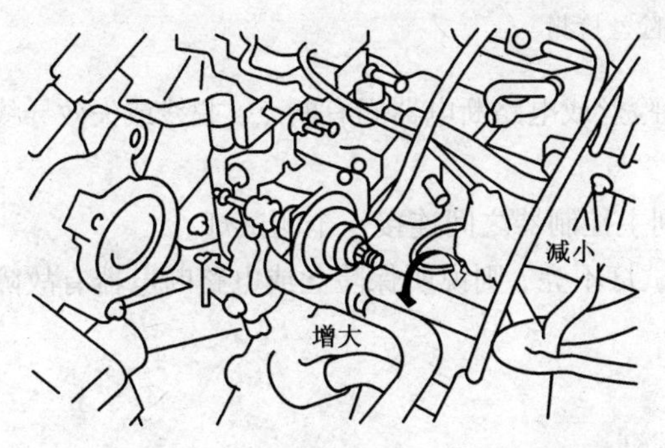

(a) 2C 型发动机

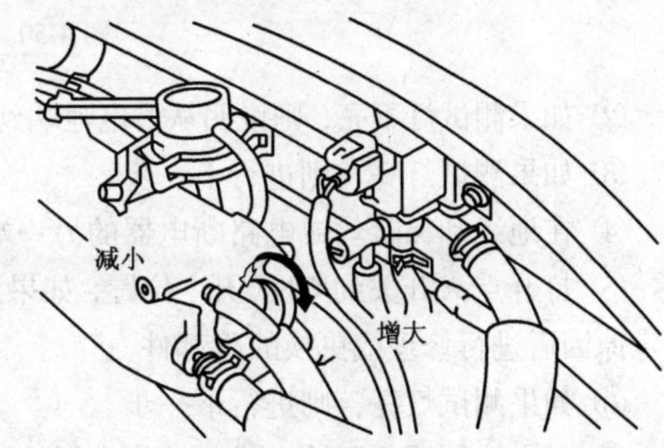

(b) 2C 型以外的发动机

图 4-49　怠速调整

二、汽车空调温控器、鼓风机、电磁离合器及其电路综合检测

有关汽车空调系统电气部分的故障，主要有以下 3 个：电磁离合器和蒸发器风扇都不工作；只有电磁离合器工作；只有鼓风机风扇工作。以电磁离合器和蒸发器风扇都不工作为例，说明其电路的检测方法。

当对空调电气部件进行维修时，要取下戒指、手表和珠宝首饰等。

（1）故障现象

如果汽车空调系统的各个部件都不工作，系统不制冷，也没有空气流过蒸发器。目测时，会发现压缩机和蒸发器风扇电动机都不工作。在这种情况下，一般的结论认为是保险丝或电路断电器故障。

汽车空调的手动控制系统

（2）测试步骤

① 在地线和保险丝之间连接一个测试灯，打开点火开关到 ON（开）位置，如图 4-50 所示。

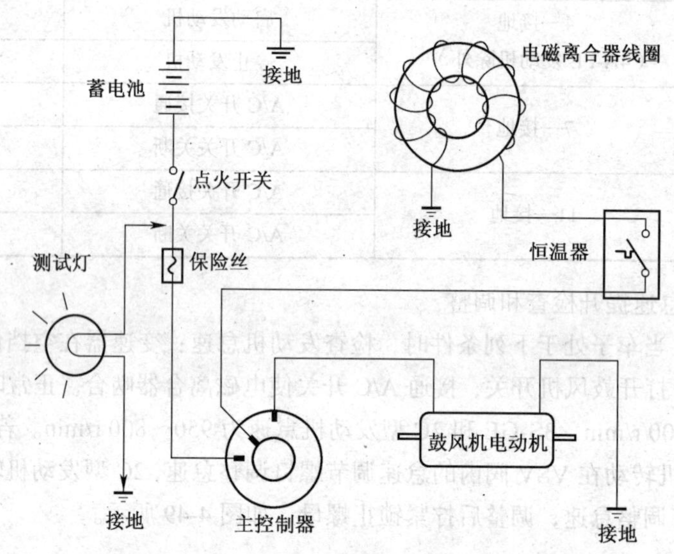

图 4-50　保险丝检测

② 如果测试灯不亮，则说明从蓄电池端到保险丝或电路断电器间有断点、脱线或失效导线。

③ 如果测试灯亮，则进行下一步。

④ 在地线和保险丝或电路断电器的另一端到主控制器之间连接一个测试灯。

⑤ 打开点火开关到 ON（开）位置，如果测试灯不亮，则说明保险丝或电路断电器有故障，确定原因后进行修理或更换故障部件。

⑥ 如果测试灯亮，则进行下一步。

⑦ 在主控制器电源输入线与地线之间接测试灯。

⑧ 打开点火开关到 ON（开）位置，如果测试灯不亮，则说明保险丝或电路断电器与主控制器间导线断开或有故障，维修或更换保险丝或电路断电器。

⑨ 如果测试灯亮，则进行下一步。

⑩ 在地线和主控制器输入到恒温器的电源接头间接一个测试灯。

⑪ 打开点火开关到 ON（开）位置，如果测试灯不亮，则说明是主控制器有故障，需要更换主控制器。

⑫ 如果测试进行到这里，测试灯依然亮，这种故障现象是比较罕见的，也是比较复杂的，电气系统不可能只有一处故障，可以用同样的方法分别对电磁离合器和鼓风机电路进行测试，以帮助确定不同的故障原因。

拓展知识

一、富康轿车的汽车空调控制系统

富康轿车的汽车空调控制系统包括电源控制电路、压缩机离合器控制电路和安全保护控制电路，主要由空调开关、继电器、蒸发器温度传感器、冷却液温度传感器、压力开关、电磁阀、温度控制器等部件组成，如图 4-51 所示。

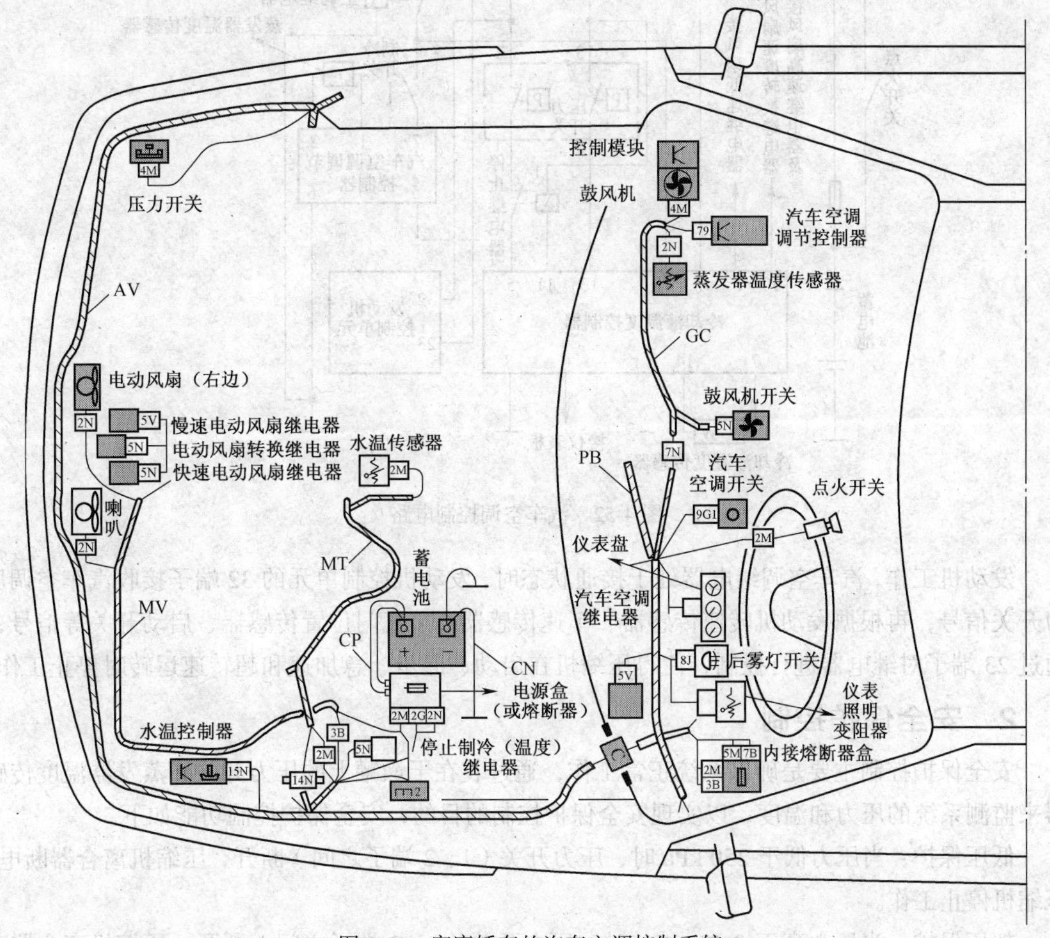

图 4-51　富康轿车的汽车空调控制系统

汽车空调控制系统的功能是保证汽车空调系统在任何情况下都能有效地工作，并确保汽车空调系统和发动机的安全运行。

1. 制冷温度控制

主要由蒸发器温度传感器、汽车空调调节控制器、温度控制继电器及相关的电路组成。当蒸发器内的温度变化时，传感器的电阻相应改变，使汽车空调调节控制器得到与温度相应的电压信号，此信号经控制器内放大电路的放大后，用来控制电磁离合器继电器的工作。当电磁离合器继电器接通时，压缩机电磁离合器接合，压缩机工作，温度会下降；当电磁离合器继电器断开时，压缩机电磁离合器松开，压缩机停止工作，温度就会上升。汽车空调控制系统通过对压缩机工作的控制，使制冷温度保持在设定的范围之内。

电喷发动机为使发动机在一些特殊工况下减轻负荷，对压缩机的工作也进行了控制，其控制电路原理如图 4-52 所示。

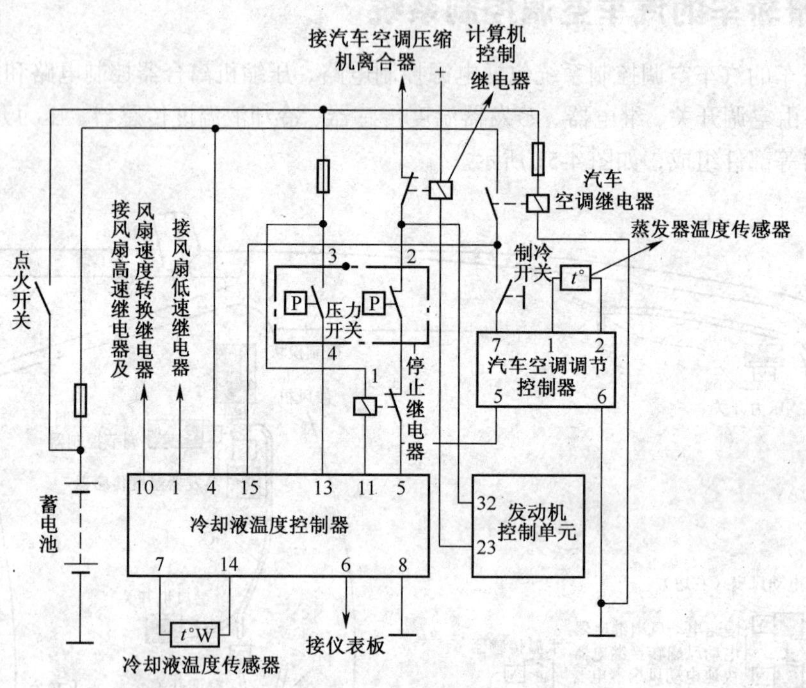

图 4-52 汽车空调控制电路

发动机工作，汽车空调继电器处于接通状态时，发动机控制单元的 32 端子接收汽车空调压力开关信号，再根据发动机转速传感器、车速传感器、节气门位置传感器、启动开关等信号，通过 23 端子对继电器进行控制，使得压缩机在启动、起步、急加速和超转速运转时停止工作。

2. 安全保护控制

安全保护控制主要是确保系统正常工作，通过装在干燥罐上的压力开关和蒸发器温度传感器来监测系统的压力和温度，以实现安全保护控制的目的，安全保护控制功能如下。

低压保护：当压力低于 250 kPa 时，压力开关（1、2 端子之间）断开，压缩机离合器断电，压缩机停止工作。

超压保护：当压力高于 2 400 kPa 时，压力开关（1、2 端子之间）断开，压缩机离合器断电，压缩机停止工作。

控制高压：当压力高于或等于 1 700 kPa 时，压力开关（3、4 端子之间）接通，给冷却液温度控制器的 13 端子发一个触发信号，使 15 端子与 10 端子之间导通，电动风扇高速旋转。

低温保护：当蒸发器温度传感器感应的温度低于 3℃时，汽车空调调节控制器的 7 端子与 5 端子之间断开，压缩机离合器断电，压缩机停止工作。

高温保护：当冷却液温度传感器感应的温度高于 112℃时，冷却液温度控制器的 11 端子与 8 端子之间导通，温度控制继电器通电，继电器触点断开，使压缩机离合器断电，压缩机停止工作。

3. 发动机冷却系统（电动风扇）控制

发动机冷却系统控制由冷却液温度传感器、冷却液温度控制器、高速和低速风扇控制继电器、电动风扇转换继电器及相关的电路组成。冷却液温度控制器根据有关的温度传感器和开关信号来控制有关继电器电路的通断，以实现如下控制。

冷却液温度在 92℃～97℃时，冷却液温度控制器使低速电动风扇继电器通电，两电动风扇电动机串联而同时低速旋转。

冷却液温度到达 101℃时，冷却液温度控制器使低速电动风扇继电器、高速电动风扇继电器和电动风扇转换继电器同时通电，两电动风扇电动机并联而同时高速旋转。

冷却液温度到达 118℃时，冷却液温度控制器接通冷却液温度报警灯电路，冷却液温度报警灯（在仪表盘上）亮。

发动机停机时，若冷却液温度高于 112℃，温度控制器则使电动风扇继续低速旋转，进行 6 min 的延时冷却。

汽车空调开关闭合时，电动风扇低速旋转（不论冷却液温度高低）。

接通点火开关时，若冷却液温度控制器的 1 端子无电压（空调继电器损坏或驾驶舱内熔断器盒中的熔丝熔断），而 6 端子有电压（处于接通冷却液温度报警灯电路状态），则电动风扇高速旋转。

制冷系统压力大于 170 kPa 时，电动风扇高速旋转。

若冷却液温度信号不正常（冷却液温度传感器损坏），冷却液温度控制器将认为发动机处于大负荷运转状况，电动风扇高速旋转。

二、捷达轿车的汽车空调控制系统

捷达轿车的汽车空调系统控制操纵机构采用的是手动拨杆式结构，它由仪表板上的拨杆通过拉绳控制调温门开度，通过真空伺服机构及真空来控制空气分配门的开度。汽车空调的控制系统由电气控制和真空控制两大部分组成。

1. 电气控制

电气元件分别控制压缩机电磁离合器、鼓风机、冷凝器风扇电动机。

（1）压缩机电磁离合器的控制

汽车空调压缩机电磁离合器由外部温度开关、制冷管路的三向压力开关、汽车空调开关、水温开关通过汽车空调继电器来控制。如系统发生故障，不能满足其中任何一个开关所限定的条件时，汽车空调继电器将切断压缩机电磁离合器的供电，压缩机停止工作；一旦条件满足，汽车空调继电器自动接通电磁离合器，系统将继续正常工作。

（2）鼓风机的控制

鼓风机由汽车空调开关控制，保证在启动汽车空调系统时，鼓风机与系统同步工作，鼓风机可通过挡位开关实现 4 个挡位的变换，以满足不同送风量的要求，在不使用冷风时可单独使用暖风。

（3）冷凝器风扇电动机的控制

冷凝器和散热器共同使用一个风扇和电动机，由发动机冷却液双温开关及汽车空调冷管路上的三向压力开关通过风扇继电器控制，当其中一个开关满足工作条件时，风扇便以一定的转速运转，分别满足发动机或汽车空调系统在各种使用条件下的冷却需要。

（4）捷达轿车上的几个电气控制部件

捷达轿车的汽车空调控制电路如图 4-53 所示。

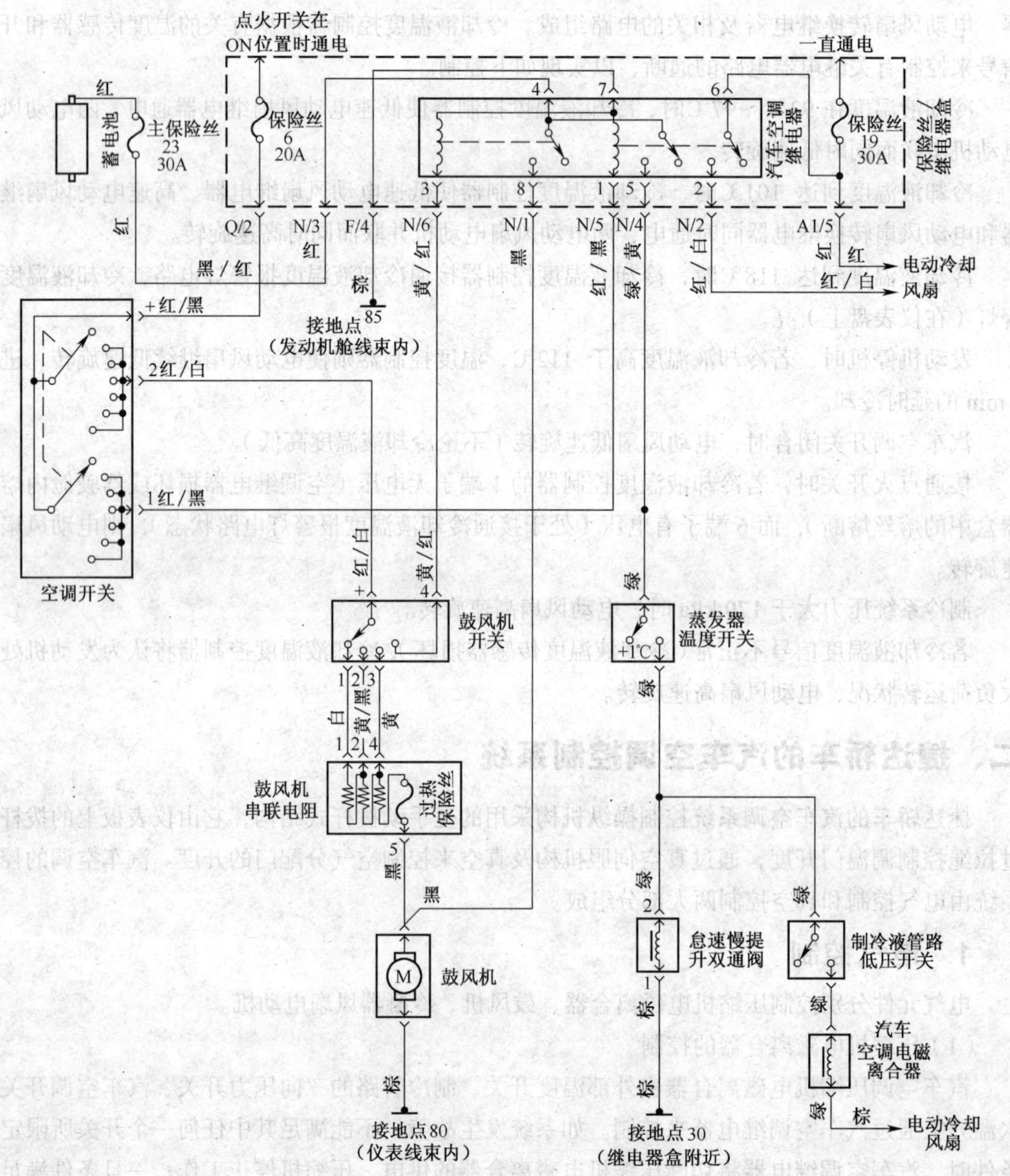

图 4-53　捷达轿车的汽车空调控制系统

① 双温开关。它是指发动机冷却水的双温开关。当冷却水温高于102℃时，双温开关接通风扇电动机以高转速运转，加强对发动机的冷却，当冷却水温低于102℃、高于95℃，且冷凝压力不高于1.6 MPa时，双温开关接通风扇电动机以低转速运转，水温降到95℃以下且不启动汽车空调压缩机时，冷却风扇不运转。应注意到，水箱风扇电动机受双温开关和汽车空调高压调整开关的双重控制，当冷凝器出口压力或冷却水温中的任一个值过高时，风扇电动机一定按高速运转，其他工况则以低速运转或者不运转。

② 三向压力开关。在制冷系统中，由于某种原因，如冷凝器冷却不良，高压系统管路堵塞，致使冷凝压力过高，若不及时停止压缩机的工作，有可能导致压缩机电磁离合器损坏；或当制冷系统中的制冷剂发生泄漏造成制冷剂不足或者膨胀阀、低压管路堵塞时，会造成压缩机进气压力急剧下降甚至达到真空，使冷冻机油不能随制冷剂流回压缩机中，此时，若不及时停止压缩机的工作，就会使压缩机因无油而损坏。在这两种情况下，就需要切断电磁离合器，保护汽车空调压缩机。为此，制冷管路设有三向压力保护开关。

三向压力开关安装在汽车空调系统的压缩机到冷凝器的管路上，此开关有3个压力值，当压力低于0.22 MPa及高于3.2 MPa时，压力开关便切断压缩机电磁离合器。当高压值在两者之间时，电磁离合器吸合。当高压值大于1.6 MPa时，冷却风扇则以高转速运转。

③ 外部温度开关。当外界温度小于5℃时，安装在刮水电动机附近的外部温度开关就会切断压缩机电磁离合器，即在这种环境温度下不能转向启动汽车空调压缩机。

2. 真空控制

捷达轿车的汽车空调控制操纵机构中除温度风门由拉绳直接操纵外，其余的风门都是通过真空马达操纵的。因此，真空马达及真空管路在空调系统中也是十分重要的。捷达汽车空调系统的真空管路布置情况如图4-54所示。

各类轿车的真空回路都大同小异，真空管路一般采用真空橡胶管，不同功能的真空管路采用不同颜色的橡胶管以示区分。一般情况下，白色橡胶管连接气源门，蓝色橡胶管连接进气风门和除霜门，红色橡胶管用于全真空管路，黄色橡胶管连接中风门和除霜门。

下面简要介绍真空控制的几个主要部件。

（1）真空罐

真空系统的真空源由发动机的进气歧管产生，进气歧管的真空度随发动机的工况而发生变化，因而真空罐的作用就是向系统提供稳定的真空压力，其次是储存真空，使真空系统在发动机停机时仍能保持一定的真空度，如图4-55所示。

（2）真空马达

真空马达又称作真空执行器或真空驱动器，实际上它就是一个膜盒。其作用是将真空信号转变为机械动作，用来启闭风门或阀门，如图4-56所示。

真空马达可分为单膜片真空马达和双膜片真空马达。单膜片真空马达的真空接口通过胶管引进真空源，连杆则控制风门，它通常控制只有全开或全闭两种位置的风门。而双膜片真空马达是两个单膜片真空马达装在一个壳体内，它所控制的风门有3个位置：全开、全闭和半开。它也可以同时控制两个风门一个开一个关，或者两个同时半开。

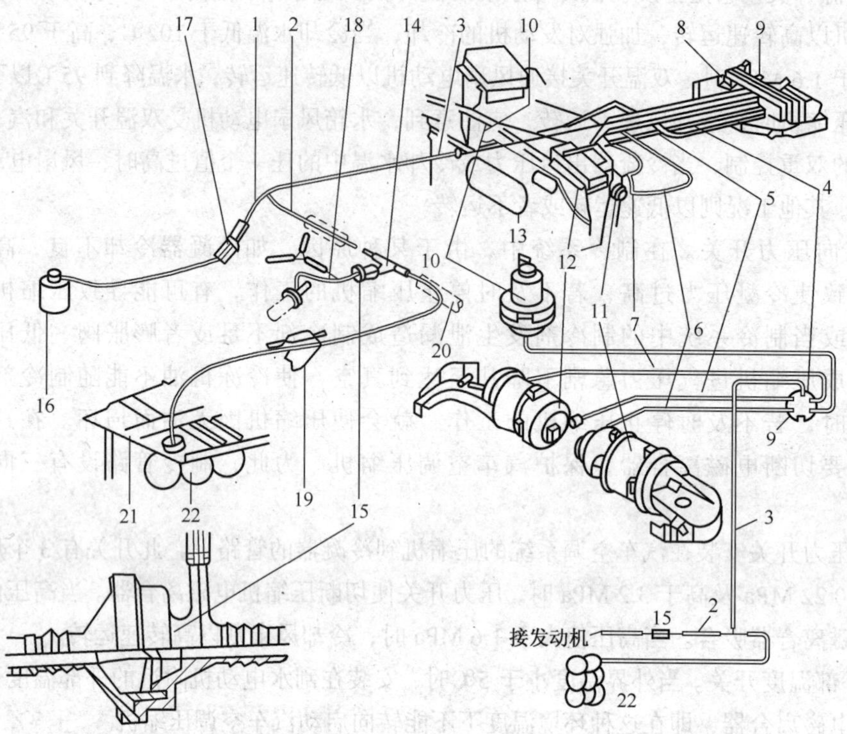

1—管路（黄色） 2—管路（黑色） 3—管路（黑或黄色） 4—黑白色真空管
5—管路（黑黄色） 6—管路（黑红色） 7—管路（黑绿色） 8—空调装置调节器
9—多头插座 10—新鲜空气/循环空气的真空马达 11—除霜/下出风口真空马达
12—中央风门真空马达 13—横隔板 14—三通管 15、16—止回阀
17—设置在制冷管路旁 18—通向吸管 19—轮罩 20—靠近电线束布置
21—蓄电池上护板 22—真空罐

图 4-54 捷达轿车的汽车空调控制线路

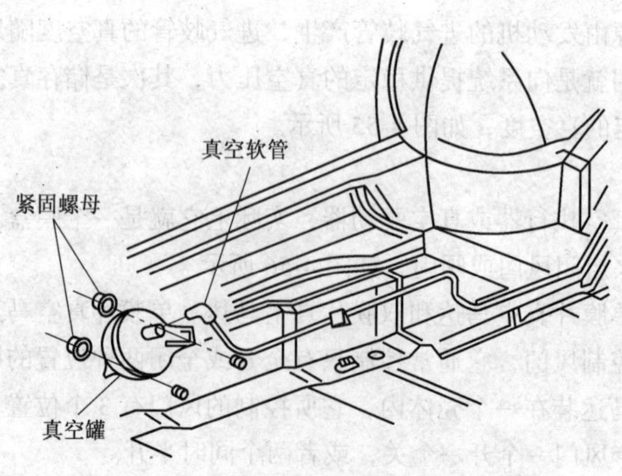

图 4-55 真空罐

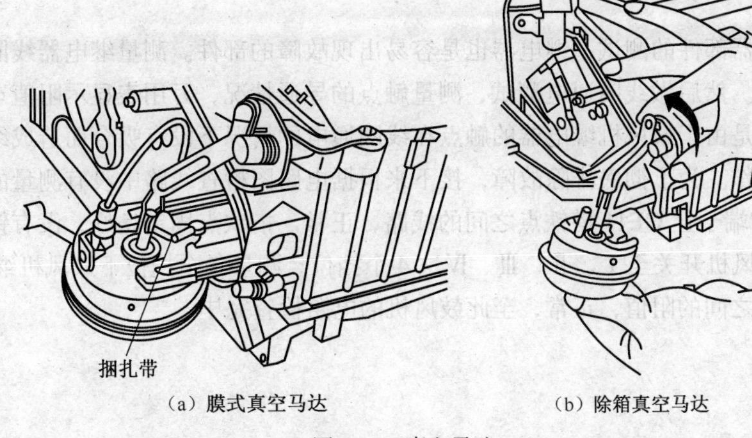

（a）膜式真空马达　　（b）除箱真空马达

图 4-56　真空马达

（3）止回阀

真空管路中还设有止回阀。止回阀是一个单向流量的控制阀，装于真空罐与发动机之间。如果进气歧管内的绝对压力低于真空储存器的绝对压力，止回阀开启，真空储存器中的真空度增加到规定极限时，止回阀关闭。

实战案例　北京现代悦动轿车空调继电器故障检修

一、故障现象

有 1 辆 2010 年生产的北京现代悦动轿车，发动机型号 G4FC。打开鼓风机开关，没有暖风吹出，车主将车辆进站维修。根据驾驶员描述，首先验证故障现象，启动车辆之后，旋转鼓风机开关旋钮分别至 4 个工作挡位，根本听不到鼓风机工作的声音，由此判断该车的鼓风机不工作，而驾驶员描述无暖风吹出的故障现象，只是表面问题，真正的故障是空调系统的鼓风机及其电路没有工作。询问车主夏季空调系统工作的情况，车主描述夏天空调工作良好，有冷风。

二、故障诊断

根据故障现象推断是鼓风机及其控制电路出现问题，导致鼓风机不工作，以致没有暖风吹出。而夏季空调制冷，吹出冷风，说明夏季时车辆的压缩机控制电路、冷却风扇控制电路、鼓风机控制电路都没有问题，那个时候的鼓风机电路还是正常的。

打开发动机舱盖，找到保险丝盒所在位置，查找鼓风机保险丝和鼓风机继电器，如图 4-57 所示。由于保险丝是隐藏的，在保险丝夹的下方，不容易取下，通过查阅电路图（见图 4-58）可知，电流从蓄电池经 40A 的鼓风机保险丝到鼓风机继电器的 1#端子，所以不必要再去测量保险丝好坏，只要能用万用表测出鼓风机继电器 1#端子的电源电压，就可以证明保险丝及两端的电路没有问题，测量结果如图 4-59 所示。鼓风机继电器的 1#端子有 14.14V 的电压，就说明蓄电池到鼓风机继电器的线路完好，保险丝没有熔断。接下来测量鼓风机继电器的 2#端子，电压也正常。由此可以判断鼓风机继电器之前的线路没有问题，那么故障点只能在继电器本身或者之后的线路上。

接着做继电器部件的测试，继电器也是容易出现故障的部件。测量继电器线圈端子，阻值为 80.7 Ω，正常。然后做线圈通电测试，测量触点的导通情况，万用表显示阻值∞，异常，由此可以判断故障是由于鼓风机继电器的触点在线圈通电的情况下没有吸合而造成线路断路，从而鼓风机无法工作。为了彻底排除故障，接下来根据电路图检查线路中没有测量的部位。测量鼓风机继电器 4#端子至 GE11 搭铁点之间的线路，正常。搭铁点固定良好，没有锈蚀和松脱现象。分别旋转鼓风机开关至Ⅰ、Ⅱ、Ⅲ、Ⅳ这 4 个挡位，测量各个挡位下鼓风机继电器 5#端子与搭铁点 GM41 之间的阻值，正常，至此鼓风机的电路检查完毕。

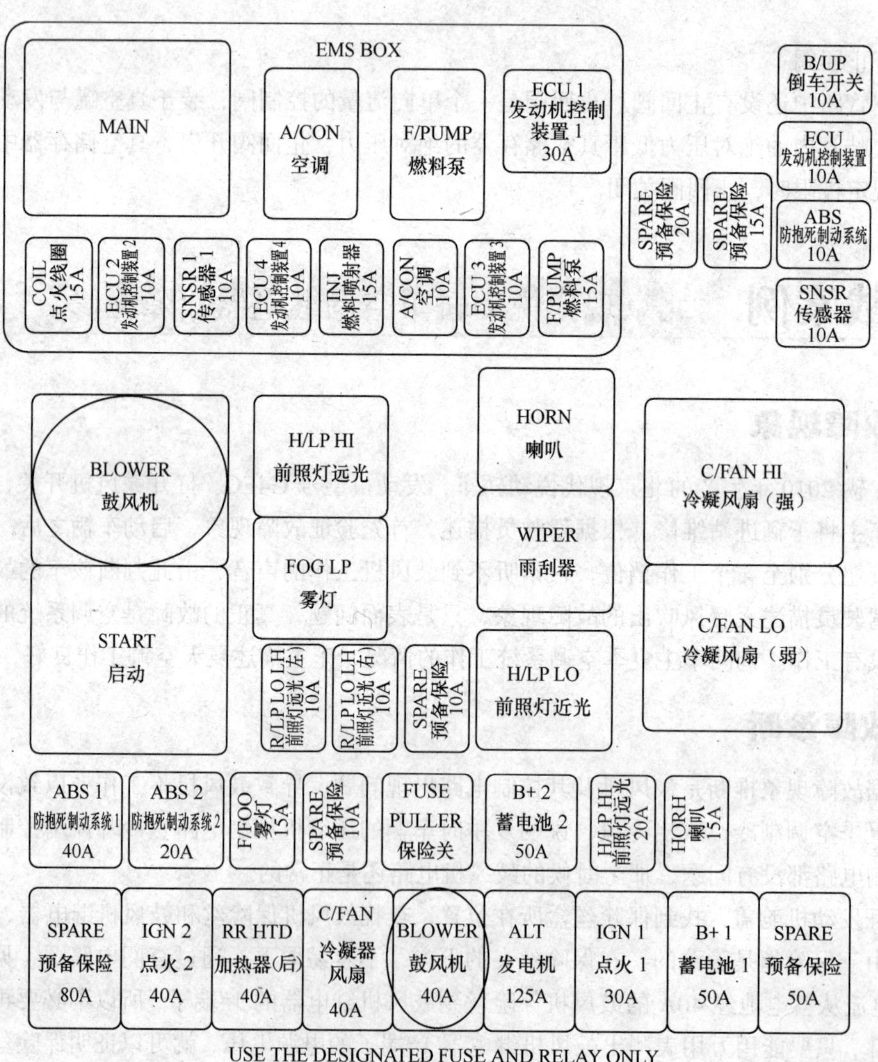

图 4-57　保险丝盒中鼓风机保险丝和鼓风机继电器位置

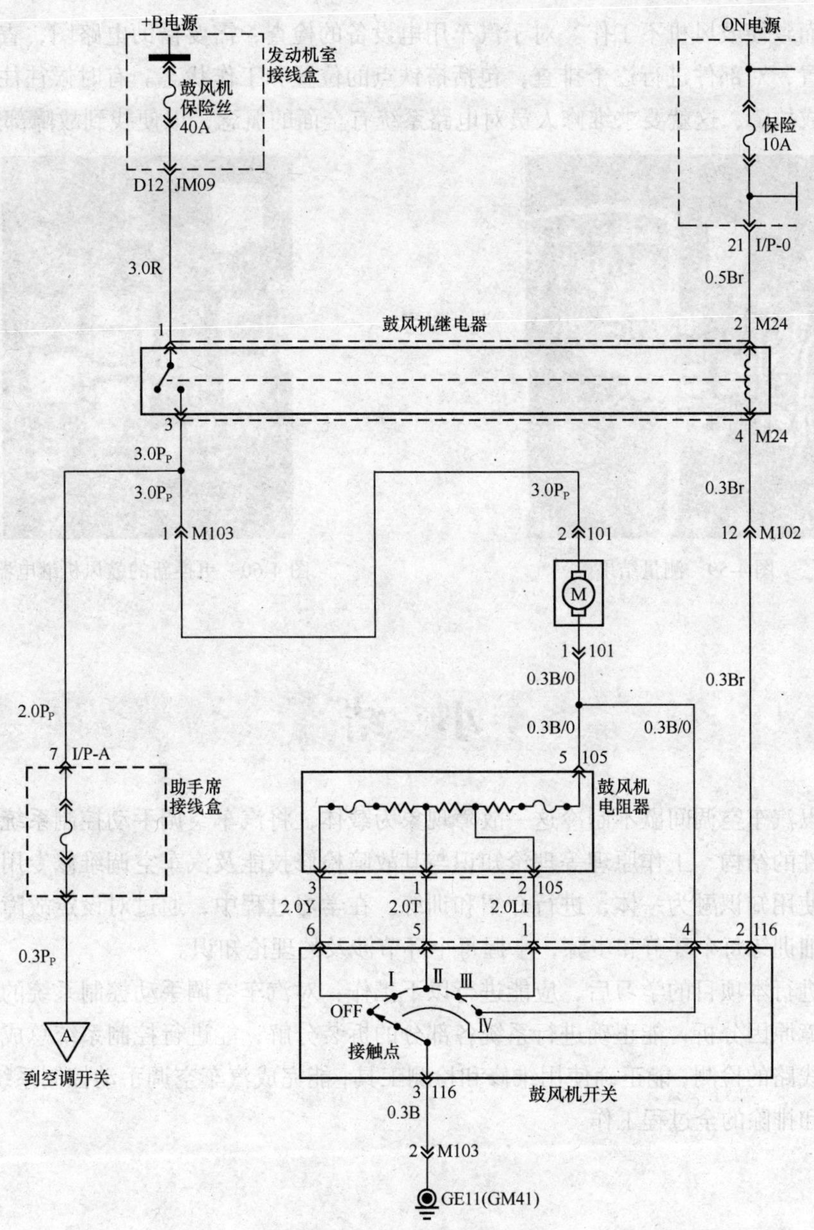

图 4-58 空调控制系统电路图

三、故障排除

更换新的鼓风机继电器（见图 4-60），打开鼓风机开关，鼓风机正常工作，出风口吹出暖风。一段时间之后回访车主，故障没有再出现，至此故障排除。

四、故障总结

空调系统包括 3 条电路：压缩机控制电路、冷却风扇控制电路、鼓风机控制电路。3 条电路中的部件及其线路其一出现故障，空调就会不制冷，而鼓风机及其电路是暖风工作的必要部件。通过对鼓风机线路的检查，确定故障部位是鼓风机继电器的触点不能吸合而造成鼓风机电路断路，从而致使鼓风机不工作。对于汽车用电设备的检查，需要借助电路图，查阅维修资料找到部件位置，对部件进行逐个排查，包括搭铁点的位置和工作状态。有时候往往会忽略因搭铁问题而造成故障，这就要求维修人员对电路系统有全面的概念，以便找到故障部位。

图 4-59　测量结果

图 4-60　更换新的鼓风机继电器

小　结

本项目以汽车空调间歇不制冷这一故障现象为载体，将汽车空调手动控制系统总成以及部件和电气元件的结构、工作原理等理论知识与其故障检修技能及汽车空调维修专用工具和专用设备的正确使用知识融为一体，进行介绍和训练。在学习过程中，通过对设定故障进行全过程的检修，仔细训练每个环节和步骤，掌握每个环节涉及的理论知识。

学生在进行本项目的学习后，应能进行以下工作：对汽车空调手动控制系统的故障原因能正确进行故障原因分析；能正确进行系统各部分的拆装分解；能进行控制系统总成、部件和电气元件及其线路的检测；能正确使用维修和检测工具；能完成汽车空调手动控制系统故障分析、检测、维修和排除的全过程工作。

习题及思考题

1. 简述汽车空调手动控制系统的组成和功用。
2. 对汽车空调手动控制系统进行简要的电路分析。
3. 分析温控器的结构和工作原理。
4. 如何正确使用检测温控器？
5. 如何检测继电器？
6. 如何进行汽车空调压缩机离合器及其电路的检测？
7. 如何进行汽车空调冷凝器及其电路的检测？
8. 如何进行汽车空调鼓风机及其电路的检测？

项目五

汽车空调无暖气故障检修

项目要求

汽车空调无暖气是汽车空调系统的常见故障之一。本项目以汽车空调无暖气故障为载体，通过对汽车空调无暖气故障的诊断、检修和安装调整过程的学习与实施，使读者在掌握汽车空调暖风通风系统的结构与工作原理的同时，具备对上述故障进行分析与排除的能力。

汽车空调无暖气往往是由汽车空调暖风通风系统出现故障造成的，本项目主要针对汽车空调暖风通风系统的工作不正常问题，讲解解决此问题所需的相关知识，并训练解决此问题所需的相应能力。

【知识要求】

1. 理解汽车空调暖风系统的功用和组成结构
2. 理解汽车空调暖风系统的工作原理
3. 理解汽车空调通风配气系统的功用和组成结构
4. 理解汽车空调通风配气系统的工作原理

【能力要求】

1. 能进行热水阀的拆装和检修
2. 能进行加热器和管路的拆装和检修
3. 能进行通风配气系统的拆装和检修

重点掌握内容：汽车空调暖风系统的结构和工作原理，汽车空调暖风系统的拆装和检修。

相关知识

一、汽车空调暖风系统

1. 汽车空调暖风系统的作用

向车厢内供暖是汽车空调的重要功能之一，而汽车空调的目的不是单纯的制冷和供暖，而是在不断变化的车外大气环境下，保持车内的温度、湿度稳定在一定范围内，并保证送入车内的空气清新，所以必须有通风配气系统对已经通过制冷和加热的空气重新进行调和温度、输送和分配，如图 5-1 所示。

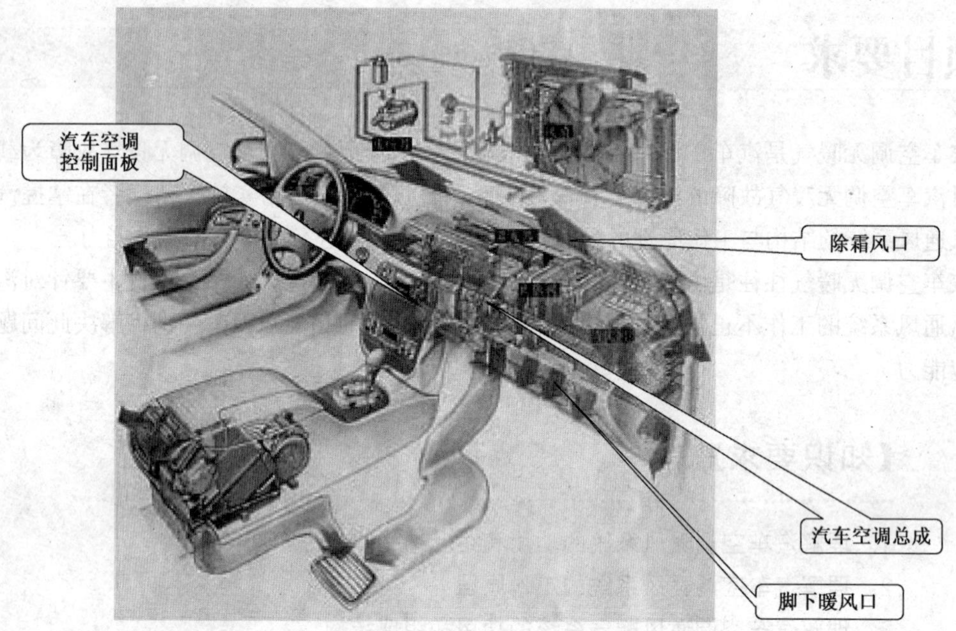

图 5-1　汽车空调暖风通风系统

汽车空调暖风系统的功能是将冷空气送入热交换器，吸收某种热源的热量，提高空气的温度，并将热空气送入车内。

2. 汽车空调暖风系统的分类

根据热源不同，可将汽车空调暖风系统分为如下几类。

（1）水暖式暖风系统

水暖式暖风系统利用的是发动机冷却液的热量，这种系统大多用于轿车、大货车及要求不高的大客车上（本项目主要介绍此系统）。

（2）独立燃烧式暖风系统

独立燃烧式暖风系统安装有专门的燃烧机构，这种系统多用于大客车上。

（3）综合预热式暖风系统

综合预热式暖风系统既采用发动机冷却液的热量，又装有燃烧预热器的综合加热装置，此种系统多用于大客车上。

（4）气暖式暖风系统

气暖式暖风系统利用的是发动机排气系统的热量，这种系统多用于风冷式发动机上。

不论利用何种热源，热量都是通过热交换装置传递给空气，并通过风机把热空气送入驾驶室内的。

根据空气循环方式不同，可将汽车空调暖风系统分为如下几类。

① 内循环式。内循环是指利用车内空气循环，将车室内部的空气作为热载体，让其通过热交换的方式升温，升温后的空气再进入驾驶室内供乘员取暖，如图 5-2 所示。这种方式消耗热源较少，但从卫生标准看，是最不理想的。

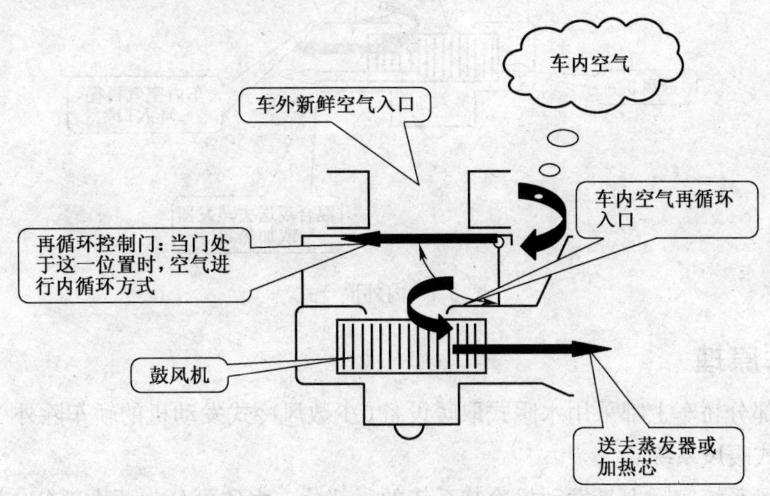

图 5-2 内循环式

② 外循环式。外循环是指利用车外空气循环，全部利用车外的新鲜空气作为热载体，通过热交换，使升温后的空气进入驾驶室内供乘员取暖，如图 5-3 所示。从卫生标准看，这种方式是最理想的，但消耗热源也最大，因此是不经济的。只有特殊要求或高级豪华轿车的汽车空调才采用这种方式。

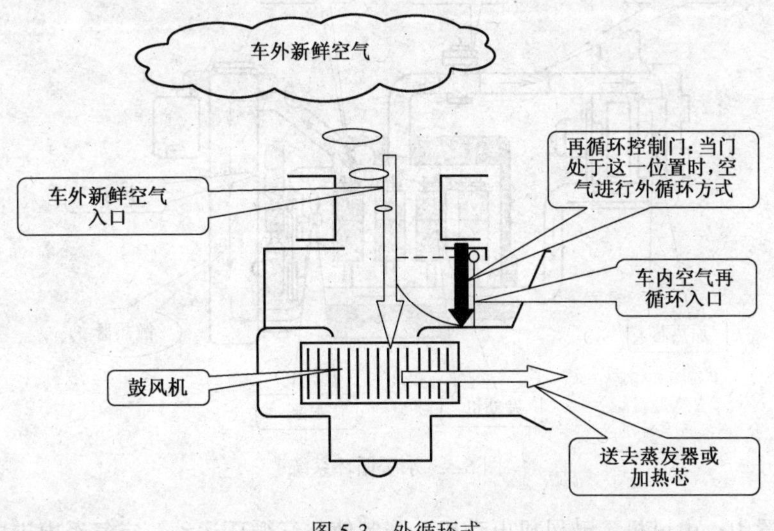

图 5-3 外循环式

③ 内外混合式。内外混合式是指既引进车外新鲜空气，又利用部分车内的原有空气，以车内外空气的混合体作为热载体，通过热交换升温，向驾驶室内供暖，如图 5-4 所示。从卫生标准与热源消耗看，正好介于内循环式和外循环式之间，是目前应用最普遍的方式。

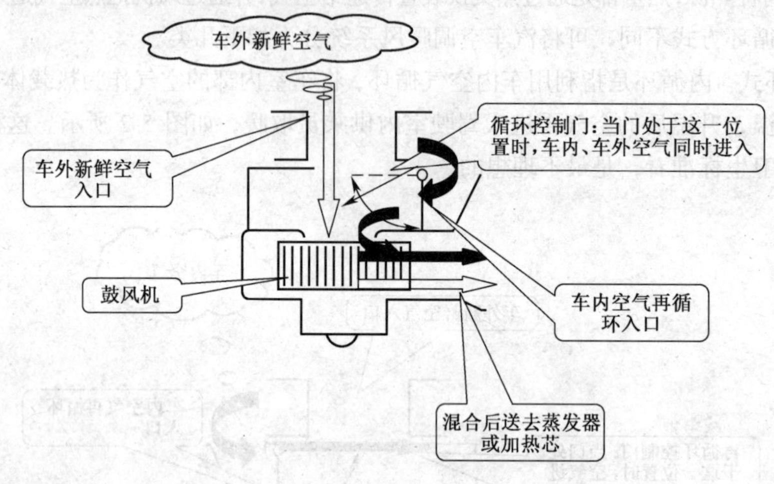

图 5-4　内外混合式

3. 工作原理

目前绝大部分轿车上都采用水暖式取暖设备（少数风冷式发动机的轿车除外），因此本项目主要讲述水暖式暖风系统。

水暖式暖风系统实际上是发动机冷却系统的一部分，大致可分为两大部分，即热水循环回路和配气装置。

热水循环回路与发动机的冷却系统相连通，借助于发动机的水泵实现热水循环。来自发动机冷却系统的热水从进水管流经加热器控制阀进入散热器，然后经由出水管回到发动机的冷却系统，实现回路的循环，如图 5-5 所示。

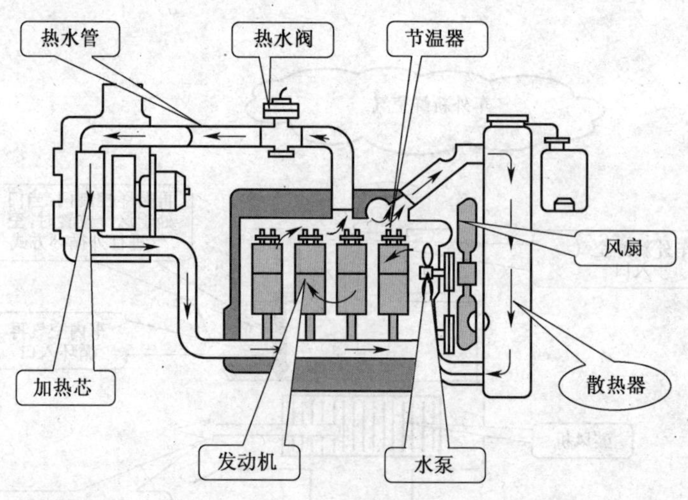

图 5-5　水暖循环系统

在通风装置中，由风机（鼓风机电动机）强制使空气循环运动。空气经由进风口被吸入，流经加热器时将被加热，并由出风口导出，进入车厢内实现取暖或为风挡除霜，如图 5-6 所示。

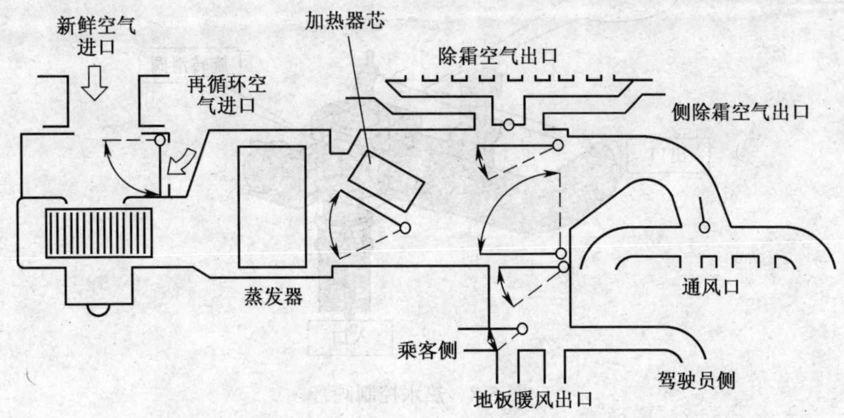

图 5-6　水暖通风系统

4. 组成结构

汽车空调暖风系统的主要组成部件有加热器总成、鼓风机电动机总成和热水阀等。此外，其他部件有冷却液循环管路、暖风风道、风门控制电动机等，如图 5-7 所示。

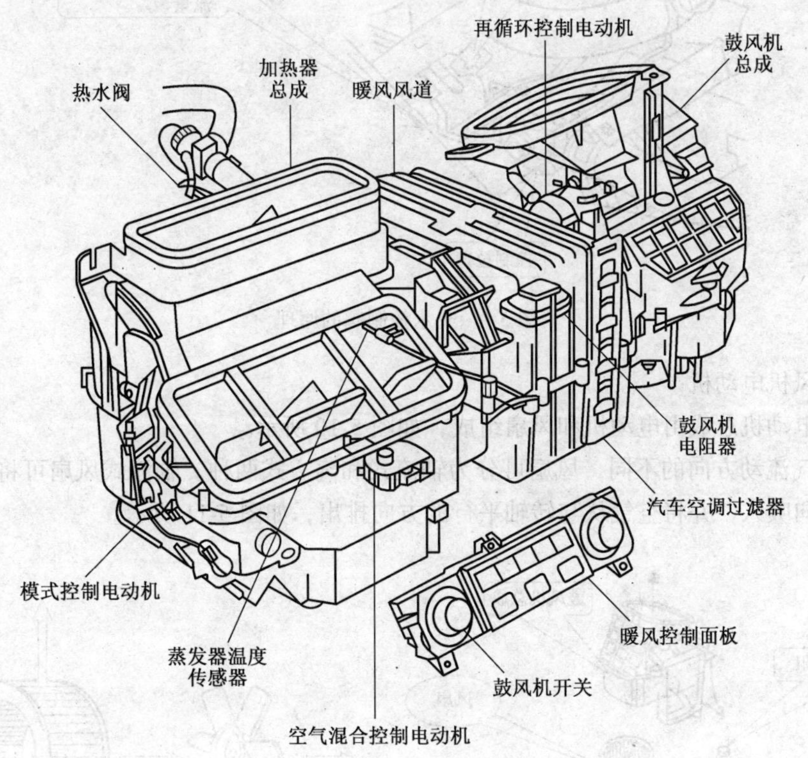

图 5-7　水暖及通风系统结构

（1）热水阀

热水阀也称加热器控制阀，它安装在发动机冷却液通道中，用于控制进入加热芯的发动机冷却水的流量，可以通过空调控制面板上的温度调节杆进行操控，如图 5-8 所示。

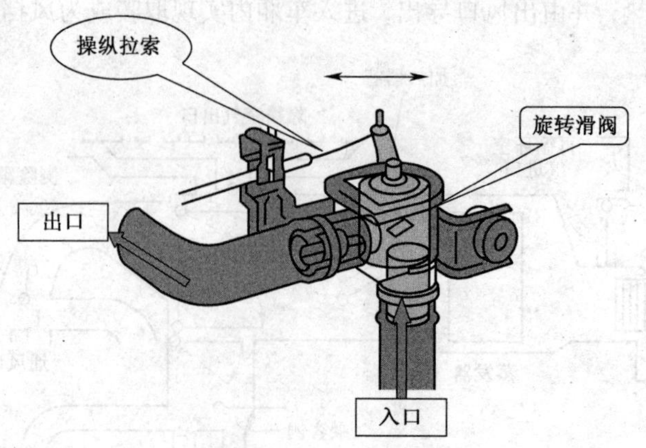

图 5-8　热水控制阀

在汽车空调手动控制系统中，对热水阀的控制可由拉线或真空阀实现。流经加热芯的热水流量的多少取决于拉线或真空执行器的位置，如图 5-9 所示。

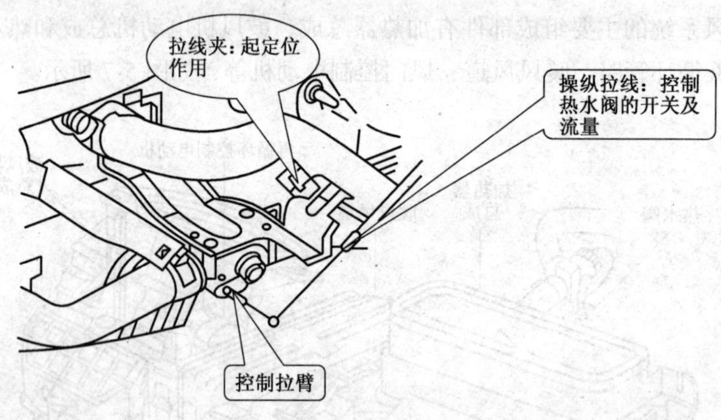

图 5-9　热水控制阀的原理

（2）鼓风机电动机

鼓风机电动机总成由电动机和风扇组成，如图 5-10 所示。

根据空气流动方向的不同，风扇可分为轴流式和离心式两种。轴流式风扇可将空气从与转轴平行的方向吸入，并将空气从与转轴平行的方向排出，如图 5-11 所示。

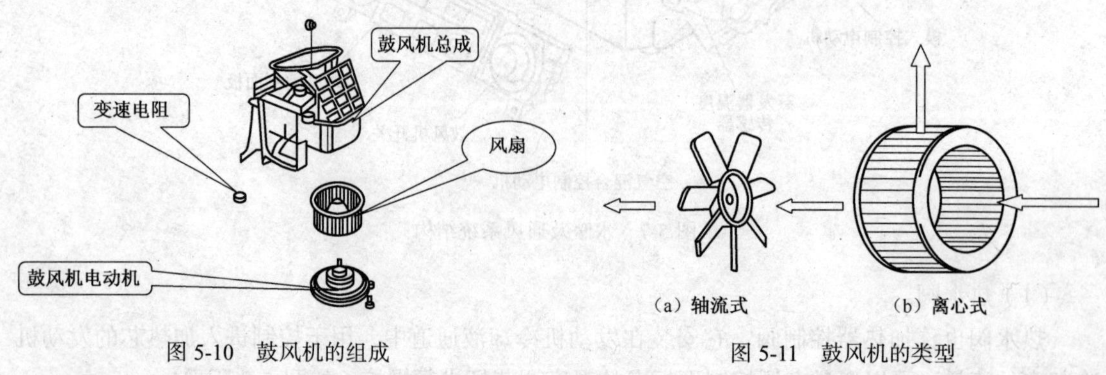

图 5-10　鼓风机的组成　　　图 5-11　鼓风机的类型

（3）加热器芯

加热器芯由管子和散热片等构成。新式的加热器芯的管道上有凹坑，可改善热量输出性能。加热器芯的形状与散热器相似，如图 5-12 所示。如前所述，当热水阀打开时，加热后的发动机冷却液部分流经加热器芯，以便为车厢内乘员提供所需的热空气。

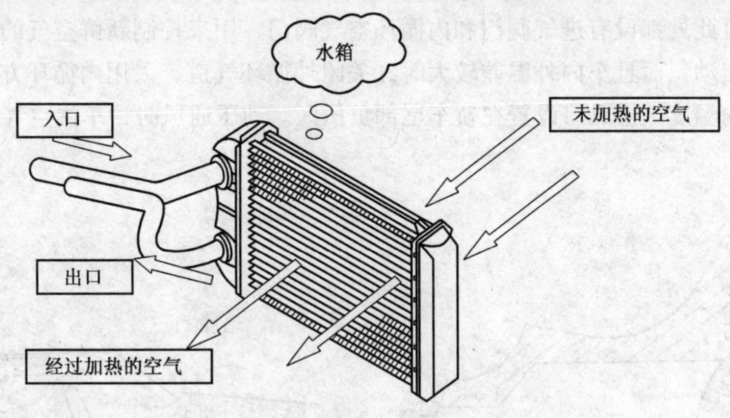

图 5-12　加热器芯的结构和原理

二、汽车空调通风配气系统

相对封闭的汽车车厢内，只有温度的调节不能满足舒适度的要求，它不但需要有新鲜空气的补充，还要对狭小的车厢内部空间的气流进行调配，汽车空调通风配气系统就是完成上述任务的重要组成部分。

1. 通风装置

为了健康和舒适，汽车车厢内空气要符合一定的卫生标准。这就需要输入一定量的新鲜空气。新鲜空气的配送量除了考虑人们因呼吸排出的二氧化碳、蒸发的汗液、吸烟以及从车外进入的灰尘、花粉等污染物，还必须考虑保持车内正压和局部排气量所需的风量。将新鲜空气送入车内，取代污浊空气的过程，称为通风。

新鲜空气的进入量必须大于排出和泄漏的空气量，才能保持车内压力略大于车外压力。保持车内空气正压的目的是防止车外空气不经汽车空调装置直接进入车内，而且能防止热空气泄出，以及避免发动机废气通过回风道进入车内造成空气污染。

因此，对车厢内进行通风换气以及对车内空气进行过滤、净化是十分必要的，汽车通风和空气净化装置也是汽车空调系统的重要组成部分。

根据我国对轿车、客车的汽车空调新鲜空气要求，换气量按人体卫生标准最低不少于 20 m^3/h·人，且车内的 CO_2 的体积分数一般应控制在 0.03%以下，风速为 0.2 m/s。

汽车空调的通风方式一般有动压通风、强制通风和综合通风 3 种。

（1）动压通风

动压通风也称自然通风，它利用汽车行驶时对车身外部所产生的风压为动力，在适当的地方开设进风口和排风口，以实现车内的通风换气。

进、排风口的位置取决于汽车行驶时车身外表面的风压分布状况和车身结构形式。进风口应设置在正风压区，并且离地面尽可能高，以免引入带有汽车行驶时扬起的尘土的空气。排风口则应设置在汽车车厢后部的负压区，并且应尽量加大排风口的有效流通面积，提高排气效果，还必须注意到尘土、噪声以及雨水的侵入。

图 5-13 所示为用普通轿车车身的模型进行风洞试验的表面压力分布图。由图可见，车身外部大多受到负压，只有车前及前风窗玻璃周围为正压区。因此，轿车的进风口设在车窗的下部正风压区，而且此处都设有进气阀门和内循环空气阀门，用来控制新鲜空气的流量。一般在汽车空调系统刚启动，而且车内外温差较大时，关闭外循环气道，采用内循环方式工作，这样可以尽快降低车内温度。排风口设置在轿车尾部负压区。动压通风时，车内空气的流动如图 5-14 所示。

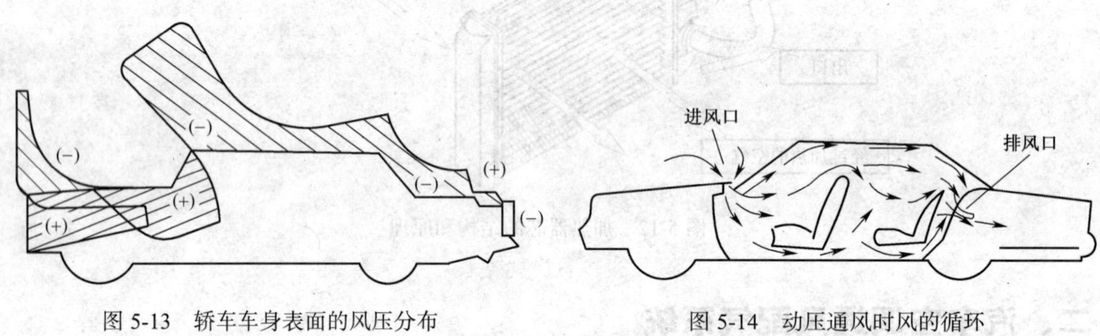

图 5-13　轿车车身表面的风压分布

图 5-14　动压通风时风的循环

由于动压通风不消耗动力，且结构简单，通风效果也较好，因此，轿车大都设有动压通风口。

（2）强制通风

强制通风是利用鼓风机强制将车外空气送入车厢内进行通风换气的。这种方式需要能源和通风设备，在冷暖一体化的汽车空调上，大多采用通风、供暖和制冷的联合装置，将外气与汽车空调冷暖空气混合后送入车内，此种通风装置常见于高级轿车和豪华旅行车上。

（3）综合通风

综合通风是指一辆汽车上同时采用动压通风和强制通风。采用综合通风系统的汽车比单独采用强制通风或自然通风的汽车结构要复杂得多。最简单的综合通风系统是在自然通风的车身基础上，安装强制通风扇，根据需要可分别使用和同时使用。这样，基本上能满足各种气候条件的通风换气要求。

综合通风系统虽然结构复杂，但省电，经济性好，运行成本低。特别是在春秋季节，用动压通风导入凉爽的外气，以取代制冷系统工作，同样可以保证舒适性要求。这种通风方式近年来在汽车上的应用逐渐增多。

2. 空气净化装置

进入车内的空气由车外新鲜空气和车内再循环空气组成。车外空气受到粉尘、烟尘以及汽车尾气中 CO、SO_2 等有害气体的污染；车内空气受到乘客呼出的 CO_2、人体汗味以及漏入车内的废气污染。这些因素降低了车内空气的洁净度，而空气净化器能够清除车内空气中的异味微粒，并能去除车外空气中的花粉和灰尘，使空气得到净化。因此汽车空调需要装备空气净化器，以马自达为例，如图 5-15 所示。

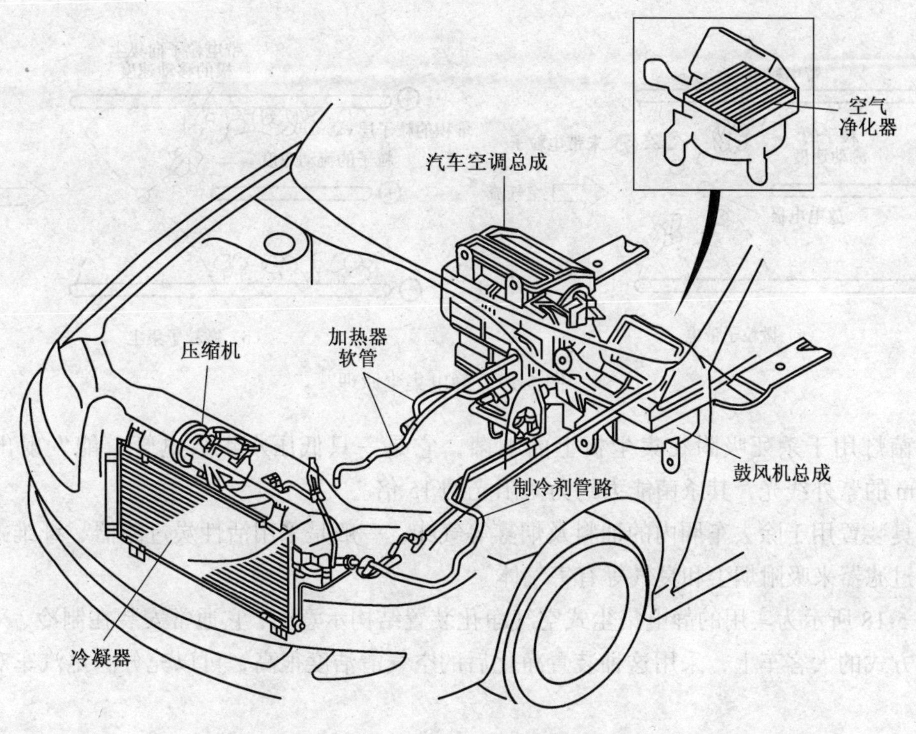

图 5-15　空气净化器

汽车空调系统采用的空气净化装置通常有空气过滤式和静电集尘式两种。前者是在汽车空调系统的送风和回风口处设置空气滤清装置，它仅能滤除空气中的灰尘和杂物，因此，结构简单，只需定期清理过滤网上的灰尘和杂物即可，故广泛用于各种汽车空调系统中。后者则是在空气进口的过滤器后再设置一套静电集尘装置或单独安装一套用于净化车内空气的静电除尘装置。它除具有过滤和吸附烟尘等微小颗粒杂质的作用外，还具有除臭、杀菌、产生负氧离子以使车内空气更为新鲜洁净的作用。由于其结构复杂，成本高，所以，只用于高级轿车和旅行车上。图 5-16 所示为静电集尘式空气净化装置的空气净化过程。

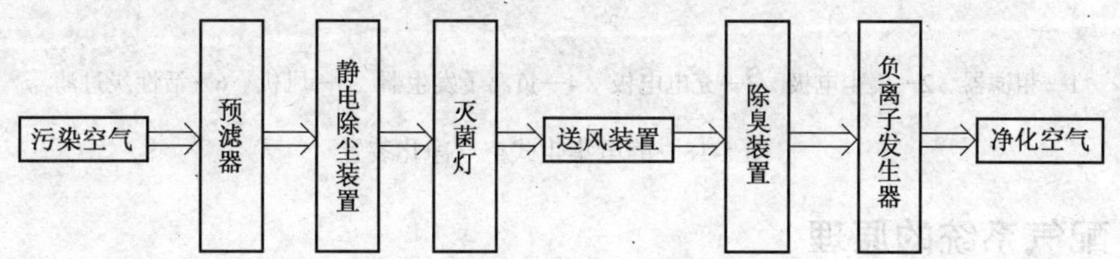

图 5-16　静电集尘式空气净化装置原理

预滤器用于过滤大颗粒的杂质。

静电集尘器则以静电集尘方式把微小的颗粒尘埃、烟灰及汽车排出的气体中含有的微粒吸附在集尘板上。其工作原理是：高压放电时产生的加速离子通过热扩散或相互碰撞而使浮游尘埃颗粒带电，然后在高压电场中库仑力的作用下，克服空气的阻力而被吸附在集尘电极板上，如图 5-17 所示。其中，图 5-17（a）所示为放电电极流出的辉光电流使尘埃颗粒带电的状况，图 5-17（b）所示为带电的尘埃颗粒向集尘电极板运动的状况。

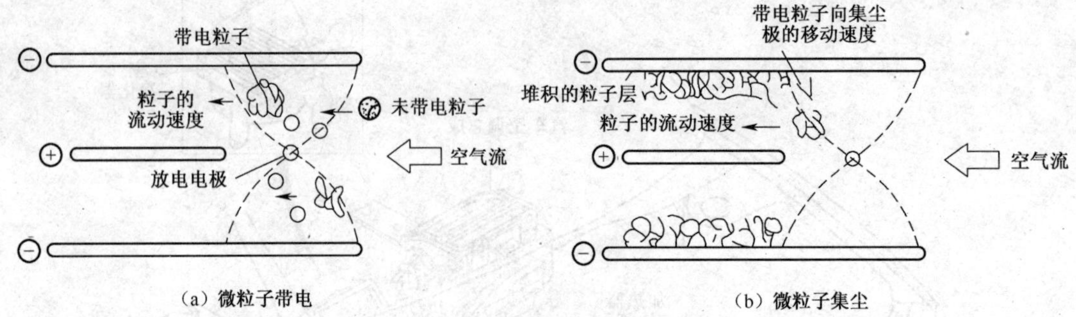

图 5-17　静电集尘原理

灭菌灯用于杀死吸附在集尘板上的细菌，它是一只低压水银放电管，能发射出波长为 353.7 nm 的紫外线光，其杀菌能力约为太阳光的 15 倍。

除臭装置用于除去车厢内的油料及烟雾等气味，一般是采用活性炭过滤器、纤维式或滤纸式空气过滤器来吸附烟尘和臭气等有害气体。

图 5-18 所示为实用的静电集尘式空气净化装置结构示意图，它通常安装在制冷、采暖采用内循环方式的大客车上，采用这种装置净化后的空气清洁度很高，可以充分满足汽车对舒适性的要求。

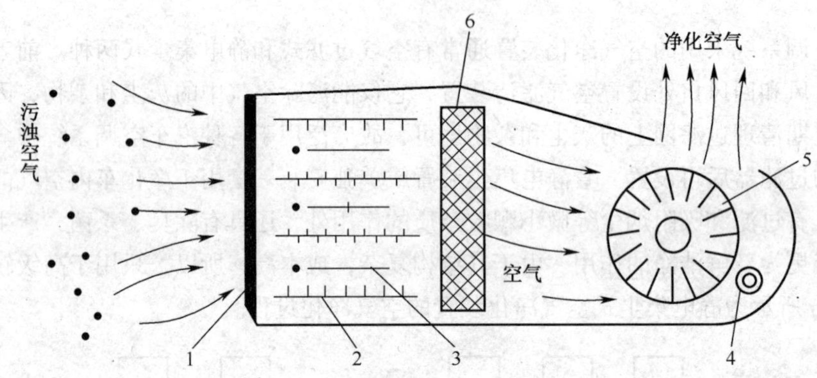

1—粗滤器　2—集尘电极　3—充电电极　4—负离子发生器　5—风机　6—活性炭过滤器

图 5-18　静电集尘式空气净化装置

3. 配气系统的原理

配气系统原理一般由 3 个阶段构成，第一阶段为空气进入段，第二阶段为空气混合段，第三阶段为空气分配段，如图 5-19 所示。

空气进入段主要由气源门和气源门控制元件组成，用来控制新鲜空气和车内再循环空气的进入，如图 5-20 所示。

空气混合段主要由蒸发器、加热器、调温门及控制元件组成，用来调节所需空气的温度，如图 5-21 所示。

空气分配段主要是控制空调吹出风的位置和方向。主要由各种风门、风道及控制元件组成，分别使空气吹向面部、脚部和风挡玻璃上，如图 5-22 所示。

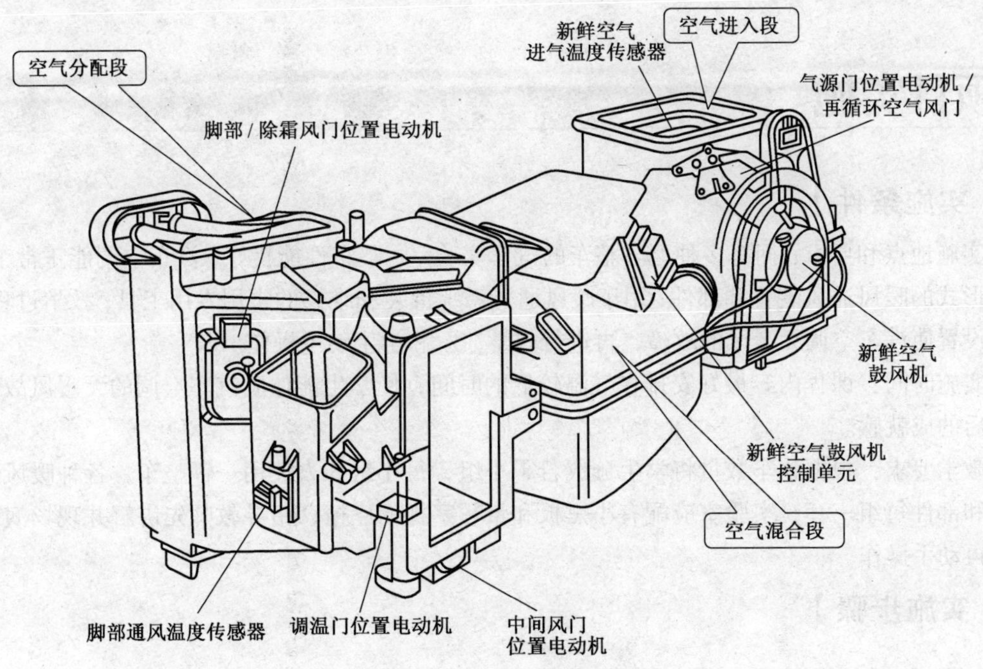

图 5-19　暖风通风系统结构

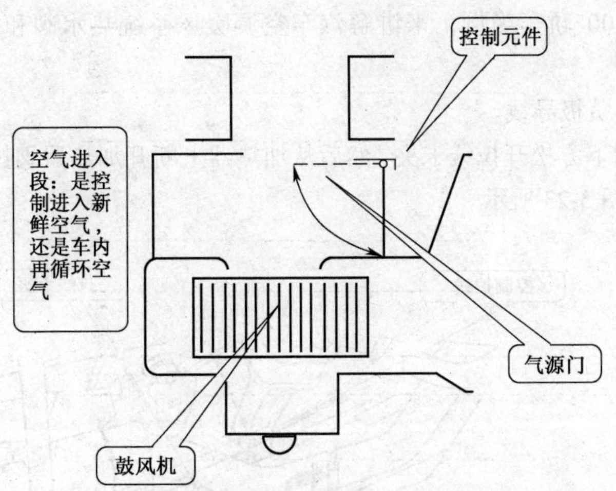

图 5-20　暖风通风原理（1）

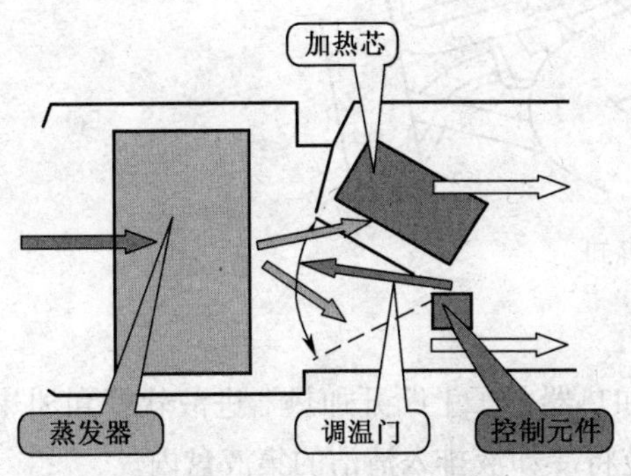

图 5-21　暖风通风原理（2）

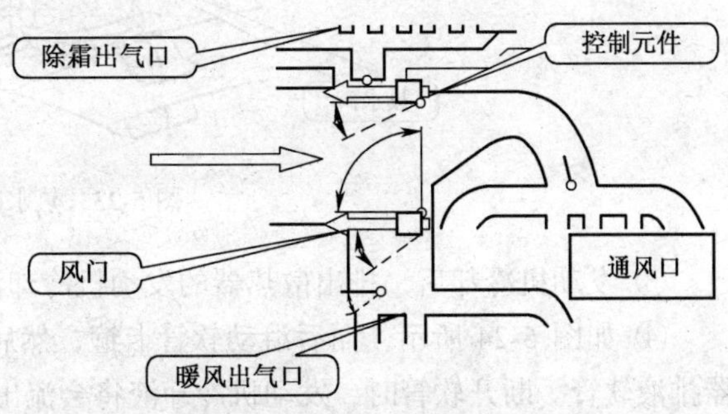

图 5-22　暖风通风原理（3）

项目实施

【实施条件】

实施地点和要求：拥有多种型号整车的汽车实验室，整车性能良好，汽车空调能正常工作；各种形式的暖风通风装置和部件；用于暖风通风系统拆装和维修的常用专用工具；教学过程中，需要设置使汽车空调无暖风的故障，再进行教学演示和学生动手操作。

实施时间：课程内容最好安排在气温较低的时间，使学生能体验汽车空调的无暖风故障被排除后的成就感。

教学要求：根据整车数量将学生分成若干小组，每小组 5 人使用一辆整车，各种暖风通风装置和部件每组一套；实验室应配有小黑板和带写字板的座椅；指导教师先讲解并现场演示，学生再动手操作。

【实施步骤】

一、汽车空调暖风系统热水阀和加热器的拆装和检修

下面以凌志 LS400 轿车为例，来讲解汽车空调暖风系统热水阀和加热器的拆装和检修方法。

① 断开蓄电池的负极导线。

② 从发动机盖的下方松开拉线卡夹，然后从加热器上断开加热器阀拉线，并将加热器阀臂转动至全开位置，如图 5-23 所示。

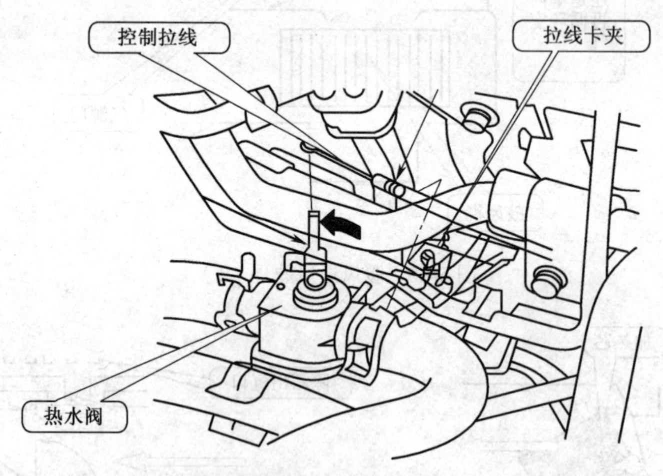

图 5-23　热水阀的拆卸

③ 发动机冷却后，排出散热器的发动机冷却液。

④ 如图 5-24 所示，向后滑动软管卡箍，然后从加热器芯子上断开加热器进液软管和加热器排液软管。断开软管时，发动机冷却液将会流出，应将冷却液排入清洁的集液盘内。

⑤ 拆下装配螺栓和热水阀，如图 5-25 所示。

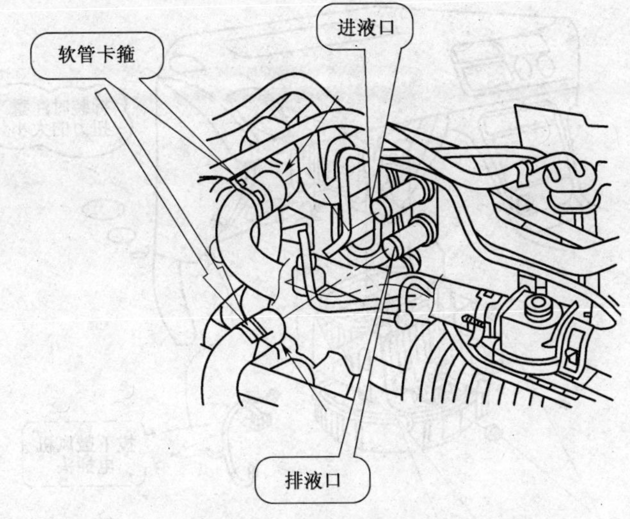

图 5-24　冷动液管的拆卸

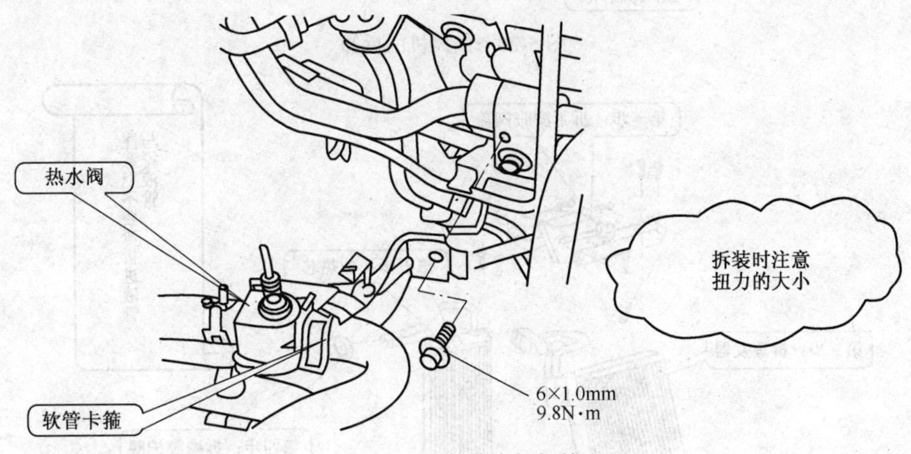

图 5-25　拆卸热水阀螺栓

⑥ 拆下加热器装置装配螺母。注意：不要损坏或弯折燃油管路和制动管路等。

⑦ 拆下仪表板。

⑧ 拆下鼓风机装置，如图 5-26 所示。

⑨ 断开排液软管，然后拆下装配螺栓、加热器导管和加热器装置。

⑩ 拆下自攻螺钉和膨胀阀盖，小心地拉出蒸发器芯子，不要弯折进液管与排液管，再拆下自攻螺钉与凸缘盖，然后卸下橡胶护圈，如图 5-27 所示。

⑪ 按照与拆卸相反的顺序安装加热器芯子和蒸发器芯子。

⑫ 按照与拆卸相反的顺序安装加热器装置，并注意下列事项。

a. 不要互换加热器进液软管和排液软管，并牢固地安装软管卡箍。

b. 向冷却系统内加注发动机冷却液。

c. 务必牢固地连接排液软管。

d. 调节加热器阀拉线。

e. 确认无冷却液泄漏迹象。

f. 确认无空气泄漏迹象。

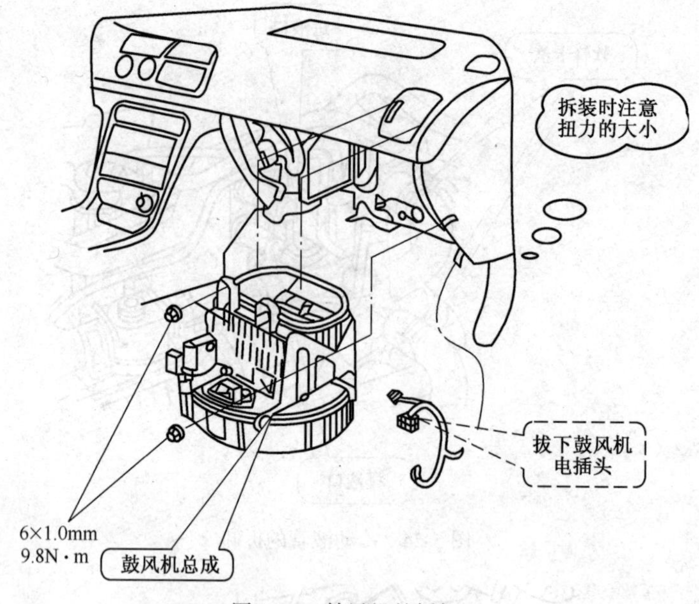

图 5-26　鼓风机的拆卸

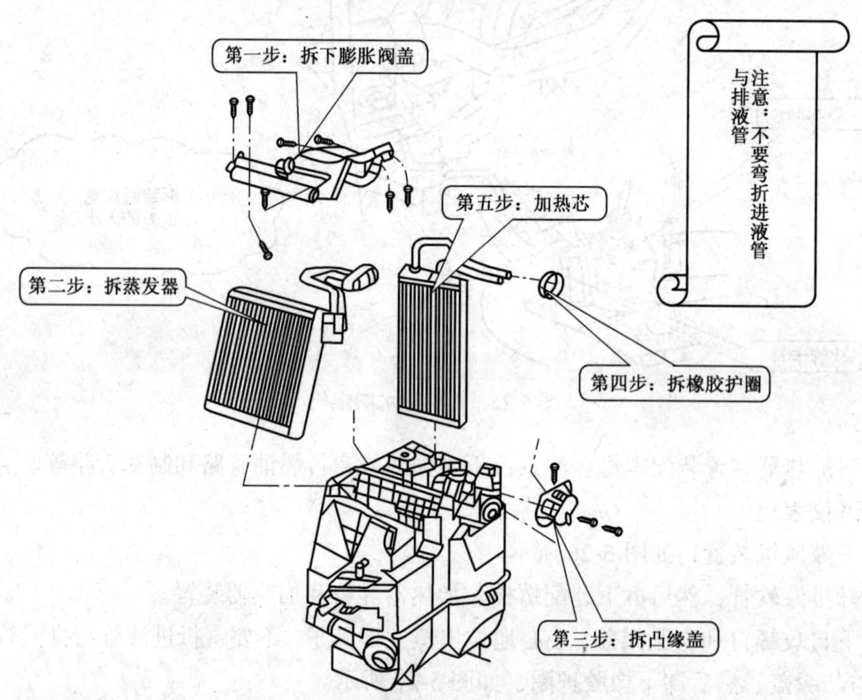

图 5-27　加热器总成的拆卸

二、汽车空调通风系统的拆装和检修

1．鼓风机装置的更换

① 确认已知道收音机防盗密码，并记录无线电台预置钮的频率。

② 断开蓄电池的负极导线。

③ 卸下仪表板。

④ 如装备有汽车空调，则拆下蒸发器，如图 5-28 所示。

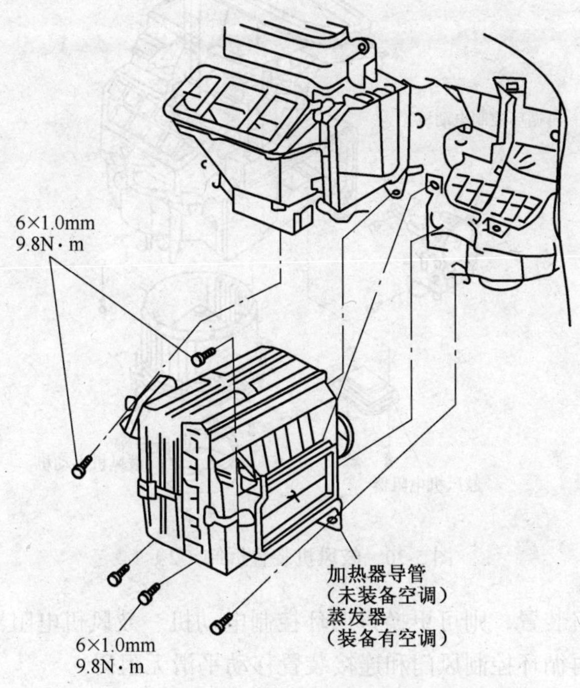

图 5-28　鼓风机拆卸

⑤ 如未装备汽车空调，则卸下自攻螺钉、紧固螺母、紧固螺栓以及加热器导管。

⑥ 断开鼓风机电动机、鼓风机电阻器以及再循环控制电动机的插头，然后拆下线束夹，最后拆下紧固螺母、紧固螺栓和鼓风机装置，如图 5-29 和图 5-30 所示。

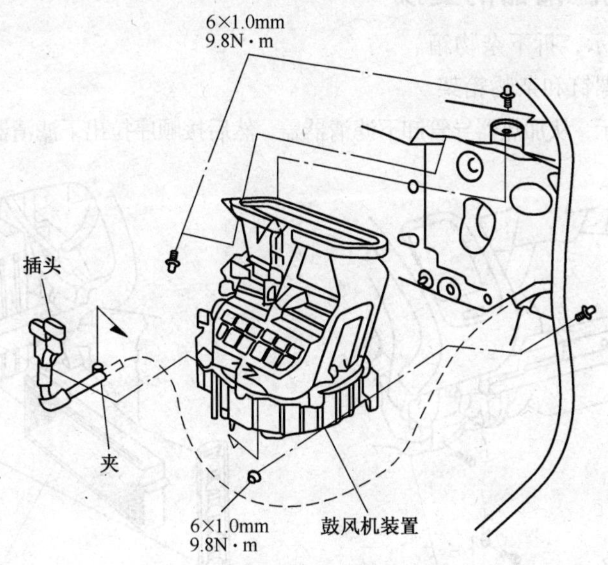

图 5-29　鼓风机装置拆卸（1）

⑦ 按照与拆卸相反的顺序进行安装，并注意以下事项。

a. 确认无漏气之处。

b. 输入收音机防盗密码，然后输入用户无线电台预置钮的频率。

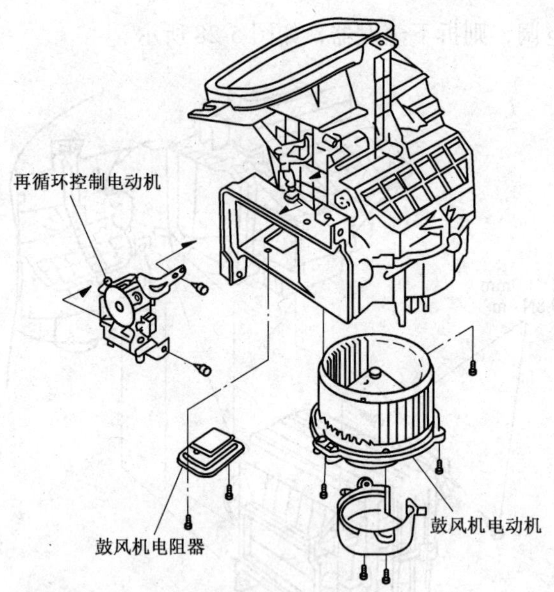

图 5-30　鼓风机装置拆卸（2）

c. 无需拆下鼓风机装置，则可更换再循环控制电动机、鼓风机电阻器以及鼓风机电动机。

d. 组装前，确认再循环控制风门和连接装置移动平滑无阻碍。

e. 组装后，确认再循环控制电动机运转平稳。

本部位安装有辅助保护系统 SRS 部件，在修理和维护前请参阅有关 SRS 的部件位置、操作前注意事项和操作步骤等事项的说明。

2. 汽车空调滤清器的更换

① 如图 5-31 所示，拆下杂物箱。

② 卸下螺栓、螺钉和杂物箱架。

③ 如图 5-32 所示，从加热器导管卸下滤清器盖，然后按顺序拉出下滤清器总成与上滤清器总成。

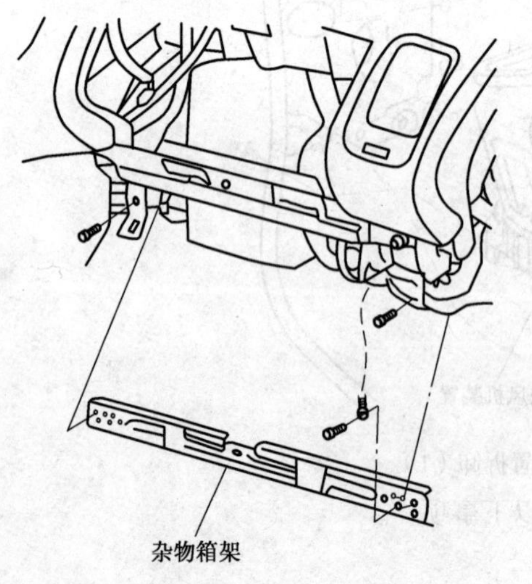

图 5-31　汽车空调滤清器的拆卸（1）

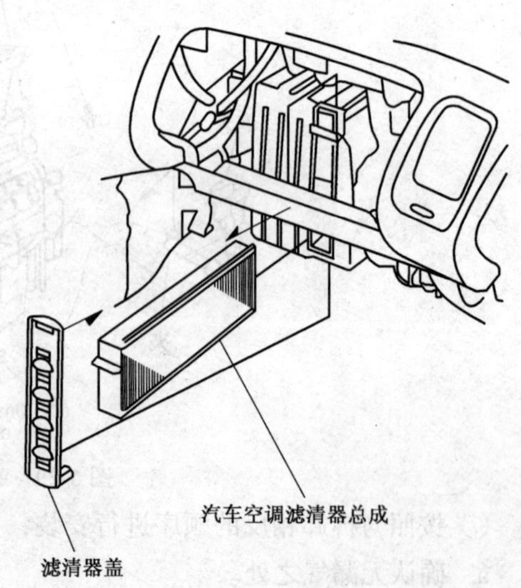

图 5-32　汽车空调滤清器的拆卸（2）

④ 如图 5-33 所示，从滤清器壳体拆下汽车空调滤清器，并根据用户手册的保养项目表更换汽车空调滤清器。

⑤ 按照与拆卸相反的顺序进行安装，并注意确认无漏气之处。

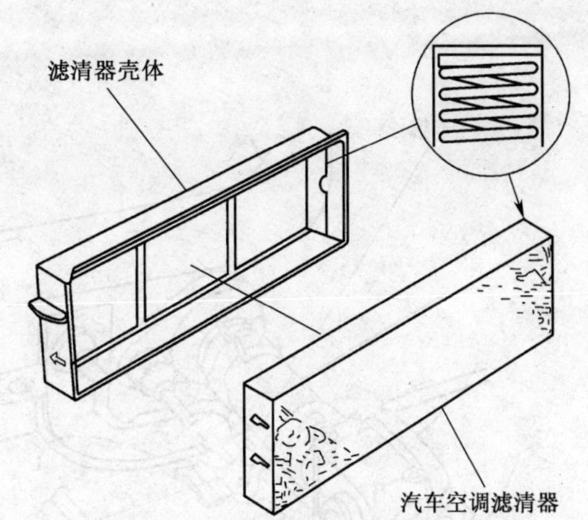

图 5-33　汽车空调滤清器的拆卸（3）

3. 热水阀拉线的调节

① 如图 5-34 所示，打开发动机盖下导线卡箍，然后断开加热器阀摇臂上的加热器阀拉线。

② 从仪表板下拉线卡箍处断开加热器阀拉线壳体，然后从空气混合控制连接装置上断开加热器阀拉线。

③ 接通点火开关，并将温度控制按钮设置在最冷处（MAXCOOL）。

④ 如图 5-35 所示，将加热器阀拉线接到空气混合控制连接装置上，并保持住加热器阀拉线壳体，使之紧靠限位器，然后将加热器阀拉线壳体扣锁在拉线卡箍上。

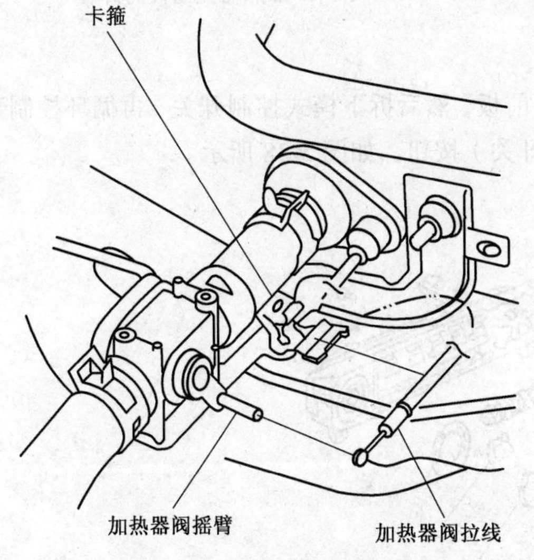

图 5-34　热水阀拉线的调节（1）

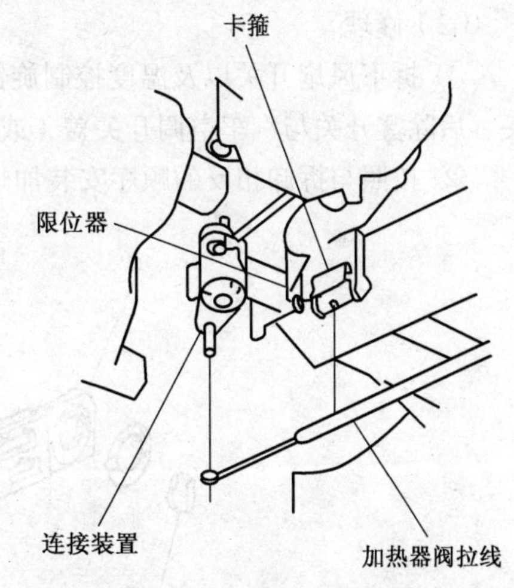

图 5-35　热水阀拉线的调节（2）

⑤ 如图 5-36 所示，将发动机盖下加热器阀摇臂转至全关闭位置，并将其保持不动。然后，将加热器阀拉线接到加热器阀摇臂上，并且轻微地拉动加热器阀拉线壳体以消除松动，最后将加热器阀拉线壳体锁在拉线卡箍上。

4. 加热器控制板的更换与修理

（1）更换

① 将中间板与加热器控制板拆下，如图 5-37 所示。

② 从中间板上卸下自攻螺钉与加热器控制板。

③ 按照与拆卸相反的顺序进行安装。安装完毕，操作加热器控制板以检查其工作是否正常。

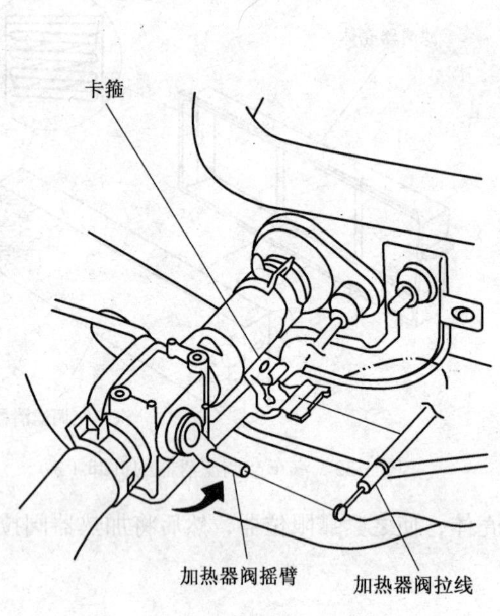

图 5-36　热水阀拉线的调节（3）

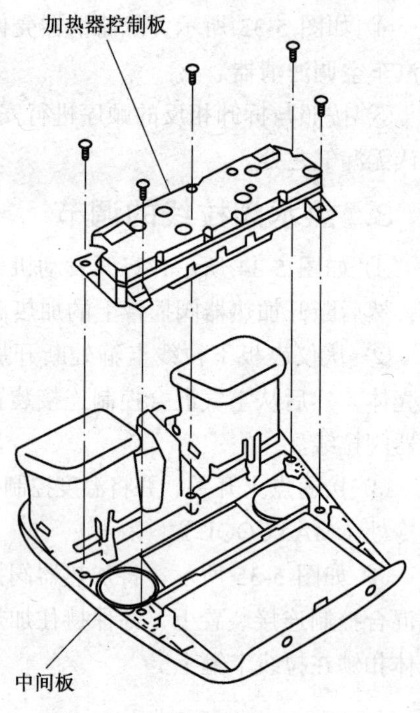

图 5-37　加热器控制板的拆装

（2）修理

① 拆下风扇开关以及温度控制旋钮，再拆下前板，然后拆下模式控制开关、再循环控制开关、后除雾开关与汽车空调开关盖（或汽车空调开关）按钮，如图 5-38 所示。

② 按照与拆卸相反的顺序安装加热器控制板。

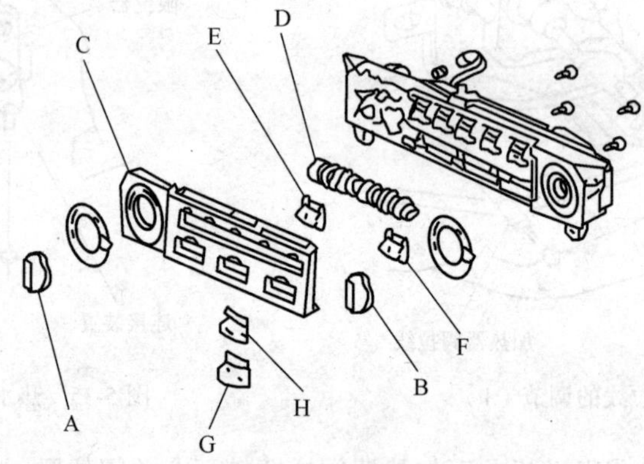

A—风扇开关　B—温度控制旋钮　C—前板　D—模式控制开关　E—再循环控制开关
F—后除雾开关　G—汽车空调开关盖　H—汽车空调开关

图 5-38　加热器控制板的修理

拓展知识　汽车空调独立热源暖风系统简介

大型厢式车、大客车、旅游车、小型客车、高寒地区用车等，常常采用专用燃烧式暖气装置。它供热量大，不受发动机功率影响，其燃烧物质为汽油、煤油、轻油等，在热交换器中加热空气或水（暖气装置也分为空气加热式和热水加热式），燃烧后的气体在热交换后排出车外，对车内空气没有污染。

1. 热水加热式暖气装置

热水加热式也称沸水式，先作为发动机的预热器，加热发动机的冷却水，提高发动机的启动性和耐久性；然后又作为暖气装置。热水加热式仅在发动机功率小时作用良好，其燃料费用较少，一般使用煤油、轻油作燃料，发热量为 1 512～23 260 W，送风量为 80～800 m³/h。

2. 空气加热式暖气装置

图 5-39 所示为空气加热独立燃烧式暖气装置结构，空气加热式暖气装置的工作原理如下。

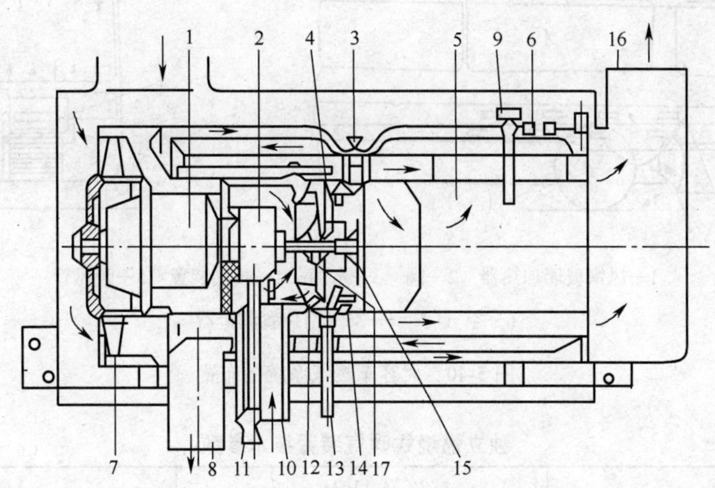

1—马达　2—燃料泵　3—火花塞　4—燃料分布器　5—燃烧室　6—热保险丝　7—暖房空气送风机
8、13—排气管　9—燃烧指示器　10—燃烧室空气吸入管　11—炮料吸入管　12—燃烧空气送风机
14—燃烧环　15—分布器帽　16—温气排出口　17—油分器管

图 5-39　空气加热独立燃烧式暖气装置

当运转开关接通（ON）时，电流接通火花塞 3，此时镍铬合金线前端加热变红，接着加热器开始燃烧，电动机 1 开始运转。在电动机上装有燃料泵 2、燃料分布器 4、燃烧空气送风机 12 和暖房空气送风机 7。当送风机 7 回转时，燃料由燃料泵 2 从燃料箱中经燃烧过滤器由电磁阀吸入燃料管 11 吸出，经燃料泵吸出的燃油由分布器 4 内部滴下，由于离心力的作用使其分散雾化。当送风机 12 将被燃烧空气由吸入管 10 送进燃烧室 5 与燃料混合时，由火花塞点火，在燃烧室 5 中进行燃烧。一旦燃烧开始，电火花塞即行断电，以后就是燃烧室和燃烧环 14 保持燃烧。燃烧后的高温气体作为废气由排气管 8 排到大气中。而电动机轴前端安装的空气送风机送入的空气，经过燃烧室和外筒外侧被加热，加热的空气由温气排出口 16 排出而进入车室内的管道，由管道通入各喷口供暖。

大客车暖气系统的布置一般如图 5-40 所示。这种暖气装置的主要技术数据如表 5-1 所示。

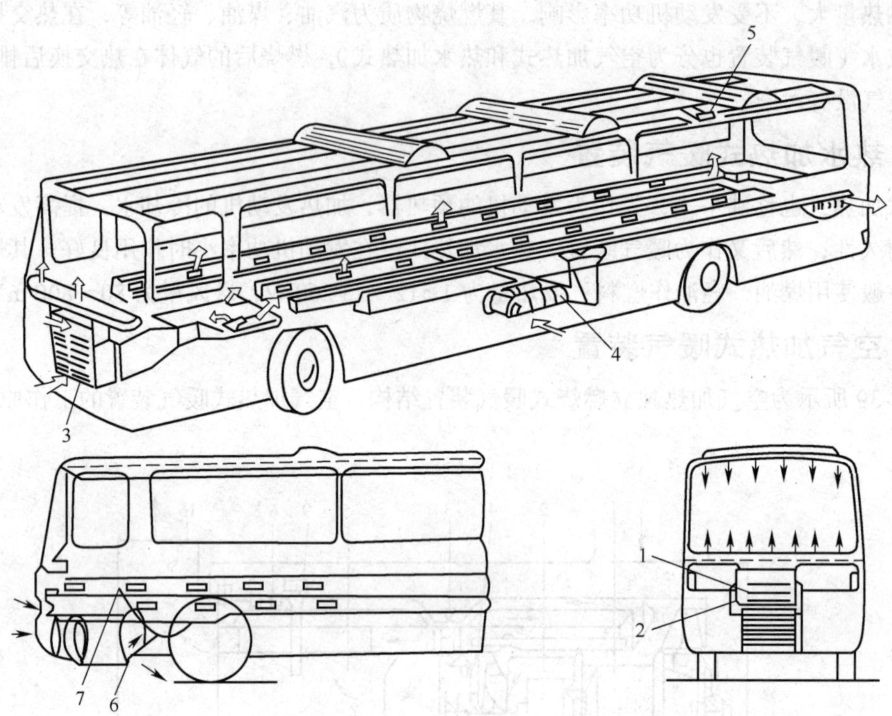

1—风窗玻璃加热器　2—阀　3—水箱　4—暖气装置　5—暖风管

6—空气门　7—空气门位置调节器

图 5-40　大客车暖气系统的布置

表 5-1　　独立燃烧式暖气装置技术参数

项目	单位	M-115H		M-85H	
		强	弱	强	弱
有效发热量	kJ/h	约 48 070	约 31 350	约 37 020	约 25 080
燃油消耗量	L/h	约 1.6	约 1.1	约 1.3	约 0.9
送风量	m^3/h	约 750	约 500	约 750	约 500
耗电量	W/h	约 140	约 105	约 140	约 105

加热系统的关键部件是加热器，加热器是燃烧器和热交换器的组合体。燃料燃烧产生的热量被介质（空气和水）吸收，传热介质通过管道或散热器释放出热量，以达到提高车厢温度的目的。武汉汽车车身附件研究所研制的 QRJ60 型空气加热器的性能如表 5-2 所示。

表 5-2　　QRJ60 型空气加热器技术性能

项目／数值	发热量/（kJ/h）	电动机转速/（r/min）	耗油量/（L/h）	空气流量/（m^3/h）	功率消耗/W	工作电压/V	燃料	质量/kg	外形尺寸（长×宽×高）/mm^3
强	25 080	3 000	1.02	250	110	12/24	轻柴油	18	660×225×300
弱	16 720	2 200	0.7	200	80	12/24	轻柴油	18	660×225×300

国产汽车水加热器的型号如表 5-3 所示。

表 5-3　　国产汽车水加热器

型号	发热量/（kJ/h）	工作电压/V	燃油耗量/（L/h）	质量/kg	外形尺寸（长 × 宽 × 高）/mm^3	附注	生产厂
YJ-Q12/2	58 520	24	2.05	35	830 × 240 × 380	不带水泵	河北省泊镇七一机床厂
YJD12/2	58 520	24	2.05	27	650 × 240 × 380		
YJD7/1	29 260	12	1.1	15	540 × 180 × 270		
120ZJQ	50 162	12	2.0	10	518 × 200 × 275	无油、水泵	兰州电源车辆研究所

实战案例　帕萨特 B5 自动空调故障诊断两例

空调系统故障主要来自三个方面：一是空调制冷管路系统故障，主要有管路泄漏、热交换器表面脏堵、各零部件工作性能下降、异响、制冷剂量不足或过量、空调压缩机传动带过松等；二是空调电路控制系统故障，主要是各传感器、控制单元、执行元件失效引起，电控部分的诊断与维修一般步骤是：使用故障诊断仪进入空调系统读取故障码和数据流，再根据读取的故障码和数据流诊断出故障，然后进行相应的维修工作；三是其他系统工作不良引起的故障，主要指发动机动力不足或蓄电池电压不足引起的空调系统工作不良。在日常维修作业中，对照故障现象，依照上述故障产生原因逐个检查，即可快速排除故障。

案例一

一、故障现象

有 1 辆帕萨特 B5GSi 轿车在行驶过程中空调冷气突然消失，空调压缩机不工作。

二、故障诊断

由于该车空调系统具有自诊断功能，先用检测仪 V.A.G1552 读取空调系统的故障码。将故障诊断仪连接在故障诊断插座上，输入地址码 08，再输入功能码 02，读取故障码为 00792，即空调系统压力开关（F129）故障。这就说明压力开关（F129）或者其控制线路有故障。

拆下右侧前照灯，拔下空调系统压力开关（F129）插头，由电路图（见图 5-41）的控制线路可知：当 A/C 开关接通时，空调压力开关（F129）的 2 号端子（棕/白色线）应为 12V 电压，用万用表测量其值为 0，由此得知，故障是由于棕/白色线无 12V 电压所造成的。确定故障部位后，进一步检查，发现在发动机左前侧有 1 个 4 针的转换插头和压力开关（F129）连接。拆下转向助力泵储油罐饰罩，发现该 4 针的转换插头已松脱，而另一侧的黑/蓝色线有 12V 电压。

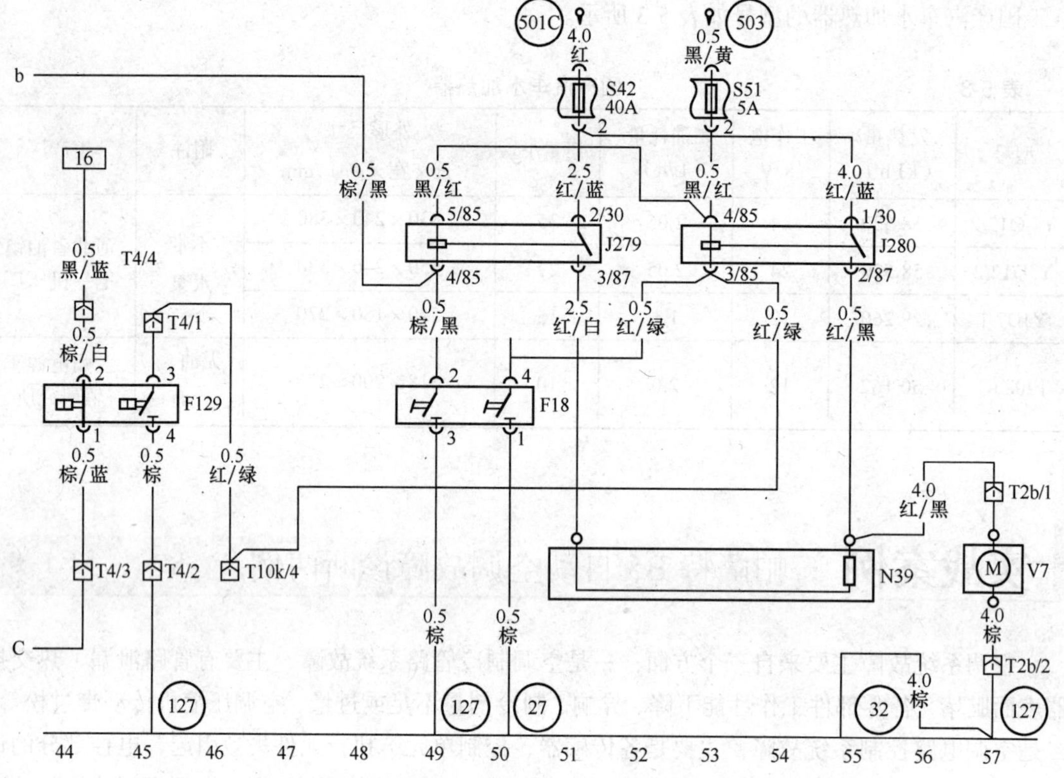

F18—散热风扇热敏开关　F129—空调压力开关　J279—散热风扇 1 挡速度继电器
J280—散热风扇 2 挡速度继电器　N39—散热风扇的串联电阻　S42—熔断器
S51—熔断器　T2b—2 针插头　T4—4 针插头　T10k—10 针插头　V7—散热风扇

图 5-41　帕萨特 B5GSi 轿车电路

三、故障排除

将 4 针的转换插头插牢固后，故障排除。

四、故障总结

该车的故障主要是由于连接压力开关的转换插头松脱引起的，因为转换插头松脱就相当于压力开关（F129）的 1 与 2、3 与 4 的触点都处于断开状态，这样空调切断继电器(J314)切断了压缩机电磁离合器（N25）电源，所以压缩机停止工作。

案例二

一、故障现象

有 1 辆帕萨特 B5 乘用车，累计行程为 6.9 万 km。用户反映该车空调制冷效果不佳，且随着鼓风机转速的升高，出风口的温度也会随之升高。

二、故障诊断

首先触摸空调制冷系统高低压管路，温度正常。接着检查空调制冷系统气流通道部分，外界新鲜空气是通过尘土滤清器进入进风口，再由鼓风机送至蒸发器，并在此处经过热交换变成冷空气进入车厢内。由于在全冷量工况下暖风冷却液箱的阀门是关闭的，因此尽管该暖风冷却液箱始终与冷却系统相通并处于工作状态，但制冷系统仍能正常工作。暖风冷却液箱的阀门是由空调冷暖调节开关通过拉索控制的，一旦该拉索松弛或脱落造成阀门关闭不严，出风口温度就会升高。经检查该部分工作正常。检查尘土滤清器是否堵塞。如果尘土滤清器堵塞，则在内循环状态与外循环状态下制冷效果会有明显差别（在外循环状态下制冷效果差）。该车在内、外循环状态下制冷效果相差无几，看来问题还是在空调制冷系统。

帕萨特 B5 的空调制冷系统主要由空调压缩机、冷凝器、节流阀、蒸发器及储液罐等部分组成。在对该系统检查过程中，发现节流阀进口端烫手，出口端较冷，表明该阀工作正常。如果制冷效果差的原因出在空调压缩机部分，则可能是空调压缩机产生液击现象，其内部击穿而不制冷，比较明显的特征是：该系统中高低压值比较接近；空调压缩机内压力调节阀损坏，使其不能变排量；制冷剂不足或过量。经测量，制冷系统压力值分别为：低压端 0.17MPa，高压端 1.32MPa（发动机怠速，鼓风机 1 挡时）；低压端 0.17MPa，高压端 1.37MPa（发动机 2 000r/min，鼓风机 1 挡时）；低压端 0.15MPa，高压端 1.72MPa（发动机 2 000r/min，鼓风机 4 挡时）。

以上数据表明系统压力正常，空调压缩机不存在液击现象。因对其内的压力调节阀的工作可靠性尚无检查手段，于是采用更换空调压缩机总成的方法进行试验。

考虑到变排量空调压缩机的结构特点决定了系统的高低压侧压力受变排量的变化、室外环境温度及负荷等诸多因素的影响，不能用测量压力的方法来确定制冷剂的多少。因此在加注制冷剂时，严格按照要求采用专用设备加注了 750g R134a 制冷剂。为了检查系统管路是否堵塞，更换空调压缩机前用压缩空气对管路进行吹冲，然后用清洁汽油进行了清洗。同时还将节流阀拆下进行了检查，并将其滤网进行了清洁。然而，结果依然令人失望。

在排除了空调压缩机、节流阀及管路故障的可能性后，蒸发器变成了最可疑的对象。通常，蒸发器结霜是制冷效果差的一个重要原因，因为在叶片表面结霜后空气通道被堵塞，通过蒸发器进行热交换的空气量减少。拆下空调面板及右杂物箱，将手伸进去触摸蒸发器的表面，感到大约只有右侧的 1/4 部分较凉，由右至左逐渐由凉变温，而从节流阀到蒸发器之间的管路上有霜。由于蒸发器是利用低温液态制冷剂蒸发来吸收空气中所含热量的热交换装置，因此对于蒸发器来讲，制冷剂和空气之间的热交换要尽可能充分。为进一步判断蒸发器内是否堵塞，又进行了如下试验。

取 1 只热水袋并装满开水，将其放在节流阀到蒸发器之间的管路上，然后用温度计检测出风口温度。如果出风口温度能够下降，说明蒸发器是畅通的，反之说明蒸发器内部堵塞。经测量，出风口温度未发生变化，由此可以判定故障部位在蒸发器。

三、故障排除

更换蒸发器后故障排除。

四、故障总结

变排量空调压缩机空调制冷系统，不会随着空调压缩机排量的改变而出现明显的高压侧压力过高和低压侧压力过低的现象，因而对蒸发器堵塞造成的故障会难以判断。

小　结

本项目以汽车空调无暖气这一故障现象为载体，将汽车空调暖风通风系统的结构、工作原理等理论知识与其故障检修技能及汽车空调维修专用工具和专用设备的正确使用知识融为一体，进行讲解和训练。在学习过程中，通过对设定故障进行全过程的检修，以训练每个环节和步骤，并掌握每个环节涉及的理论知识。

通过本项目的学习，应能进行以下工作：因汽车空调暖风通风系统原因产生的故障，能正确进行原因分析；能进行系统的拆装分解和检测；能正确进行系统修理和维护。

习题及思考题

1. 简述汽车空调暖风通风系统的组成和功用。
2. 试述汽车空调暖风系统的分类和工作原理。
3. 试述汽车空调暖风系统的分类和工作原理。
4. 如何正确拆装和检修暖风系统加热器？
5. 如何正确拆装和检修暖风系统热水阀和拉索？
6. 如何正确拆装和更换汽车空调滤清器？
7. 如何正确拆装和检修鼓风机？

项目六

汽车空调故障指示灯报警故障检修

项目要求

汽车空调电子控制系统故障是汽车空调系统常见故障之一。本项目以汽车空调故障指示灯报警这一现象为载体，通过对汽车空调电子控制系统故障的检测、诊断、拆卸和更换安装过程的学习与实施，使读者在掌握汽车空调电子控制系统的线路与控制原理的同时，具备对上述故障进行分析与排除的能力及识读电控线路图的能力。

汽车空调故障指示灯报警，往往是由电子控制系统电气元件或其线路出现故障引起的，如传感器及其线路短路、断路和搭铁不良，本项目除讲述电控系统传感器及其线路检测外，还将讲述电控系统执行器及其线路的检测。

【知识要求】

1. 能识读汽车空调电控系统电路图
2. 了解汽车空调电控系统的功用和组成
3. 理解汽车空调电控系统的工作原理
4. 理解汽车空调各传感器的工作原理
5. 理解汽车空调各执行器的工作原理
6. 理解汽车空调故障代码的含义

【能力要求】

1. 能就车认识典型汽车空调的控制元件及电路
2. 能使用检测仪或面板上的故障灯调出故障代码
3. 能进行汽车空调控制电路传感器及其线路的检测
4. 能进行汽车空调控制伺服电动机及其线路的检测
5. 能进行汽车空调电子控制系统的电源电路和其他执行器及相应线路的检测

重点掌握内容：汽车空调电子控制系统的结构和工作原理，汽车空调电子控制系统的检修。

相关知识

一、汽车空调控制系统

1. 汽车空调控制系统概述

现代汽车空调控制系统，由于采用了先进的控制理论和计算机技术，在控制方式、控制精度和舒适性及工作可靠性方面，与传统的汽车空调手动控制系统已经有了本质的区别。只要驾驶员设定好所需的工作温度，系统即自动检测车内温度和车外温度、太阳辐射和发动机工况，自动调节鼓风机转速和所送出的空气温度，从而将车内温度保持在设定范围内，并适度调节空气质量。有些高级轿车的汽车空调自动控制系统除了温度控制和鼓风机转速控制外，还能进行进气控制、气流方式控制（送风控制）和压缩机控制，并保证系统安全可靠地工作。当系统出现故障时，还可以自动检测和诊断故障部位，并且以故障代码的方式告知维修技术人员。

汽车空调自动控制系统的应用，免去了手动调节的麻烦，缓解了驾驶员的疲劳，在人类的现代化进程中，使汽车作为代步和交通运输工具的单一性能得以不断地拓展和延伸。

典型的汽车空调自动控制系统的基本组成和工作原理如图 6-1 所示。

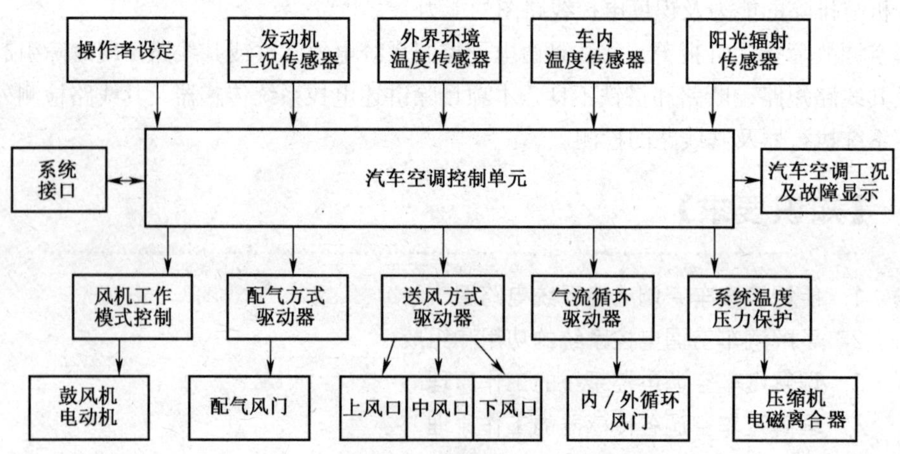

图 6-1　汽车空调自动控制系统的基本组成和工作原理

汽车空调自动控制系统的基本工作模式是：传感器（设定参数）→控制器→执行器。其中，传感器包括一系列检测车内、车外、导风管空气温度变化和太阳辐射的传感器，以及发动机工况的传感器，并将它们变成相应的电量（电阻、电压、电流）送入控制器。早期的控制器由电子元件（如分立晶体管）、运算放大器组成，现代控制器由单片微处理器或组成系统的车身计算机构成，它根据各传感器所检测的温度参数、发动机运行工况参数和汽车空调系统工况参数，经内部电路分析、比较后，单独或集中对执行器的动作进行控制。这种控制过程，可以计算出设定参数与实际状况的工作差别，精确地控制执行器按照程序完成汽车空调的既定工作。而执行器则采用大量的自动元件，如调速电动机控制的风机、步进电动机控制的风门等，高效、可靠地完成调节空气质量的任务。同时，汽车空调还具备完善的自我检测诊断功能，并与汽车其他计算机系统交换数据，协调车辆平稳、安全、舒适地运行。

汽车空调自动控制系统的基本结构如图 6-2 所示。

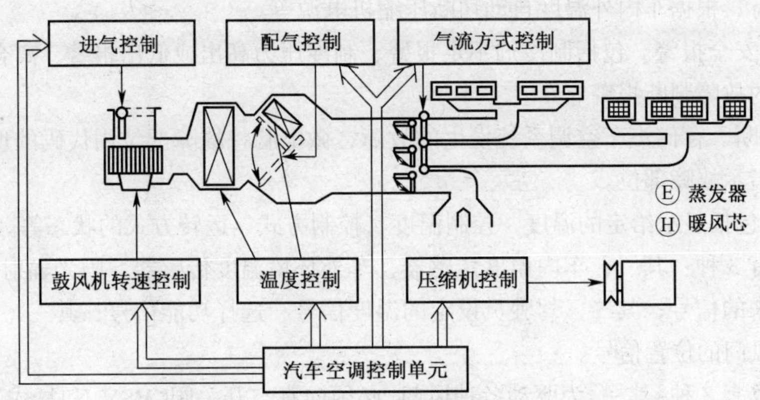

图 6-2 汽车空调自动控制系统的基本结构

2. 微电脑控制汽车空调系统的工作原理

微电脑控制的汽车空调系统不仅能按照乘员的需要吹出最适宜温度的风，而且可以根据实际需要调节风速、风量，还极大地简化了操作。由于计算机控制理论的发展和技术的进步，该系统不仅用在高级汽车空调上，也越来越多地应用在普通汽车空调系统中。

在微电脑控制的汽车空调中，每个传感器独立地将信号传送至汽车空调器放大器（称为汽车空调器 ECU，或者在某些车型中称为汽车空调器控制 ECU），控制系统根据汽车空调器放大器微电脑中的预置程序，识别这些信号，从而独立地控制各个相应的执行器，如图 6-3 所示。

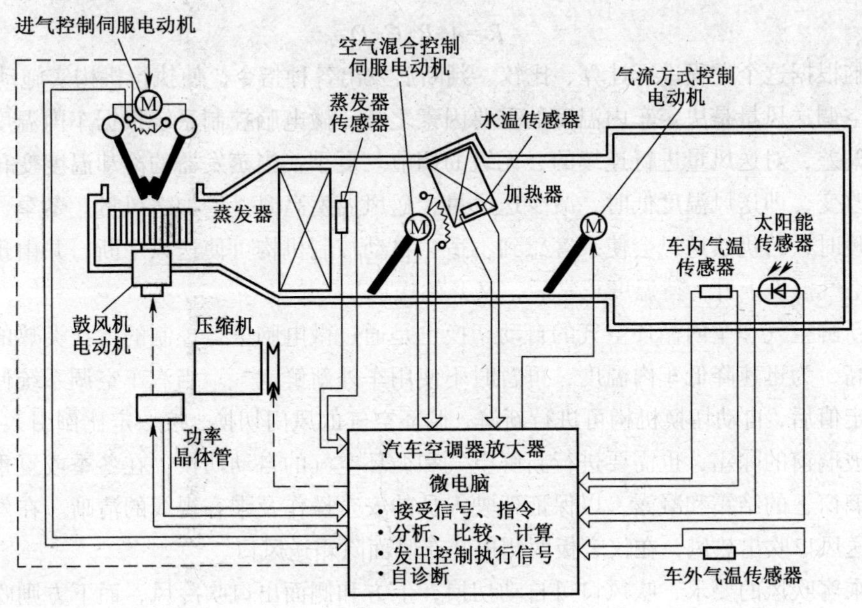

图 6-3 微电脑控制型汽车空调系统

微电脑温度控制的汽车空调系统具有以下几种功能。

① 空调控制。包括温度自动控制、风量控制、运转方式自动控制、换气量控制等，满足车内对汽车空调舒适性的要求。

② 节能控制。包括压缩机运转控制、换气量的最适量控制以及随温度变化的换气切换、自动转入经济运行、根据车内外温度自动切断压缩机电源等。

③ 故障、安全报警。包括制冷剂不足报警、制冷压力高出或低出报警、离合器打滑报警、各种控制器件的故障判断报警等。

④ 故障诊断。存储汽车空调系统发生的故障，微电脑将故障部位用代码的形式存储起来，在需要修理时指示故障部位。

⑤ 显示。包括显示给定的温度、控制温度、控制方式、运转方式的状态等。

输入信号有 3 种：其一，车内温度传感器、车外环境温度传感器、阳光辐射温度传感器等各种传感器传来的信号；其二，驾驶员设定的温度信号、选择功能信号；其三，由电位计检测出的空气混合风门的位置信号。

输出信号也有 3 种：其一，为驱动各种风门，必须向真空开关阀（VSV）和复式真空阀（DVV）或伺服电动机输送的信号；其二，为调节风量，必须向风机电动机输送的调节电压信号；其三，向压缩机输送的开停信号。

为了保证车内温度不变，微电脑必须根据传感器感测到的车内温度，不断地调节汽车空调器吹送出的空气温度和送风量。同时由于车内空间狭窄、车窗多、车体受阳光照射的影响较大，还必须对车内送风温度进行修正。此外，还有由于冷却液温度变化而进行的对加热量的修正，以及在采用经济运转方式时，由于压缩机停止运转而进行的对蒸发器出口温度的修正等。

微电脑的控制是根据温度平衡方程进行的。设输入设定温度的电阻为 R，车室内温度的电阻为 A，车外空气温度的电阻为 B，吹出口温度的电阻为 C，阳光照射、环境、节能修正量的温度电阻为 D，则其温度平衡方程为

$$R=A+B+C+D$$

微电脑根据这个方程进行计算、比较、判断后发出各种指令，使执行机构实施动作。

汽车空调送风量是决定车内温度的重要因素之一。微电脑控制系统根据车内温度与给定温度之间的偏差，对送风量进行连续的、无级的调节。夏季，当蒸发器的冷却温度变化时，送风量即随之改变，即送风温度低时，减少送风量，送风温度高时，增加送风量。冬季，水温低不能充分供暖时，若仍然送风会使乘客感到不适，自动控制机构可使送风中断，并由预热器加热空气，使空气温度上升，待温度正常后，又开始送风。

车外新鲜空气和车内循环空气的自动切换也是通过微电脑进行控制的。在炎热的夏季，车内温度很高，为迅速降低车内温度，可暂时不使用车外新鲜空气。当汽车空调系统使车内温度下降至一定值后，自动切换机构可进行新鲜、循环空气的风门切换，按一定比例引入新鲜空气。此外，对玻璃窗的除霜，也需要进行新鲜空气和循环空气的自动切换。在冬季或夏季雨天，必须除去玻璃窗上的结霜和凝露，以保证驾驶人员的安全操作及乘客视线的清晰。在驾驶人员前方有除霜送风口吹出热风，在仪表板两侧也装有侧面除霜送风口。

根据乘客吹风的要求，吹风口可自动切换，上方和侧面出口吹冷风，而下方则吹暖风，满足乘客头凉脚暖的舒适性要求。例如，车内温度给定值为 25℃，夏季车外温度为 35℃时送冷风，空气经蒸发器冷却后由冷风口吹出；在春、秋过渡季节，车外温度接近车内给定温度时，则采用经济运转方式，此时压缩机停止运转不制冷，这种换气方式是既经济又节能的；在冬季，当车外温度低于 15℃时，空调供暖循环开始工作，加热后的空气由下部暖风口送出。

夏季阳光辐射量的变化是修正项之一。由于汽车玻璃窗面积大，车内热负荷明显增加，使

车内温度升高，因此通过对阳光辐射量的修正使送风温度降低，同时混合空气调节器也要对车外新风量和车内回风量进行调节，以使车内温度满足要求。

对于使用变容量压缩机的制冷系统，压缩机的节能输出会引起蒸发器温度上升。这时微电脑可自动调节混合风门的位置，以保持输出空气的温度不变，使车内温度恒定。

微电脑控制的汽车空调系统的工作方式设定，只需轻轻触摸一下电子触摸板按钮即可。

二、汽车空调控制系统的传感器

1. 温度传感器

汽车空调自动控制系统中使用了很多不同类型的温度传感器，但使用最多的还是具有负温度系数的热敏电阻。其特性是热敏电阻阻值随着温度的升高而减小；反之，则电阻变大，如图 6-4 所示。

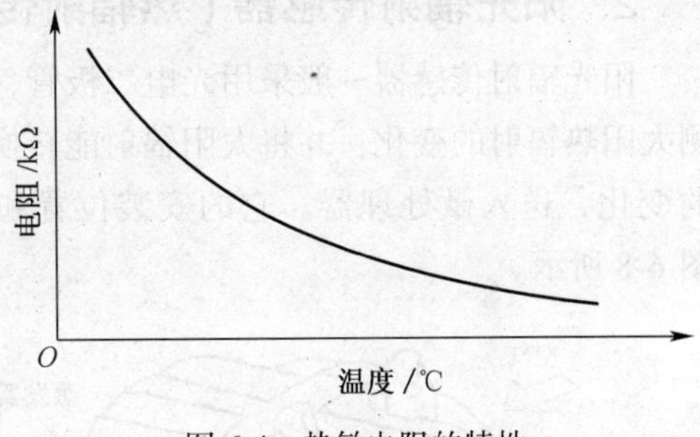

图 6-4 热敏电阻的特性

① 车内温度传感器（室温传感器）。车内温度传感器吸入车内空气，以确定乘客舱的平均气温。以前多采用电动机型车内温度传感器（采用电动机吸入空气），现在则普遍采用气流通过暖气装置的吸气型。使用这种采集温度的方式，可以克服轿车内空间狭小、温度分布不均匀的缺点，如图 6-5 所示。

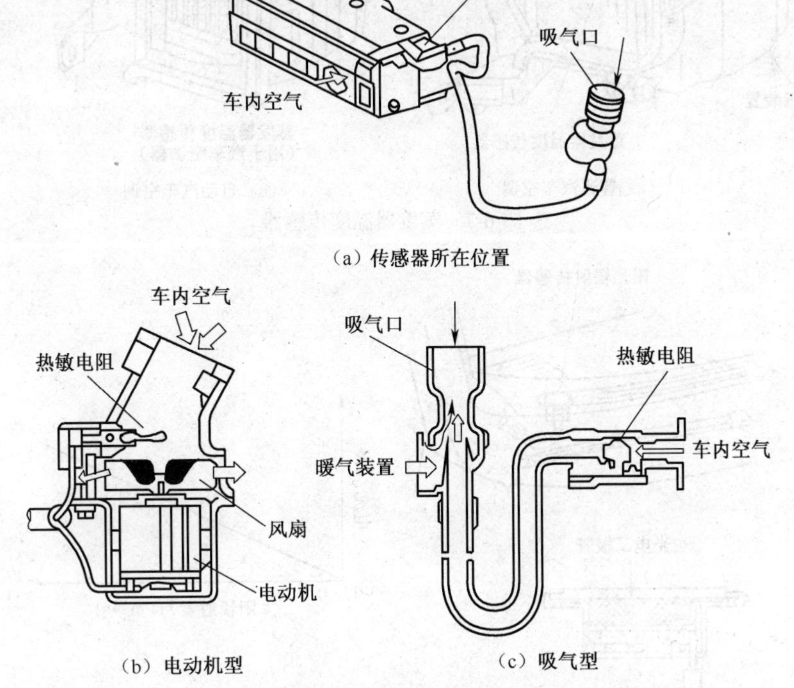

图 6-5 车内温度传感器

② 车外温度传感器（环境温度传感器）。如图 6-6 所示，车外温度传感器通常封装在一个注塑树脂壳内，以防止受潮和避免对温度的突然变化做出反应，适度的惰性使其能准确地检测到车外的平均气温。

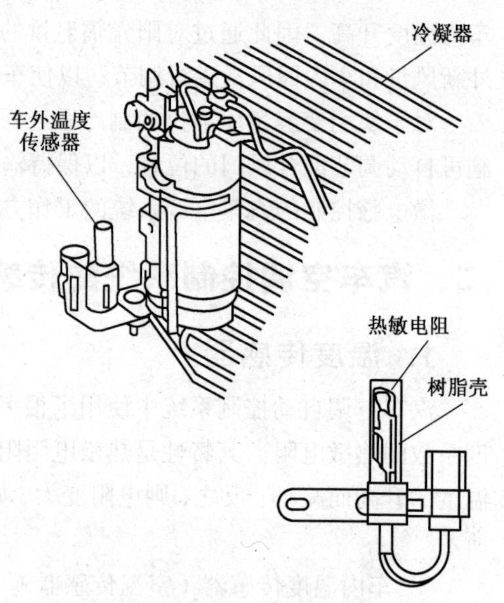

图 6-6　车外温度传感器

③ 蒸发器温度传感器检测通过蒸发器的空气温度，如图 6-7 所示。在采用热敏电阻型除霜设备的汽车空调器中，蒸发器通常安装有两个热敏电阻：一个用于除霜设备;另一个用于蒸发器温度传感器。

2. 阳光辐射传感器（热辐射传感器）

阳光辐射传感器一般采用光电二极管，它能检测太阳热辐射的变化，并将太阳辐射能转换为电流的变化，送入微处理器。它的安装位置和特性如图 6-8 所示。

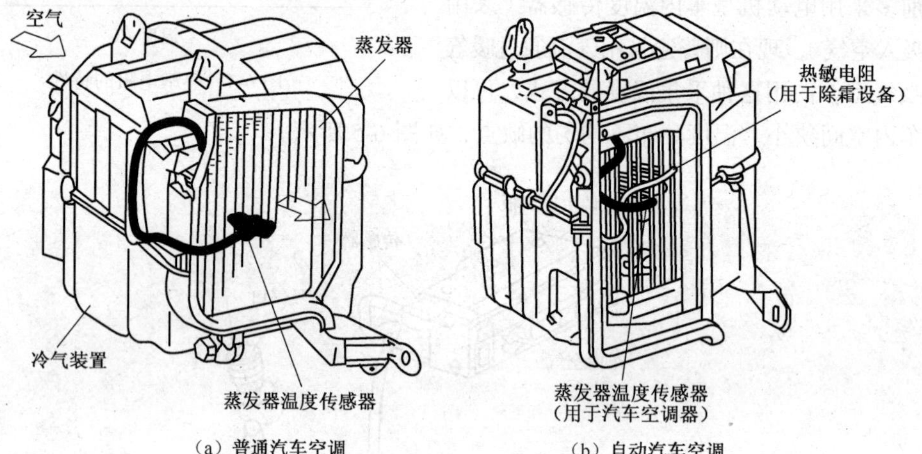

（a）普通汽车空调　（b）自动汽车空调

图 6-7　蒸发器温度传感器

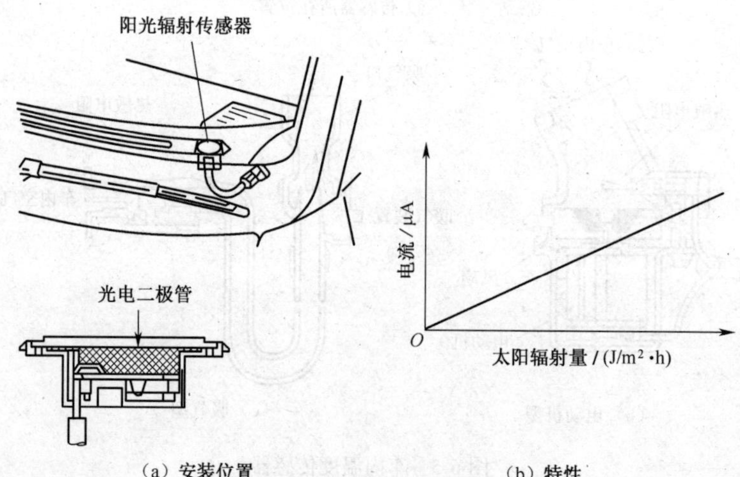

（a）安装位置　（b）特性

图 6-8　阳光辐射传感器

3. 系统共用传感器

以上所述传感器是自动汽车空调系统专门设置的主要传感器。除此之外，普通汽车空调所有的传感器，自动汽车空调也都有设置。发动机和车身部分传感器共用传感器信号。

三、汽车空调控制系统的控制器

控制器分为两种类型：一种采用IC（集成电路）控制的汽车空调器，称为“放大器控制型汽车空调器”；另一种采用微处理器控制的汽车空调器，称为“微电脑控制型汽车空调器”。这些控制器也经常被称为“系统放大器”“汽车空调器放大器”或“汽车空调器 ECU（电子控制单元）”。

图 6-9 所示为微电脑控制型汽车空调器控制器的基本组成，其控制原理如下。

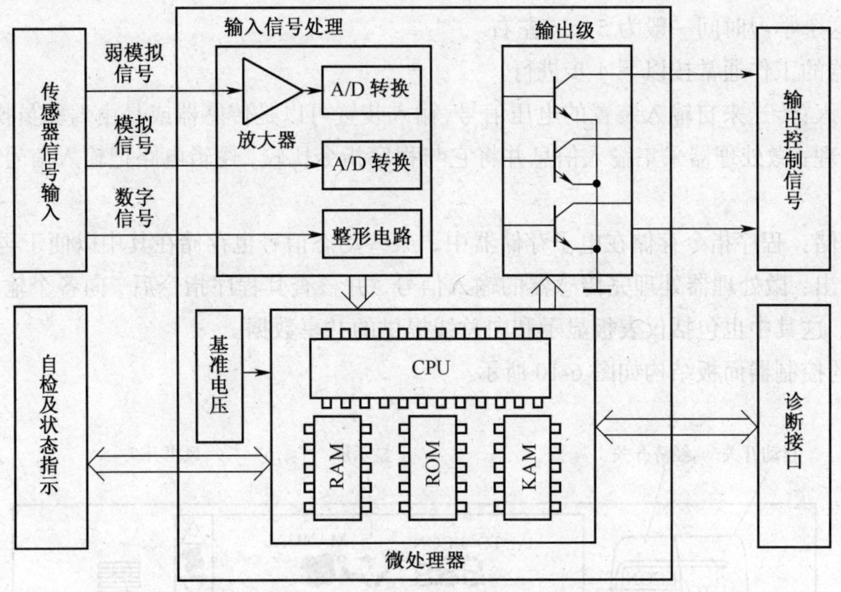

图 6-9　微电脑控制型汽车空调器控制器的组成

传感器包括光传感器、温度传感器、转速传感器、压力传感器等，它们向微处理器提供信号的输入；包括驾驶员的一些操作，如汽车空调的启动、温度及送风运行方式的选择等，也经过操作面板轻触开关传送给微处理器。输入的信号中既有用作状态指示的开关量数字信号，也有连续变化的用于调节、控制的模拟信号。对于模拟信号，通常由微处理器内部进行模数（A/D）转换后采用。

自检及状态指示，是系统工作的初始化过程，当系统正常时，一般由仪表板或信息中心的状态显示屏或指示灯来指示驾驶员可以操作。

输出控制信号实际有两种：一种是对于需要较大电流的元件，如电磁阀、风机等，输出信号驱使驱动单元（模块）进行间接控制；另一种是对于小电动机、继电器、阀门的启闭等，由微处理器直接输出驱动。

诊断接口是为汽车空调系统出现故障时检修之用，通常还与整车微机系统经 CCD 总线互连，使传感器信号和汽车空调系统工作状态信号与全车微机共享，防止重复设置传感器和数据冲突。

汽车空调控制单元模块与普通单片机结构基本相同，但根据汽车空调使用的特点，除了装有 ROM、RAM 外，还设置了可保持存储器 KAM，其工作原理与 EPROM 相似。例如，微处理器能从 KAM 读取信息，也能把信息写入 KAM 中，或者擦除 KAM 中的信息。然而，当点火开关断开时，KAM 仍能保持信息，但当微机与蓄电池电源断开时，KAM 存储器中的信息有可能被擦除。这种 KAM 存储器在微处理器中，具有利用自适应控制使其适应输入或输出的微小缺陷的能力，以及积累经验并自学习的能力。例如，温度传感器向它输入的电压在 0.45～0.6 V 之间变化，如果一个用旧了的温度传感器向其输入一个 0.3 V 的信号，微处理器就会把这个信号解释为器件损坏，并把变更了的标定存储在 KAM 中。于是，微处理器在计算过程中就开始参照这个新的标定。这样，汽车空调系统就能保持正常的性能。假如传感器的输出信号不稳定，或者超出正常范围，微机就不接受这种信号。当然，系统的自适应能力在下列情况下，会有一小段学习时间，即断开蓄电池引线之后；更换或者断开汽车空调系统的某个元件之后，装在新车上时。这个学习时间一般为 5 min 左右。

控制器的工作通常按以下 4 步进行。

① 输入：传送来自输入装置的电压信号，输入装置可以是传感器或是由驾驶员操纵的开关。

② 处理：微处理器采集输入信息并将它与程序指令比较，逻辑电路把输入信号处理成输出指令。

③ 存储：程序指令存储在电子存储器中，某些动态信号也存储在其中以便于再处理。

④ 输出：微处理器处理完传感器的输入信号，并核查其程序指令后，向各个输出装置发出控制指令，这其中也包括仪表板显示和向总线提供的共享数据。

典型的控制器面板结构如图 6-10 所示。

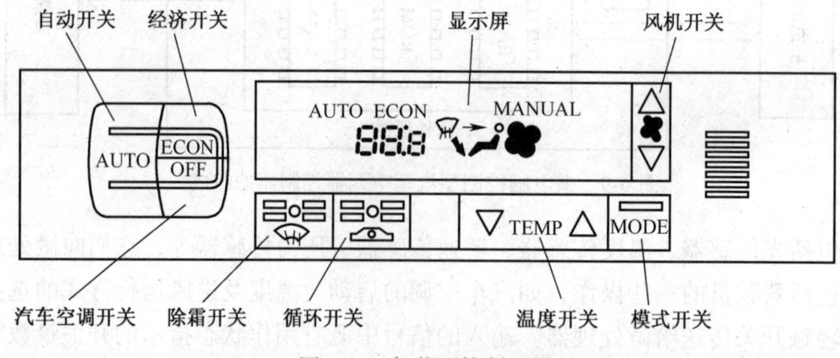

图 6-10 智能型控制面板

四、汽车空调控制系统的执行器

汽车空调自动控制系统的执行器主要是对风机电动机、压缩机、风门伺服电动机等动作部件的控制。由于在系统中，这些部件的工况与手动汽车空调完全不同，所以采用了先进的控制理论和控制方法。

1. 风机电动机

风机是汽车空调系统中十分重要的执行器。为了达到高效、舒适调节车内空气的目的，汽车空调系统对风机转速的控制，通常采用以下 3 种方式。

（1）晶体管与调速电阻组合型

电路结构如图 6-11 所示。风机控制开关有自动挡（或者经济运行模式）和不同转速的人工选择模式。当风机转速开关设定在自动挡时，它的转速由微处理器根据传感器参数和人为设定的参数控制，晶体管导通电流的大小决定风机的转速。若按人工选择模式开关，则汽车空调取消自动控制功能，执行人工设定的转速。

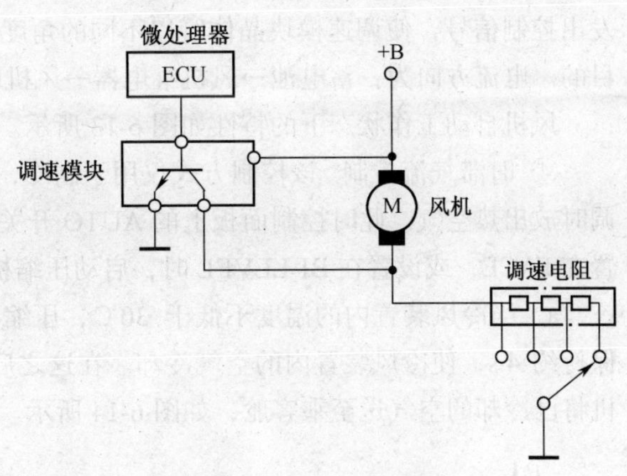

图 6-11 组合型调速电路

（2）晶体管减负荷工作型

电路原理如图 6-12 所示。

电路中，风机是根据传感器送入的参数，微处理器分析、计算后，按照相应的工作方式去工作的，通常有以下 4 种状态。

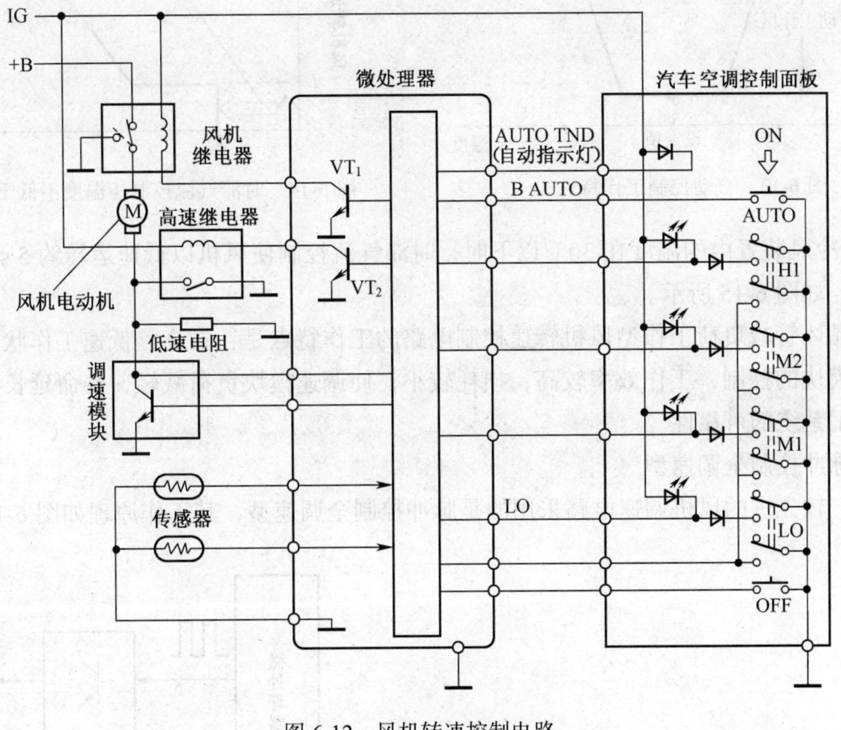

图 6-12 风机转速控制电路

① 低速。启动汽车空调系统后，微处理器发出风机工作信号，使晶体管 VT_1 导通，风机继电器常开触点闭合，风机电动机通过低速电阻构成回路，风机维持最低转速。此种启动模式有利于风机平稳工作并防止损坏调速模块。当车内调速模块温度与设定温度接近或者人工设定时，亦维持最低转速。电流方向为：蓄电池→风机继电器→风机电动机→低速电阻→搭铁。

② 高速。当车内温度与设定温度温差较大时，或者操作送风高速开关时，微处理器发出风机高速工作信号，使晶体管 VT_2 导通，风机电动机通过高速继电器常开触点闭合构成回路，高速运转。电流方向为：蓄电池→风机继电器→风机电动机→高速继电器→搭铁。

③ 自动。在自动工作状态（或者人工设定）时，微处理器根据环境温度与设定温度的参数，

发出控制信号，使调速模块晶体管以不同的角度导通，风机电动机无级变速，达到调节空气的目的。电流方向为：蓄电池→风机继电器→风机电动机→调速模块→搭铁。

风机自动工作状态下的特性如图 6-13 所示。

④ 时滞气流控制。该控制方式仅用于制冷，以防止在炎热时阳光下久停的汽车启动汽车空调时放出热空气。此时控制面板上的 AUTO 开关接通，当 BI-LEVEL 开关按下时，气流方式设置在 FACE，或设置在 BI-LEVEL 时，启动压缩机工作采用时滞气流控制。其工作程序如下。

a. 当冷风装置内的温度不低于 30℃，压缩机接通时，时滞气流控制接通风机电动机，并保持约 4 s，使冷风装置内的空气冷却。在这之后约 5 s，时滞气流控制使风机以低速运转，风机将已冷却的空气送至乘客舱，如图 6-14 所示。

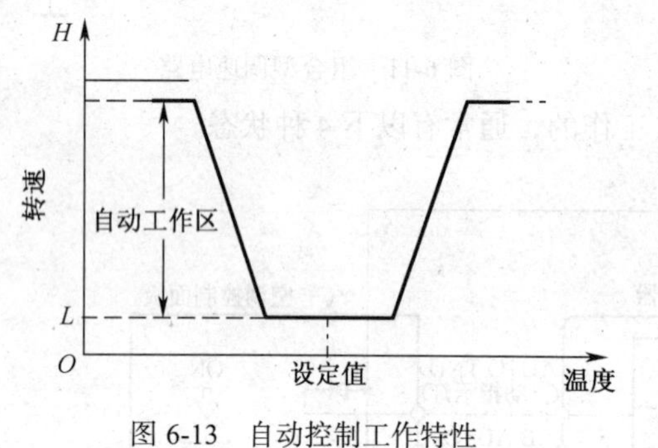

图 6-13 自动控制工作特性

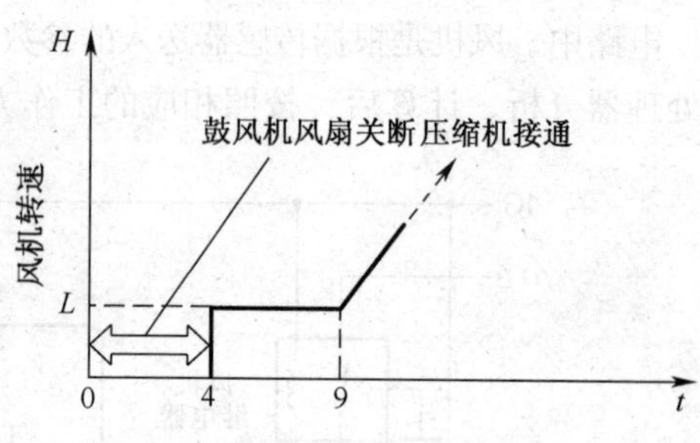

图 6-14 时滞气流控制（温度不低于 30℃时）

b. 当冷风装置内的温度在 30℃以下时，时滞气流控制使风机以低速运转约 5 s，然后转入正常运转，如图 6-15 所示。

这类晶体管减负荷工作型风机转速控制电路的工作特点是：在高、低速工作状态下，风机脱离调速模块的控制，工作效率较高，损耗较小，使调速模块负荷减轻，寿命延长，在一定程度上提高了系统的可靠性。

（3）脉冲控制全调速型

目前，较先进的风机调速电路采用的是脉冲控制全调速型，其工作原理如图 6-16 所示。

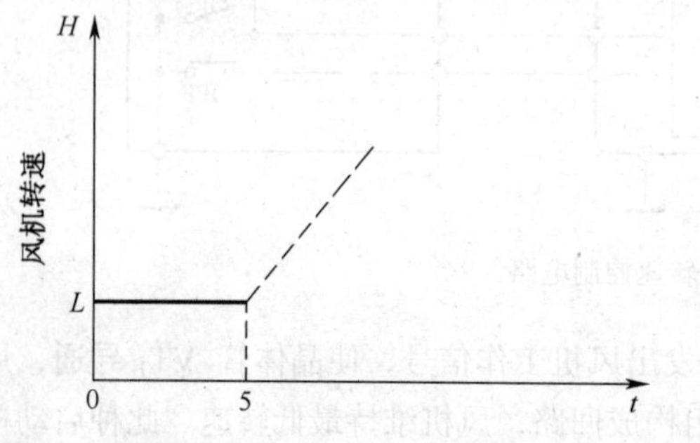

图 6-15 时滞气流控制（温度不低于 30℃时）

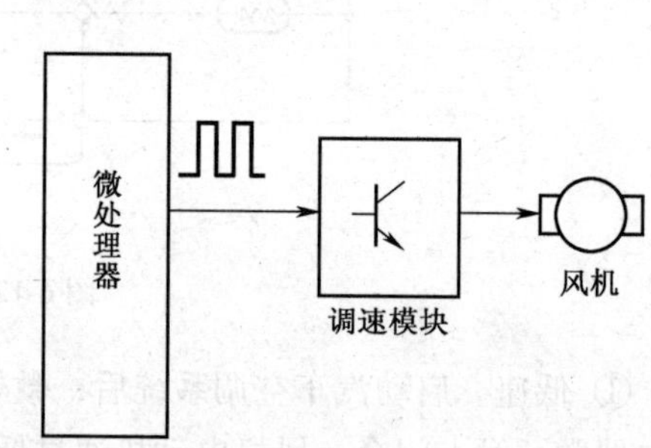

图 6-16 脉冲调速电动机工作原理

这种风机转速控制系统由微处理器根据系统送风量的要求，控制内部脉冲发生器，提供不同占空比的导通信号。调速模块中一般由大功率晶体管组成的驱动风机电路完成对其转速的无级调整工作。

采用这类调速方式，既可以将功率损耗降至最低，又可以在一个很大的范围内实现无级调速的功能，是新一代控制器件的典型应用。

2. 压缩机

汽车空调自动控制系统采用可变排量压缩机的控制技术，它能依据汽车空调系统的制冷负荷或发动机的负荷状况，来控制压缩机的排量变化，以减少不必要的能量浪费，减轻发动机的负载。

变排量压缩机结构及其运作模式见项目三的拓展知识，这里仅介绍压缩机的控制方式。

控制方式有两种类型：一种是根据冷却液温度进行控制；另一种是由热敏电阻进行控制。

① 根据冷却液温度进行控制。来自水温传感器（放置在发动机冷却液出口内）的信号，对应的是一种发动机工况（负荷）信号，如发动机开始过热，这个控制信号即减少发动机负荷，以防止进一步过热，亦即控制放大器允许电流流至或不流至压缩机电磁线圈。于是，电磁线圈在全容量与半容量运作之间转换，如图 6-17 所示。

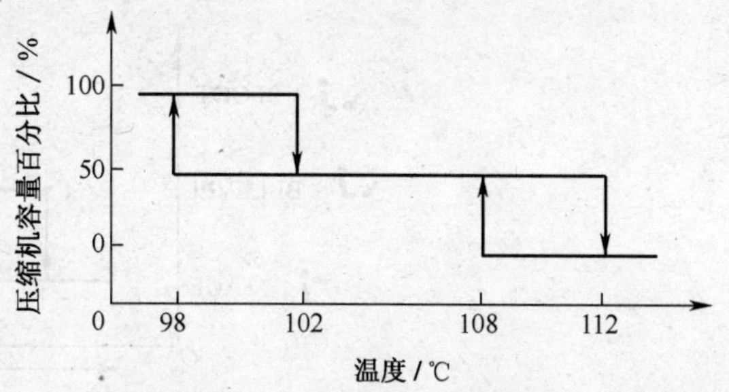

图 6-17　冷却液温度控制特性

② 由蒸发器内的热敏电阻控制。当蒸发器温度上升到 4℃以上时，压缩机受控制按照 100%容量运行，反之，蒸发器温度下降到 4℃以下时，压缩机受控制按照半容量运行；当蒸发器温度低于 3℃时，则关断压缩机，如图 6-18 所示。

此外，来自汽车空调器开关的运作方式信号 A/C（非经济模式）或 ECON（经济模式），和来自热敏电阻（放置在蒸发器内）的温度信号，结合控制压缩机的工况，即控制放大器允许电流流至或不流至压缩机电磁线圈，于是，电磁线圈在全容量与半容量运作之间转换，如图 6-19 所示。

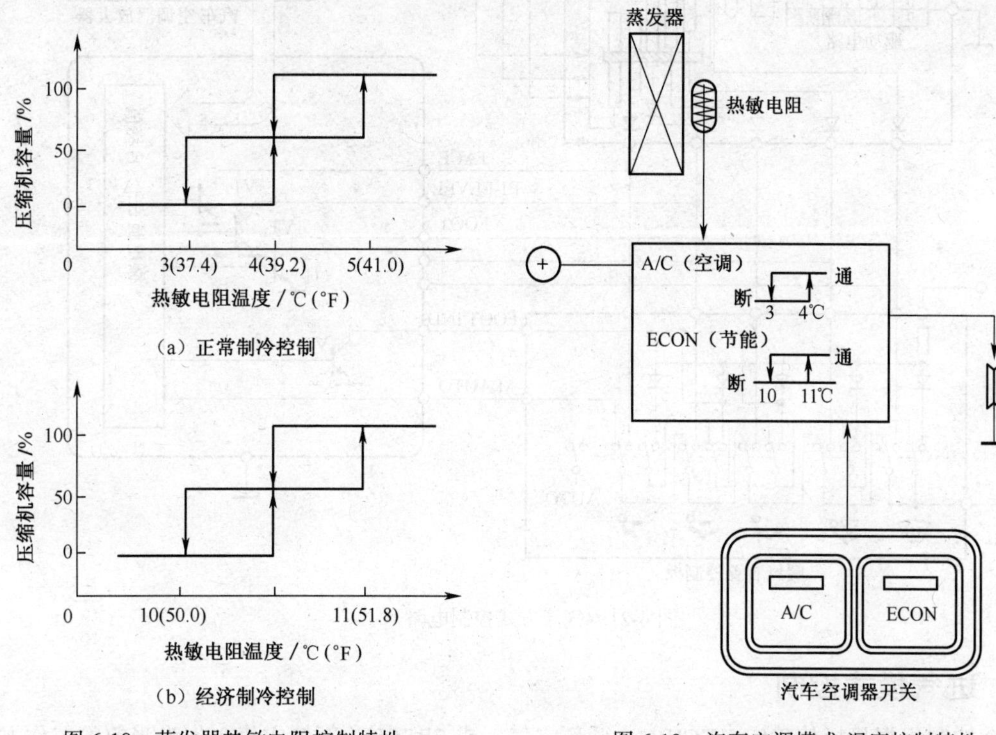

图 6-18　蒸发器热敏电阻控制特性

图 6-19　汽车空调模式-温度控制特性

3. 气流方式控制（配气控制）

气流方式控制的作用是根据空气调节的目标值自动地控制送气方式。

当位于汽车空调控制面板上的 AUTO（自动）开关接通时，安装在汽车空调器内的微电脑收到这个信息，就根据目标值，按图 6-20、图 6-21 所示的方式控制送气方式。其工作过程是：当车内温度与设定值产生偏差时，微电脑发出指令改变气流方式，执行元件晶体管 TV 导通，使得驱动电路的输入、输出关系按照内部程序为电动机提供工作通路，伺服电动机旋转，带动触点组移到相应位置后停止，完成气流配送。

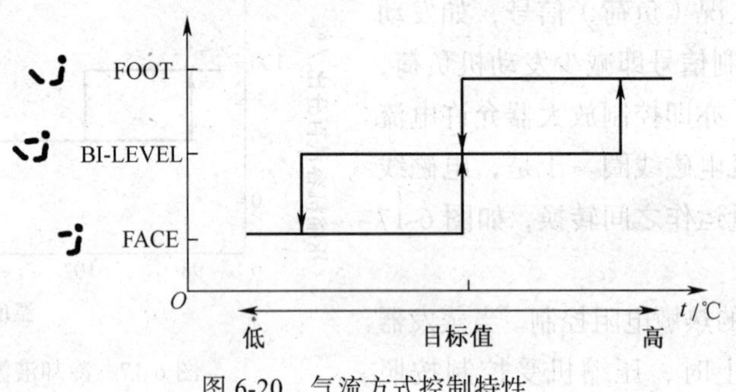

图 6-20　气流方式控制特性

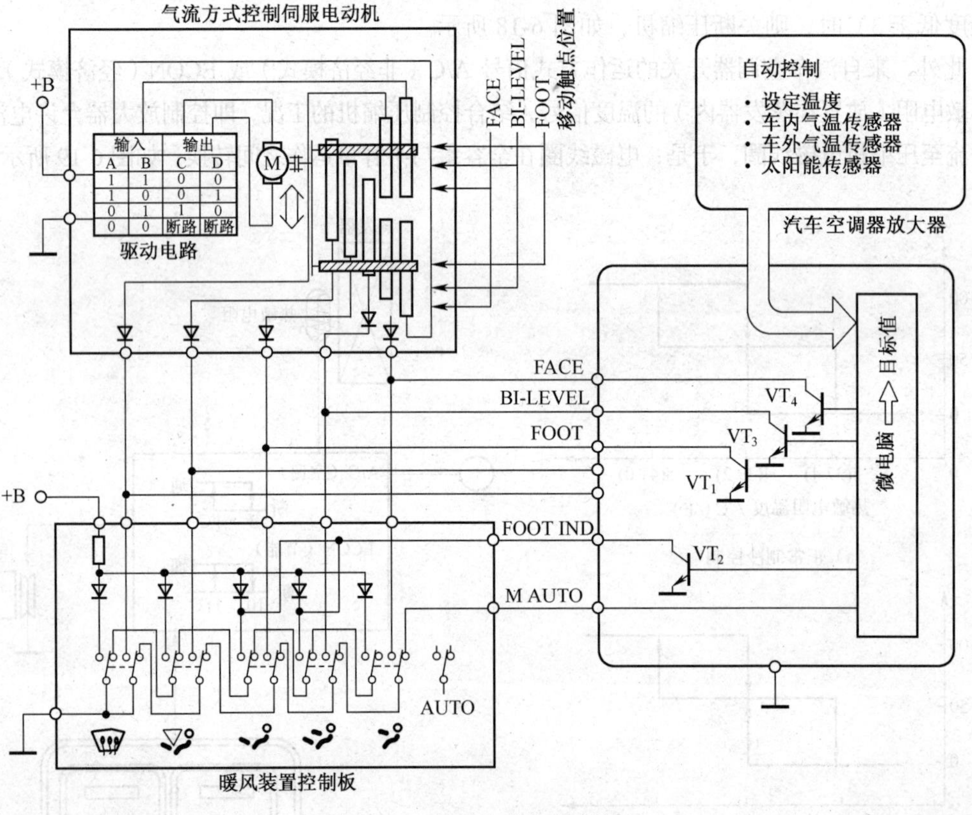

图 6-21　气流方式控制电路

4. 进气模式控制

这个控制根据目标值确定 RECIRC（循环空气）或 FRESH（新鲜空气）作为当前的工作方

式，或者将所确定的方式输出至进气控制伺服电动机，从而执行控制。

在图 6-22 所示的典型电路中，当电压施加在端子①与②或①与③上时，电动机启动。内置于汽车空调放大器中的微电脑参考目标值确定何种方式作为当前工作方式，并根据这一决定（此处示例是 FRESH 方式），接通 FRS 晶体管。这使触点 B 接地，在端子①与③之间产生一电压差。这一电压差使电流从端子①流至电动机、移动触点、端子③、FRS TV，最后至接地。从而启动电动机，使移动触点离开 RECIRC 位置，转至 FRESH 位置。这将移动触点从触点 B 拉开，于是进入 FRESH 方式。

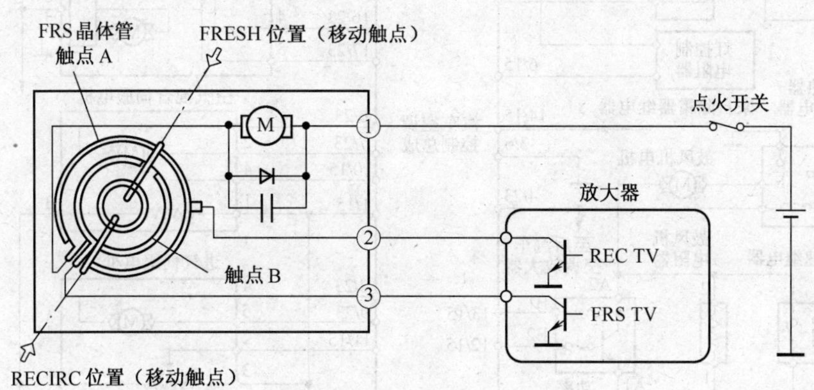

图 6-22　进气模式控制电路

它还具有新鲜空气强制进气控制模式。当按下 DEF 开关时，这个控制就强制将进气方式转至 FRESH，清除挡风玻璃内侧上的雾气。同时，还可改变新鲜空气与循环空气的比例，以改善空气质量。

五、凌志 LS400 汽车空调电路分析

凌志 LS400 型汽车空调装备，是一款较优秀的智能化汽车空调控制系统。它的控制功能完备，性能优良，操作使用方便，空气调节效果好，整个系统自成体系，并且具有自诊断功能，其电路原理如图 6-23 所示。该电路由传感器、控制器和执行器组成，系统结构与工作原理如下。

1. 传感器

（1）车内温度传感器

车内温度传感器安装在仪表板的下端，是一个具有负温度系数的热敏电阻。当车内温度发生变化时，热敏电阻的阻值改变，从而向汽车空调 ECU 输送车内温度信号。

（2）车外环境温度传感器

车外环境温度传感器安装在前保险杠右下端，它也是一个热敏电阻，向汽车空调 ECU 输送车外温度信号。

（3）蒸发器温度传感器

该传感器安装在蒸发器壳体上，用以检测制冷装置内部的温度变化。当蒸发器周围温度发生变化时，传感器电阻的阻值也随之改变，并向汽车空调 ECU 输送电信号。

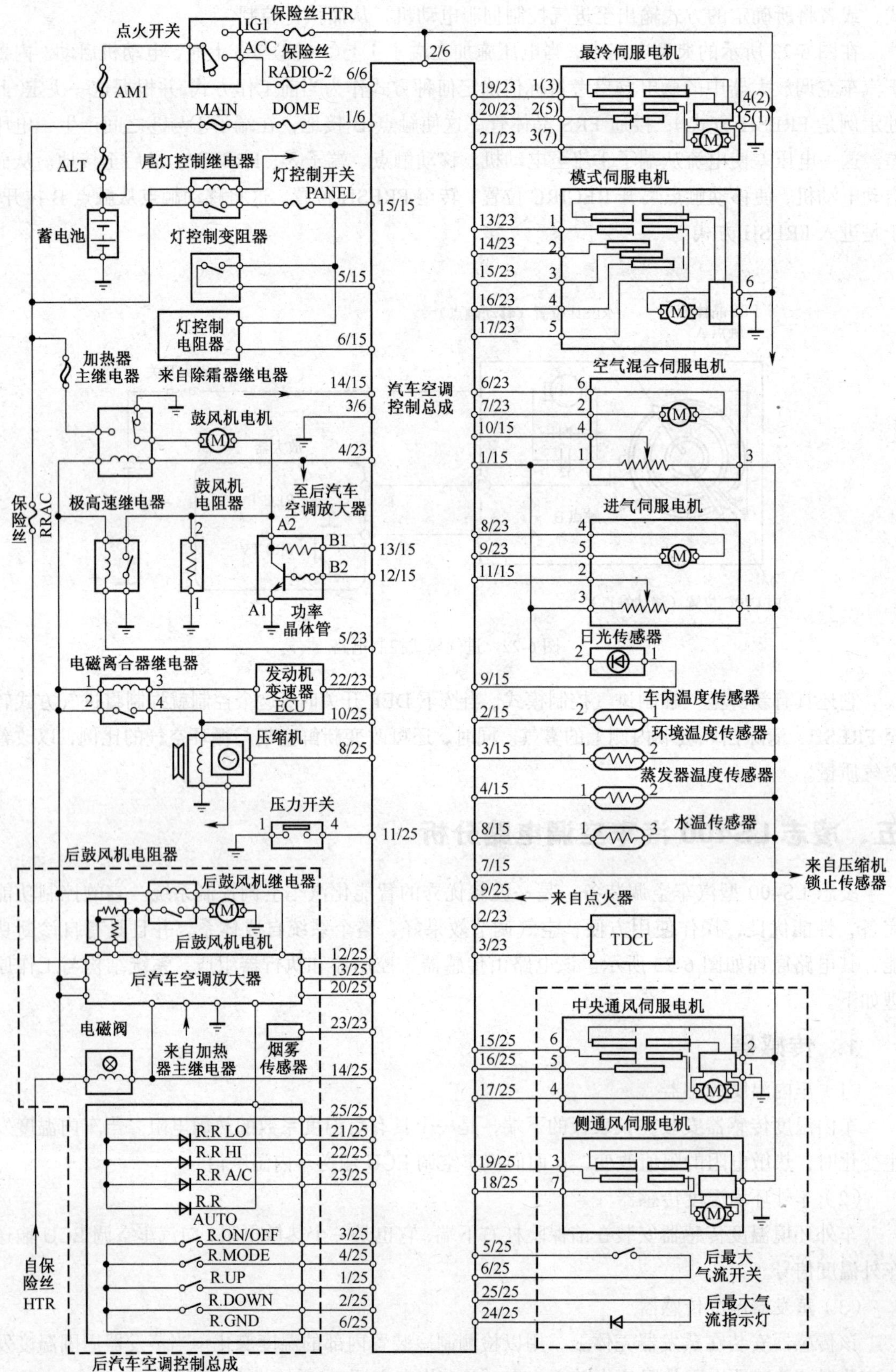

图 6-23　凌志 LS400 汽车空调系统电路

（4）光照传感器

它是一个光敏二极管，安装在汽车前挡风玻璃下面。利用光电效应，该传感器将阳光辐射程度转变成电信号，并输送给汽车空调 ECU。

（5）水温传感器

它直接安装在暖气芯底部的水道上，检测冷却液温度。产生的水温信号输送给汽车空调 ECU，用于低温时的风机转速控制。

（6）压缩机锁止传感器

这是一种磁电式传感器，安装在汽车空调装置的压缩机内，用于检测压缩机转速。压缩机每转一圈，该传感器线圈产生 4 个脉冲信号输送给汽车空调 ECU。

2. 汽车空调控制器

汽车空调 ECU 与操纵面板自成一体，它对输入的各种信号进行计算、分析、比较后，发出指令，接通所需的电路并指示伺服电动机转动；按照功能选择键的输入指令，打开所需的出风口风门并调节出风温度；按照输入的预设温度，控制温度风门的位置；按照输入气源门的空气来源，指示气源门电动伺服电动机工作等。

（1）计算所需送风温度

汽车空调 ECU 根据驾驶员所设定的温度及各传感器输送的数据，按下面的公式计算所需的送风温度 T_0。

$$T_0=aT_S+bT_R+cT_A+dT_B+e$$

式中，T_S 为驾驶员设定的温度（℃）；T_R 为车内温度（℃）；T_A 为车外环境温度（℃）；T_B 为光照传感器输送的数据；a、b、c、d、e 为系数。

汽车空调 ECU 根据 T_0 值，向伺服电动机等执行元件发出控制信号，以实现各种控制功能。但是当驾驶员将温度设置在最冷或最热时，汽车空调 ECU 将用固定值取代上述计算值进行控制，以加快响应速度。

（2）车内温度控制

汽车空调 ECU 根据下列公式计算空气混合挡风板的开度值。

$$S=\frac{T_0+f-(T_E+g)}{h-(T_E+g)}\times 100\%$$

式中，T_E 为蒸发器温度（℃）；f、g、h 为系数。

当 S 值近似为零时，表示 T_0 与 T_E 接近，汽车空调 ECU 即截止输入空气混合伺服电动机的控制电流，空气混合挡风板处在原位置。若 S 值小于零，表示 T_0 小于 T_E，汽车空调 ECU 控制空气混合挡板向冷的方向转动，降低出风温度。与此同时，电动机内的电位计将挡风板的转动位置信号反馈给 ECU，当温度降低至使 S 值近似为零时，ECU 切断电流，伺服电动机停止转动。若 S 值大于零，表示 T_0 大于 T_E，于是汽车空调 ECU 控制空气混合挡风板向热的方向转动，提高出风温度，直至 S 值重新接近于零。

（3）风机转速控制

图 6-24 所示为风机转速控制电路。当按下低速键时，汽车空调 ECU 的 1 端与 2 端导通，1 号继电器吸合，电流流经电动机及一个电阻器后接地，风机电动机以低速旋转。当按下中速键时，汽车空调 ECU 的 1 端与 2 端导通，1 号继电器吸合，同时 ECU 端子 4 间歇性地向功率管

端子 6（基极）输入控制电流，使它间歇性导通，这样，风机控制电流流经电动机后，可以间歇性地经功率管端子 7 和端子 9 接地。风机转速取决于功率管的导通时间。当按下高速键时，汽车空调 ECU 的 5 端与 2 端导通，2 号继电器吸合，风机控制电流经电动机和 2 号继电器触点后接地，电动机以高速旋转，它属于减负荷控制方式。

当按下自动控制键时，汽车空调 ECU 根据 T_0 值自动调整风机转速。若水温传感器检测到水温低于 40℃时，ECU 控制风机停止。

（4）进风方式控制

当按下某个进风方式键时，汽车空调 ECU 控制进风伺服电动机转动，将进风挡风板固定在“车外新鲜空气导入”或“车内空气循环”位置上。当按下自动控制键时，汽车空调 ECU 根据 T_0 值，在上述两种方式之间交替自动改变进风方式。

（5）送风方式控制

当按下某个送风方式控制键时，汽车空调 ECU 控制送风方式伺服电动机动作，将送风方式固定在相应状态上。当进行自动控制时，汽车空调 ECU 根据求得的 T_0 值，按图 6-25 所示的关系曲线，自动调节送风方式。当 T_0 值非常小时，最冷控制挡风板完全开启，增加送风风力。

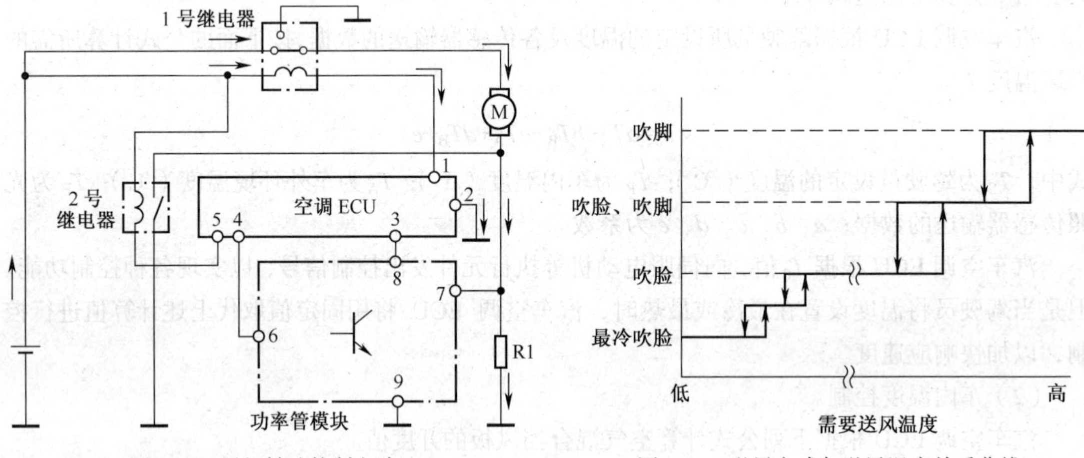

图 6-24　风机转速控制电路　　　图 6-25　送风方式与送风温度关系曲线

（6）压缩机工作控制

同时按下空调（A/C）键和风机键，或按下自动控制键时，汽车空调 ECU 使电磁离合器吸合，压缩机开始工作。压缩机控制电路如图 6-26 所示，其工作过程为：汽车空调 ECU 的 MGC 端首先向发动机 ECU 发出压缩机工作信号，发动机 ECU 的 A/CMG 端随即通过内部晶体管接地，使继电器吸合，电流流入压缩机电磁离合器，压缩机运转；与此同时，电流也加到汽车空调 ECU 的 A/C 一端，向空调 ECU 反馈压缩机工作信号。

进行自动控制时，若环境温度或蒸发温度降至一定值以下，汽车空调 ECU 将控制压缩机间歇性地工作，即电磁离合器交替导通与断开，以节省能源。

汽车空调装置工作时，汽车空调 ECU 同时从发动机点火器及压缩机锁止传感器采集发动机与压缩机转速信号，并进行比较。若两种转速信号的偏差率连续 3 s 超过 80%，ECU 则判定压缩机锁死，同时与电磁离合器脱开，防止汽车空调装置进一步损坏；并使操纵面板上的 A/C 指示灯闪烁，以提示驾驶员。

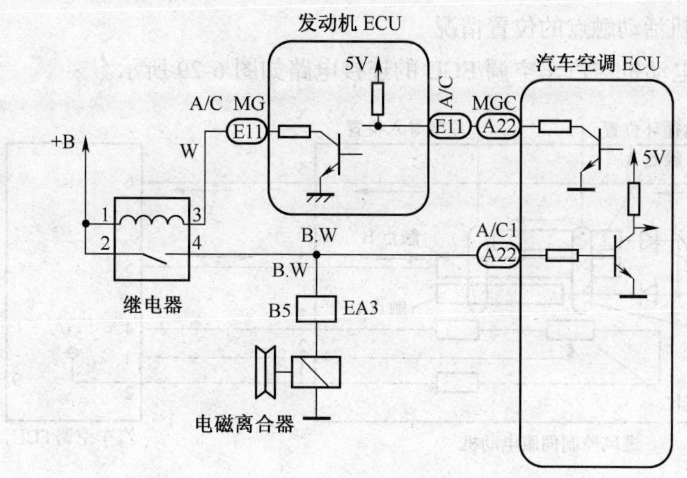

图 6-26　压缩机控制电路

3. 执行器

执行器主要包括控制伺服电动机、风机及压缩机磁吸等，各种挡风板的位置如图 6-27 所示。

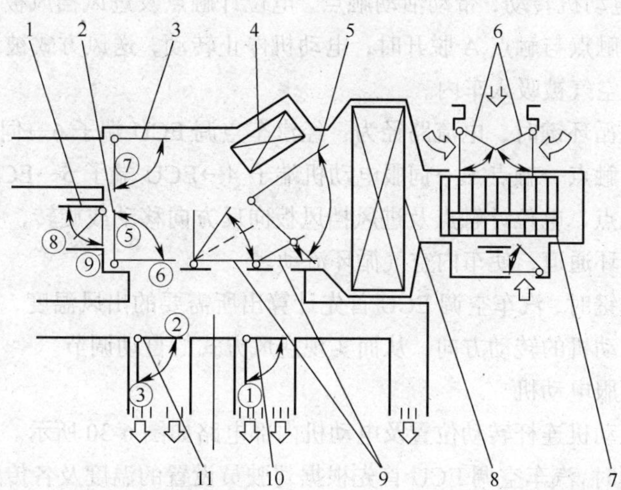

1—除霜风口挡风板　2—风口挡风板　3—取暖挡风板　4—取暖器芯　5—空气混合挡风板　6—进风挡风板
7—风机电动机　8—蒸发器　9—最冷控制挡风板　10—中央风口挡风板　11—后风口挡风板

图 6-27　各种挡风板（风门）位置

（1）进风控制伺服电动机

该电动机控制送风方式，电动机的转子经连杆与进风挡风板相连，如图 6-28 所示。当驾驶员使用送风方式控制键选择“车外新鲜空气导入”或“车内空气循环”模式时，汽车空调 ECU 即控制进风伺服电动机带动连杆顺时针或逆时针旋转，从而带动进风挡风板闭合或开启，达到改变送风方式的目的。该伺服电动机内装有一个电位计，随电动机转动，并向汽车

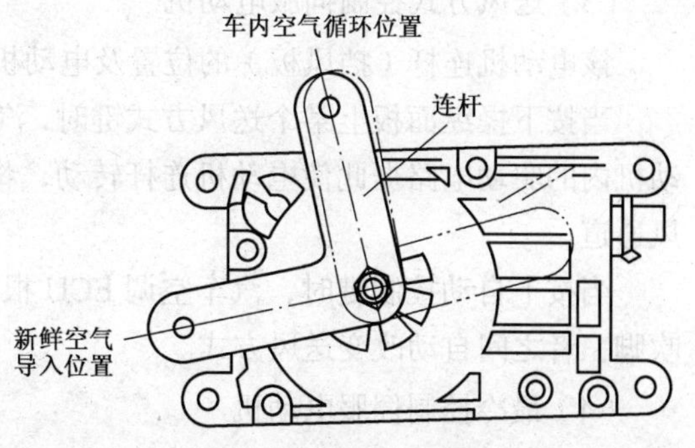

图 6-28　进风控制伺服电动机

空调 ECU 反馈电动机活动触点的位置情况。

进风控制伺服电动机与汽车空调 ECU 的连接电路如图 6-29 所示。

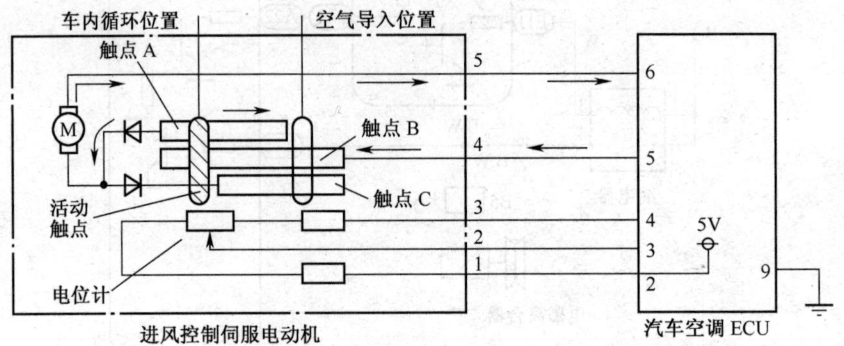

图 6-29　进风控制伺服电动机与 ECU 的连接

当按下车外新鲜空气导入键时，电流路径为：经汽车空调 ECU 端子 5→伺服电动机端子 4→触点 B→活动触点→触点 A→电动机→伺服电动机端子 5→汽车空调 ECU 端子 6→ECU 端子 9→搭铁。此时伺服电动机转动，带动活动触点、电位计触点及进风挡风板移动或旋转，新鲜空气通道开启。当活动触点与触点 A 脱开时，电动机停止转动，送风方式被设定在“车外新鲜空气导入”状态，车外空气被吸入车内。

当按下车内空气循环键时，电流路径为：经汽车空调 ECU 端子 6→伺服电动机端子 5→电动机→触点 C→活动触点→触点 B→伺服电动机端子 4→ECU 端子 5→ECU 端子 9→搭铁。于是电动机带动活动触点、电位计触点及进风挡风板向反方向移动或旋转，关闭新鲜空气入口，同时打开车内空气循环通道，使车内空气循环流动。

当按下自动控制键时，汽车空调 ECU 首先计算出所需要的出风温度，并根据计算结果自动改变进风控制伺服电动机的转动方向，从而实现逆风方式的自动调节。

（2）空气混合伺服电动机

空气混合伺服电动机连杆转动位置及电动机内部电路如图 6-30 所示。

当进行温度控制时，汽车空调 ECU 首先根据驾驶员设置的温度及各传感器输送的信号计算所需要的出风温度，并控制空气混合伺服电动机连杆顺时针或逆时针转动，改变空气混合挡风板的开启角度，从而改变冷、暖空气的混合比例，调节出风温度与计算值相符。电动机内电位计的作用是向汽车空调 ECU 输送空气混合挡风板的位置信号。

（3）送风方式控制伺服电动机

该电动机连杆（挡风板）的位置及电动机内部电路如图 6-31 所示。

当按下操纵面板上某个送风方式键时，汽车空调 ECU 即使电动机上的相应端子接地，而电动机内的驱动电路据此使电动机连杆转动，将送风控制挡风板转到相应的位置上，打开某个送风通道。

当按下自动控制键时，汽车空调 ECU 根据计算结果（送风温度），在吹脸，吹脸、吹脚和吹脚三者之间自动改变送风方式。

（4）最冷控制伺服电动机

最冷控制伺服电动机的挡风板位置及内部电路如图 6-32 所示。该电动机的挡风板具有全开、半开和全闭 3 个位置，如图 6-32（a）所示。当汽车空调 ECU 使某个位置的端子接地时，电动机驱动电路使电动机旋转，带动最冷控制挡风板位于相应位置上。

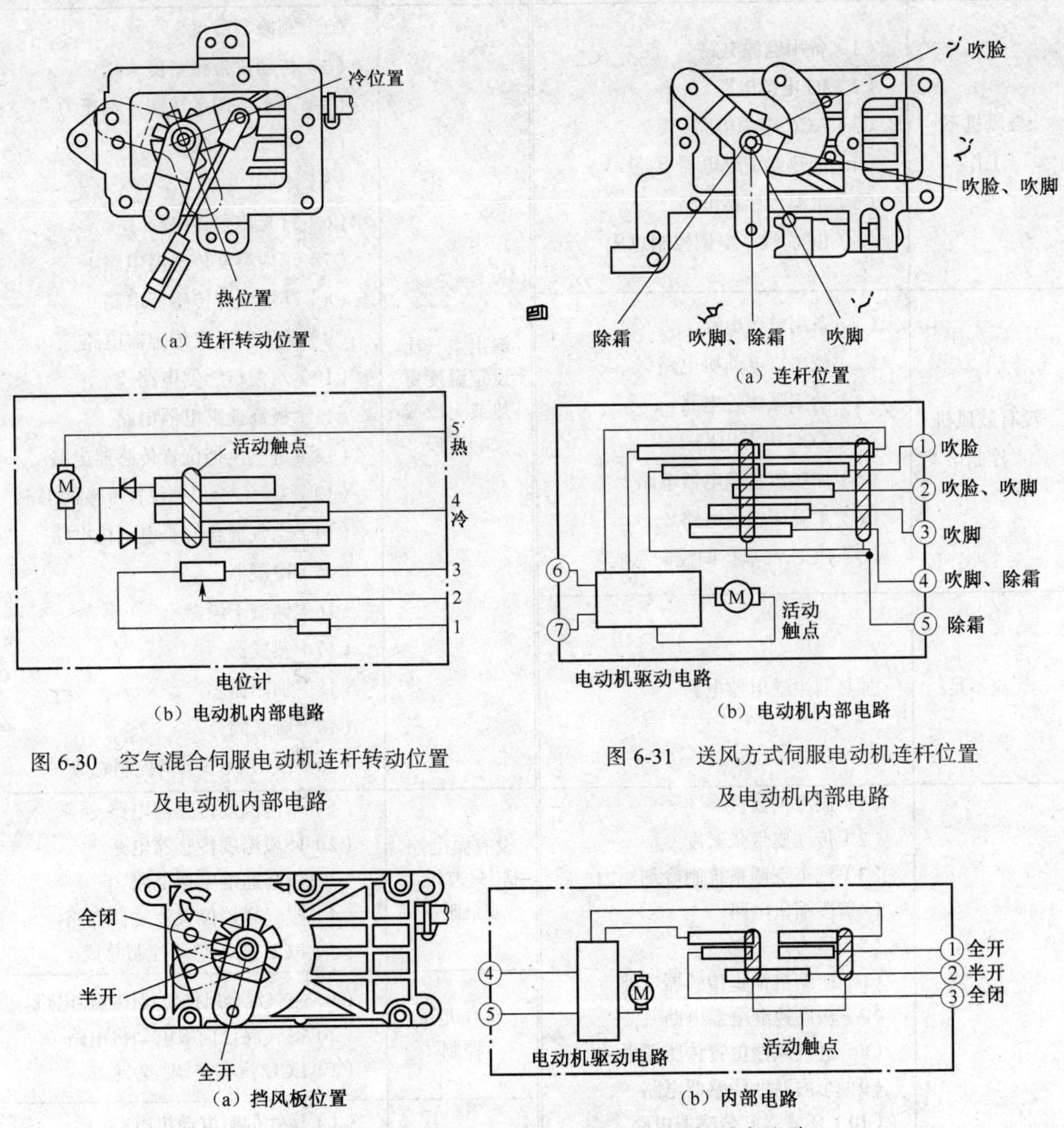

图 6-30 空气混合伺服电动机连杆转动位置及电动机内部电路

图 6-31 送风方式伺服电动机连杆位置及电动机内部电路

图 6-32 最冷控制伺服电动机的挡风板位置及内部电路

六、凌志 LS400 汽车空调故障代码及含义

1. 电控系统故障诊断

在检查故障码时，如果显示一个正常代码，但故障还是重复出现，则可按表 6-1 和表 6-2 给定的顺序检查有关电路；如果电路正常，但故障重复出现，应检修或更换汽车空调控制器总成（包括 ECU）。

表 6-1　　汽车空调系统故障诊断

故障现象	故障部位
鼓风机不工作	（1）备用电源电路 （2）IG 电源电路 （3）ACC 电源电路 （4）加热器主继电器电路 （5）水温传感器电路 （6）ECU 汽车空调控制总成
没有鼓风机控制	（1）备用电源电路 （2）鼓风机电动机电路 （3）功率晶体管电路 （4）ACC 电源电路 （5）加热器主继电器电路 （6）水温传感器电路 （7）ECU 汽车空调控制总成
气流不足	加热器主继电器电路
没有冷气	（1）制冷剂数量 （2）传动皮带张紧度 （3）汽车空调系统制冷剂压力 （4）压缩机电路 （5）压力开关电路 （6）压缩机锁止传感器电路 （7）极高速继电器电路 （8）进气风挡位置传感器电路 （9）车内温度传感器电路 （10）环境温度传感器电路 （11）点火器电路 （12）ECU 汽车空调控制总成
没有暖气	（1）水阀 （2）极高速继电器电路 （3）进气风挡位置传感器电路 （4）车内温度传感器电路 （5）环境温度传感器电路 （6）蒸发器温度传感器电路 （7）ECU 汽车空调控制总成
输出空气比设定温度更热或更冷或响应慢	（1）制冷剂数量 （2）传动皮带张紧度 （3）汽车空调系统制冷剂压力 （4）冷却风扇系统 （5）水阀 （6）日光传感器电路 （7）车内温度传感器电路 （8）环境温度传感器电路 （9）蒸发器温度传感器电路 （10）水温传感器电路 （11）极高速继电器电路 （12）进气风挡位置传感器电路 （13）空气混合风挡位置传感器电路 （14）空气混合伺服电动机电路 （15）冷凝器 （16）储液干燥器 （17）蒸发器 （18）加热器芯 （19）膨胀阀 （20）ECU 汽车空调控制总成
没有温度控制（只有最冷或最暖）	（1）车内温度传感器电路 （2）环境温度传感器电路 （3）极高速继电器电路 （4）进气风挡位置传感器电路 （5）ECU 汽车空调控制总成
没有进气控制	（1）空气混合风挡位置传感器电路 （2）空气混合伺服电动机电路 （3）ECU 汽车空调控制总成
没有气流模式控制	（1）模式伺服电动机电路 （2）最冷伺服电动机电路 （3）ECU 汽车空调控制总成
发动机怠速不提升或不持续	（1）压缩机电路 （2）ECU 汽车空调控制总成
故障码没有被存储或关闭点火开关时设定模式被清除	（1）备用电源电路 （2）ECU 汽车空调控制总成

表 6-2　后汽车空调和后最大气流控制系统故障诊断

故障现象	故障部位	故障现象	故障部位
后鼓风机不工作	（1）后汽车空调鼓风机电动机电路 （2）后汽车空调控制开关电路 （3）ECU 汽车空调控制总成	没有后气流模式控制	（1）后汽车空调控制开关电路 （2）ECU 汽车空调控制总成
没有后鼓风机控制	（1）后汽车空调高速鼓风机控制电路 （2）后汽车空调超低速鼓风机控制电路 （3）烟雾传感器电路 （4）后汽车空调控制开关电路 （5）ECU 汽车空调控制总成	没有后最大气流控制	（1）后最大气流开关电路 （2）中央通风伺服电动机电路 （3）侧通风伺服电动机电路 （4）ECU 汽车空调控制总成
后面没有冷气	（1）后汽车空调电磁阀电路 （2）ECU 汽车空调控制总成	后汽车空调控制指示灯工作不正常	（1）后汽车空调控制开关指示灯电路 （2）ECU 汽车空调控制总成
后面输出的空气比设定温度更暖或更冷或响应慢	（1）后汽车空调电磁阀电路 （2）后蒸发器 （3）后膨胀阀 （4）ECU 汽车空调控制总成	后最大气流控制指示灯工作不正常	（1）后最大气流开关指示灯电路 （2）ECU 汽车空调控制总成

2. 故障码的检查

（1）指示灯的检查

将点火开关置于 ON 位置，同时按下 AUTO 键和内循环键，检查指示灯是否在 1 s 内连续亮灭 4 次，且蜂鸣器发出声音。指示灯检查结束后，自动进入故障码检查，要取消检查模式时，按下 OFF 键即可。

（2）诊断检查模式

操作图 6-33 所示的每个汽车空调控制开关，即可进入诊断检查模式。

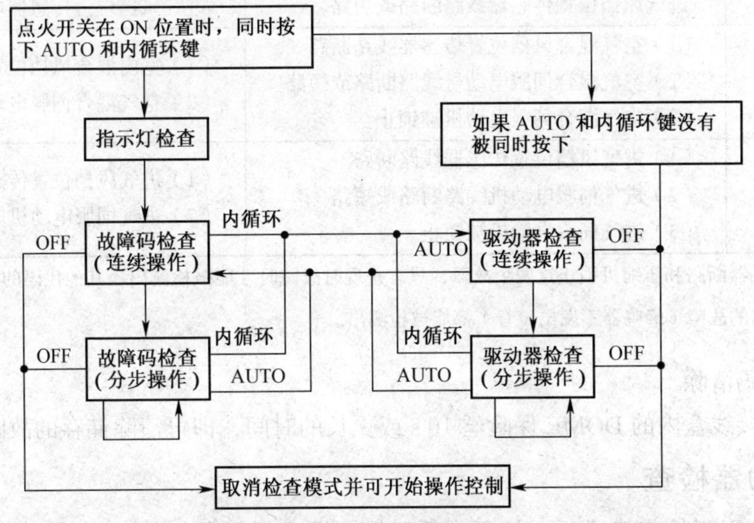

图 6-33　诊断检查模式操作

（3）故障码读取

① 指示灯检查完成后，系统自动进入故障码检查模式，读取温度显示器上显示的故障码。如果想要分步显示，可按下∧键，每次∧键被按下，显示器就变化一步。故障码按从小到大的代码数字顺序显示。

② 故障码显示时，如果蜂鸣器发出声音，表明故障是现时故障，否则表明故障是以前的故障。

③ 环境温度为-30℃或更低时，即使系统正常，故障代码也可能被输出。

④ 如果检查在黑暗的地方进行，故障码21可能显示。在这种情况下，在日光传感器上点亮一盏灯进行故障码检查。如果故障码21仍显示，说明日光传感器电路有故障，应检查日光传感器电路。

⑤ 压缩机锁止（故障码22）仅作为现时故障被显示。可按下列步骤确定故障码22：在发动机工作的同时，进入故障码检查模式；按下内循环键，进入驱动器检查模式；按下AUTO键，返回故障码检查模式；约3 s后故障码显示。

（4）故障码内容

凌志LS400汽车空调系统故障码内容如表6-3所示。

表6-3　凌志LS400汽车空调系统故障码

代　码	诊　断	故障部位
00	正常	
11	车内温度传感器线路断路或短路	车内温度传感器电路
12	外界环境温度传感器线路断路或短路	外界温度传感器电路
13	蒸发器温度传感器线路断路或短路	蒸发器温度传感器电路
14	水温传感器线路断路或短路	水温传感器电路
21	日光传感器线路断路或短路	日光传感器电路
22	压缩机锁止传感器线路断路或短路	压缩机锁止传感器电路
31	空气混合风挡位置传感器线路断路或短路	空气混合风挡位置传感器电路
32	进气风挡位置传感器线路断路或短路	进气风挡位置传感器电路
33	（1）空气混合风挡位置传感器线路断路 （2）空气混合伺服电动机线路断路或短路 （3）空气混合伺服电动机被锁止	（1）室内混合风挡位置传感器电路 （2）空气混合伺服电动机电路
34	（1）进气风挡位置传感器线路断路 （2）进气伺服电动机线路断路或短路 （3）进气伺服电动机被锁止	（1）进气风挡位置传感器电路 （2）进气伺服电动机电路

注：日光传感器断路和压缩机锁止这两个故障，只有是现时故障时才能被检测出，其他代码的现时故障（蜂鸣器发出声音）和以前的故障（蜂鸣器不发出声音）都能被检测出。

（5）故障码清除

拔出2号接线盒内的DOME保险丝10 s或更长的时间，即可清除储存的故障码。

3. 驱动器检查

① 进入故障码检查模式后，按下内循环键，温度显示器上从20开始按顺序显示代码，

每隔 1 s 按顺序自动运转每个风挡电动机和继电器，如表 6-4 所示，可用眼和手检查温度和气流。

表 6-4　驱动器检查

步号	显示代码	条件									
		加热器继电器	极高速继电器	鼓风机电动机	气流出口	最冷风挡	进气风挡	电磁离合器	空气混合风挡	后最大流量	后汽车空调器
1	20	关	关	关	面部	100%开	新鲜	关	冷侧（0%开）	开	关
2	21	开	↑	低	↑	↑	↑	↑	↑	↑	自动一关
3	22	↑	↑	中	↑	50%开	新鲜/循环	开	↑	关	高（空气净化器）
4	23	↑	↑	↑	↑	0%开	内循环	↑	↑	↑	高（汽车空调）
5	24	↑	↑	↑	面部脚部	↑	新鲜	↑	冷/热（50%开）	↑	↑
6	25	↑	↑	↑	↑	↑	↑	↑	↑	↑	高（汽车空调）
7	26	↑	↑	↑	脚部	↑	↑	↑	↑	↑	关
8	27	↑	↑	↑	↑	↑	↑	↑	热侧（100%开）	↑	↑
9	28	↑	↑	↑	脚部除霜	↑	↑	↑	↑	↑	↑
10	29	↑	开	高	除霜	↑	↑	↑	↑	↑	↑

② 如果要更慢显示，可按下∧键，每次∧键被按下，显示器上就变化一步。

③ 当显示代码变化时，蜂鸣器就会发出声音，并按从小到大的顺序显示代码。按下 OFF 键，即可取消检查模式。

项目实施

【实施条件】

实施地点和要求：拥有凌志 LS400 型轿车（或教学示教板）的汽车实验室，整车性能良好，汽车空调能正常工作；汽车空调各种电子控制元器件；手持式性能测试仪、数字式万用电表等汽车空调检测维修设备；教学过程中，需要设置汽车空调电子控制系统的故障，再进行教学演示和学生动手操作。

实施时间：课程内容最好安排在气温较高的季节，使学生能体验汽车空调的电子控制系统故障被排除的成就感。

教学要求：根据整车数量将学生分成若干小组，每小组 5 人使用一辆整车，各种电子控制元器件每小组一套。实验室应配有小黑板和带写字板的座椅；指导教师先讲解并现场演示，学生再动手操作。

【实施步骤】

一、故障代码调取

通过指示灯读取故障代码。

（1）接通点火开关，同时按下用于汽车空调控制的 AUTO 开关和 REC 开关。

（2）检查指示灯应每秒钟连续亮、灭 4 次。

（3）检查指示灯亮时，蜂鸣器应同时发出声音。

（4）取消检查模式时，按下 OFF 键即可。

（5）读出故障代码时，如要放慢显示速度，可按下∧开关，使其变为步进运作，每按动一次∧开关，显示内容改变一步。

（6）可用手持式测试器进行诊断码校核。

（7）清除故障码，将发动机室接线盒中的 ECU-B 保险丝拔出不少于 10 s，以清除故障码。

二、汽车空调自动控制系统传感器及其电路故障代码处理

1．车内温度传感器电路

本部分内容主要针对故障码 11 进行处理。

车内温度传感器用于检测驾驶室内的温度，并送一适当的信号给汽车空调控制总成，其电路如图 6-34 所示。

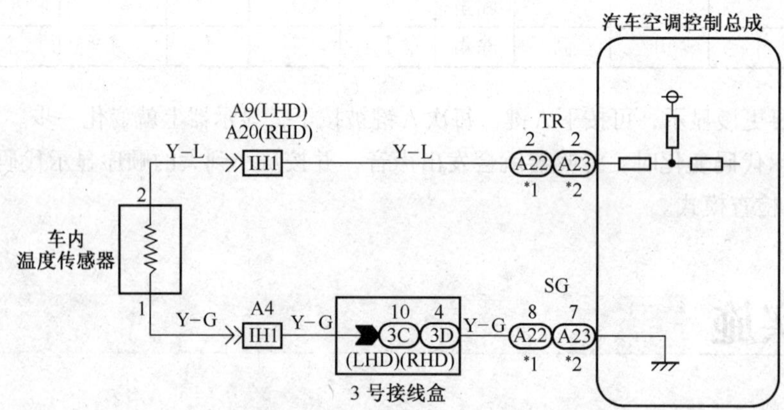

图 6-34　车内温度传感器电路

（1）点火开关转到 ON 位置，检测汽车空调控制总成连接器端子 TR 和 SG 间的电压，25℃时为 1.8～2.2 V，40℃时为 1.2～1.6 V，且随着温度升高电压逐渐降低。如果电压正常，进行下一个电路检查，但当显示故障码 11 时，检修或更换汽车空调控制总成，否则进行下一步。

（2）拆下仪表板 1 号下罩，脱开车内温度传感器连接器，检测车内温度传感器连接器端子 1、2 间的电阻，25℃时为 1.6～1.8 kΩ，50℃时为 0.5～0.7 kΩ，且随着温度升高，阻值逐渐降低。如果阻值不正常，更换车内温度传感器，否则进行下一步。

（3）检查汽车空调控制总成与车内温度传感器间的配线和连接器，如果不正常，修理或更换配线或连接器，否则检修汽车空调控制总成。

2. 环境温度传感器电路

本部分内容主要针对故障码 12 进行处理。

环境温度传感器用于检测环境（车外）温度，并送一适当信号至 ECU，其电路如图 6-35 所示。

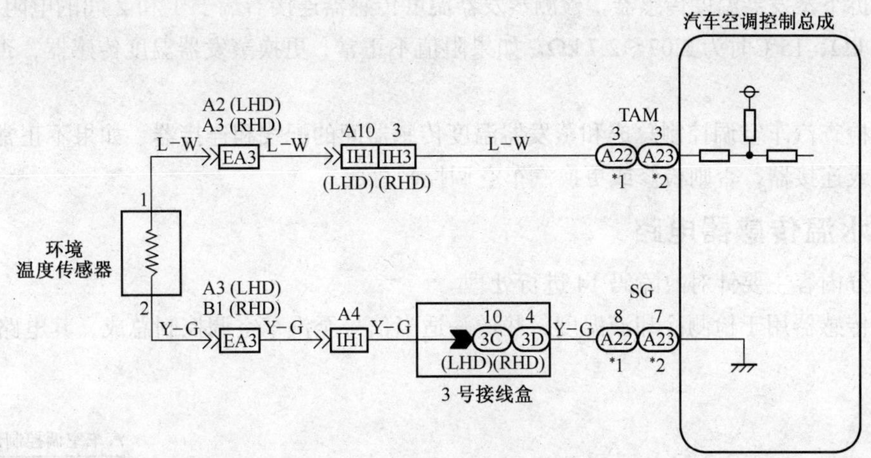

图 6-35 环境温度传感器电路

（1）点火开关转到 ON 位置，检测汽车空调控制总成连接器端子 TAM 和 SG 间的电压，25℃时为 1.35～1.75 V，40℃时为 0.85～1.25 V，且随着温度的升高电压逐渐减小。如果电压正常，进行下一个电路检查，但当故障码 12 被显示时，检修或更换空调控制总成，否则进行下一步。

（2）拆下散热器护栅，拔出环境温度传感器连接器，检测环境温度传感器连接器端子 1 和 2 间的电阻，25℃时为 1.6～1.8 kΩ，50℃时为 0.5～0.7 kΩ，且随着温度升高阻值逐渐减小。如果阻值不正常，更换环境温度传感器，否则进行下一步。

（3）检查汽车空调控制总成和环境温度传感器间的配线和连接器，如果不正常，修理或更换配线或连接器，否则检修或更换汽车空调控制总成。

3. 蒸发器温度传感器电路

本部分内容主要针对故障码 13 进行处理。

蒸发器温度传感器用于检测蒸发器组件内部温度，并送一适当信号至汽车空调控制总成，其电路如图 6-36 所示。

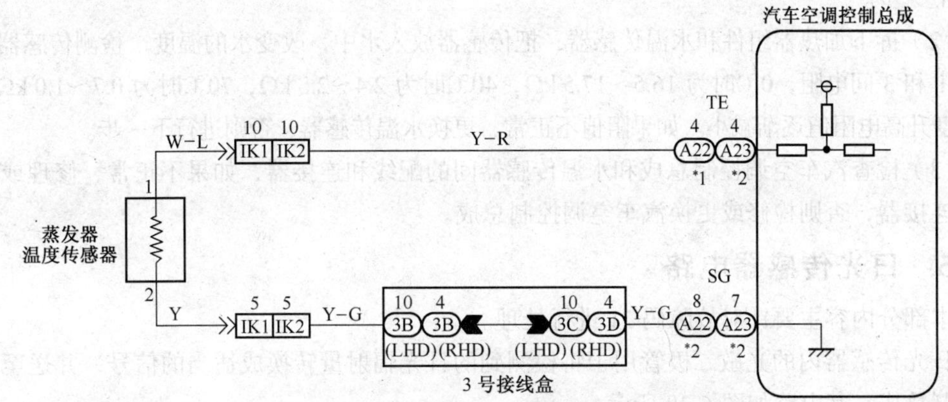

图 6-36 蒸发器温度传感器电路

（1）点火开关转到 ON 位置，检测汽车空调控制总成连接器端子 TE 和 SG 间的电压，0℃时为 2.0～2.4 V，15℃时为 1.4～1.8 V，且随着温度升高电压逐渐减小。如果电压正常，则进行下一个电路检查，但当故障码 13 被显示时，检修或更换汽车空调控制总成，否则进行下一步。

（2）拆下蒸发器温度传感器，检测蒸发器温度传感器连接器端子 1 和 2 间的电阻，0℃时为 4.57～5.2 kΩ，15℃时为 2.07～2.7 kΩ。如果阻值不正常，更换蒸发器温度传感器，否则进行下一步。

（3）检查汽车空调控制总成和蒸发器温度传感器间的配线和连接器，如果不正常，修理或更换配线或连接器，否则检修或更换汽车空调控制总成。

4. 水温传感器电路

本部分内容主要针对故障码 14 进行处理。

水温传感器用于检测冷却液温度，并送一适当信号至汽车空调控制总成，其电路如图 6-37 所示。

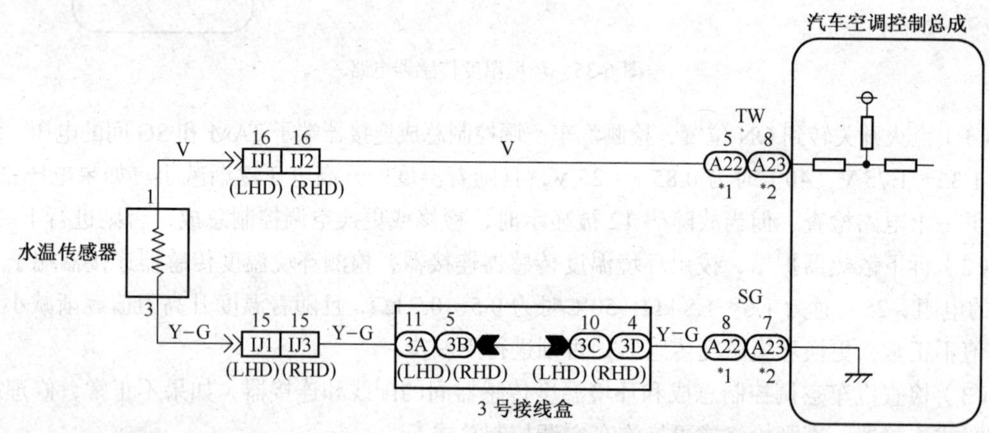

图 6-37 水温传感器电路

（1）点火开关转到 ON 位置，检测汽车空调控制总成连接器端子 TW 和 SG 间的电压，0℃时为 2.8～3.2 V，40℃时为 1.8～2.2 V，70℃时为 0.9～1.3 V，且随着温度升高电压逐渐减小。如果电压正常，进行下一个电路检查，但当故障码 14 被显示时，检修汽车空调控制总成，否则进行下一步。

（2）拆下加热器组件和水温传感器，把传感器放入水中，改变水的温度，检测传感器连接器端子 1 和 3 间电阻，0℃时为 16.5～17.5 kΩ，40℃时为 2.4～2.8 kΩ，70℃时为 0.7～1.0 kΩ，且随着温度升高电阻值逐渐减小。如果阻值不正常，更换水温传感器，否则进行下一步。

（3）检查汽车空调控制总成和水温传感器间的配线和连接器，如果不正常，修理或更换配线和连接器，否则检修或更换汽车空调控制总成。

5. 日光传感器电路

本部分内容主要针对故障码 21 进行处理。

日光传感器内的光敏二极管用于将检测到的日光辐射量转换成适当的信号，并送至汽车空调控制总成，其电路如图 6-38 所示。

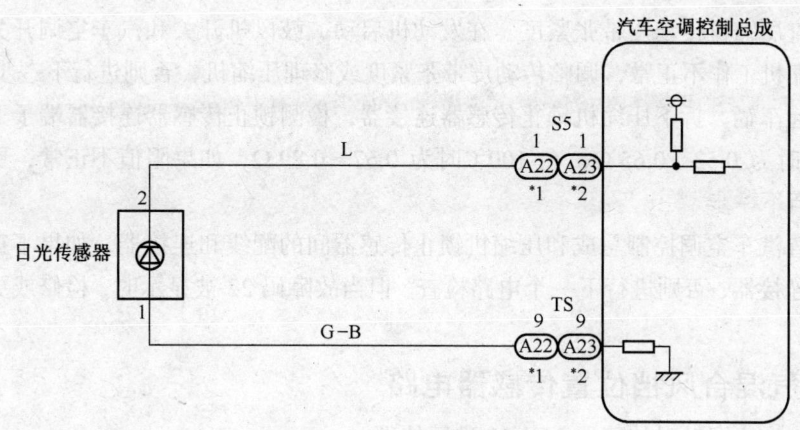

图 6-38　日光传感器电路

（1）点火开关转到 ON 位置，检测汽车空调控制总成连接器端子 S5 和 TS 间的电压，用灯照射日光传感器时电压在 4 V 以下，用布遮住日光传感器时电压为 4～4.5 V，且灯光逐渐从传感器移开时电压逐渐升高。如果电压正常，进行下一个电路检查，但当显示故障码 21 时，检修或更换汽车空调控制总成，否则进行下一步。

（2）拆下杂物箱，脱开日光传感器连接器，检测日光传感器端子间的电阻：用布遮住日光传感器，把欧姆表正极接日光传感器连接器端子 1，负极接端子 2，电阻应无穷大；掀开日光传感器上的布，将传感器放在灯光下，电阻约为 4 kΩ，且当灯光逐渐从该传感器移开时，电阻增加。如果阻值不正常，更换日光传感器，否则进行下一步。

（3）检查汽车空调控制总成和日光传感器间的配线和连接器，如果不正常，修理或更换配线或连接器，否则检修或更换汽车空调控制总成。

6. 压缩机锁止传感器电路

本部分内容主要针对故障码 22 进行处理。

压缩机锁止传感器在发动机每一转内送 4 个脉冲至汽车空调控制总成，如果发动机转速与压缩机转速的比值小于预定值，则汽车空调控制总成使压缩机停机，同时，指示灯每隔大约 1 s 闪亮一次。压缩机锁止传感器电路如图 6-39 所示。

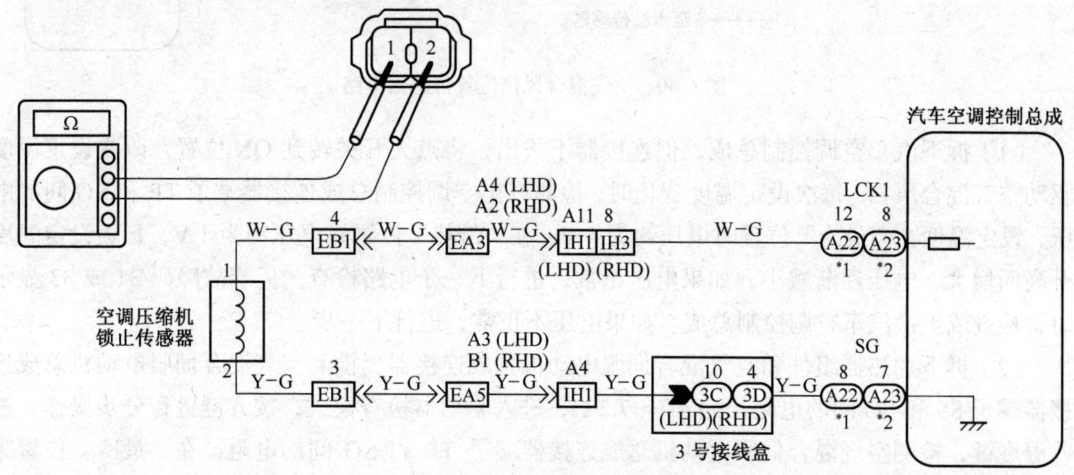

图 6-39　压缩机锁止传感器电路

（1）检查压缩机传动皮带张紧度。在发动机启动、鼓风机开关和汽车空调开关接通的情况下，如果压缩机工作不正常，调整传动皮带张紧度或修理压缩机，否则进行下一步。

（2）升起车辆，拆下压缩机锁止传感器连接器，检测锁止传感器连接器端子 1 和 2 间的电阻，在 25℃时为 0.53～0.65 Ω，在 100℃时为 0.67～0.89 Ω，如果阻值不正常，更换锁止传感器，否则进行下一步。

（3）检查汽车空调控制总成和压缩机锁止传感器间的配线和连接器，如果不正常，修理或更换配线或连接器，否则进行下一个电路检查。但当故障码 22 被显示时，检修或更换汽车空调控制总成。

7. 空气混合风挡位置传感器电路

本部分内容主要针对故障码 31、33 进行处理。

空气混合风挡位置传感器用于将检测到的空气混合风挡位置转换成一适当信号并送至汽车空调控制总成。空气混合风挡位置传感器装在空气混合伺服电动机总成中。空气混合风挡位置传感器电路如图 6-40 所示。

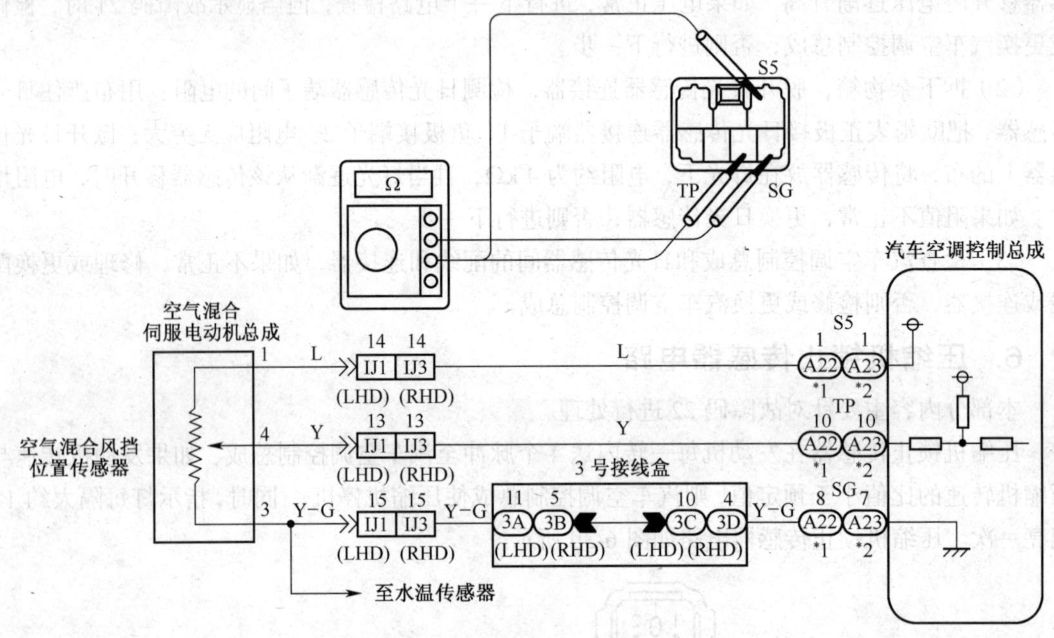

图 6-40　空气混合风挡位置传感器电路

（1）拆下汽车空调控制总成，但连接器不拔出，将点火开关转到 ON 位置，改变设定温度驱动空气混合风挡，每次设定温度变化时，检测汽车空调控制总成连接器端子 TP 和 SG 间的电压，设定温度在“最冷”位置时电压约为 4 V，在“最热”位置时电压约为 1 V，且随设定温度升高而增大，电压逐渐减小。如果电压正常，进行下一个电路检查。但当故障码 31 或 33 显示时，检查或更换汽车空调控制总成。如果电压不正常，进行下一步。

（2）拆下加热器组件和空气混合伺服电动机总成连接器，检测空气混合伺服电动机总成连接器端子 S5 和 SG 间的电阻，为 4.7～7.2 Ω，进入驱动器检查模式，按∧键进行分步操作。按∧温度键，检测空气混合伺服电动机总成连接器端子 TP 和 SG 间的电阻，在“最冷”位置为 3.76～5.76 kΩ，在“最热”位置为 0.94～1.44 kΩ，且当空气混合伺服电动机从“冷”侧移动至

"暖"侧时，阻值逐渐减小。如果阻值不正常，检修或更换空气混合伺服电动机总成，否则进行下一步。

（3）检查汽车空调控制总成和空气混合伺服电动机总成间的配线和连接器，如果正常，检修或更换汽车空调控制总成，否则修理或更换配线或连接器。

8. 进气风挡位置传感器电路

本部分内容主要针对故障码 32、34 进行处理。

进气风挡位置传感器用于将检测到的进气风挡位置转换成一适当信号送至汽车空调控制总成。进气风挡位置传感器装在进气伺服电动机总成内。进气风挡位置传感器电路如图 6-41 所示。

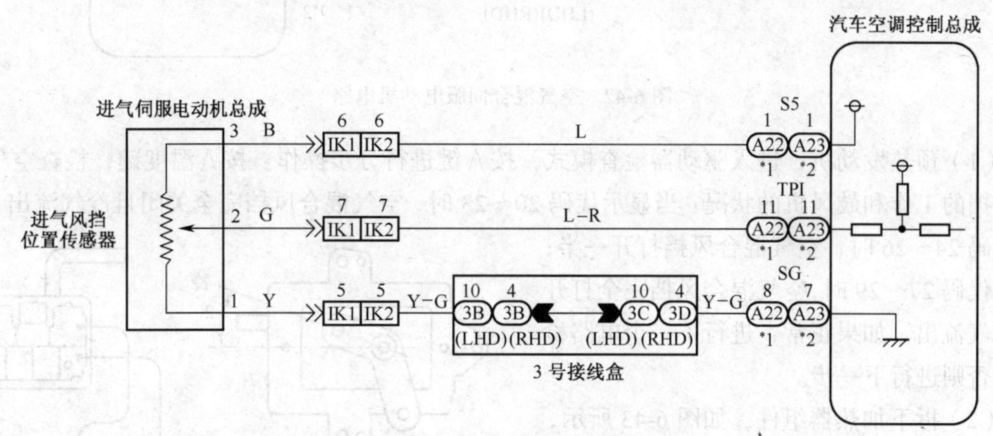

图 6-41 进气风挡位置传感器电路

（1）拆下汽车空调控制器总成，但连接器不拔出，将点火开关转到 ON 位置，按下 REC/FRS 键，进气在"新鲜空气"和"内循环"间变化。当进气伺服电动机工作时，检测汽车空调控制总成端子 TPI 和 SG 间的电压。按键在"内循环"位置电压约为 4 V，在"新鲜空气"位置电压约为 1 V。当进气伺服电动机从"内循环"侧移至"新鲜空气"侧时，电压逐渐减小。如果电压正常，进行下一个电路检查，但当故障码 32 或 34 显示时，检查或更换汽车空调控制总成。如果电压不正常，进行下一步。

（2）拆下加热器组件，拔出进气伺服电动机总成连接器，检测进气伺服电动机总成连接器端子 S5 和 SG 间的电阻，为 4.7～7.24 Ω。进入驱动器检查模式，按∧键进行分步操作。按∧温度键，检查进气伺服电动机总成连接器端子 TPI 和 SG 间的电阻，风挡在"内循环"位置电阻为 3.76～5.76 kΩ，在"新鲜空气"位置电阻为 0.94～1.44 kΩ，当进气伺服电动机从"内循环"侧移至"新鲜空气"侧时，阻值逐渐减小，如果阻值不正常，检修或更换进气伺服电动机总成，否则进行下一步。

（3）检查汽车空调控制总成和进气伺服电动机总成间的配线和连接器，如果不正常，修理或更换配线或连接器，否则检修或更换汽车空调控制总成。

三、伺服电动机及其电路的检测

1. 空气混合伺服电动机电路

空气混合伺服电动机 ECU 控制并移动空气混合风挡至要求的位置，其电路如图 6-42 所示。

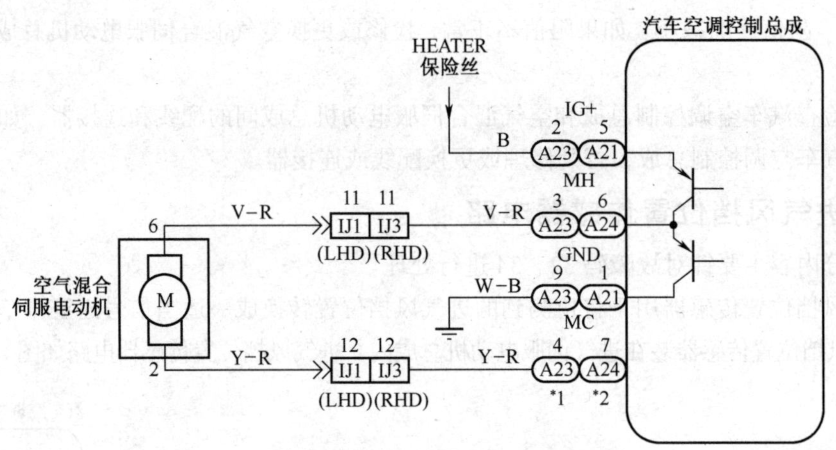

图 6-42 空气混合伺服电动机电路

（1）预热发动机，进入驱动器检查模式，按∧键进行分步操作。按∧温度键，检查空气混合风挡的工作和鼓风机的状况：当显示代码 20～23 时，空气混合风挡完全关闭且冷气流出；显示代码 24～26 时，空气混合风挡打开一半；显示代码 27～29 时，空气混合风挡完全打开且暖气流出。如果正常，进行下一个电路检查，否则进行下一步。

（2）拆下加热器组件，如图 6-43 所示，将蓄电池正极接端子 2，负极接端子 6，控制杆平稳地转至“冷”侧；将蓄电池正极接端子 6，负极接端子 2，控制杆平稳地转至“暖”侧。如果不正常，修理或更换配线或连接器，否则进行下一步。

（3）检查汽车空调控制总成和空气混合伺服电动机总成间的配线和连接器，如果不正常，修理或更换配线或连接器，否则检修或更换汽车空调控制总成。

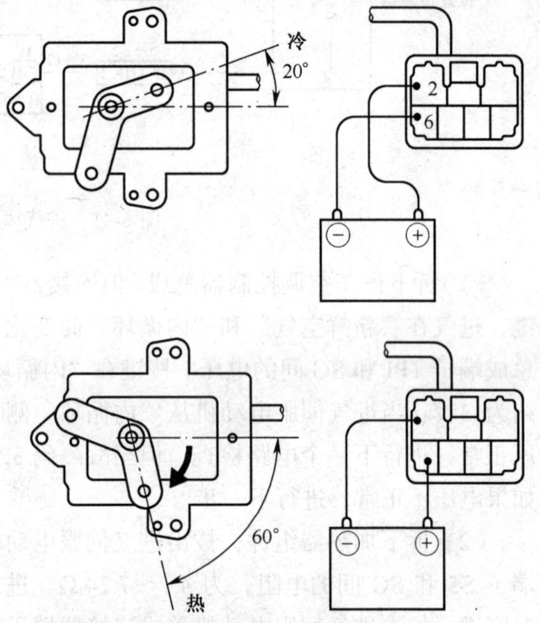

图 6-43 空气混合伺服电动机检查

2. 进气伺服电动机电路

进气伺服电动机由汽车空调控制总成控制并移动进气风挡至要求的位置，其电路如图 6-44 所示。

（1）拆下杂物箱，进入驱动器检查模式。按∧键进行分步操作，检查进气风挡的工作情况：显示代码 20～21 时进气风挡在“新鲜空气”位置；显示代码 22 时在“新鲜空气/内循环”位置；显示代码 23 时在“内循环”位置；显示代码 24～29 时在“新鲜空气”位置。如果正常，进行下一个电路检查，否则进行下一步。

（2）拆下冷却组件，如图 6-45 所示，将蓄电池正极接端子 5，负极接端子 4，控制杆平稳地移至“内循环”位置；将蓄电池负极接端子 5，正极接端子 4，控制杆平稳地移至“新鲜空气”位置。如果不正常，检修或更换进气伺服电动机总成，否则进行下一步。

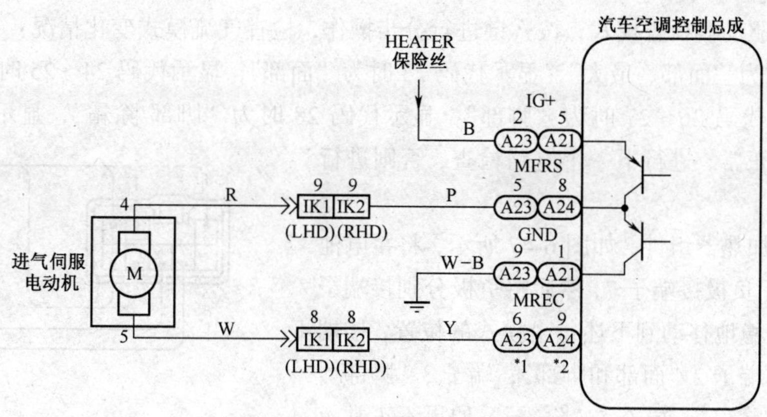

图 6-44 进气伺服电动机电路

（3）检查汽车空调控制总成和进气伺服电动机间的配线和连接器，如果不正常，修理或更换配线或连接器，否则检修或更换汽车空调控制总成。

3. 模式伺服电动机电路

来自 ECU 的信号驱动伺服电动机，并改变每个模式的风挡位置。当“自动”开关接通时，ECU 按照温度设定自动地在“面部”“面部和脚部”和“脚部”模式间变化。模式伺服电动机电路如图 6-46 所示。

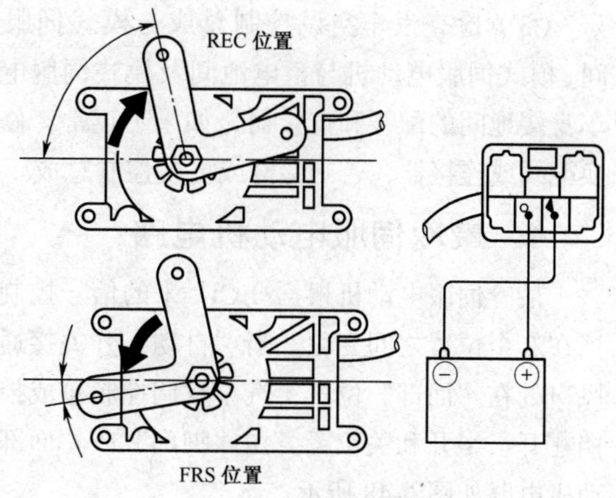

图 6-45 进气伺服电动机检查

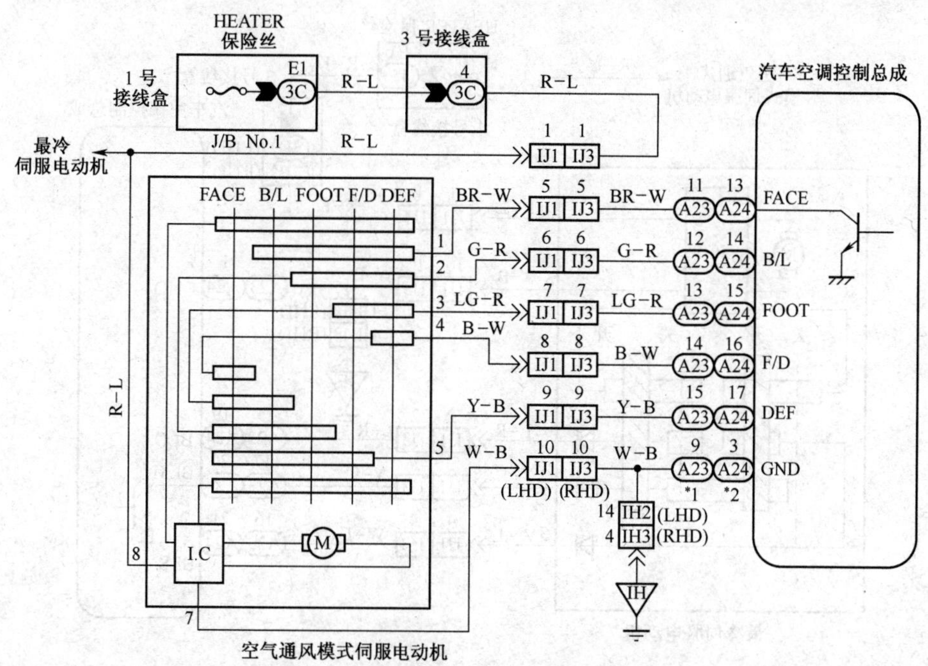

图 6-46 模式伺服电动机电路

（1）进入驱动器检查模式，按∧键进行分步操作，检查气流模式变化情况：显示代码 20～22 时气流模式为“面部、最大”，显示代码 23 时为“面部”，显示代码 24～25 时为“面部”和“脚部”，显示代码 26～27 时为“脚部”，显示代码 28 时为“脚部/除霜”，显示代码 29 时为“除霜”。如果正常，进行下一个电路检查，否则进行下一步。

（2）拆下加热器组件，如图 6-47 所示，将蓄电池正极接端子 6，负极接端子 7，然后将负极分别接端子 1～5 时，杆平稳地移动到下述每个模式的位置，接端子 1“面部”，端子 2“面部和脚部”，端子 3“脚部”，端子 4“脚部/除霜”，端子 5“除霜”。如果不正常，更换模式伺服电动机，否则进行下一步。

（3）检查汽车空调控制总成与模式伺服电动机间、模式伺服电动机与蓄电池间及模式伺服电动机与车身接地间的配线和连接器，如果不正常，修理或更换配线或连接器，否则检修或更换控制总成。

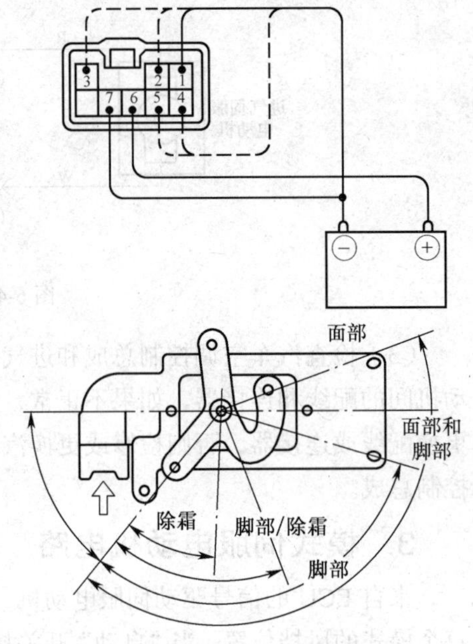

图 6-47　模式伺服电动机检查

4. 最冷伺服电动机电路

最冷伺服电动机根据 ECU 来的信号控制最冷风挡在 3 个位置之间变化。当“自动”开关接通时，通风口处在“面部”位置，汽车空调控制总成控制该风挡在开、半开和关位置。在“脚部”或“面部和脚部”位置时，该风挡一直关闭。最冷伺服电动机电路如图 6-48 所示。

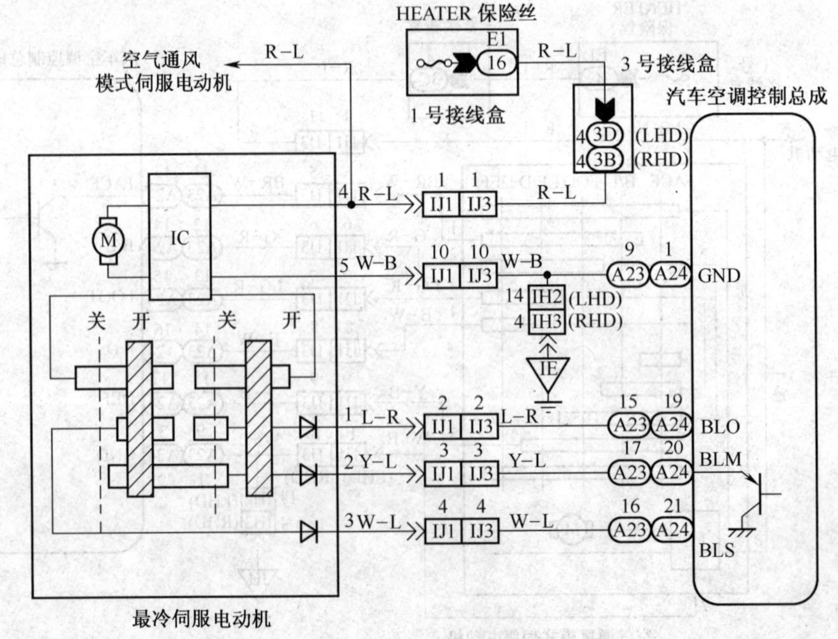

图 6-48　最冷伺服电动机电路

（1）进入驱动器检查模式，按∧键进行分步操作。按下∧温度键，根据通风口鼓风机风量和风挡运转噪声变化，检查最冷风挡情况：显示代码 20～21 时，最冷风挡全开；显示代码 22 时半开；显示代码 23～29 时全关。如果正常，进行下一个电路检查，否则进行下一步。

（2）拆下加热器组件和最冷伺服电动机。如图 6-49 所示，将蓄电池正极接端子 4，负极接端子 5，然后将负极接到端子 1～3 时，杆平稳地移动到下述每个位置，接端子 1——风挡全开，端子 2——风挡半开，端子 3——风挡全闭。如果不正常，检修或更换最冷伺服电动机，否则进行下一步。

（3）检查汽车空调控制总成和最冷伺服电动机间、最冷伺服电动机和蓄电池间的配线和连接器，如果不正常，修理或更换配线或连接器，否则检修或更换汽车空调控制总成。

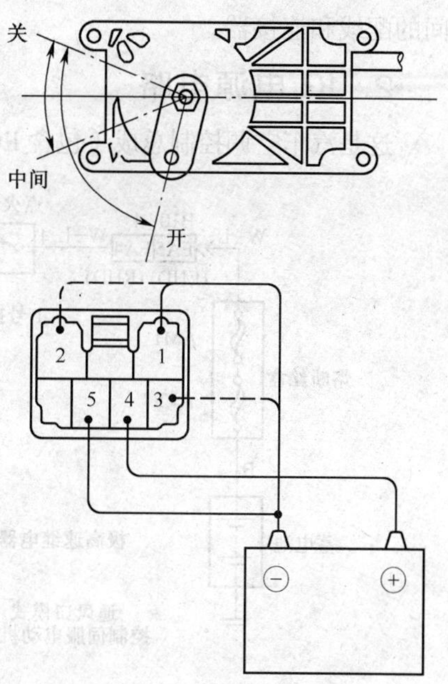

图 6-49　最冷伺服电动机检查

四、电源电路和其他各控制执行器及其线路的检测

1. 备用电源电路

这是汽车空调控制总成的备用电源，即使在点火开关关闭时也能供电，用于故障码存储等。备用电源电路如图 6-50 所示。

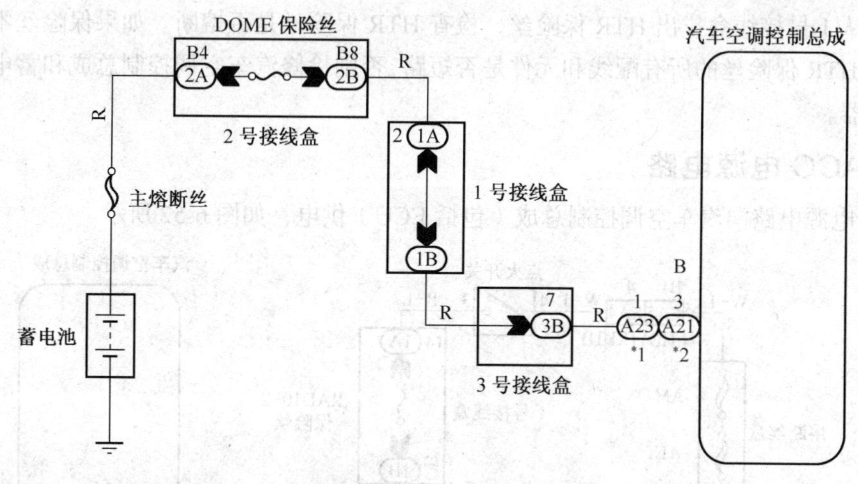

图 6-50　备用电源电路

（1）拆下汽车空调控制总成，但连接器仍连接着，检测连接器端子 B 与车身接地间的电压，为蓄电池电压。如果电压正常，进行下一个电路检查，否则进行下一步。

（2）从 2 号接线盒上拔出 DOME 保险丝，检查 DOME 保险丝是否熔断，如果熔断，检查连接到 DOME 保险丝的所有配线和元件是否短路；如果正常，检修汽车空调控制总成与蓄电池间的配线和连接器。

2. IG 电源电路

这是汽车空调控制总成（包含 ECU）和伺服电动机等的电源 IG 电源电路，如图 6-51 所示。

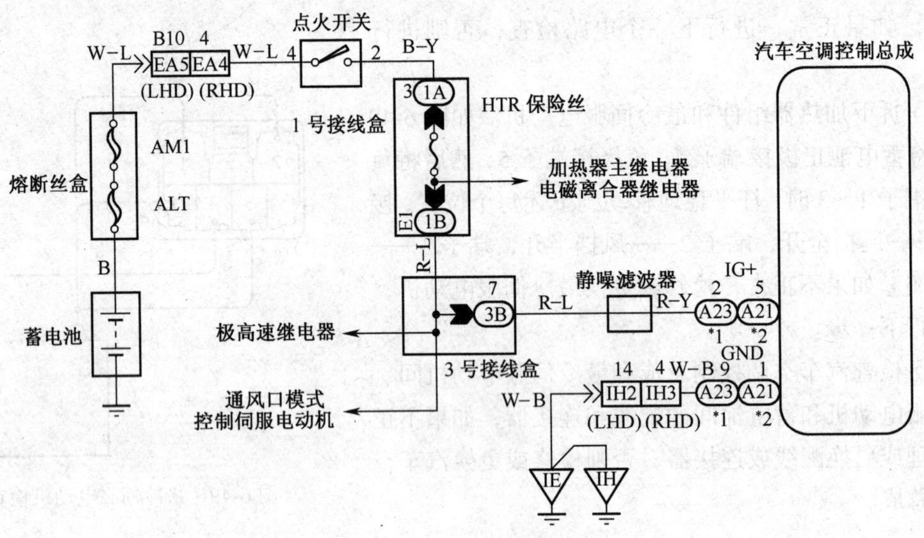

图 6-51 IG 电源电路

（1）将点火开关转到 ON 位置，检测汽车空调控制总成连接器端子 IG 与 GND 间的电压，为蓄电池电压。如果电压正常，进行下一个电路检查。如果电压不正常，进行下一步。

（2）关闭点火开关，检测汽车空调控制总成连接器端子 GND 与车身接地间的电阻，为 0 Ω。如果阻值不正常，应修理或更换配线束或连接器，否则进行下一步。

（3）从 1 号接线盒拔出 HTR 保险丝，检查 HTR 保险丝是否熔断。如果保险丝不正常，检查连接到 HTR 保险丝的所有配线和元件是否短路，否则检修汽车空调控制总成和蓄电池间的配线和连接器。

3. ACC 电源电路

ACC 电源电路向汽车空调控制总成（包括 ECU）供电，如图 6-52 所示。

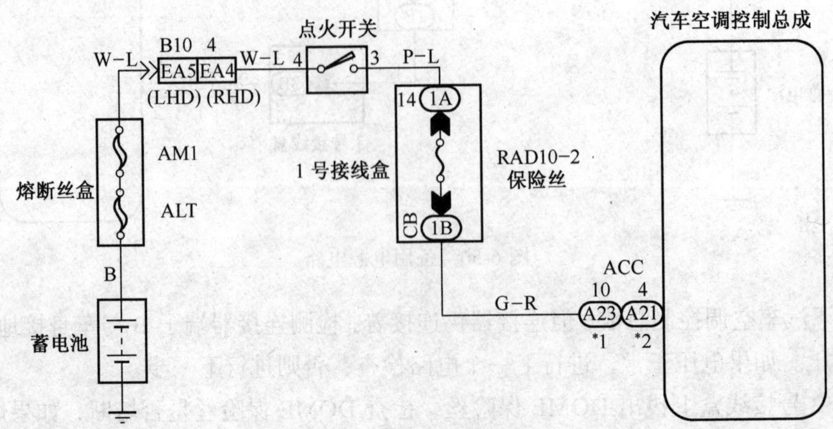

图 6-52 ACC 电源电路

（1）将点火开关转到 ACC 位置，检测汽车空调控制总成连接器端子 ACC 和车身接地间的电压，为蓄电池电压。如果电压正常，进行下一个电路检查，否则应进行下一步。

（2）从 1 号接线盒上拔出 RAD10-2 保险丝，检查 RAD10-2 保险丝是否熔断。如果保险丝不正常，检查连接到 RAD10-2 保险丝的所有配线和元件是否短路。如果保险丝正常，应检修控制总成与蓄电池间的配线和连接器。

4. 加热器主继电器电路

来自汽车空调控制总成的信号将加热器主继电器接通，并通过电源送至鼓风机电动机。加热器主继电器电路如图 6-53 所示。

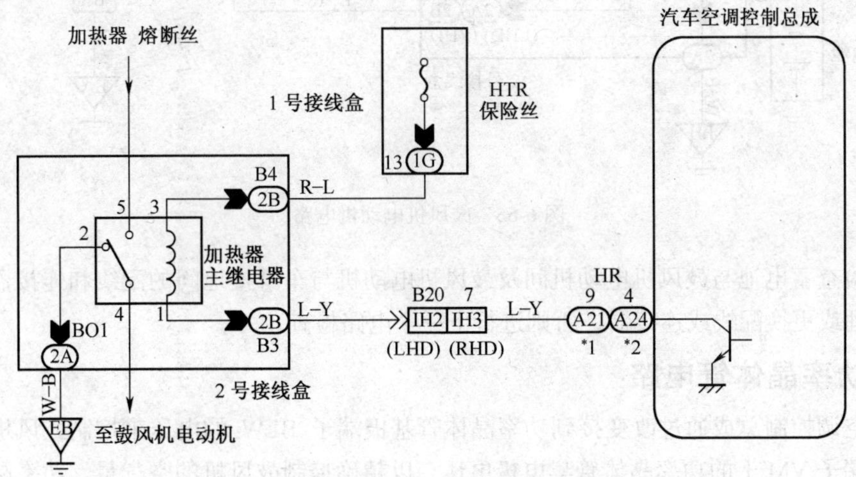

图 6-53　加热器主继电器电路

（1）检测汽车空调控制总成连接器端子 HR 与车身接地间的电压，点火开关关闭时为 0 V。点火开关打开时，鼓风机接通，电压为 0 V，鼓风机切断，电压为蓄电池电压。如果电压正常，进行下一个电路检查，否则应进行下一步。

（2）检测图 6-54 所示的加热器主继电器各端子间的导通性，端子 4、5 间不导通，端子 1 和 3 及端子 2 和 4 间导通。在端子 1、3 间加上蓄电池电压，端子 2 和 4 间不导通，端子 4 和 5 间导通。如果继电器不正常，应更换加热器主继电器，否则进行下一步。

（3）检查 HTR 保险丝是否正常，如果不正常，检查连接到 HTR 保险丝的所有配线和元件是否短路。如果正常，检修汽车空调控制总成和蓄电池间的配线和连接器。

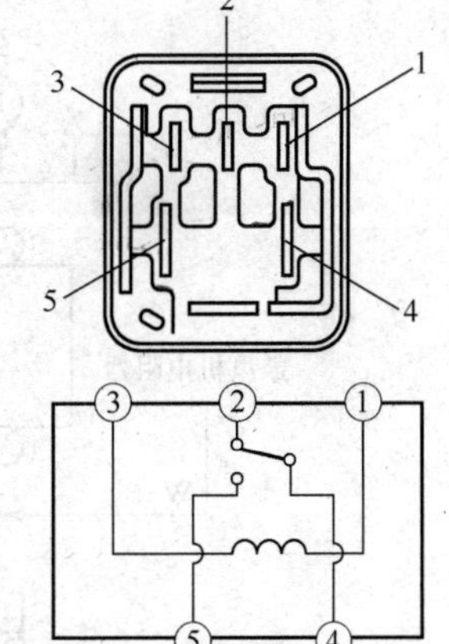

图 6-54　加热器主继电器端子

5. 鼓风机电动机电路

这是鼓风机电动机电源，其电路如图 6-55 所示。

（1）脱开鼓风机电动机连接器，将蓄电池正极接鼓风机电动机连接器端子 2，负极接端子 1，检查鼓风机电动机运转是否平稳。如果不正常，更换鼓风机电动机，否则进行下一步。

（2）脱开鼓风机电阻连接器，检查鼓风机电阻连接器端子 1 和 2 间的电阻，约为 1.8 Ω。如果阻值不正常，更换鼓风机电阻器，否则进行下一步。

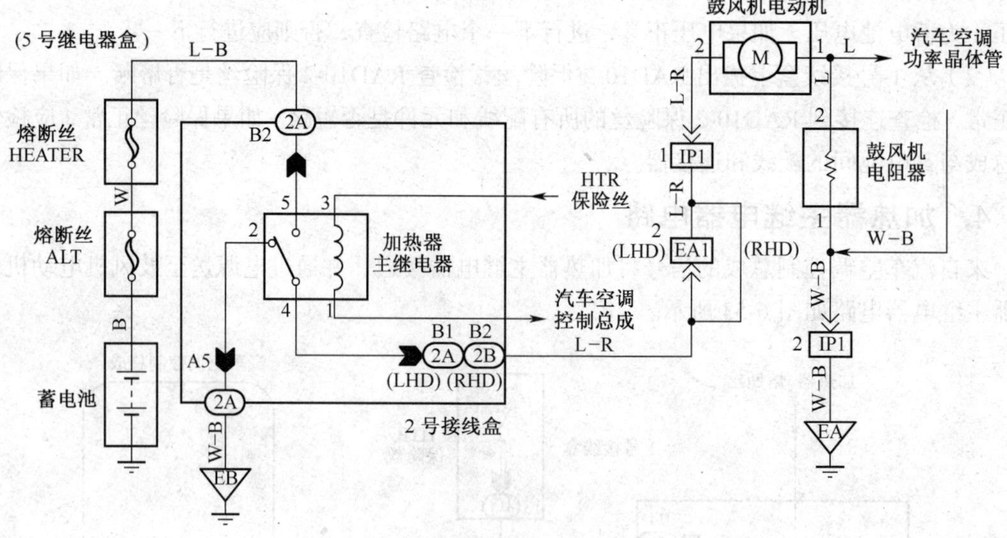

图 6-55　鼓风机电动机电路

（3）检查蓄电池与鼓风机电动机间及鼓风机电动机与车身接地间的配线和连接器，如果不正常，修理或更换配线或连接器，否则进行下一个电路检查。

6. 功率晶体管电路

汽车空调控制总成通过改变接到功率晶体管基极端子 BLW 的电压来控制鼓风机的转速，同时监控端子 VM 上的功率晶体管集电极电压，以精确控制鼓风机的空气量。功率晶体管电路如图 6-56 所示。

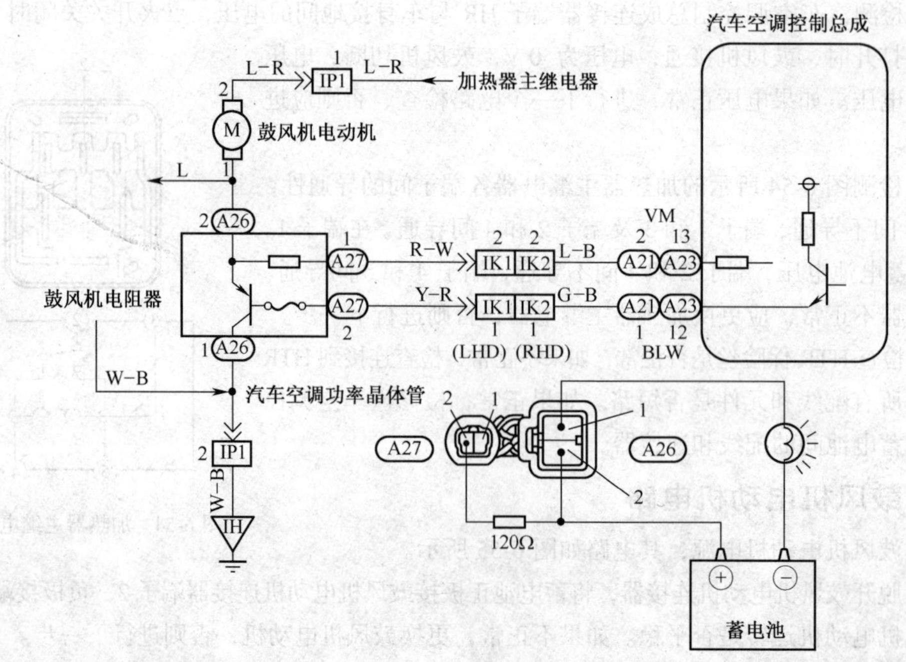

图 6-56　功率晶体管电路

（1）拆下冷却器总成，拔出功率晶体管连接器，将蓄电池正极接功率晶体管连接器端子（A26）2 和端子（A27）2，负极通过一个 12 V，3.4 W 的试灯接至端子（A26）1，如果灯泡不亮，应更换功率晶体管，否则应进行下一步。

（2）检查汽车空调控制总成和功率晶体管间的配线及连接器，如果不正常，修理或更换配线和连接器，否则进行下一个电路检查。

7. 极高速继电器电路

极高速继电器由来自汽车空调控制总成的信号接通，其电路如图 6-57 所示。

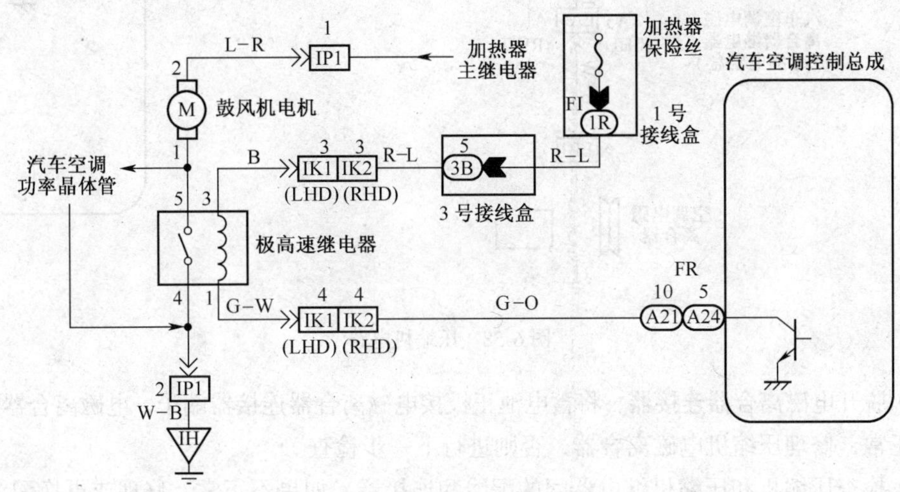

图 6-57 极高速继电器电路

（1）设定驱动器检查模式，按∧键进行分步操作，检查鼓风机的工作状况:当显示代码从 21 变化至 29 时，鼓风机转速由中速变化至高速；显示代码为 21～28 时，鼓风机在中速工作，显示代码为 29 时鼓风机在高速工作。如果鼓风机工作正常，进行下一个电路检查，否则进行下一步。

（2）拆下极高速继电路，检查继电器端子间的导通性；端子 1、3 间导通，端子 4、5 间不导通；将蓄电池电压加至端子 1 和 3 间，端子 4、5 间导通。如果继电器不正常，更换极高速继电器，否则进行下一步。

（3）检查汽车空调控制总成和极高速继电器间、极高速继电器和蓄电池间的配线和连接器，如果不正常，修理或更换配线或连接器，否则检修或更换汽车空调控制总成。

8. 压缩机电路

汽车空调控制总成从端子 MGC 输出电磁离合器啮合信号到发动机的 ECTECU，当发动机的 ECTECU 收到这个信号后，从端子 A/C MG 送出一信号，接通汽车空调电磁离合器继电器，然后接通汽车空调电磁离合器。汽车空调控制总成也在端子 A/C IN 监测电源是否送至电磁离合器。压缩机电路如图 6-58 所示。

（1）点火开关转到 ON 位置，按下鼓风机转速开关（低、中或高），检测汽车空调控制总成连接器端子 A/C IN 与车身接地间的电压，汽车空调器开关接通时为蓄电池电压，汽车空调器开关断开时无电压。如果电压不正常，进行第（4）步检查，否则进行下一步检查。

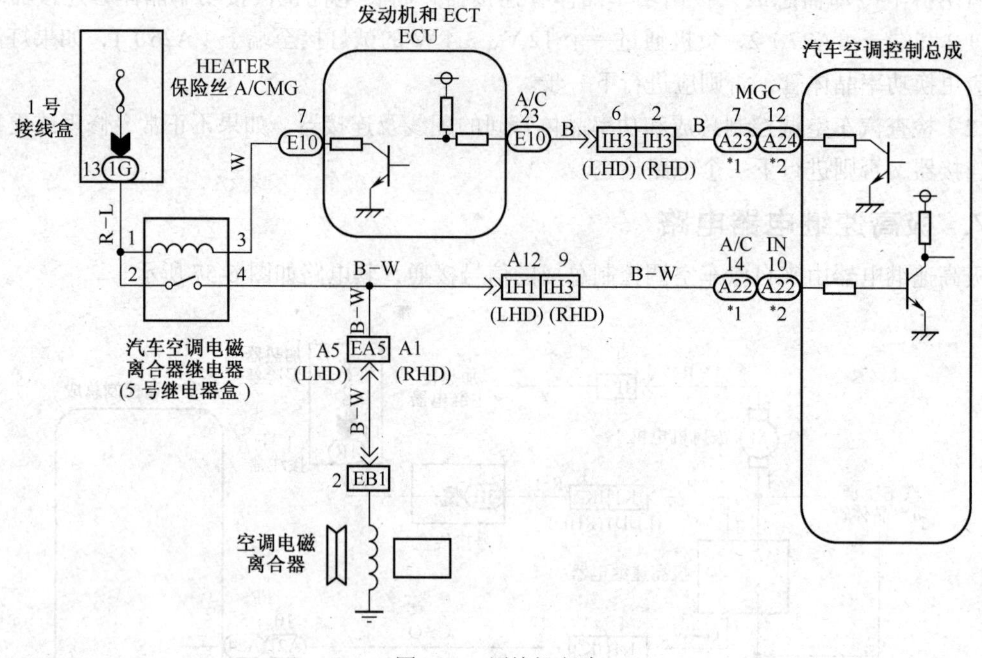

图 6-58　压缩机电路

（2）脱开电磁离合器连接器，将蓄电池正极接电磁离合器连接器端子，电磁离合器应啮合。如果不正常，修理压缩机电磁离合器，否则进行下一步检查。

（3）检查压缩机和压缩机继电器间的配线和连接器，如果不正常，修理或更换配线和连接器，否则进行下一个电路检查。

（4）点火开关转到 ON 位置，按下鼓风机转速开关，检测汽车空调控制总成连接器端子 MGC 和车身接地间的电压，汽车空调开关接通时无电压，汽车空调开关断开时电压约为 5 V。如果电压正常，进行第（7）步检查，否则进行下一步检查。

（5）脱开汽车空调控制总成连接器，将点火开关转到 ON 位置，检测汽车空调控制总成配线侧连接器端子 MGC 和车身接地间的电压，约为 5 V。如果电压正常，检修或更换汽车空调控制总成，否则进行下一步检查。

（6）检查汽车空调控制总成和发动机的 ECT、ECU 间的配线和连接器，如果正常，检修或更换发动机的 ECT、ECU，否则修理或更换配线或连接器。

（7）拆下电磁离合器继电器，检测电磁离合器继电器端子间的导通性：端子 1、3 间导通，端子 2、4 间不导通；在端子 1 和 3 间加上蓄电池电压，端子 2、4 间导通。如果继电器不正常，更换继电器，否则进行下一步检查。

（8）拆下发动机的 ECT ECU，但连接器仍连接着，将点火开关转到 ON 位置，按下鼓风机转速开关，检测发动机的 ECT ECU 连接器端子 A/C MG 和车身接地间的电压，汽车空调开关接通时电压约 1.3 V，空调开关断开时电压为 1.3～12 V。如果电压正常，进行第（10）步检查，否则进行下一步检查。

（9）检查发动机的 ECT ECU 和蓄电池间的配线和连接器，如果不正常，修理或更换配线或连接器，否则检查和更换发动机的 ECT ECU。

（10）检查汽车空调控制总成和压缩机继电器间、压缩机继电器和蓄电池间的配线和连接器，如果不正常，修理或更换配线或连接器，否则检查或更换汽车空调控制总成。

9. 压力开关电路

当汽车空调系统制冷剂压力降得太低或升得太高时，压力开关将适当信号传送给汽车空调控制总成。当汽车空调控制总成收到这些信号时，输出控制信号，并通过发动机的 ECT ECU 控制压缩机电磁离合器继电器，使电磁离合器断开。压力开关电路如图 6-59 所示。

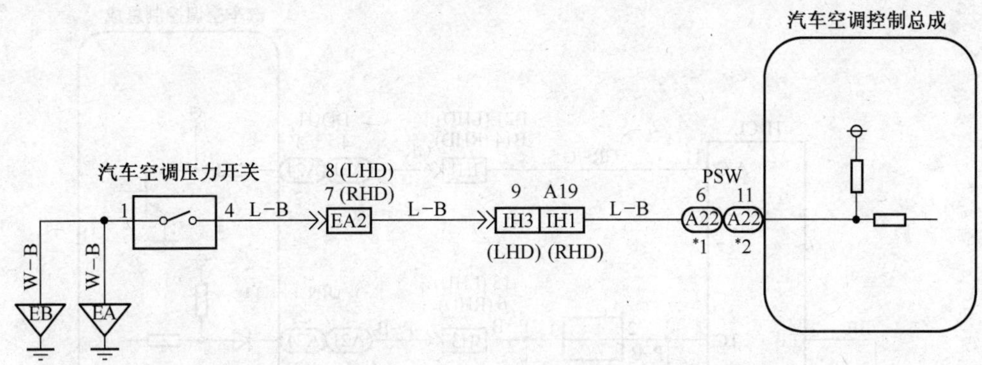

图 6-59 压力开关电路

（1）安装好歧管压力表，将点火开关转到 ON 位置，当汽车空调制冷剂压力改变时，检测汽车空调控制总成连接器端子 PSW 和车身接地间的电压：当低压侧压力落至 0.2 MPa，高压侧压力落至 2.7 MPa 时，有蓄电池电压。如果正常，进行下一个电路检查，否则进行下一步检查。

（2）拆下右侧大灯，拔出压力开关连接器，将点火开关转到 ON 位置，当汽车空调制冷剂压力改变时，检测压力开关端子 1 和 4：当低压侧压力落至 0.2 MPa，高压侧压力落至 2.7 MPa 时，端子间不导通。如果不正常，修理或更换配线或连接器，否则进行下一步检查。

（3）检查汽车空调控制总成和压力开关、压力开关和车身接地间的配线和连接器，如果不正常，修理或更换配线或连接器，否则检修或更换汽车空调控制总成。

10. 点火器电路

汽车空调控制总成通过从点火器送来的信号监测发动机转速，并利用这些信号和压缩机转速信号检测压缩机同步条件。点火器电路如图 6-60 所示。

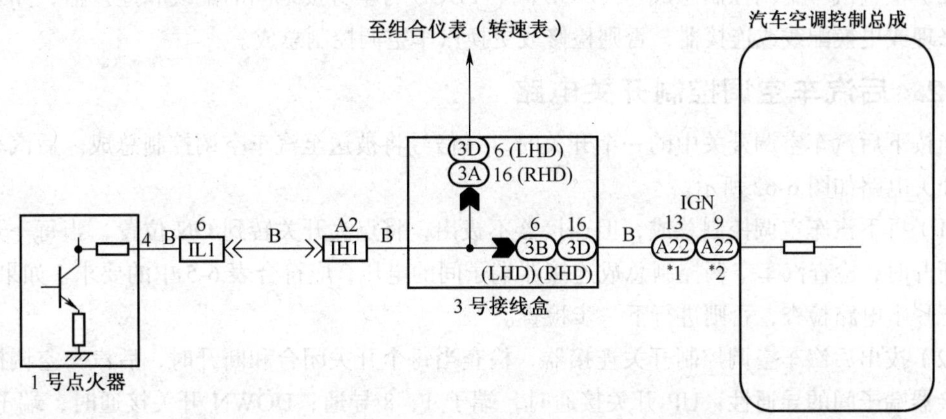

图 6-60 点火器电路

（1）检查转速表运转是否正常，如果不正常，排除组合仪表的故障，否则进行下一步检查。

（2）检查汽车空调控制总成与点火器间的配线和连接器，如果不正常，修理或更换配线或连接器，否则进行下一个电路检查。

11. 诊断电路

本电路将信号传送给需要故障码输出的 ECU，诊断电路如图 6-61 所示。

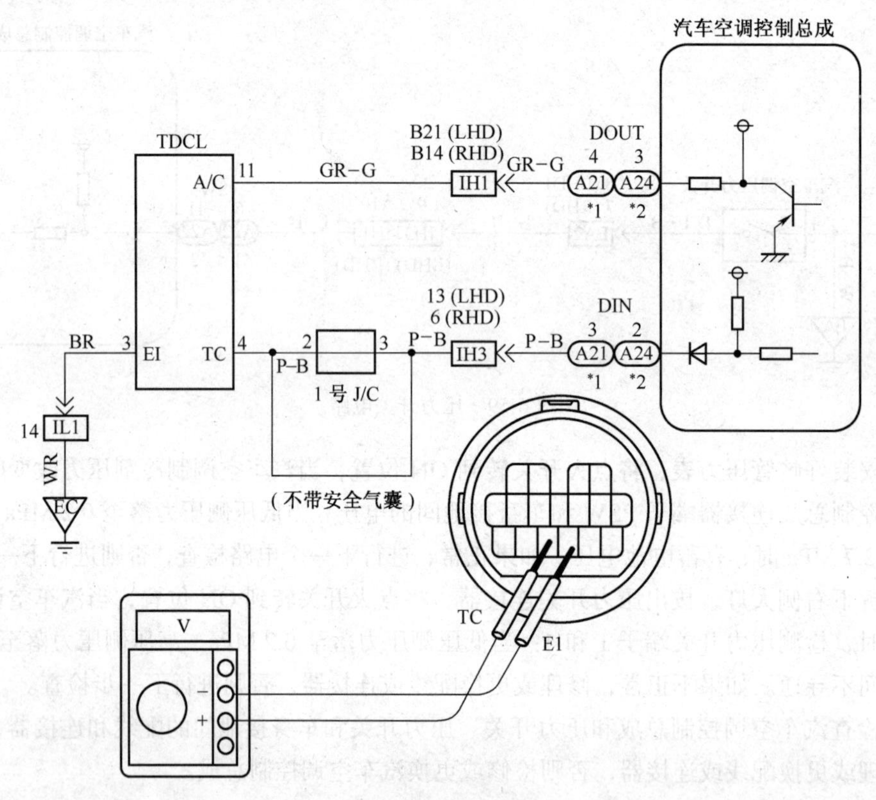

图 6-61 诊断电路

（1）点火开关转到 ON 位置，检查 TDCL 端子 TC 和 E1 间的电压，为蓄电池电压。如果电压正常，进行下一个电路检查，否则进行下一步检查。

（2）检查汽车空调控制总成与 TDCL 间、TDCL 与车身接地间的配线和连接器，如果不正常，修理或更换配线或连接器，否则检修或更换汽车空调控制总成。

12. 后汽车空调控制开关电路

当按下后汽车空调开关中的一个开关时，一信号将被送至汽车空调控制总成。后汽车空调控制开关电路如图 6-62 所示。

（1）拆下汽车空调控制总成，但连接器不拔出，将点火开关转到 ON 位置，当每一开关接通和断开时，检查汽车空调控制总成连接器端子间的电压，应符合表 6-5 中的要求。如果正常，进行下一个电路检查，否则进行下一步检查。

（2）拔出后汽车空调控制开关连接器，检查当每个开关闭合和断开时，后汽车空调控制开关连接器端子间的导通性：UP 开关接通时，端子 1、8 导通；DOWN 开关接通时，端子 6、8 导通；ON-OFF 开关接通时，端子 8、12 导通；MODE 开关接通时，端子 8、11 导通。如果导通性不符合要求，检修或更换汽车空调控制开关，否则进行下一步检查。

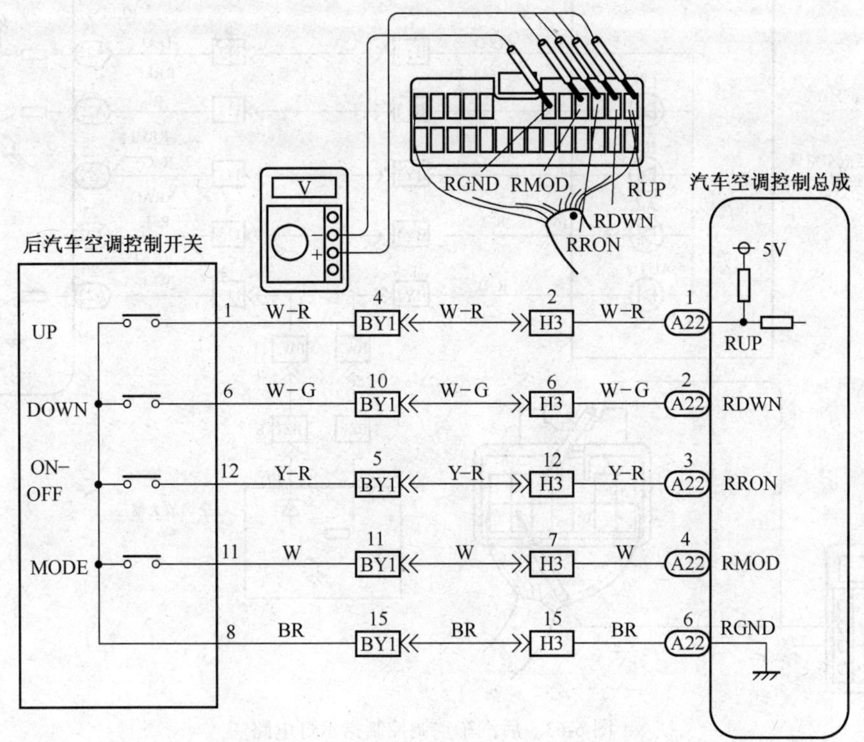

图 6-62　后汽车空调控制开关电路及检测

表 6-5　　汽车空调控制总成连接器端子电压检查

条　件	检 测 端 子				条　件	检 测 端 子			
	RUP-地	RDWN-地	RRON-地	RMOD-地		RUP-地	RDWN-地	RRON-地	RMOD-地
UP 开关接通	0 V	5 V	5 V	5 V	ON/OFF 开关接通	5 V	5 V	0 V	5 V
DOWN 开关接通	5 V	0 V	5 V	5 V	MODE 开关接通	5 V	5 V	5 V	0 V

（3）检查汽车空调控制总成和后汽车空调控制开关间的配线和连接器，如果不正常，修理或更换配线或连接器，否则检修或更换汽车空调控制总成。

13. 后汽车空调控制指示灯电路

当按下后汽车空调控制总成上的一个开关时，来自汽车空调控制总成的信号使开关内的发光二极管（LED）点亮。后汽车空调控制指示灯电路如图 6-63 所示。

（1）拔出后汽车空调控制总成连接器，检测后汽车空调控制开关连接器端子 3 和 2、3 和 5、3 和 7、3 和 10 间的电阻，约为 1.7 kΩ。如果阻值不正常，检修或更换后汽车空调控制开关，否则进行下一步检查。

（2）检查后汽车空调控制开关和汽车空调控制总成间的配线和连接器，如果不正常，修理或更换配线或连接器，否则检修或更换汽车空调控制总成或后汽车空调放大器。

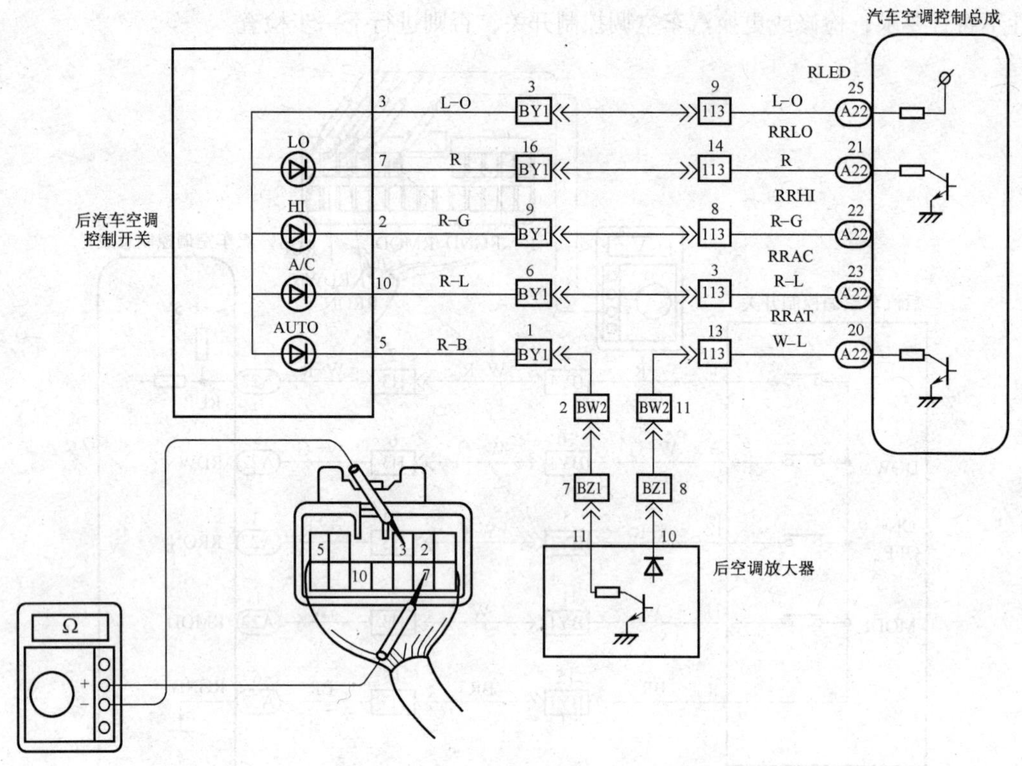

图 6-63　后汽车空调控制指示灯电路

14. 后鼓风机电动机电路

来自汽车空调控制总成的信号驱动后汽车空调放大器内的继电器，为后鼓风机电动机提供电源。后鼓风机电动机电路如图 6-64 所示。

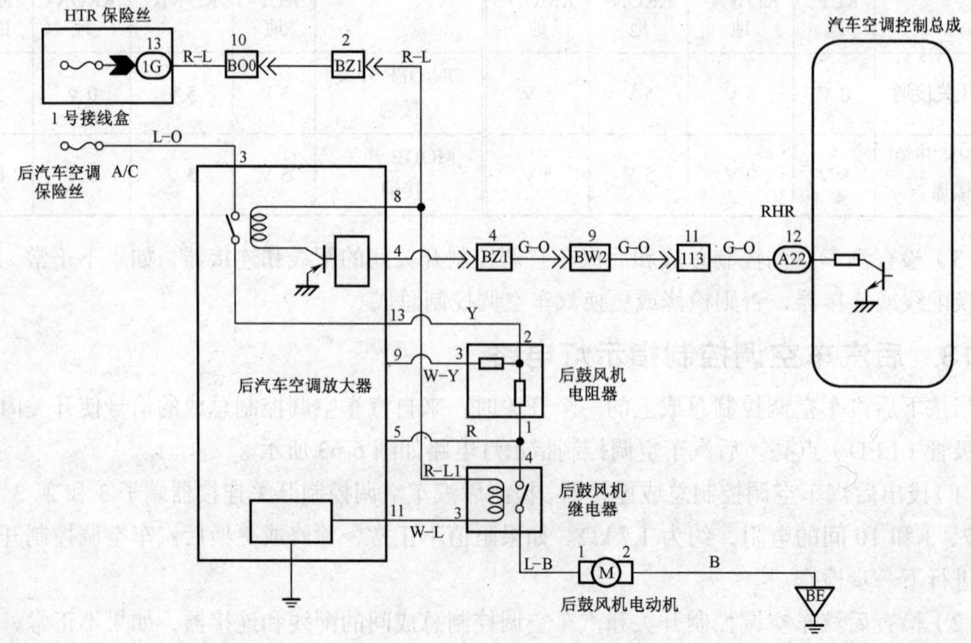

图 6-64　后鼓风机电动机电路

（1）进入驱动器检查模式，按∧键，进行分步操作，检查后气流模式的条件。温度显示器上显示代码 20 后汽车空调为 OFF 模式，显示代码 21 为 YAUTO-OFF 模式，显示代码 22 为 HI（A/P）模式，显示代码 23～24 为 HI（A/C）模式，显示代码 25 为 LO（A/C）模式，显示代码 26～29 为 OFF 模式。如果正常，进行下一个电路检查，否则进行下一步检查。

（2）脱开后鼓风机电阻连接器，将点火开关转到 ON 位置，检测后鼓风机电阻配线侧连接器端子 2 与车身接地间的电压，为蓄电池电压。如果电压正常，进行第（6）步检查，否则进行下一步检查。

（3）拆下汽车空调控制总成，但连接器仍连接着，点火开关转到 ON 位置，检查在后汽车空调器固定到 LO 模式时，汽车空调控制总成连接器端子 RHR 和车身接地间的电压：在 LO 模式无电压，在 OFF 模式为蓄电池电压。如果电压不正常，进行第（5）步检查，否则进行下一步检查。

（4）检查蓄电池和后汽车空调放大器间、后汽车空调放大器和后鼓风机电阻间的配线和连接器，如果不正常，修理或更换配线或连接器，否则检查并更换后汽车空调放大器。

（5）检查后汽车空调放大器和汽车空调控制总成间的配线和连接器，如果不正常，修理或更换配线或连接器，否则检修或更换后汽车空调放大器或汽车空调控制总成。

（6）脱开后鼓风机继电器连接器，检测后鼓风机继电器端子间的导通性：端子 1 和 3 间导通，端子 2 和 4 间不导通；将蓄电池电压加在端子 1 和 3 间，端子 2 和 4 间导通。如果继电器不正常，更换后鼓风机继电器，否则进行下一步检查。

（7）脱开后鼓风机电阻连接器，检查后鼓风机电阻连接器端子 1、2 间的电阻，约 3 Ω。如果阻值不正常，更换后鼓风机电阻，否则进行下一步检查。

（8）脱开后鼓风机电动机连接器，如图 6-65 所示，将蓄电池正极接后鼓风机电动机连接器端子 1，负极接端子 2，鼓风机电动机应运转平稳。如果电动机不正常，检修或更换后鼓风机电动机，否则进行下一步检查。

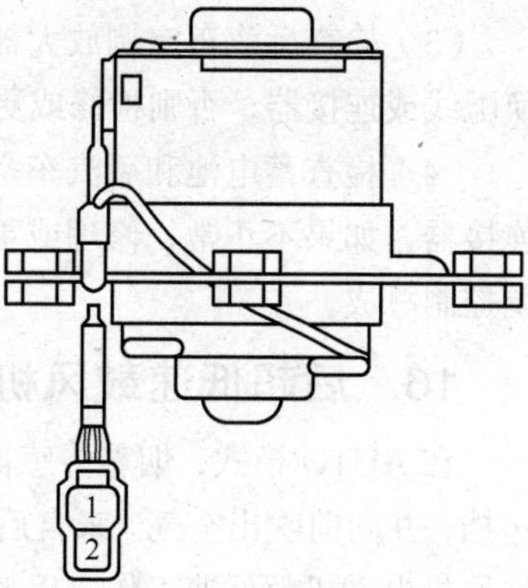

图 6-65　后鼓风机电动机连接器

（9）检查蓄电池与后鼓风机电动机间、后鼓风机电动机与车身接地间配线和连接器，如果不正常，修理或更换配线或连接器，否刻检修或更换后汽车空调放大器。

15. 后高速鼓风机转速控制电路

后极高速继电器将后鼓风机转速从低转变到高。继电器根据汽车空调控制总成送来的信号进行工作，继电器接通时鼓风机高速，继电器断开时鼓风机低速。后高速鼓风机速度控制电路如图 6-66 所示。

（1）进入驱动器检查模式，按下∧键改变至分步操作，检查后气流模式的条件。温度显示器上显示代码 20 后汽车空调为 OFF 模式，显示代码 21 为 AUTO-OFF 模式，显示代码 22 为 HI（A/P）模式，显示代码 23～24 为 HI（A/C）模式，显示代码 25 为 LO（A/C）模式，显示代码 26～29 为 OFF 模式。如果正常，进行下一个电路检查，否则进行下一步检查。

（2）拆下汽车空调控制总成，但连接器不拔出，将点火开关转到 ON 位置，当后汽车空调设定在 HI 模式时，检查汽车空调控制总成连接器端子 RFR 与车身接地间的电压，后汽车空调在 OFF 模式电压为蓄电池电压，后汽车空调在 HI 模式无电压。如果电压不正常，进行第（4）步检查，否则进行下一步检查。

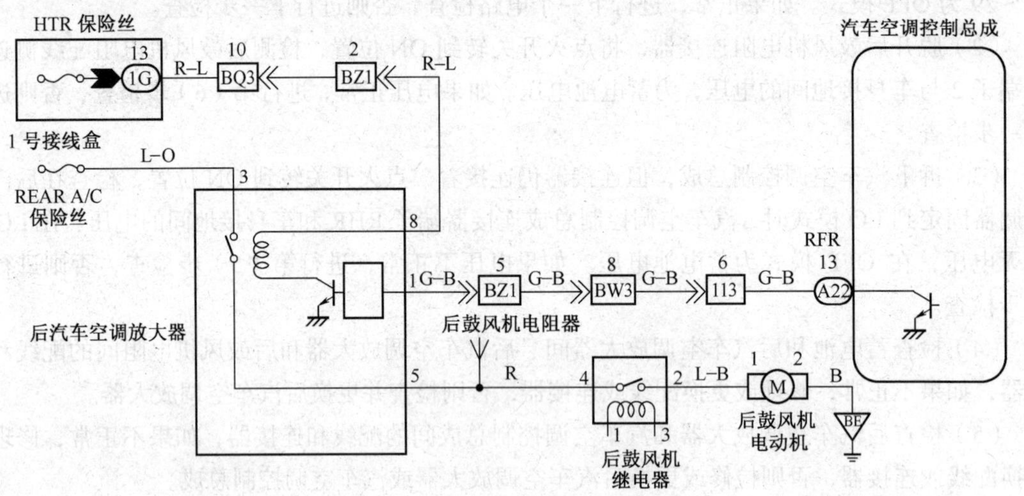

图 6-66　后高速鼓风机速度控制电路

（3）检查后汽车空调放大器和后鼓风机继电器间的配线和连接器，如果不正常，修理或更换配线或连接器，否则检修或更换后汽车空调放大器。

（4）检查蓄电池和后汽车空调放大器、后汽车空调放大器和汽车空调控制总成间的配线和连接器，如果不正常，修理或更换配线或连接器，否则检修或更换后汽车空调放大器或汽车空调控制总成。

16. 后超低速鼓风机速度控制电路

在 AUTO 模式，烟雾传感器检测到空气中的烟雾时，后汽车空调鼓风机电动机工作在超低速挡，并向前吹出空气。来自后汽车空调放大器 SLO 端子的电流被送至后鼓风机电阻器，使后鼓风机电动机超低速工作。后超低速鼓风机转速控制电路如图 6-67 所示。

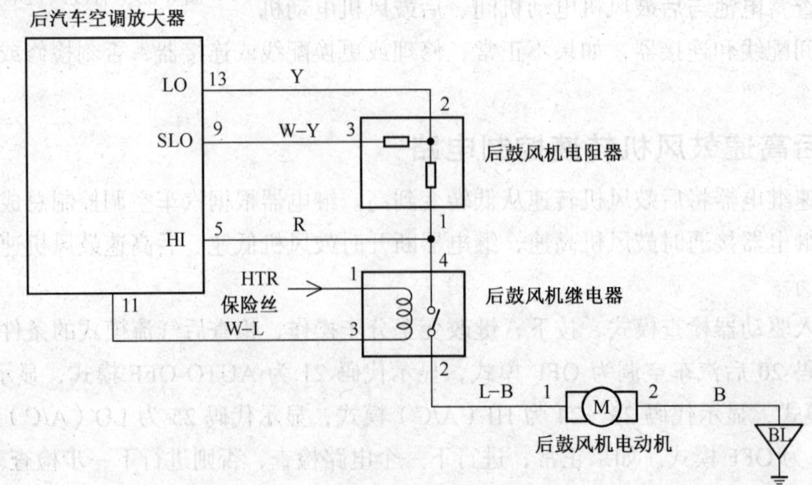

图 6-67　后超低速鼓风机转速控制电路

（1）拆下后鼓风机电阻器连接器，将点火开关转到 ON 位置，检查后鼓风机电阻器配线侧连接器端子 3 和车身接地间的电压，为蓄电池电压。如果电压正常，进行下一个电路检查，否则进行下一步检查。

（2）拔出后鼓风机电阻器连接器，检测后鼓风机电阻器连接器端子 1 和 3 间的电阻，约 7 Ω。如果阻值不正常，更换后鼓风机电阻器，否则进行下一步检查。

（3）检查后汽车空调放大器和后鼓风机电阻器间的配线和连接器，如果不正常，修理或更换配线或连接器，否则检修或更换后汽车空调放大器。

17. 烟雾传感器电路

烟雾传感器在后汽车空调组件里面。当点火开关在 ON 位置及汽车空调在 AUTO 模式时，烟雾传感器工作，如果烟雾被检测到，一信号将被送至汽车空调控制总成，使后鼓风机低速运转。烟雾传感器电路如图 6-68 所示。

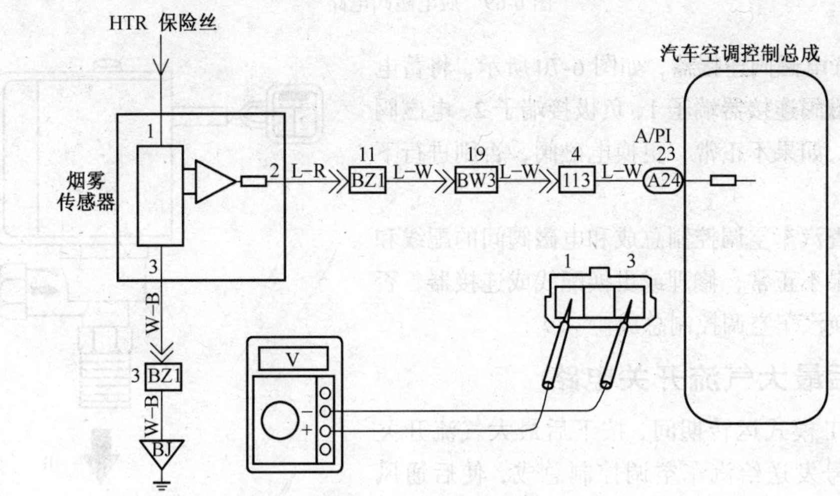

图 6-68 烟雾传感器电路

（1）拆下汽车空调控制总成，但连接器仍连接着，将点火开关转到 ON 位置，后汽车空调固定至 AUTO 模式，检测汽车空调控制总成连接器端子 A/PI 和车身接地间的电压，有烟时约 5 V，无烟时约 0 V。如果电压正常，进行下一个电路检查，否则进行下一步检查。

（2）脱开烟雾传感器连接器，将点火开关转到 ON 位置，检测烟雾传感器配线连接器端子 1 和 3 间的电压，为蓄电池电压。如果电压不正常，检查和修理蓄电池和烟雾传感器、烟雾传感器与车身接地间的配线或连接器，否则进行下一步检查。

（3）检查汽车空调控制总成和烟雾传感器间的配线或连接器，如果不正常，修理或更换配线或连接器，否则更换烟雾传感器或检修汽车空调控制总成。

18. 后电磁阀电路

电磁阀控制流至后汽车空调组件的制冷剂。当后汽车空调器开关转到 ON 位置时，从汽车空调控制总成来的信号将电磁阀打开，使制冷剂流至后汽车空调组件。后电磁阀电路如图 6-69 所示。

（1）拆下汽车空调控制总成，但连接器仍连接着，启动发动机，检查汽车空调控制总成连接器端子 RMGV 和车身接地间的电压，后空调在 OFF 模式电压约 11 V，在 ON 模式电压约 0 V，如果电压正常，进行下一个电路检查，否则进行下一步检查。

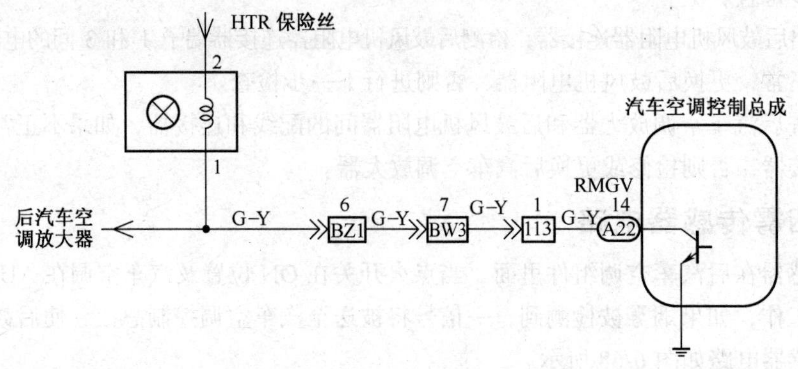

图 6-69　后电磁阀电路

（2）脱开电磁阀连接器，如图 6-70 所示，将蓄电池正极接电磁阀连接器端子 1，负极接端子 2，电磁阀打开并导通。如果不正常，更换电磁阀，否则进行下一步检查。

（3）检查汽车空调控制总成和电磁阀间的配线和连接器，如果不正常，修理或更换配线或连接器，否则检查并更换汽车空调控制总成。

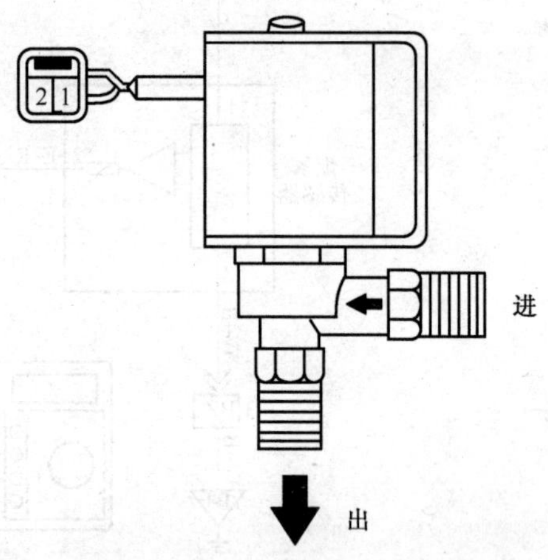

图 6-70　电磁阀检查

19. 后最大气流开关电路

在 VENT 模式运转期间，按下后最大气流开关时，就有信号发送给汽车空调控制总成，使后通风口的空气流量增加。后最大气流开关电路如图 6-71 所示。

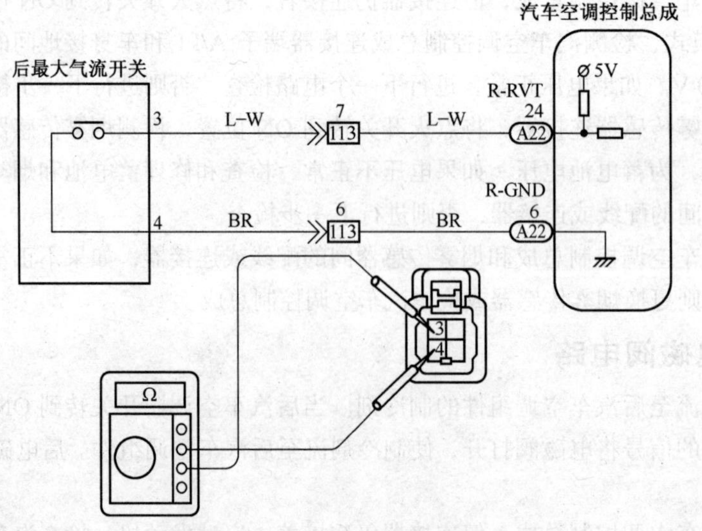

图 6-71　后最大气流开关电路

（1）拆下汽车空调控制总成，但连接器仍连接着，将点火开关转到 ON 位置，检测汽车空调控制总成连接器端子 R-RVT 和 R-GND 间的电压：开关在 ON 位置时电压为 0 V，在 OFF 位置电压约 5 V。如果电压正常，进行下一个电路检查，否则进行下一步检查。

（2）脱开后最大气流开关连接器，检测后最大气流开关连接器端子 3 和 4 间的电阻，开关在 ON 位置为 0 Ω，在 OFF 位置为无穷大。如果阻值不正常，更换后最大气流开关，否则进行下一步检查。

（3）检查汽车空调控制总成和后最大气流开关间的配线和连接器，如果不正常，修理或更换配线或连接器，否则检修或更换汽车空调控制总成。

20. 后最大气流开关指示灯电路

当按下后最大气流开关时，从汽车空调控制总成来的信号使后最大气流指示灯亮。后最大气流开关指示灯电路如图 6-72 所示。

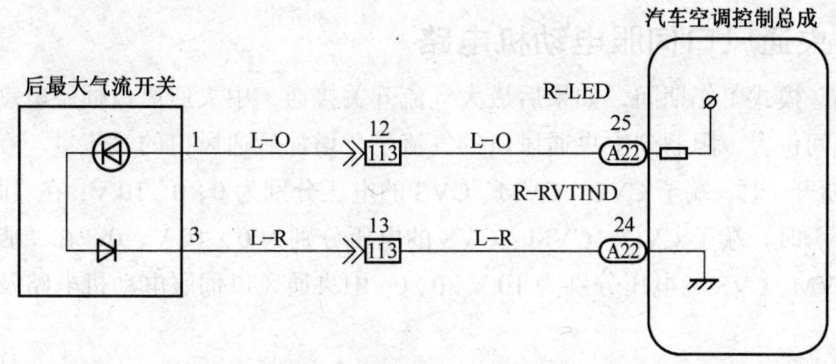

图 6-72　后最大气流开关指示灯电路

（1）拔出后最大气流开关连接器，检查后最大气流开关连接器端子 1 和 3 间的电阻，约 1.7 Ω。如果阻值不正常，更换后最大气流开关，否则进行下一步检查。

（2）检查汽车空调控制总成和后最大气流开关间的配线和连接器，如果不正常，修理或更换配线或连接器，否则进行下一个电路检查。

21. 侧通风口伺服电动机电路

后最大气流工作期间，侧通风口伺服电动机关闭侧通风口风挡，限制气流到侧通风口，并增加气流到后通风口。后最大气流开关在 ON 位置，端子 SVO 有 10 V 电压，端子 SVS 有 0 V 电压；在 OFF 位置，端子 SVO 有 0 V 电压，端子 SVS 有 10 V 电压。

（1）进入驱动器检查模式，按下∧键，改变为分步操作，检查气流的情况：显示代码 20～21 时，侧通风口气流弱；显示代码 22～29 时，侧通风口气流强。如果气流变化正常，进行下一个电路检查，否则进行下一步检查。

（2）拆下加热器组件和侧通风口伺服电动机，如图 6-73 所示，将蓄电池正极接端子 2，负极接端子 1，然后再将蓄电池负极分别接至端子 3 和 7 时，控制杆应平稳地移至“关闭”和“打开”位置。如果通风口伺服电动机工作不正常，更换侧通风口伺服电动机，否则进行下一步检查。

（3）检查汽车空调控制总成和侧通风口伺服电动机的配线和连接器，如果不正常，修理或更换配线或连接器，否则检修或更换汽车空调控制总成。

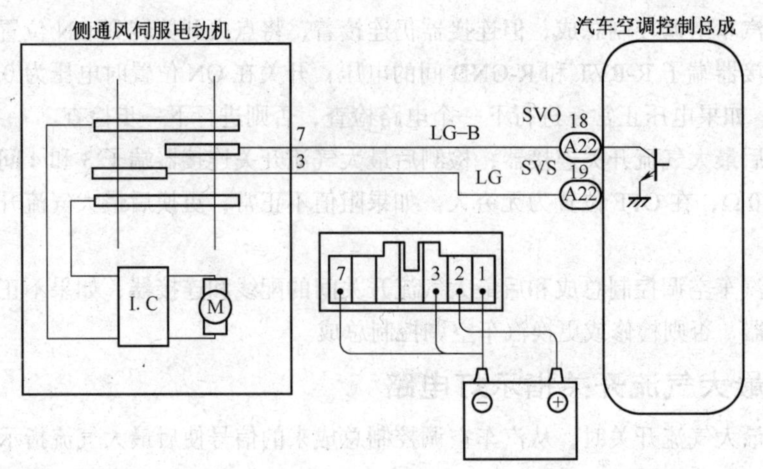

图 6-73　通风口伺服电动机电路及检测

22. 中央通风口伺服电动机电路

在“面部”模式工作期间，如果后最大气流开关接通，中央通风口伺服电动机将中央通风口风挡移到中间位置，限制到中央通风口的气流量，增加后通风口的气流量。在“面部”模式（后最大气流断开）时，端子 CVO、CVM、CVS 的电压分别为 0、0、10 V；在“面部”模式（后最大气流闭合）时，端子 CVO、CVM、CVS 的电压分别为 0、10 V、0；在“脚部”模式时，端子 CVO、CVM、CVS 的电压分别为 10 V、0、0。中央通风口伺服电动机电路及检测如图 6-74 所示。

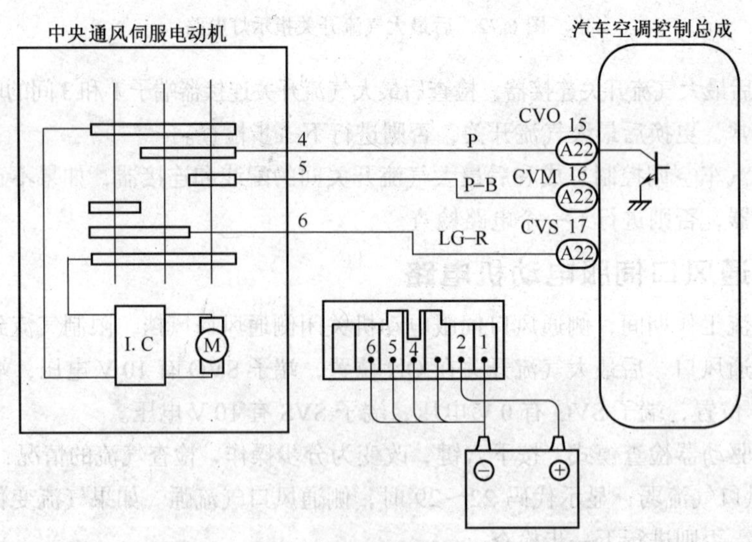

图 6-74　中央通风口伺服电动机电路及检测

（1）进入驱动器检查模式，按下∧键，改为分步操作，检查鼓风机的工作状况：显示代码 20～21 时，中央通风口气流弱，显示代码 22～29 时，中央通风口气流强。如果气流变化正常，进行下一个电路检查，否则进行下一步检查。

（2）拆下加热器组件和中央通风口伺服电动机，将蓄电池正极接端子 2，负极接端子 1，然后将蓄电池负极分别接端子 4、5、6，检查控制杆应平稳地移至“通风”“后最大气流”“除霜”

位置。如果伺服电动机工作不正常，更换中央通风口伺服电动机，否则进行下一步检查。

（3）检查汽车空调控制总成和中央通风口伺服电动机间的配线和连接器，如果不正常，修理或更换配线或连接器，否则检修或更换汽车空调控制总成。

拓展知识　日产风度 A32 汽车空调局域网控制系统简介

1. 汽车空调系统控制原理

日产风度 A32 车系所配置的汽车空调系统全面采用 LAN 控制技术。

LAN 的全称是 Local Area Network，其字面含义为局域网络，在汽车空调系统中，指该汽车空调系统采用汽车局部网络通信技术传递数据信号，再由各个局部控制单元接收指令、识别指令和发出反馈信号来完成整个系统的工作。它的成功应用标志着汽车新技术将再次革命。

日产风度 A32 LAN 汽车空调控制系统的工作原理如图 6-75 所示。

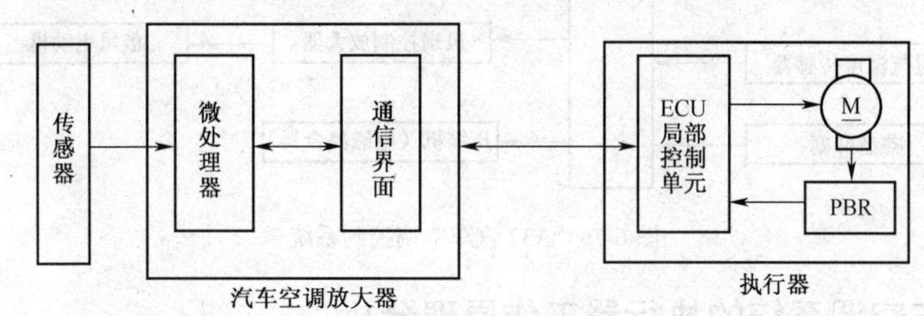

图 6-75　LAN 系统工作原理

在 LAN 系统中，汽车空调放大器与空气混合门电动机、模式门电动机之间建有一个小型的网络，它们之间通过数据传输线路和电动机供电线路连接在一起。其工作过程如下：汽车空调放大器接收来自各个传感器的信号和工作指令，并利用执行器中的 PBR（位置传感器）反馈信号，将调节空气参数的指令即空气混合门和模式门开启角度数据发送到空气混合门电动机 ECU 和模式门电动机 ECU，完成既定工作。

其中，置于空气混合门电动机和模式门电动机中的 ECU 具有下列功能：地址；电动机开启角度信号；数据传输；电动机停止和转动指令；开启角度传感器（PBR 功能）；比较；指令（自动放大器的指令值与电动机开启角度的比较）.

它与普通控制系统的根本区别在于：执行器接受指令动作后，将完成指令的工况反馈到系统控制器中，与发送信号进行比较，如果存在执行误差，控制器将根据 PBR 的参数及时修正，直至完成设定值。

这种全新的控制理念和工作模式，使汽车空调的控制效果更具现代意义，也是汽车控制系统的更新趋势。

2. LAN 控制系统的组成

A32 汽车空调控制系统包括输入传感器及设定开关、汽车空调放大器（微处理器）、执行器。这些部件之间的关系如图 6-76 所示。

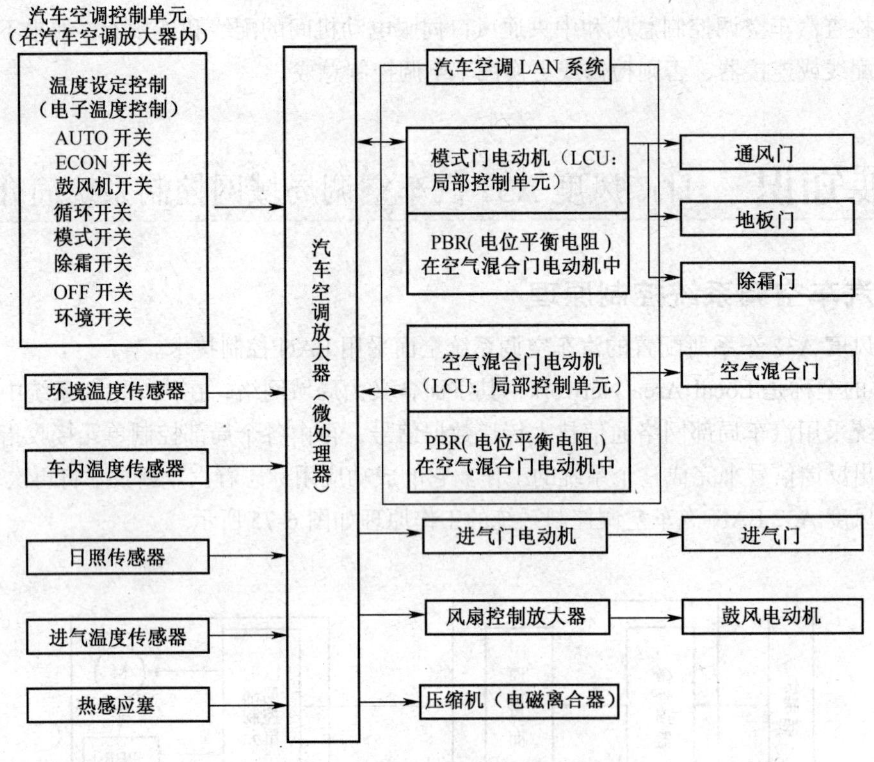

图 6-76　A32 汽车空调控制系统

3. 汽车空调系统的执行器工作原理分析

（1）空气混合门、模式门控制（自动温度控制）器

① 组成零件。空气混合门、模式门控制器包括汽车空调放大器、空气混合门电动机、模式门（ECU 局部控制单元）、车内温度传感器、环境温度传感器、日照传感器、进气温度传感器，如图 6-77 所示。

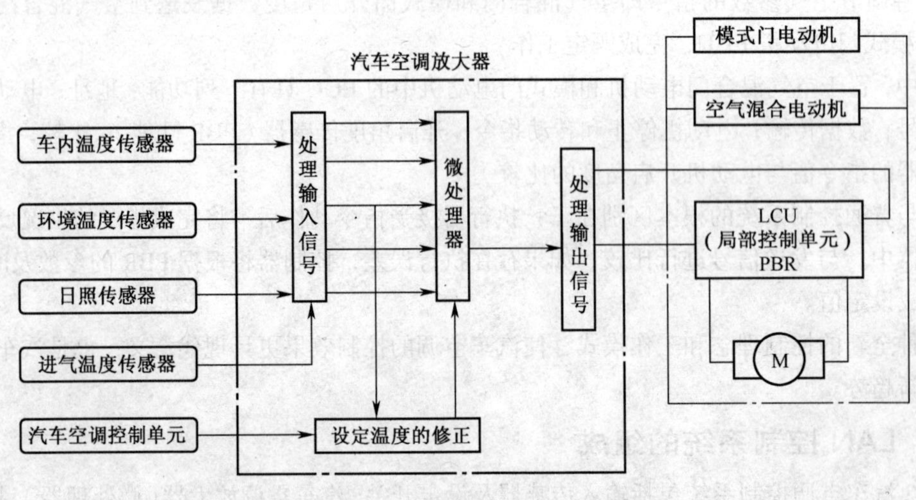

图 6-77　空气混合门、模式门控制

② 工作过程。自动放大器接收来自各个传感器的数据，然后把空气混合门和模式门开启角度数据发送到空气混合门和模式门电动机 ECU。空气混合门和模式门电动机根据地址分别接收各自的信号。来自汽车空调放大器及各电动机位置传感器的开启角度指令信号，与当前的指令和开启角度在 ECU 中进行比较，然后选择热风/冷风或除霜/通风动作。新选择的数据返回自动放大器内。

（2）进气门控制

① 组成零件。进气门控制系统包括汽车空调放大器、进气门电动机、PBR、车内温度传感器、环境温度传感器、日照传感器、进气温度传感器，如图 6-78 所示。

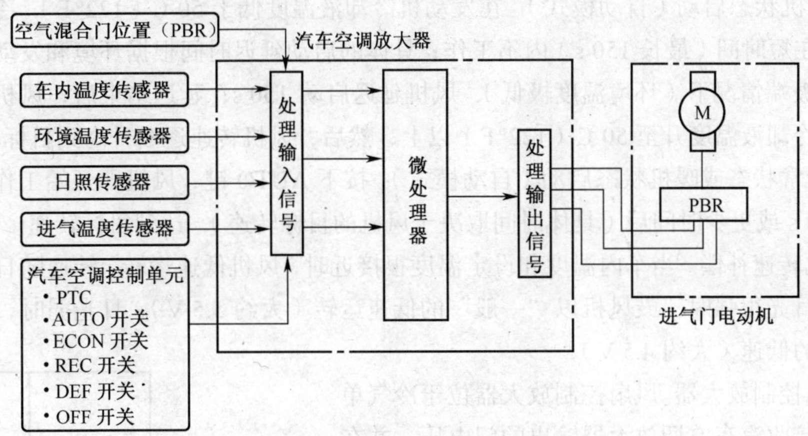

图 6-78　进气门控制

② 系统工作过程。根据环境温度、车内温度和进气温度，进气门控制系统决定进气门的位置。当按下 ECON、DEF 或 OFF 键时，自动放大器将进气门设定在 FRESH（新鲜空气）位置。

（3）风扇转速控制

① 组成零件。风扇转速控制系统包括 PBR、车内温度传感器、环境温度传感器、日照传感器、进气温度传感器、水温传感器、自动放大器、风扇控制放大器，如图 6-79 所示。

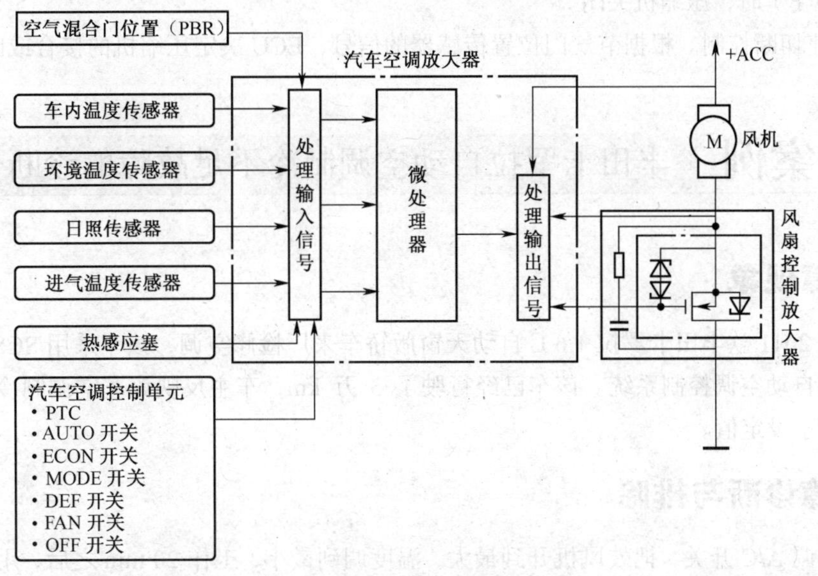

图 6-79　风扇转速控制

② 系统工作过程。根据环境传感器和控制模式的要求，经过自动放大器分析比较，输出信号使风扇控制放大器调节转速，以适应系统工作的需要。

③ 自动模式。在自动模式中，根据 PBR、车内温度传感器、日照传感器和环境温度传感器的输入信号，汽车空调放大器计算出风机的转速。风机电动机的工作电压范围在 4.5 V（最低转速）与 12 V（最高转速）之间。为控制风机的转速，汽车空调放大器向风扇控制放大器输出一个信号（在 2.5～9 V 范围内）。根据这个信号，风扇控制放大器风机电动机的电流。

④ 风扇启动速度控制。

a. 从冷机状态启动（自动模式）：在发动机冷却液温度低于 50℃（122°F），冷启动发动机时，风机将在短时间（最长 150 s）内不工作；具体的启动延迟时间根据环境和发动机冷却液温度确定；在极端情况下（环境温度极低），风机延迟启动 150 s；延迟结束后，风机低速运转，直到发动机冷却液温度升至 50℃（122°F）以上，然后，风机转速逐渐升高到目标转速。

b. 从正常状态或暖机状态启动（自动模式）：按下 AUTO 键，风机即开始工作；风机转速逐渐升高，5 s 或更少时间后（具体时间取决于风机的目标转速），达到目标转速。

⑤ 风机转速补偿。当车内温度和设定温度很接近时，风机低速运转，转速随日光照射的强弱而变化。日光很强时，鼓风机以“一般”的低速运转（大约 5.5 V）。日光弱时，风机转速降到“更低”的低速（大约 4.5 V）。

⑥ 风扇控制放大器。风扇控制放大器位于冷气单元内，用于接收汽车空调放大器输出的门电压，并在 5～12 V 范围内无级调节鼓风机电动机电压。

（4）电磁离合器控制

根据节气门位置传感器和自动放大器的输入信号，ECU 控制压缩机的动作，工作过程如图 6-80 所示。

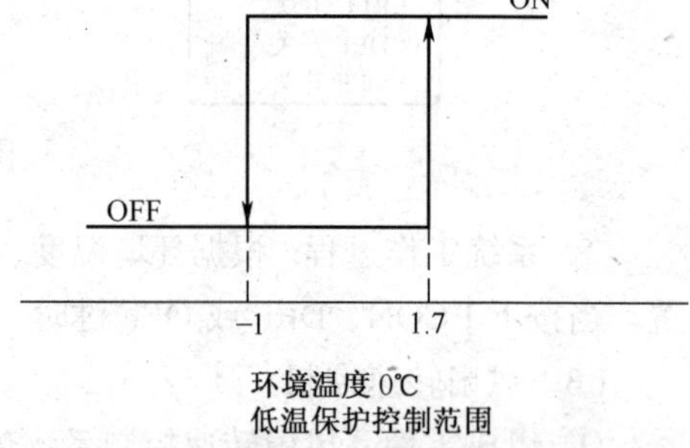

图 6-80 电磁离合器控制工作过程

① 低温保护控制。根据环境温度传感器的信号，自动放大器决定压缩机的接合或断开，当环境温度低于–1℃（30°F）时，压缩机关闭。

② 加速切断控制。根据节气门位置传感器的信号，ECU 决定压缩机的接合或断开。

实战案例 丰田卡罗拉自动空调制冷不足故障的诊断与排除

一、故障现象

有 1 辆 2011 款丰田卡罗拉 1.6 L 自动天窗版轿车来厂检修空调，该车采用 SCS06C 型号空调压缩机和自动空调控制系统。该车已经行驶了 3 万 km，车主反映该车空调制冷不足，车内温度始终高于设定值。

二、故障诊断与排除

打开空调 A/C 开关，把鼓风机开到最大，温度调到最小，工作 20 min 之后，用空调测温计测量蒸发器出风口温度，发现高于设定值。待压缩机停止运转后，马上测量蒸发器出风口温度，测得温度值为10℃，根据丰田卡罗拉维修手册压缩机控制原理，蒸发器出风口温度降至3℃时，电磁离合器断开，压缩机应停止工作，可是该空调在蒸发器出风口温度为10℃时压缩机即停止工作，说明该空调制冷不足。引起制冷不足的原因主要出现在制冷循环系统或者自动空调电控系统，接下来进行故障诊断。

关闭发动机，打开发动机舱盖，检查压缩机皮带的张紧度，正常；检查冷凝器表面的清洁度，清洁；启动发动机，开空调，观察储液干燥器视窗口，判断制冷回路中制冷剂的工作情况，制冷剂量正常；检查各出风口出风正常，各挡风量正常。初步说明制冷循环系统工作正常。

接下来利用空调自诊断功能，同时按AUTO（自动）和RECIRC（循环）开关，读故障码。此时显示屏上反映的是故障码“13”。根据丰田卡罗拉维修手册，出现故障码“13”（见表6-6），有可能是蒸发器温度传感器，或蒸发器温度传感器与空调控制总成之间的配线或连接器，或空调控制总成出现故障。针对以上3种原因，由简入难，逐一排查。

表6-6　故障码一览表

故障码	故障部位	存储器
00	—	—
11	（1）驾驶室温度传感器 （2）驾驶室温度传感器与空调控制总成之间的配线或连接器 （3）空调控制总成	○ （>8.5min）
12	（1）环境温度传感器 （2）环境温度传感器与空调控制总成之间的配线或连接器 （3）空调控制总成	○ （>8.5min）
13	（1）蒸发器温度传感器 （2）蒸发器温度传感器与空调控制总成之间的配线或连接器 （3）空调控制总成	○ （>8.5min）
14	（1）发动机ECU （2）发动机ECU与空调控制总成之间的配线或连接器 （3）空调控制总成	○ （>27s）

1. 检测蒸发器温度传感器

在不同的温度下对蒸发器温度传感器的电阻值进行检测，测得结果如表6-7所示。与丰田维修手册数据（见表6-8）相比，蒸发器温度传感器正常。

表6-7　实测蒸发器温度传感器的电阻值

温度/℃	电阻/kΩ
0	4.1
15	2.3

表6-8　蒸发器温度传感器的标准电阻值

温度/℃	电阻/kΩ
0	4.2～5.1
15	1.8～2.6

2. 检查蒸发器温度传感器与空调控制总成之间的配线或连接器

图6-81所示为自动空调放大器电路，图6-82所示为蒸发器温度传感器控制电路。经检查，配线与连接器均正常。

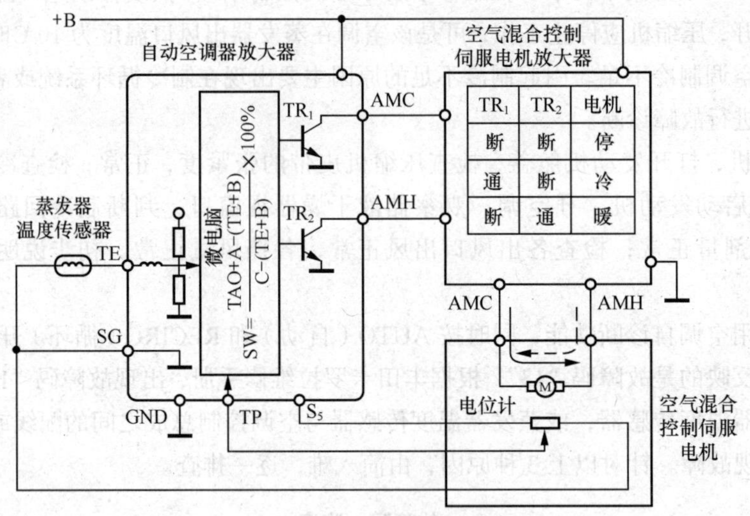

图 6-81　自动空调放大器电路

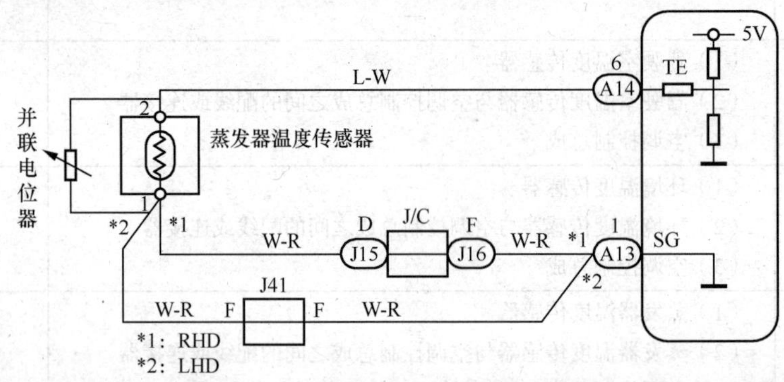

图 6-82　蒸发器温度传感器控制电路

3. 检查空调 ECU 放大器

空调蒸发器温度传感器、蒸发器温度传感器与空调控制总成之间的配线和连接器都正常，但制冷量仍然不足，那么故障很可能出现在空调控制总成上。由于前面用温度计测量蒸发器的出风口温度，当出风口温度降至 10℃时，热敏电阻阻值还未升到设定值（此值为放大器启动的界限值），而空调 ECU 放大器已检测出断电的输入电位信号，造成制冷系统过早停止制冷，导致无法获得所需的制冷量。所以此类制冷量不足的故障是温度控制系统不能维持正常的恒温温度所造成的。

其原因可能是空调 ECU 的放大器经过长时间工作性能变差，引起制冷系统装置的恒温温度偏高于正常恒温值，致使蒸发器表面温度下降到 10℃（正常应降至 3℃）时就使空调 ECU 发出断电信号，压缩机停止工作，使车厢内平均温度无法降到设定值，从而出现系统正常运转而制冷不足的现象。为了验证故障分析是否正确，给空调 ECU 换上 1 个正常制冷恒温温度达到标准的同型号的空调放大器并试验，结果故障现象消除，制冷效果达到丰田卡罗拉维修手册上的要求。

空调放大器置于空调 ECU 内，不能单独更换，只能更换空调 ECU，但车主考虑到成本高不同意更换。那么能否人为使空调恒温温度降至正常值 3℃左右，使制冷效果恢复到正常的效果呢？在这个思路的引导下，根据并联电阻的总电阻小于其中 1 只最小电阻的规律，设想在蒸发器温度传感器的热敏电阻上并联 1 只电阻，以此改变电阻值，电阻值变小（相对设定值）会使空调放大器输出电位增大，压缩机电磁离合器继续运转，增加制冷效果。但是负温度系数热敏电阻的阻值会随着温度的降低而增大，所以总电阻值变大的趋势不变，只是相对设定的电阻值减小而已。直到热敏电阻和外加电阻的并联电阻值符合空调放大器输出电位模拟达到蒸发器表面温度降至 3℃时的阻值时，令压缩机电磁离合器断电分离，停止制冷，从而实现降低制冷系统的恒温温度，提高制冷量的目的。

根据以上分析，在热敏电阻上并联 1 个 4 kΩ电位器，如图 6-82 的接线。通过调节试验，测试蒸发器表面的温度，发现温度直线下降，由 9℃下降到 2℃。但压缩机电磁离合器一直不会分离，低压管结冰。

怎样才能使压缩机工作到所要求的恒温温度呢？一个办法是将 4 kΩ的电位器调到最大，但压缩机还是一直工作。那么是不是并联的 4 kΩ电位器在蒸发器温度传感器上的电阻值太小，致使压缩机一直工作？于是将 4 kΩ电位器换成 40 kΩ电位器，再次试验。当将 40 kΩ电位器调到 30.25 kΩ时，空调蒸发器的表面得到 9℃的恒温温度；再将电位器的电阻值调小，调到 16.35 kΩ时，又得到 6℃的恒温温度；将电位器继续调小，当调到 15.5 kΩ时，又得到 5℃的恒温温度。这样不断改变 40 kΩ电位器的电阻值，电阻值由大到小地变化，蒸发器表面温度随着电位器电阻值减小而降低（由 9℃到 3℃）。在蒸发器温度传感器并联 40 kΩ电位器在电路上，试验实测数据如表 6-9 所示。

表 6-9　　蒸发器表面温度与并联电位器电阻值关系

蒸发器的表面温度/℃	9	6	5	4	3
电位器电阻值/kΩ	30.25	16.35	15.5	14.35	9.35

于是得出结论：并联总电阻值应≥5.8 kΩ，否则压缩机一直工作，蒸发器至压缩机的低压管结冰。

通过以上试验可知，用这种在蒸发器温度传感器上并联电阻的办法，就可以按要求的温度，任意控制蒸发器表面的温度。所以在蒸发器温度传感器上并联 1 只固定电阻，可以使其电阻阻值修正，直到空调 ECU 输出电位模拟为蒸发器表面温度未降至 3℃，而继续使压缩机工作，使车厢内达到原设定的温度。最后，调节电位器的电阻值，选定 1 个最合适的蒸发器表面温度（一般将蒸发器表面温度控制在 3℃），拆下 40 kΩ的电位器，用万用表测量 3℃的恒温温度时的电位器的电阻值，换上 1 只同等电阻值（9.35 kΩ）的固定电阻，并联到蒸发器温度传感器上，于是在不更换空调 ECU、不进行大范围修复的情况下，排除了制冷效果不佳的故障。

三、故障总结

当自动空调出现制冷不足现象时，我们按照从简到难的维修习惯，首先对制冷回路进行检查，判断系统工作状况，进行故障排除。如果制冷循环系统没有问题，那么故障是出在自动空调的电控系统中。本文针对出现在压缩机电磁离合器和空调放大器及蒸发器温度传感器的故障进行分析检测，并通过维修使空调恢复正常制冷工作，排除故障。

小 结

本项目以汽车空调故障指示灯亮这一故障现象为载体，将汽车空调的电子控制系统结构、工作原理等理论知识与其故障检修技能及汽车空调维修专用工具和专用设备的正确使用知识融为一体，进行系统讲解和训练。在学习过程中，通过对设定故障进行全过程的检修，训练每个环节和步骤，掌握每个环节涉及的理论知识。

学习本项目后，应能进行以下工作：因汽车空调电子控制系统原因引起的各种故障，都能正确调取故障代码和显示码；能正确分析故障产生原因；能正确进行电子控制系统电路及元器件的检测；能正确使用和维护汽车空调电子控制系统。

习题及思考题

1. 简述汽车空调电子控制系统的组成和功用。
2. 试述汽车空调电子控制系统的工作原理。
3. 如何正确理解和检测各种温度传感器？
4. 如何正确理解和检测日照传感器？
5. 如何正确理解和检测各种电子控制器？
6. 如何进行汽车空调故障代码的调取和消码？
7. 如何进行凌志 LS400 型汽车空调电子控制电路的分析？
8. 如何进行凌志 LS400 型汽车空调控制器的检测？

项目七

汽车空调的使用与维护

项目要求

本项目是在全面学习了汽车空调各部分内容之后，介绍如何正确使用汽车空调，如何对汽车空调进行合理维护，如何对汽车空调常见故障进行综合分析和排除；同时，通过列举故障诊断排除实例，提高读者分析、诊断、检测和排除故障的能力。

【知识要求】

1. 理解汽车空调的正确使用与维护方法
2. 理解汽车空调常见故障的分析与排除方法

【能力要求】

1. 能正确使用和维护汽车空调
2. 能对汽车空调常见故障进行故障分析和排除

重点掌握内容:汽车空调的正确使用与维护,汽车空调的故障分析与排除。

相关知识

正确使用汽车空调系统，可以节约能源，减少故障出现，并能保证汽车空调系统具有良好的技术状况和工作可靠性，发挥其最大效率，延长其使用寿命。

一、常用维修工具介绍

对于汽车空调的保养、检查、维修，需要掌握配套的专用工具与设备的使用，才能准确而迅速地进行相关作业，提高工作质量。这些工具与设备包括：①通用工具，主要有各种扳手、螺钉旋具、锉刀、各种钳子、锤子、钢锯等；②常用设备，主要有万用表、电烙铁、喷灯、焊割设备、手电钻等；③专用工具及专用设备，如切管器、弯管器、扩口器、歧管压力计、真空泵、检漏设备等。

（1）切管器

修理汽车空调的制冷系统时，需对铜管进行切断或弯曲等，此时就需要使用切管器，如图 7-1 所示。

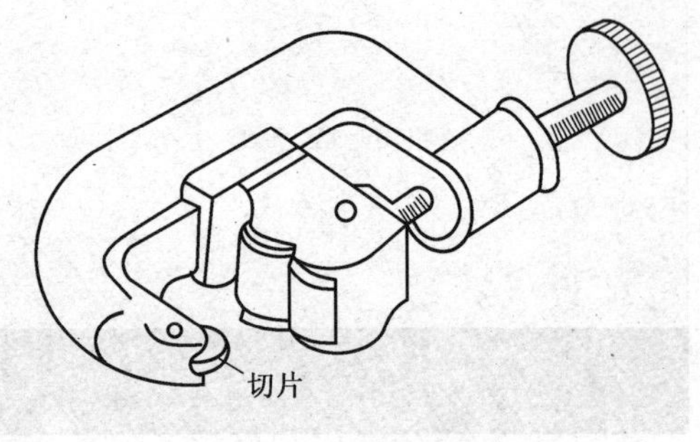

图 7-1 切管器

（2）弯管器

小管径的铜管一般用弯管器进行弯曲，弯曲时可先在弯曲处退火，在管子弯曲前用气焰加热管子。加热部分应有一定的长度，其长短由弯曲角度和管子的直径来决定。弯管器如图 7-2 所示。

（3）扩口器

当铜管采用螺纹连接时，为确保连接处的密封性，需使用扩口器（见图 7-3）将管口扩大并呈喇叭口形状。

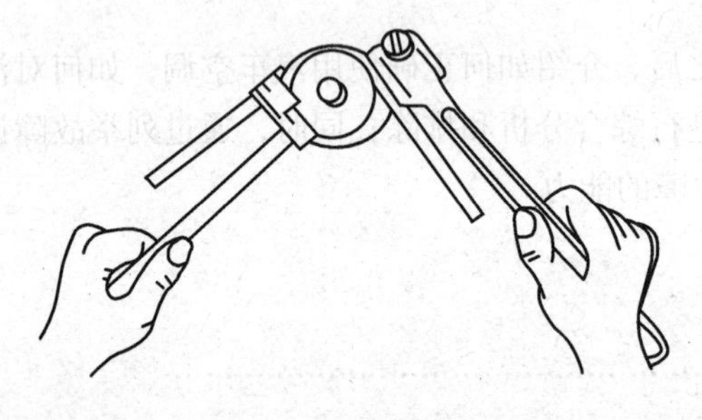

图 7-2 弯管器

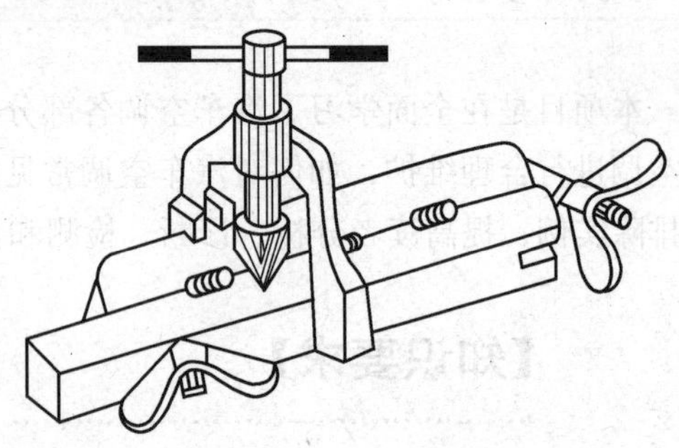

图 7-3 扩口器

二、汽车空调的使用与维护保养

1. 汽车空调的正确使用

对于非独立式汽车空调，其操作使用比较方便，但能否正确使用，将对机组的性能及使用寿命、发动机的工作稳定性及功耗都会有较大的影响。为此，汽车空调使用时应注意以下几点。

① 汽车空调在换季初次使用时，最好对汽车空调系统进行杀菌除臭处理，这是因为汽车空调系统长期“休假”会滋生真菌和霉菌，它不但使空气发出难闻的霉臭味，而且对车厢内人员的健康有害。这项工作可以到修理厂进行，也可以自购杀菌除臭专用喷剂自行处理。

② 启动发动机时，汽车空调开关应处于关闭位置，发动机熄火后，也应及时关闭汽车空调，以免蓄电池电量损耗，同时避免在下次点火瞬间汽车空调自动开启，加大发动机的负担。

③ 汽车空调的工作核心是压缩机，压缩机中的润滑油如果长时间不使用，会凝结，再次使用的时候有可能会造成压缩机卡死。因此在不使用汽车空调的季节，最好一个月运转一两次，每次 10 min 左右。冬季气温过低时，可将保护开关电线短路，待保养运行完毕，再将电路恢复原样。

④ 夏日应避免汽车在阳光下直接暴晒，尽可能把车停在树荫下。长时间停车后，车厢内温度会很高，应先开窗及通风，用风扇将车内热空气赶出车厢，再开汽车空调，开汽车空调后车厢门窗应关闭，以降低热负荷。

⑤ 在突然高挡位启动或长距离上坡行驶时，应暂时关闭汽车空调，以免冷却水箱开锅。超车时，若汽车空调系统无超速自动停转装置，则应先关闭汽车空调。

⑥ 使用汽车空调时，冷气温度不宜调得过低，一方面温度调得过低，会影响身体健康;另一方面易使蒸发器表面结霜，形成风阻，而造成压缩机液击现象。同时若风机开在低速挡，则冷气温度开关不宜调得过低。一般车厢内外温差在 10℃以内为宜。

⑦ 定期清洗冷凝器和蒸发箱，这是因为由于外界空气环境等原因，冷凝器、蒸发箱表面易被灰尘等脏物附着，造成汽车空调系统的制冷效果下降。

⑧ 定时清洁或更换过滤器（汽车空调的滤芯），这是因为空气中的灰尘等脏物会堵塞过滤器，直接影响汽车空调出风流量和制冷效果，并造成车厢内异味等问题。

⑨ 在汽车空调运行时，若听到汽车空调装置有异常响声，如压缩机响、风机响、管子爆裂等，应立即关闭汽车空调，并及时联系维修人员进行检修。

2. 汽车空调的维护保养

汽车空调系统的工作性能和使用寿命，很大程度上取决于维护保养的好与不好。即使天气较冷不需要汽车空调，每两周也要使压缩机工作 5 min，这样不仅可以防止轴封干枯，降低密封作用，也不易产生“冷焊”现象。因为压缩机在长期不运转的情况下，压缩机的轴封、衬垫之类的零件易变干、发硬和开裂，再投入运行时会使制冷剂泄漏。同时，压缩机的主要零件，如活塞与气缸、曲轴与轴承等，都需要润滑油进行润滑。若压缩机长期不运行，这些零件摩擦表面的润滑油会变干，或者润滑油会把零件黏在一起。这会使压缩机再启动的初始阶段出现润滑不足或没有润滑现象，容易损坏压缩机零部件。

汽车空调系统分日常维护保养和定期保养。日常维护保养一般由驾驶员或一般汽车维修人员进行，在维护时会发现许多没有注意到的故障，而这些故障的早期发现和及时处理，对延长汽车空调装置的使用寿命起着重要作用。定期保养则由汽车空调保修工进行，汽车空调保修工除检查和调整驾驶员所担负的例行保养项目外，还应按汽车空调专门的维护周期及时进行作业项目。

（1）日常维护保养

日常维护保养主要是通过看、听、摸、测等方法进行检查。

① 检查和清洗汽车空调的冷凝器，要求散热片内清洁，片间无堵塞物。

② 检查制冷系统制冷剂的量。在汽车空调机组正常工作时，用眼观察储液干燥器顶部的视液镜，若视液镜内没有气泡，仅在增加或降低发动机转速时出现少量的气泡，这说明制冷剂适量;若不论怎样调节发动机转速，始终看到有混浊状的气泡流动，则说明管路内制冷剂不足，应予补充；若不论怎样调节发动机转速，始终看不到气泡，则说明制冷剂过量。

③ 检查传动带，压缩机与发动机之间的传动带应张紧。

④ 用耳听和鼻闻检查汽车空调有无异常响声和异常气味。

⑤ 用手摸压缩机附近高、低压管有无温差，正常情况下是低压管路呈低温状态，高压管路呈高温状态。

⑥ 用手摸冷凝器进口和出口处，正常情况下是前者较后者热。

⑦ 用手摸膨胀阀前后应有明显温差，正常情况下是前热后凉。

⑧ 检查制冷系统软管外观是否正常，各接头处连接是否牢靠，接头处有无油污，有油污表明有微漏，应进行紧固。

⑨ 检查制冷系统电路连接是否牢靠，有无断路或脱接现象。

⑩ 汽车空调系统运行状态是否可靠，也可通过压力计组的指示压力来进行判断。可将压力计组接到压缩机的高、低压管接头上，当系统正常运转时，压力数值如表 7-1 所示。

表 7-1　汽车空调制冷系统正常工作时的压力范围

车外温度/℃	高压计指示压力/MPa	低压计指示压力/MPa
25	1.05～1.25	0.10～0.15
30	1.35～1.55	0.15～0.20
35	1.45～1.80	0.20～0.25
40	1.90～2.55	0.25～0.30

（2）定期保养

为保证汽车空调无故障运行，需要定期对系统各主要零部件进行维护保养，如压缩机、冷凝器、蒸发器、电气部件等。

① 压缩机：在压缩机运转情况下，检查其是否有异常响声，如有，说明压缩机的轴承、阀片、活塞环或其他部件有可能损伤或冷冻润滑油过少；检查压缩机的高低压端有无温差；运转中，如压缩机有震动，应检查传动带的松紧度，同时还要检查润滑油液面的高度。

② 冷凝器、蒸发器：检查两者的清洁状况、通道是否畅通，以保证其能通过最大的通气量。

③ 膨胀阀：检查其有无堵塞，感温包与蒸发器出口管路是否贴紧；膨胀阀能否根据温度的变化自动调节制冷剂的供给量。

④ 高、低压管：检查软管有无裂纹、鼓包、老化或破损现象，硬管是否有裂纹或渗漏现象，是否会碰到硬物或运动件，管道螺栓是否紧固。

⑤ 储液干燥器：检查易熔塞是否熔化，各接头处是否有油迹；正常工作时，其表面应无露珠或挂霜现象；每年四五月份维护期中，视需要更换干燥剂或干燥过滤器总成。

⑥ 电气系统：检查电磁离合器无打滑现象，低温保护开关在规定的气温下如能正常启动压缩机则说明其有故障；检查电线连接是否可靠。

⑦ 高、低压开关：检查高、低压开关，高压开关在压力 2.2 MPa 时，应能自动接通声光报警电路并使电磁离合器断电，当压力小于 2 MPa 时应能自动复位；低压开关在压力小于 0.2 MPa 时，应能自动接通声光报警电路并使电磁离合器断电，当压力大于 0.2 MPa 时应能自动复位。

⑧ 冷凝器和蒸发器风机：检查冷凝器和蒸发器风机工作时有无异常响声，叶片有无破损，螺栓、连接是否牢固，电动机轴承有无缺油现象。

空调系统性能实验

3. 汽车空调维修的基本操作

当新的汽车空调制冷系统各部件安装完毕后，或是当有故障的制冷系统检修后，怎样对制冷系统进行泄漏检查，怎样将系统中的空气和水汽排除，怎样注入制冷剂和润滑油等一系列工作是必不可少的，也是需要完成的既定工作程序。因此，能否掌握这些在进行汽车空调维修安装时应具备的基本操作技能，将会直接影响安装后制冷系统的工作性能。

（1）汽车空调维修操作时的基本注意事项

① 保证作业环境的清洁、通风、防潮和防火，防止拆装时灰尘、杂质、水分或污物进入管路中。

② 保存和搬运制冷剂钢瓶时，应按要求存放，严禁将对制冷剂瓶直接加热或放在 40℃以上的水中加热。

③ 更换汽车空调系统部件时，必须补充冷冻润滑油，具体要求应参照有关车型的维修手册。补充冷冻润滑油时，务必使用指定牌号的冷冻润滑油，切勿使用混合牌号或普通的发动机润滑油，对某些特殊型号压缩机来说，更应注意润滑油的牌号。

④ 在拆卸制冷剂管路或填充制冷剂时，切勿接触面部，最好戴上安全护目眼镜或者保护头盔。

⑤ 拆卸管道时，应立即将管道或接头堵住，以免潮气、灰尘、杂质混入制冷剂管道，严禁用嘴或未经过干燥的压缩空气去吹制冷管道和零件。

⑥ 拧紧或拧松制冷管道接头时，必须用两个开口扳手，并按规定的力矩拧紧，拧紧力矩的数值如表 7-2 和表 7-3 所示。对用 O 形密封圈接头的拧紧力矩应按照维修手册的要求确定。

表 7-2 橡胶软管拧紧力矩

软管外径/mm	接头材料	
	钢或铜/N·m	铝/N·m
6	10～20	6.4～9
8	15～25	10～20
10	15～25	10～20
12	25～34	20～29
16	25～34	20～29

表 7-3 金属管拧紧力矩

金属管外径/mm	接头材料	
	钢或铜/N·m	铝/N·m
6	10～20	6.4～9
8	15～25	10～20
10	15～25	10～20
12	20～29	15～25
16	25～34	20～29
19	25～34	20～29

⑦ 连接歧管压力计软管时，应注意歧管压力计软管和压力计组歧管阀的正确连接，以及高、低压力计所对应的压缩机进出阀接头的正确连接。连接制冷剂管道时，应在 O 形密封圈上涂一点与该系统兼容的冷冻润滑油。

⑧ 从压缩机进出软管拆卸仪表软管时，必须快速、敏捷。拆卸高压软管时，要等压缩机停止工作（约几分钟），待高压压力降低后再进行。维修人员要预先做好手部保护，以免被液态制冷剂冻伤或被发动机舱内的炽热烫伤。

（2）汽车空调系统修理后的外部检查

① 汽车门窗是否密封，隔热层是否平整、牢固和贴紧；汽车空调电气线路布置是否整齐、连接是否牢靠；汽车空调各部件及仪表是否干净、安装是否牢固等。

② 检查汽车空调控制面板上各控制键是否使用灵活、无阻滞现象。各控制键变化时，其送风量、送风方向及室内温度是否会随之发生改变。如果是自动控制汽车空调，检查其是否可在

调定的温度范围内稳定运行。

③ 汽车空调系统管道及各部件的泄漏检查。汽车空调在投入运行前应用电子检测仪对管道系统进行一次全面细致的泄漏检查。若发现有微小泄漏，是因管道连接处的 O 形密封橡胶圈松动，只需拧紧螺母即可（但 O 形密封圈拧得太紧，密封性能反而下降）；如是因管道有裂纹，则应及时进行补焊或更换。

4. 汽车空调制冷性能的测试

汽车空调制冷性能的测试方法主要有压力测定法、曲线比较法和道路试验法。

（1）压力测定法

其测定原理是通过对压缩机高、低压的压力测定来判断汽车空调制冷性能是否达到正常工作要求。

① 压力测定法的方法和步骤。

a. 将歧管压力计接在压缩机的高、低压检修阀上。

b. 启动发动机，使其处于 2 000 r/min 的稳定转速下，然后启动压缩机。

c. 将温度键置于 COOL 位置，风扇转速处于最高挡位置。

d. 测定气温温度一般在 30℃～35℃范围内。系统高压侧压力在 1 373～1 668 kPa 范围内，系统低压侧压力在 147～192 kPa 范围内。

② 系统检测数据与自然环境条件变化的关系。

测试汽车空调压缩机的高、低压侧压力时，其高、低压力数据及其吹出的冷风温度均受外界因素的影响，如环境温度、湿度和海拔高度的影响。

a. 环境温度的影响。气温发生改变时，压力值也会随之改变。一般气温比 35℃每降低 3℃，其高压压力数值应比给出的标准高压压力值低 68～78 kPa。

b. 海拔高度的影响。海拔高度每升高 304.8 m，压力就下降 3.5 kPa。所以在进行测试时，应根据自身所在海拔高度对相应的高、低压力计的读数进行修正。

c. 湿度的影响。由于汽车空调制冷时不仅要降低空气的温度，也要对空气中的水分进行除湿，所以汽车空调所在环境的空气湿度越大，汽车空调系统的热负荷就越大。在制冷量一定的汽车空调系统中，环境的湿度越大，汽车空调输出的冷风温度越高。

（2）曲线比较法

其测定方法主要是利用厂家提供的汽车空调说明书上的汽车空调性能曲线进行的。根据实测的温度差值和相对湿度在汽车空调性能曲线图上的交点位置就可以判定汽车空调制冷性能是否合格。曲线比较法的方法和步骤如下。

① 将歧管压力计接在压缩机的高、低压检修阀上。

② 启动发动机，使其处于 2 000 r/min 的稳定转速下，然后启动压缩机。

③ 温度键置于 COOL 位置，风扇转速处于最高挡位置。

④ 将干湿球温度计放在蒸发器的进气口处，分别测出蒸发器进气口处的干球温度和湿球温度，并将测得的值在空气温湿图上找出其对应的相对湿度。

⑤ 在车厢内冷风出口处用温度计测出冷风温度，并与处于蒸发器进气口处的空气温度相比求出差值。然后根据所测得的相对湿度和进出口温度差，在汽车空调的性能曲线图上求出其交点，如果该交点落在两条极限线内，则该汽车空调的制冷性能为合格。

（3）道路试验法

由于汽车空调的制冷性能不能离开实车而进行单独评价，汽车的动力性能、加速性能、发动机冷却系统及噪声等都会对制冷性能产生影响，故道路试验法是在汽车在道路上行驶时进行测定，以检验汽车空调在汽车运行状态下的制冷能力是否合格。

道路试验法试验时环境干球温度为35℃，路面平坦、硬实。在此条件下分别做车速为20 km/h、40 km/h、60 km/h时，整车在10 min和30 min的车内降温和保温性能试验，其测试标准如下。

① 车速为20 km/h且全开冷气下，10 min内车内降温应低于30℃，30 min内车内温度应低于27℃。

② 车速为40 km/h且全开冷气下，10 min内车内降温应低于29℃，30 min内车内温度应低于26℃。

③ 车速为60 km/h且全开冷气下，10 min内车内降温应低于28℃，30 min内车内温度应低于25℃。

如经道路试验，汽车空调在不同车速、不同时间下车内降温符合上述测试标准，则该汽车空调的制冷能力为合格。

（4）汽车空调的一般性能测试

① 将歧管压力计连接到汽车空调制冷系统压缩机的高、低压维修阀上，如图7-4所示。

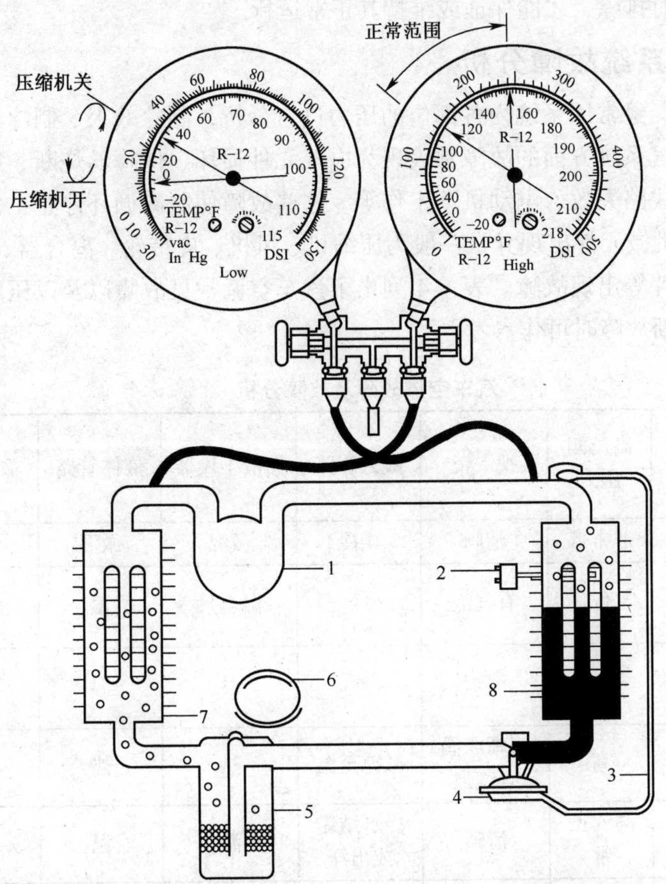

1—压缩机　2—恒温器　3—感温包毛细管　4—膨胀阀　5—储液干燥器　6—视液镜　7—冷凝器　8—蒸发器

图7-4　汽车空调制冷系统性能测试连接图

② 连接时，先关闭高、低压手动阀，并在接好管后排除掉管内的空气（防止管内空气窜到汽车空调制冷系统内）。

③ 启动发动机，并将发动机转速保持在 2 000 r/min，汽车空调控制面板上的功能选择键在 MAX（或 A/C）位置，温度键在 COOL 位置，风扇转速处于最高挡位置，然后打开车窗门。

④ 将 1 根干式温度计放在中风门的出口处，1 根干湿温度计放在车厢内空气循环进气口处。

⑤ 在汽车空调系统运行 15 min 以上后，开始进行系统的测试及数据的读取并记录。汽车空调系统的各数值应达到规定要求，方为合格。

如对于孔管制冷系统（CCOT），在环境温度处于 21℃～32℃，制冷温度范围在 1℃～10℃的情况下，高压侧表值范围应在 1.0～11.55 MPa 内，低压计值在压缩机开动后，压力开始下降，当降至约 0.118 MPa 时，恒温器会切断压缩机电磁离合器电路，压缩机停止运转。此时，低压计压力又会上升到 0.207～0.217 MPa，恒温开关又接通电磁离合器电路，压缩机又开始工作，则低压计压力又下降，系统便如此循环。

三、汽车空调常见故障分析和排除

汽车空调系统的故障大致可分为：制冷不足或不制冷；断断续续工作；无暖气或暖气不足、电控系统故障码、噪声等。其主要表现为制冷系统、暖风通风系统、电气及电控系统和机械元件出现异常，只有及时排除，才能保证或维持其正常运行。

1. 汽车空调系统故障分析

制冷系统的故障，经常用系统内各部位的压力进行分析，制冷效果、制冷剂泄漏也是分析事故的重要依据。电气系统方面的故障常表现为电气元件损坏、保险丝烧断、触头接触不良、过载烧坏、传感器及线路失效、电动机不工作等，这些故障使制冷循环停止工作，并且常伴有异味、过热等现象；机械元件出现异常一般为压缩机、风机、皮带轮、离合器、膨胀阀、轴封、热交换器、轴承、阀片等出现故障。表 7-4 列出了汽车空调常见故障以及以压力、温度、视镜为准进行的分析，判断故障时可作参考。

表 7-4　汽车空调故障及故障分析

故障＼现象＼部位	低压侧压力	高压侧压力	视　镜	吸入管路	储液干燥器	液体管路	输出管路	排气
制冷剂不足	非常低	非常低	清晰	微冷	微温	微温	微温	微温
制冷剂泄漏	低	低	有气泡	冷	温至热	温	温至热	微凉
压缩机故障	高	低	清晰	冷	温	温	温	微凉
冷凝器工作不正常	高	高	清晰或偶有气泡	微凉至温	热	热	热	温
膨胀阀卡在开启位置	高	高或正常	清晰	冷、结霜或出汗	温	温	热	微冷
冷凝器和膨胀阀之间有阻塞	低	低	清晰	冷	冷、出汗或结霜	冷、出汗或结霜	阻塞点前热	微冷

续表

故障 \ 现象 \ 部位	低压侧压力	高压侧压力	视　镜	吸入管路	储液干燥器	液体管路	输出管路	排气
压缩机与冷凝器之间有阻塞	高	高、正常或低	清晰	微冷至温	温或热	温或热	热	温
膨胀阀卡在关闭位置	低	低	清晰	阀出口处出汗、结霜	温	温	热	微冷
正常工作情况	正常	正常	清晰	冷或轻微出汗	温	温	热	冷

2. 常见故障分析及排除

(1) 汽车空调系统出现不正常噪声

汽车空调系统出现不正常噪声和异常响声，其原因和排除方法如表 7-5 所示。

表 7-5　　汽车空调系统出现噪声的原因及排除

序　号	故 障 原 因	排 除 方 法
1	电器接头松动，引起离合器噪声	拧紧接头或根据需要修理
2	离合器线圈故障	更换离合器线圈
3	离合器故障	更换离合器
4	离合器轴承损坏	更换离合器轴承
5	传达带松弛	拧紧，但不要调得过紧
6	传动带破裂（指双带传动）	成对更换传动带
7	传动带磨损或开裂	更换传动带
8	压缩机安装螺钉松动	拧紧螺钉
9	压缩机支架松动	固定压缩机支架
10	压缩机支架破损	修理或更换压缩机支架
11	风机扇叶摩擦风机罩	调整或重新确定风机位置
12	风机马达损坏	更换风机马达
13	带轮轴承损坏	更换轴承或带轮部件
14	制冷剂充注过多	放掉多余制冷剂
15	制冷剂不足	检漏并修理、补充制冷剂
16	系统内冷冻润滑油过多	放掉多余润滑油或换油
17	系统内冷冻润滑油不足	检漏并修理，加油至标准
18	系统内湿气过量	排放系统，更换干燥器，系统抽真空，再次充注制冷剂
19	压缩机损坏	修理或更换

(2) 汽车空调系统冷却断断续续

汽车空调系统冷却断断续续、时有时无是经常遇到的故障，原因及排除方法如表 7-6 所示。

表 7-6　　汽车空调系统冷却时有时无的原因及排除

序　　号	故 障 原 因	排 除 方 法
1	电路断路器故障	更换电路断路器
2	电路断路器超载时滑扣	消除短路或电流过大故障
3	接线松脱	修理或更新接线
4	风机速度控制器故障	更换控制器（开关）
5	风机变速电阻故障	更换电阻
6	风机马达故障	更换风机马达
7	离合器线圈故障	更换离合器线圈
8	传动带松弛	张紧传动带，但不能过紧
9	离合器电刷组件故障	更换电刷组件
10	风机接地线松动	拧紧或修理搭铁接头
11	离合器线圈搭铁松动	拧紧或修理搭铁接头
12	离合器电刷组件搭铁松动	拧紧或修理搭铁接头
13	离合器打滑：磨损过度	更换磨损严重部件
14	恒温开关调整不当	重新调整恒温开关
15	恒温开关故障	更换恒温开关
16	离合器打滑电压低	找出原因，并予改正
17	低压控制器故障	更换低压控制器
18	高压控制器故障	更换高压控制器
19	吸气压力调节器故障	更换吸气压力调节器
20	系统内湿气过多	排放系统，更换干燥器，抽真空，然后向系统充注制冷剂

（3）汽车空调系统冷却效果不佳

汽车空调系统冷却效果不佳，也就是“不够凉”，其原因和排除方法如表 7-7 所示。

表 7-7　　汽车空调系统冷却效果不佳的原因及排除

序　　号	故 障 原 因	排 除 方 法
1	风机马达转得慢	紧固接头或更换马达
2	离合器打滑：电压低	找出原因，并予改正
3	离合器打滑：磨损过量	更换磨损严重的离合器零件
4	离合器循环过于频繁	调整或更换恒温开关、低压控制器
5	恒温开关故障	更换恒温开关
6	低压控制器故障	更换低压控制器
7	吸气压力调节器故障	更换吸气压力调节器
8	经过蒸发器的气流不畅	清理蒸发器，修理混气门
9	经过冷凝器的气流不畅	清理冷凝器，修理混气门
10	储液干燥器滤网部分堵塞	更换储液干燥器
11	膨胀阀滤网部分堵塞	清理滤网，更换干燥器
12	孔管滤网堵塞	清理滤网，更换积累器

续表

序号	故障原因	排除方法
13	压缩机进口滤网部分堵塞	清理滤网，查明原因并排除
14	膨胀阀遥控温包松动	清理接触处，捆紧遥控温包
15	膨胀阀遥控温包未经保温	用软木和胶条保温
16	系统内湿气	按前述排除湿气，充注制冷剂
17	系统内空气	排放系统，抽真空，充注制冷剂
18	系统内制冷剂过多	排除多余制冷剂
19	系统内冷冻润滑油过多	排除多余润滑油或换机油
20	积累器部分堵塞	更换积累器
21	储液干燥器部分堵塞	更换储液干燥器
22	热力膨胀阀故障	更换热力膨胀阀
23	制冷剂不足	修理泄漏，抽真空，充注制冷剂
24	冷却系统故障	找出原因，予以排除

（4）汽车空调制冷系统失效

汽车空调系统不能够制冷，其故障原因和排除方法如表 7-8 所示。

表 7-8　汽车空调制冷系统失效的原因及排除

序号	故障原因	排除方法
1	熔断器烧断	查明原因排除，或更换熔断器
2	电路断路器故障	查清原因排除，更换断路器
3	导线残破	修理或更换导线
4	导线折断	连接导线
5	导线腐蚀	清理、接上或更换接头
6	离合器线圈故障	更换离合器线圈
7	离合器电刷组件故障或磨损	更换电刷组件
8	风机马达损坏	更换风机电动机
9	恒温开关损坏	更换恒温开关
10	低压控制器损坏	更换低压控制器
11	压缩机传送带松弛	张紧、不能过紧
12	传送带破损	更换传送带
13	压缩机吸气阀板损坏	更换吸气阀板和密封垫
14	压缩机排气阀板损坏	更换排气阀板和密封垫
15	压缩机缸垫或阀板密封垫损坏	更换缸垫或阀板垫
16	压缩机损坏	修理或更换压缩机
17	制冷剂不足，或根本没有	更换轴封和垫、软管，查清漏点，予以修复
18	管路或软管堵塞	清理更换管路或软管
19	膨胀阀进口滤网堵塞	清理滤网，更换干燥器
20	热力膨胀阀损坏	更换该阀

续表

序　　号	故障原因	排除方法
21	膨胀管堵塞	清理或更换膨胀管
22	储液干燥器滤网堵塞	更换储液干燥器
23	系统内湿气过多	更换干燥器，抽真空，充注制冷剂
24	积累器滤网堵塞	更换积累器
25	吸气压力控制器损坏	修理或更换该控制器

（5）汽车空调暖气设备常见故障

汽车空调暖气系统设备，常见故障的故障原因和排除方法如表7-9所示。

表7-9　　暖气设备常见故障速查表

现　　象	原　　因	排除方法
保险丝熔断	（1）加热器空气通道发生堵塞 （2）空气通道凹陷，气流阻力大 （3）热风与冷风管道串通	（1）清除堵塞 （2）修理风道 （3）检查修理
保险丝未熔断但电路停止	电气线路损伤，造成短路	检查修理

（6）汽车空调热水式采暖系统失效

汽车空调系统无暖气，其故障原因和排除方法如表7-10所示。

表7-10　　热水式采暖系统故障速查表

故　　障	原　　因	排除方法
不供热或供热不足	（1）汽车空调机风机坏 （2）风机继电器坏 （3）热风管道堵塞 （4）冷却液不足 （5）冷却水管受阻 （6）加热器芯管子内部有空气 （7）加热器芯管子积垢堵塞 （8）发动机石蜡恒温器失效 （9）热水开关失效 （10）发热器漏风	（1）用万用表测电阻，若阻值为零则更换 （2）用万用表测电阻，若阻值为零则更换 （3）清除热风管道堵塞物 （4）补充冷却液 （5）更换水管 （6）排出管内空气 （7）用化学方法除垢 （8）更换石蜡恒温器 （9）拆修或更换 （10）更换发热器壳
吹风机不转	（1）保险丝熔断 （2）吹风机电动机烧损 （3）吹风机调速电阻断路	（1）更换保险丝 （2）更换电动机 （3）更换电阻
漏水	软管老化、接头不紧，热水开关关不紧	更换水管，接紧接头，修复热水开关
过热	（1）调温风门调节不当 （2）发动机节温器坏 （3）风扇调速电阻坏	（1）调整调温风门的位置 （2）更换节温器 （3）更换电阻
除霜热风不足	（1）除霜风门调整不当 （2）出风口阻塞 （3）供暖不足	（1）重调 （2）清除 （3）见本表不供热或供热不足故障排除
加热器芯有异味	加热器漏水	检查进出水管接头并卡死，若加热器管漏水，则更换水管

项目实施

【实施条件】

实施地点和要求：拥有多种型号整车的汽车实验室，整车性能良好，汽车空调能正常工作；常用汽车空调维修设备；教学过程中，需设置使汽车空调各种综合故障，再进行教学演示和学生动手操作。

实施时间：课程内容最好安排在气温适当的季节和时间，使学生能体验汽车空调的各种故障被排除后的成就感。

教学要求：根据整车数量将学生分成若干小组，每小组 5 人使用一辆整车；实验室应配有小黑板和带写字板的座椅；指导教师先讲解并现场演示，学生再动手操作，并做好记录。

【实施步骤】

一、汽车空调的维护

汽车空调的维护通常和汽车整车日常维护、一级维护、二级维护一起进行。其主要操作内容和步骤如下。

夏季汽车空调的使用与检查

冬季汽车空调的使用与检查

（1）检查调整压缩机皮带松紧度。

（2）检查调整热水阀拉索。

（3）检查紧固汽车空调制冷、暖风、通风系统各部件的连接和支撑。

（4）检查清洁汽车空调系统的空气滤清器。

（5）检查清洁汽车空调冷凝器。

（6）检查更换汽车空调干燥器。

（7）检查更换制冷剂和冷冻油。

二、汽车空调综合故障诊断

汽车空调故障的诊断是通过看（查看系统各设备的表面）、听（听机器运转声音）、摸（用手触摸设备各部位的温度）、测（利用压力表、温度计、万用表、检测仪、检漏仪检测有关参数）等手段来进行的。同时还应仔细询问故障情况，判断是操作不当，还是设备本身造成的故障。若属前者，应向驾驶员详细介绍正确的操作方法；若属后者，则应按下述 4 方面进行综合分析，找出故障所在，查明故障原因，然后再进行修理。

1. 看

用眼睛来观察整个汽车空调系统。首先查看干燥过滤器视液镜中制冷剂的流动状况，若流动的制冷剂中央有气泡，则说明系统内制冷剂不足，应补充至适量。若流动的制冷剂呈雾状，且水分指示器呈淡红色，则说明制冷剂中含水量偏高，应缓慢放完系统中原有的制冷剂，拆下干燥过滤器，并将其置于 110℃的烘箱内，对干燥剂做干燥处理，排除水分后再用。其次查看系统中各部件与管路连接是否可靠密闭，是否有微量的泄漏存在。若有泄漏，在制冷剂泄漏的过程中常会有冷冻润滑油一起泄出，故在泄漏处有潮湿痕迹，并依稀可见黏附着一些灰尘。此时应将该处的连接螺母拧紧或重做管路喇叭口并加装密封橡胶圈，以杜绝慢性泄漏，防止系统内制冷剂的减少。最后查看冷凝器是否被杂物封住，散热翅片是否倾倒变形。若有此现象将影响流过冷凝器的空气流量，导致冷凝器冷凝效果变差，使流经膨胀阀的制冷剂温度偏高，从而影响系统的制冷效果。此时应将冷凝器清扫干净，将变形的散热翅片修正。

2. 听

用耳朵听运转中的汽车空调系统有无异常声音。首先听压缩机电磁离合器有无发出刺耳的噪声。若有噪声，则多为电磁离合器磁力线圈老化，通电后所产生的电磁力不足，或离合器片磨损引起其间隙过大，造成离合器打滑而发出。这时应重绕离合器磁力线圈或抽掉 1～2 片离合器调整垫片，减小离合器间隙，防止其打滑，从而消除噪声。其次听压缩机在运转中是否有液击声，若有此声，则多为系统内制冷剂过多或膨胀阀开度过大，导致制冷剂在未被完全汽化的情况下吸入压缩机。此现象对压缩机的危害很大，有可能会损坏压缩机内部零件，应缓慢释放制冷剂至适量或调整膨胀阀开度，及时排除故障。

3. 摸

在无温度计的情况下，可用手触摸汽车空调系统各部件及连接管路的表面。触摸高压回路（从压缩机出口→冷凝器→储液器→膨胀阀进口处）应呈较热状态，若在某一部位特别热或进出口之间有明显温差，则说明此处有堵塞。触摸低压回路（从膨胀阀出口→蒸发器→压缩机进口）应较冷。若压缩机高、低压侧无明显温差，则说明系统有泄漏或没有制冷剂。

4. 测

通过看、听、摸这些过程，只能发现不正常的现象，但要做出最后的结论，还要借助于有关仪器、仪表来进行测试，在掌握第一手资料的基础上，对各种现象进行认真分析，找出故障所在，然后予以排除。

（1）用检漏仪检查

用检漏仪可以检查整个系统各接头处是否泄漏。

（2）用万用表检查

用万用表可以检查汽车空调系统电路的故障，判断出电路是断路还是短路。

（3）用温度计检查

用温度计可以判断出蒸发器、冷凝器、储液器故障。

① 蒸发器正常工作时，其表面温度在不结霜的前提下越低越好。

② 冷凝器正常工作时，其入口管温度为 70℃左右，出口管温度为 50℃左右。

③ 储液器正常情况下应为 50℃左右，若储液筒上下温度不一致，则说明储液器有堵塞。

（4）用压力表检查

将歧管压力计的高、低压表分别接在压缩机的排气、吸气口的维修阀上。在空气温度为 30℃～35℃、发动机转速为 2 000 r/min 时进行检查。将风机风速调至高挡，温度调至最低挡，正常状况高压端压力应为 1.421～1.470 MPa，低压端压力应为 0.147～0.196 MPa。若测得结果不在此范围，则说明系统有故障。

拓展知识 纯电动汽车空调简介

一、纯电动汽车空调的特点

纯电动汽车空调与传统汽车空调相比有如下特点：电动汽车空调没有发动机作为驱动力，只有电池电力。电动汽车空调没有发动机冷却系统或排气系统余热作为供暖热源。

二、纯电动汽车空调的主要类型

1. 热电制冷空调系统

帕尔帖（Peltier）效应：电荷载体在导体中运动形成电流，由于电荷载体在不同的材料中处于不同的能级，当它从高能级向低能级运动时，就会释放出多余的热量。反之，就需要从外界吸收热量（即表现为制冷），如图 7-5 所示。

Peltier 效应两种情形

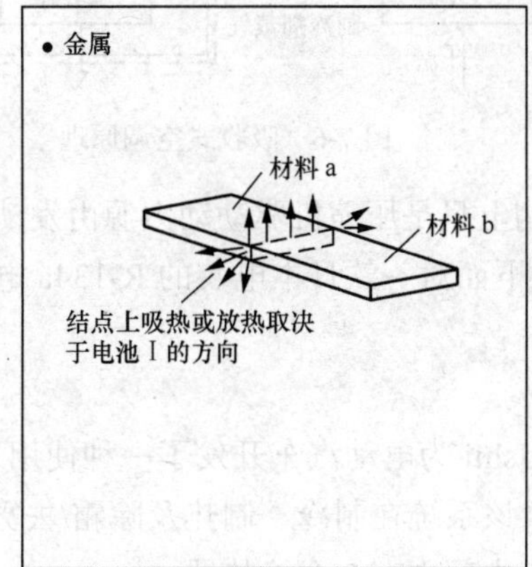

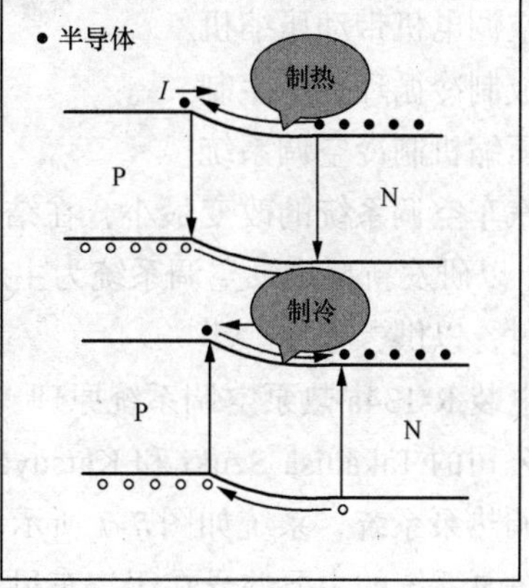

图 7-5 热电制冷原理

导体电子制冷的效果主要取决于电荷载体运动的两种材料的能级差，即热电势差。纯金属的导电导热性能好，但制冷效率极低（不到 1%）。半导体材料具有极高的热电势，可以用来做小型的热电制冷器。经过多次实验，科学家发现：P 型半导体（Bi2Te3-Sb2Te3）和 N 型半导体(Bi2Te3-Bi2Se3)的热电势差最大，应用中能够在冷接点处表现出明显制冷效果。

该项技术具有很多适合电动汽车使用的特点，并且与传统机械压缩式空调系统相比，热电空气调节具有以下特点：热电元件工作需要直流电源，改变电流方向即可产生制冷、制热的逆效果。热电制冷片热惯性非常小，制冷时间很短，在热端散热良好冷端空载的情况下，通电不到 1 min，制冷片就能达到最大温差。调节组件工作电流的大小即可调节制冷速度和温度，温度控制精度可达 0.001℃，并且容易实现能量的连续调节。在正确设计和应用条件下，其制冷效率可达 90%以上，而制热效率远大于 1。体积小、重量轻、结构紧凑，有利于减小电动汽车的整备质量。可靠性高、寿命长并且维护方便。没有转动部件，因此无震动、无摩擦、无噪声且耐冲击。

对于采用热电制冷的空调系统来说，热电材料的优值系数值越高，热电制冷效果越好。但是，目前热电制冷的效率只有机械压缩式的 50%左右，在热电制冷材料的优值系数值没有突破之前，热电制冷只能在小体积和微型化上比传统的机械压缩式制冷优越。

2. 余热制冷空调系统

目前利用余热的空调制冷技术主要有氢化物制冷空调、固体吸附式制冷空调以及吸收式制冷空调。其工作原理、特点、系统组成不尽相同。氢化物空调是指利用金属氧化物作为工质，通过在不同温度下金属氢化物释放或吸收氢气的特点而实现制冷制热。固体吸附式制冷是利用某些固体物质在一定温度、压力下能吸附某种气体或水蒸气，在另一种温度、压力下又能把它释放出来的特性，通过吸附和解吸过程导致压力变化，从而起到压缩机的作用。吸收式制冷也是以热能为动力，利用由两种沸点不同的物质组成溶液具有的气液不平衡特性来完成制冷循环。溴化锂和氨水吸收式制冷是最常见的吸收式制冷，其基本原理如图 7-6 所示。

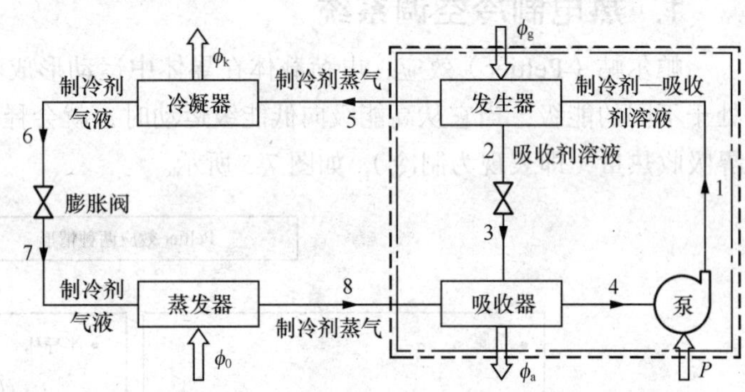

图 7-6　吸收式空调原理

3. 电动压缩机制冷空调系统

该系统的基本原理为：电池组的直流电经逆变器为空调压缩机驱动电机供电，空调电机带动压缩机旋转，从而形成制冷循环，产生制冷效果。电动压缩机制冷空调系统相对于发动机汽车空调系统的改变最小，在结构上只是压缩机驱动动力源由发动机变为驱动电机。目前市场上以研发新型热泵空调系统为主。下面对一款日本电装的 R-134a 电动车空调系统进行综述与探讨，以供参考。

（1）日本电装 R-134a 热泵空调系统原理

日本电装公司的 Takahisa Szuki 和 Katsuya Ishii 为电动汽车开发了一种使用 R-134a 作为制冷剂的汽车空调热泵系统，系统如图 7-7 所示，该系统在制冷、制热及除霜/去雾模式下运行。该系统与传统热泵系统的主要差异在于汽车风道内部中有 2 个换热器。

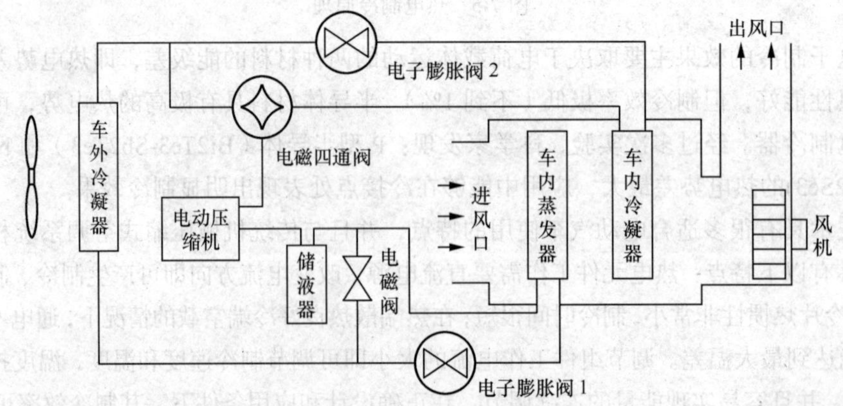

图 7-7　日本电装电动汽车热泵空调系统

（2）日本电装 R-134a 热泵空调系统的实现方式

如图 7-7 所示，当系统制冷时，高温高压制冷剂气体从电动压缩机经过电磁四通阀进入车外冷凝器变成低温高压制冷剂液体，再经过电子膨胀阀 1 进行节流，形成低温低压制冷剂液体，再经过车内蒸发器进行吸热蒸发为低温低压制冷剂气体，通过储液器的气液分离，回到电动压缩机，此时电磁阀关闭。通过以上循环风机将冷风从风口送出。当系统制热/除霜时，高温高压制冷剂气体从电动压缩机经过电磁四通阀进入车内冷凝器变成低温高压制冷剂液体，再经过电子膨胀阀 2 进行节流，形成低温低压制冷剂液体，再经过车外换热器进行吸热蒸发为低温低压制冷剂气体，此时电磁阀打开，通过电磁阀，经过储液器气液分离回到电动压缩机。通过以上循环，风机将热风从风口送出。通过该系统的实验结果如表 7-11 所示，当环境温度为–10℃ ~ 40℃时，系统在稳态下，以 1 kW 的能耗就能完成车室内的制冷和制热。

表 7-11　日本电装系统实验结果

测试条件		测试结果	
		容量/kW	能耗/kW
制冷	环境温度 40℃，车内温度 27℃,95%RH	2.9	1
制热	环境温度–10℃，车内温度 25℃	2.3	1

（3）与国内电动车空调系统的综合对比

由于电动车空调系统的特殊性，国内研究者做了大量努力，其中马国远等提出了一套由永磁直流无刷电机直接驱动的热泵空调系统，系统如图 7-8 所示。该系统与传统型热泵系统没有太大的区别，主要在压缩机与膨胀阀的选用上有一定特殊。此款系统相比于日本电装热泵系统的主要缺陷在于该系统在制冷制热切换时，风道内换热器的冷凝水将迅速蒸发，在挡风玻璃上结霜，从而影响驾驶安全。日本电装热泵系统在风道内布置了 2 个换热器，其除霜除湿模式下，制冷剂通过 3 个换热器，内部蒸发器达到除霜温度后，再由内部冷凝器加热，从而有效防止以上问题。目前国内电动车市场仍广泛沿用和燃油车同样的单冷系统，只是将燃油系统中的发动机余热制热系统改成 PTC 电加热元件，PTC 直接利用电池电能转换成热能，从而达到制热效果，表 7-12 为 PTC 电加热与日本电装热泵系统制热时耗电量对比。

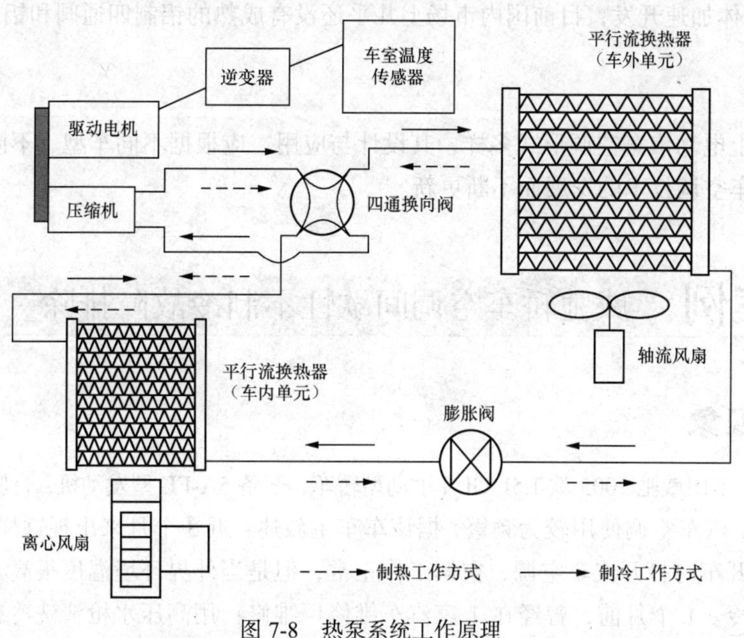

图 7-8　热泵系统工作原理

表 7-12　PTC 电加热与日本电装热泵系统制热时耗电量对比

系统	制热量/kW	大约的耗电量/kW
PTC 电加热	2.5	3.2
日本电装空调系统	2.5	1.2

（4）日本电装 R-134a 热泵空调系统特点

① 该系统不仅能实现良好的制冷制热除霜工作，而且可使用电子膨胀阀控制出风温度。

② 该系统装备了 3 个换热器，能有效改善挡风玻璃结霜/结雾现象。

③ 该系统需要提供全电动压缩机，该项技术是目前空调行业开发的重点。

④ 该系统采用相对较少的配件，使用了一个四通阀和一个电磁阀的配合来实现制冷制热切换，具有较高的经济性与实用性。但是当电磁阀出现故障时，该系统存在可能导致压缩机毁坏的隐患。

⑤ 该系统局限于车内风道位置有限，使得冷凝器的换热面积较小，而导致低温制热效果不佳，尤其在我国北部地区的发展会受局限。

（5）日本电装 R-134a 热泵空调系统优化改善探讨

为了使电动车用热泵系统更加节能高效，使该系统能够更加有效地应用于电动汽车，可以从以下 5 个方面进行改善。

① 开发高效的全电动直流涡旋压缩机，不仅可实现高效压缩，而且可实现制冷剂的零泄漏。

② 提高蒸发器、冷凝器的换热能力，冷凝器采用高效多元平行流式冷凝器，蒸发器采用高效层叠式蒸发器。

③ 在风道内可增加辅助加热系统，一方面改善热泵系统低温制热效果不佳的缺陷，另一方面可适时进行除霜。

④ 四通阀与电磁阀集成的阀体开发，实现制冷制热的有效切换，并能有效避免阀体故障而造成压缩机损坏。

⑤ 铝制阀体加速开发，目前国内市场上几乎还没有成熟的铝制四通阀和铝制电磁阀。

三、结语

目前市场上电动汽车空调形式多样，其设计与应用，应根据不同车型、不同地区而定，还应随着电动汽车空调技术的发展而不断更新。

实战案例　威驰轿车空调间歇性不制冷故障排除

一、故障现象

有 1 辆一汽丰田威驰 2005 款 1.5L GL-i 手动型轿车，配备 5A-FE 型发动机，行驶里程 10 万 km。海南夏季炎热，汽车空调使用较为频繁，据该车车主叙述：近 3 个月来出现这样 1 种故障现象，一般情况下，开车时打开汽车空调，空调工作正常，但是当外界环境温度很高、热车时打开空调，空调不制冷。1 个月前，曾经在 1 家汽车维修厂维修：用高压水枪清洗冷凝器，更换高压开关，维修后情况稍有好转，即这种故障现象不是每天都出现，而是隔几天出现。

二、故障检查与排除

接车后，验证车主所说的故障现象：启动发动机，待达到正常工作温度后开空调，空调工作正常：出风口吹出凉风，检查压缩机进（低压）、出（高压）管温度状况，低压侧管表面聚有小水珠且感到冰手，高压侧管较为烫手，高、低压管温差较大；上路行驶开空调，出风口一直吹出凉风，故障没有出现。开回维修厂用歧管压力计组检测空调制冷系统高、低压侧管路压力，高压侧 1.4 MPa，低压 0.2 MPa，均正常。第二天中午，太阳高照，天气炎热，上路试车，打开空调，工作正常，过了 1 个多小时，出风口吹出的风温度逐渐升高，故障现象出现。开回维修厂检查，高压管还是烫手，低压管没有冰凉感，两管温差较小，这可能是因为制冷系统不工作或工作不良。用歧管压力计组检测空调制冷系统高、低压侧管路内压力，高压侧为 0.9 MPa，低压侧为 0.5 MPa，这说明此时压缩机不工作或工作不良。用万用表检测压缩机电磁离合器线路端（见图 7-9）电压为 12.8 V，表明电磁离合器线路正常；观察压缩机电磁离合器工作情况：带轮正常旋转，压盘贴着带轮，但不旋转，这表明电磁离合器打滑。拆下空调压缩机，更换电磁离合器，装车经抽真空加制冷剂后，试车，空调工作正常，故障排除。

然而，几天后车主说该故障又出现了。接车后立即检查，开空调时，出风口吹出热风，打开发动机舱盖，压缩机继电器不时发出触点断开和吸合时的“嗒嗒”的响声，将试灯两端串接在空调压缩机电磁离合器线路端和搭铁间，试灯时而点亮，时而熄灭，试灯点亮时压缩机电磁离合器吸合（工作），熄灭时电磁离合器分离（不工作）。拆下双压开关的插接器，用跨接线短接插接器端子 1 和 4（见图 7-9），压缩机电磁离合器一直吸合，不再出现时而吸合时而分离的故障现象。这说明造成这种故障现象的主要原因是高压侧管路压力过高或空调双压开关失效。用歧管压力计组检测空调制冷系统高压侧管路内压力，发现压力升高至 3.0 MPa 左右时，压缩机继电器断开，压缩机不工作，随后压力逐渐下降，当压力下降至 2.6 MPa 左右时，压缩机继电器吸合，压缩机工作，反反复复，可以确定这种故障现象是由高压侧管路压力过高引起的。

造成高压侧管路压力过高的主要原因有冷凝器散热效果差、冷凝器管路堵塞和储液罐堵塞等。检查冷凝器散热情况：用手摸冷凝器前表面较为烫手，这表明冷凝器散热效果差；检查冷凝器风扇工作情况：当压缩机电磁离合器吸合、压缩机工作时，冷凝器风扇高速运转，表明冷凝器风扇工作正常。拆下冷凝器，发现冷凝器后面散热片间有泥巴等杂物堵塞，将冷凝器清洗干净，更换储液罐，装复后，上路试车，空调制冷效果一直良好，故障排除。

然而，过半个多月故障又再一次出现。接车后检查发现，当外围环境温度很高、热车时开空调确实不制冷。打开发动机舱盖，没有听到压缩机继电器发出“嗒嗒”的响声，观察发现压缩机不工作，用万用表检测压缩机电磁离合器线路端电压，电压为 0V。造成开空调时压缩机电磁离合器线路端无电压的原因有：压缩机电磁离合器线路故障，冷凝器散热差，双压开关及其线路损坏，发动机温度过高或水温传感器及其线路有故障，蒸发器出口的温度传感器损坏等。首先检查压缩机电磁离合器线路：检查 A/C 保险丝正常，用手摸压缩机继电器较为烫手，拆下压缩机继电器，检查继电器发现，当继电器较为烫手时线圈通电触点无吸合，有故障；检测压缩机继电器线路插头 1 和 3 端子电压正常，用试灯两端串接在继电器线路插头 1 和 2 端子间，试灯点亮，这说明压缩机继电器本身有故障，而冷凝器散热情况、压力开关及其线路、发动机温度、水温传感器、蒸发器出口的温度传感器和电磁离合器线路等均正常。更换压缩机继电器，试车，故障彻底排除。

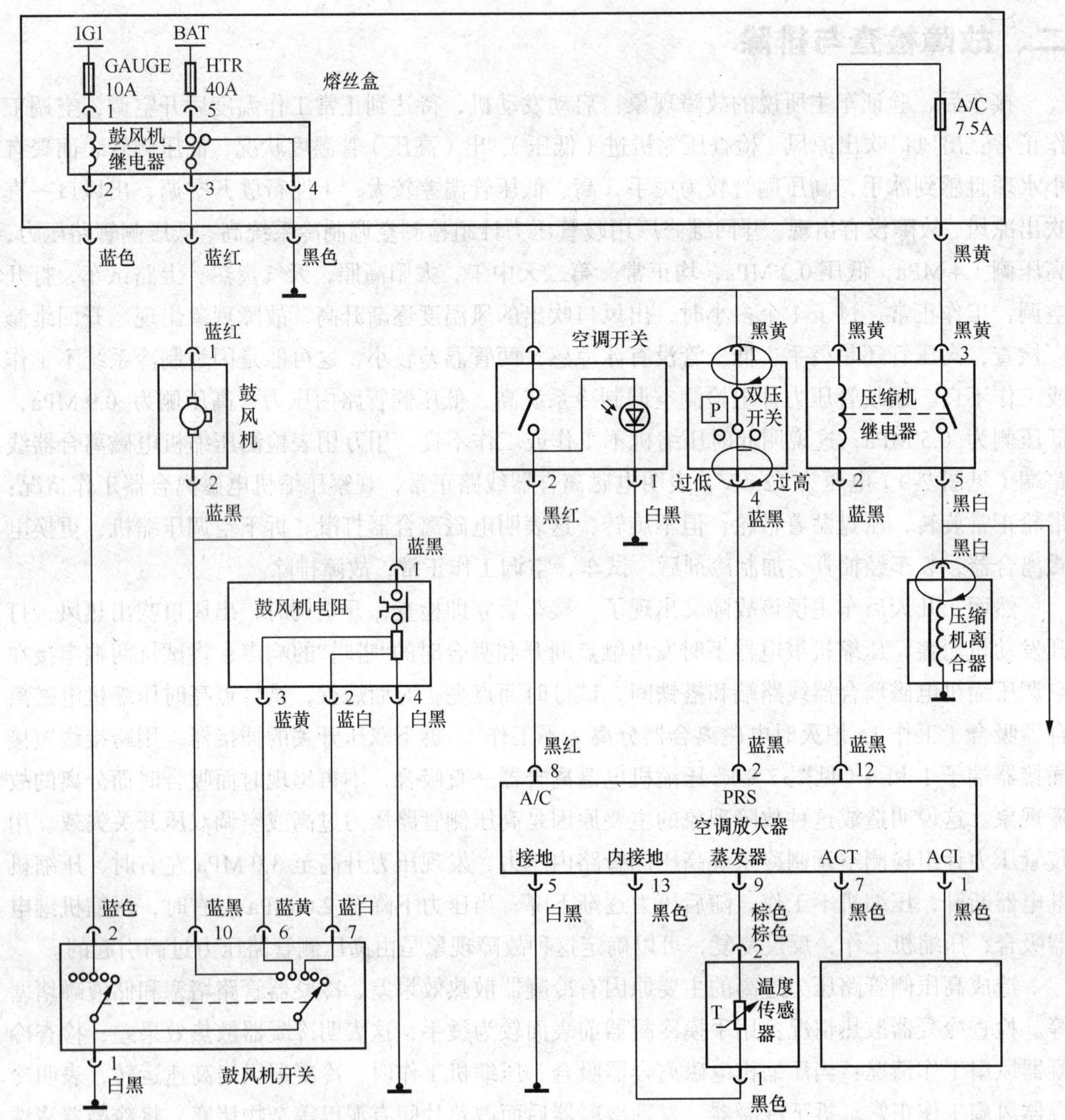

图 7-9　威驰轿车空调压缩机、鼓风机控制电路图

三、故障总结

这是一起比较典型的案例：1 个故障有多个故障发生点。这 3 个故障点都是在外界环境温度很高、热车时引发故障的。一开始由于冷凝器散热片间有泥巴等杂物堵塞造成冷凝器散热差，当外界环境温度很高、热车时开空调，制冷系统高压侧管路内压力过高，压缩机电磁离合器时而吸合（工作），时而分离（不工作），这样就造成制冷系统不制冷。而该车曾经在一家汽车维修厂维修，维修人员也只是用高压水枪冲洗冷凝器前面的散热片，没有拆下冷凝器彻底清洗，虽然故障稍有好转，但是仍然存在。由于存在上述故障，即当外界环境温度很高、热车时打开空调，电磁离合器时而吸合时而分离，不久就会造成离合器打滑。海南夏季炎热、潮湿，当外界环境温度很高、热车时打开空调，压缩机继电器线圈由于温度过高而造成短路，使通电时触

点不吸合，压缩机不工作，即空调不制冷。第一次维修该车空调时没有理清思路，没有找到故障的根本原因，造成一个故障多次维修。由此看来，在诊断与排除汽车故障时，必须深入分析故障原因，找到故障的根本原因，才能做到一次维修就彻底排除故障。

小 结

汽车空调常用维修设备工具包括通用工具、常用设备、专用工具及专用设备。其中通用工具主要有各种扳手、螺钉旋具、锉刀、各种钳子、锤子、钢锯等；常用设备主要有万用表、电烙铁、喷灯、焊割设备、手电钻等；专用工具及专用设备主要有切管器、弯管器、扩口器、歧管压力计、真空泵、检漏设备。

使用汽车空调时，有 9 条注意事项。

汽车空调系统的日常维护保养一般由驾驶员或汽车维修人员进行，在维护时会发现许多没有注意到的故障，而这些故障的早期发现和及时处理，对延长汽车空调装置的使用寿命起着重要作用。定期保养则由汽车空调保修工进行，汽车空调保修工除检查和调整驾驶员所担负的例行保养项目外，还应按汽车空调专门的维护周期及时进行作业项目。

由于汽车空调运行的工况恶劣，为检查汽车空调在运行中的工作性能和工作可靠性，需要对修理后的汽车空调进行性能测试。其内容包括汽车空调系统修理后的外部检查、汽车空调制冷性能的测试和汽车空调的一般性能测试。

习题及思考题

1. 汽车空调维护保养主要有哪些设备工具？
2. 简述歧管压力计的正确连接与使用方法。
3. 汽车空调的使用注意事项有哪些？
4. 汽车空调的日常维护有哪些内容？
5. 汽车空调的定期维护保养有哪些内容？
6. 如何进行汽车空调常规故障诊断？
7. 对汽车空调系统综合故障诊断，你有哪些体会？
8. 汽车空调性能的测试方法有哪些？

参考文献

[1] 郝军. 汽车空调[M]. 北京：机械工业出版社，2004.

[2] 石哲. 新型进口汽车空调检修手册[M]. 福建：福建科学技术出版社，2003.

[3] 董安，等. 国产中高级轿车空调装置保养和维修[M]. 北京：北京理工大学出版社，2002.

[4] 曾建谋，等. 本田雅阁轿车车身电气及空调维修手册[M]. 广东：广东科技出版社，2002.

[5] 王长生，等. 汽车空调的使用与维修[M]. 北京：人民邮电出版社，2004.

[6] 张凤山，等. 新型轿车空调系统构造与维修[M]. 北京：人民邮电出版社，2005.

[7] 汽车维修杂志编辑部. 汽车维修杂志[J]. 长春：汽车维修杂志编辑部，2015.